KB069396

피터 드러커로 본

경영의 착각과 함정들

피터 드러커로 본

경영의 착각과 함정들

건강한 한국 기업을 위한
피터 드러커의 제언

송경모 지음

을유문화사

피터 드러커로 본
경영의 착각과 함정들

발행일
2016년 9월 25일 초판 1쇄

지은이 | 송경모
펴낸이 | 정무영
펴낸곳 | (주)을유문화사

창립일 | 1945년 12월 1일
주 소 | 서울시 종로구 우정국로 51-4
전 화 | 734-3515, 733-8153
팩 스 | 732-9154
홈페이지 | www.eulyoo.co.kr
ISBN 978-89-324-7340-6 03320

* 값은 뒤표지에 표시되어 있습니다.
* 지은이와의 협의하에 인지를 붙이지 않습니다.

고故 이재규(1948~2011) 총장 영전에 이 책을 바칩니다.

이 책을 집필하게 된 계기는 필자가 조선일보 Weekly Biz에 연재한 칼럼이었다(2014. 8~2015. 4, 「송경모의 '드러커式 세상 읽기'」). 연재가 끝난 뒤, 필자는 좀 더 여러 주제에 걸쳐 드러커의 생각들을 계속 알리기 원했는데 마침 드러커 사상을 소개하는 도서를 기획하고 있던 을유문화사를 만났다. 그 결과 이 책이 나오게 됐다. 전부터 드러커 사상의 가치를 익히 알고 당시 편집장으로서 귀한 지면을 할애해 주셨던, 세종대학교 이지훈 교수에게 먼저 감사드린다.

원고를 집필하는 과정에서 많은 분들이 필자의 자문에 조언을 해 주셨다. 베트남 HHP 임송학 대표, 테고사이언스 전재욱 전략 담당 대표, 코리아에셋투자증권 최철 전무, 기술보증기금 신인화 박사, 휴넷 조영탁 대표, 한국수자원공사 김선영 기획관리실장, KT스카이라이프 김윤수 부사장, 현대모비스 고동록 인재개발실장, 뿌브아르의 노성호 대표, 이분들의 조언 덕분에 이책의 사례와 관점이 더욱 풍부해질 수 있었다.

고故 이재규 총장을 따라 드러커를 공부하는 모임, 드러커리안라운드테이블의 회원들께는 특별히 감사의 뜻을 표현하고 싶다. 지난 6년간 한 달도 빠지지 않고 만나서 드러커의 원전을 공부하고 토의하면서 그분들이 내놓은 다각도의 의견 덕분에, 필자로서도 드러커의 수많은 주장들을 차근차근 되새기며 뜻을 명확히 할 수 있었고 맥을 찾아갈 수 있었다. 그동안 모임을 이끌어 오신 국제로타리3650 박호군 총재를 비롯하여 시사저널 권대우 대표, 영원무역 권영환 상무, 성도GL 김상래 회장, 한국코치협회 김재우 회장, 김주원 변호사, HIMLAB 문정엽 대표, 자강산업 민남규 회장, 한국파마 박은희 대표, 한솔교육 변재용 회장, 호서대학교 신해룡 교수, 유도실업 유영희 회장, 인덕대학교 이경열 교수, 빈즈드랍 이인국 대표, JSB 도시환경 최재정 대표, 중앙대학교 하영목 교수, 인간개발연구원 한영섭 원장(존칭 생략), 이분들의 평소 지혜와 통찰이 사실 이 책에 다 녹아들어 있다고 해도 과언이 아니다.

특히 이재규 총장께서 유품으로 두고 가신 드러커의 저서 및 여러 관련 문헌들을 언제나 열람할 수 있도록 특별히 배려해 주신 장자長子 이인국 대표께 이 자리를 들어 거듭 감사의 뜻을 표하고 싶다.

또한, 오래전부터 한국에 드러커 사상을 전파하는 데에 앞장서 오면서 필자의 작업에 격려를 아끼지 않으셨던 뉴 패러다임 인스티튜트 및 한솔섬유 문국현 대표, 그리고 우리나라에서 드러커 관련 활동을 전개하는 여러 인사들께도 이 자리를 빌려 경의와 감사의 뜻을 표하고 싶다.

최초에 이 책을 기획하고 필자의 부족한 원고를 다듬는 데 한없이 공을 들이신 을유문화사 편집부 관계자 여러분, 특히 박화영 대리께도 감사를 드린다.

마지막으로, 늘 가까이 하면서도, 집필에 마음을 빼앗긴 채 잘 돌아볼 겨를도 없었던 가족들, 사려 깊은 반려자 현숙, 그리고 눈코 뜰 새 없는 학업과 입시 준비에 고심하는 나현과 수범에게는 미안한 마음과 고마운 마음이 교차한다. 늘 한결 같으신 부모님께도 이 작은 공성攻成의 보람을 돌려드립니다.

2016년 9월

송 경 모

너무나 가까이 있기에 오히려 알기 어렵다

유행은 요란하다. 잊을 만하면 새로운 경영 사상이 늘 우리 앞에 왔다. 그리고 조금씩 잊혔다. 식스 시그마six sigma, 다운사이징downsizing, 브레인스토밍brainstoming, 캐즘chasm, 블루오션 전략, 인문 경영, 아메바 경영, 캐즘 마케팅…… 모든 게 마치 연이어 등장하는 신작 드라마와 같다. 한참 열광한 후에 경영자는 드라마와 전혀 다른 현실로 돌아온다. 드라마는 그냥 어제 저녁의 일이다.

그 와중에 이렇게 묻는 사람이 당연히 있을 것이다. "도대체 언제부터 들어왔던 이름인가? 이미 다 알고 있는 이야기가 아닌가?" 명사의 대담이나 경영자의 훈시 가운데 드러커의 말이 한 번쯤 인용되지 않는 경우가 드물고 인터넷에는 드러커가 남겼다고 알려진 명언들이 돌아다닌다. 그를 잘 모르는 사람조차도 마치 다윈의 자연선택이나 애덤 스미스의 보이지 않는 손, 슘페터의 창조적 파괴처럼 그럴듯한 유행어를 남긴, 뭔가 경영자에게 혁신하고 성과를 창출하라는 가르침을 남긴 학자라는 정도의 인상은 가지고 있다. 그러나 대부분의 사람들이 다윈이나 스미스나

자본주의 이후의 사회, 지식 사회, 조직 사회를 배경으로 등장한 드러커의 경영 철학은 오늘날 여전히 우리에게 깊은 화두를 던진다. 그것은 고전이 시대를 뛰어넘어 계속 회자되는 것과 같다.

슘페터Joseph Schumpeter를 제대로 모르듯이, 정작 드러커를 제대로 알고 있지 못하다.

2000년이 넘는 세월 동안 사람들은 공자를 말해 왔다. 지금쯤은 공자의 유효 기간이 종료됐을 법도 한데 사람들은 아직도 공자를 인용한다. 사람들은 알 듯 모를 듯 지금도 그 의미를 탐구하고 공자를 다룬 책들은 여전히 출판되고 있다. 그리고 독자들은 여전히 새로운 의미를 찾아낸다. 『논어』가 던져 준 의미의 숲이 이처럼 깊고 울창하면서도 여전히 미로처럼 느껴지는 한 가지 이유는 이 책이 체계적으로 저술된 저작이 아니라 제자들이 지난 기억과 기록에 남은 단편들을 모아 집성되었기 때문이기도 하다. 그렇다 쳐도, 우리는 이처럼 선현이 남긴 한 묶음의 생각조차 온전히 이해하지 못하고 있다. 어쩌면 이해를 못해서라기보다는 상처가 돋을 때마다 그 약을 늘 다시 찾는 것처럼, 항상 되뇌었던 그 이름, 그 언어, 그 생각은 새로운 현실이 드러날 때마다 상비약처럼 든든하게 우리 곁에 자리하고 있었던 것은 아닐까 싶다.

드러커도 마찬가지다. 지금 살아 있는 사람 가운데 아무도 공자나 소크라테스의 용모를 직접 보고 음성을 들어 본 사람은 없지만, 드러커는 바로 얼마 전까지 이 시대의 사람들과 대화하고 호흡했다. 이런 비교에 대해, 사람들은 그래 봤자 세속의 일개 학자를 어떻게 감히 공자나 소크라테스와 같은 대성현들과 비교할 수 있느냐고 반문했다. 사람들은 이렇게 환상 속에 살고 있다. 그들은 후광 따위를 두른 성현이 아니다.[1] 혼란스러운 삶과 어지러운 사회를 보다 바른길로 이끌기 위해 외친 사람들이었다. 공자는 패권 정치, 농경과 수공업, 땅뺏기 싸움이 지배하던 사회의 산물이었다. 그는 올바른 정치를 구현하기 위해 지도자가 어떻게 행동해야 하며 그 이상형으로서 군자君子가 과연 어떠한 사람이어야 하는가를 끝없이 설파했다. 반면에 드러커는 자본주의 이후의 사회, 지식 사회, 조직 사회를 배경으로 등장했다. 그는 기능하는 사회가 이루어지기 위해 조직의 경영자와 지식노동자가 과연 어떤 원리로 행동해야 하는가를 제시했다.

인자仁子는 언제나 고향에서 천대받고, 가까이 할 수 있는 사람은 늘 평범해 보인다. 먼 곳에 있는 사람은 높아 보이고, 만날 수 없는 사람은 신비하게만 느껴진다. 이런 모든 착시를 벗어 던지고, 너무나 지근거리에서 있었던 한 인물의 언어를 냉철히 되새겨 보자. 물론 오랜 공부 끝에 수

---

1 우리는 한 명의 사회 사상가 공자를 국가 통치의 이념 정립을 위해 절대선(絶對善)으로 둔갑시킨 후대의 인물들, 예컨대 후한의 동중서(董仲舒) 같은 인물의 역할에 대해서 알아야 한다. 역사 속 많은 사상가들이 이렇게 후대에 신격화됐고, 그들의 언어는 대부분은 독단으로 변질되어 사회를 오히려 파괴했다. 모든 지식은 폐기되기 위해 존재한다고 말했던 드러커의 사상을 어떤 주의(ism)나 독단으로 받아들이는 것은 드러커 본인을 모독하는 것이다. 우리는 그가 말했던 것처럼, "경영자로서 어떤 결과를 낳는 데 그의 말로부터 도움을 얻었다면" 실로 충분하다. 그의 생각을 이론화, 정교화하는 일도 단지 이런 결과에 도움을 주기 위해 필요한 것이지, 그 자체가 목적이 된다면 방향이 빗나간 것이다.

많은 저술을 남기고 권위 있는 자리에 화자話者로 설 수 있었던 사람이 아니더라도, 우리는 평범한 가족과 이웃, 가까운 친구의 한두 마디 말에서조차 얼마나 자주 큰 지혜를 발견하고 깜짝 놀라곤 하는지 모른다. 이미 시중에는 드러커의 책이 가득하고 도처에서 그를 인용한 말들을 수없이 접할 수 있지만, 평소 무심코 흘려들었던 벗의 조언을 되새기는 심정으로 이 책을 대해 주면 족하다.

올바른 지식은 강요하지 않는다

어떻게 보면 그가 1950년대에 『경영의 실제』를 통해 최초로 경영에 대한 생각을 체계적으로 집성해 냈을 때, '지적인 분수령을 이루었다기보다는 상식을 새로운 시각에서 집대성한 사람'[2]이라는 느낌을 주기도 했다. 그러나 경영자가 필요로 하는 것은 기괴한 묘방이나 만병통치의 신약이 아니라 평범한 사람들도 쉽게 받아들임으로써 성과를 낼 수 있도록 하는 보편적인 원리여야 한다. 마치 우리들 대부분이 사는 집이 어디에서나 얻을 수 있는 돌, 흙, 모래로 만들어졌을 뿐, 결코 우주 비행선을 만드는 특수 재료 따위로 짓지 않은 것과 같다. 그럼에도 우리는 이 집에서 얼마든지 휴식하고 행복을 누릴 수 있다.

그의 생각을 돌아보면 그 어떤 것도 쉽지 않은 것이 없다. 그러나 뒤집어 생각해 보면, 제대로 실천하는 사람이 그리 많지 않을 정도로 어려운 지식이 돼 버렸다. 왜 그럴까? 사각 벽돌을 쌓을 곳에 원형 벽돌을 끼워

---

2 『피터 드러커: 현대 경영의 정신』, 존 플래허티 지음, 송경모 옮김, 예지, 2002년, p. 159

넣거나, 강철을 써야 할 곳에 유리를 대면, 그 어느 것 하나 제대로 기능을 발휘하지 못하게 된다. 기능을 다하지 못하는 것은 고사하고 약간의 충격에도 쉽사리 무너지고야 만다. 그만큼 우리는 이 쉬운 지식들이 도대체 어느 위치에서 어떻게 역할을 해야 하는지를 알지 못한다.

물론 드러커의 생각이라고 해서 완전무결할 수는 없다. 그의 생각에도 결함이 있을 수 있고 논리상 허술한 부분이 보일 수도 있다. 특히 비판에 능한 학자들이라면 얼마든지 드러커의 글을 비판할 수 있을 것이다. 그런 비판은 언제나 가능하다. 드러커 자신도 오늘날 변화한 세계에서 자신이 과거에 펼쳤던 생각 중 타당하지 않거나 결과를 내는 데에 도움이 되지 않는 내용은 언제나 포기해야 한다고 생각했다.[3] 그러나 그는 우리에게 특정의 이론, 지식을 주장한 것이 아니라, 그의 글을 통해 세계를 읽고 사유하는 고유한 방식을 펼쳐 보였다는 데에 의미가 있다.

경영상의 여러 문제에 대해 드러커가 제시한 지침들은, 드러커 외에 다양한 경영의 교사들이 제시했던 내용과 유사한 것도 있고, 상이한 것도 있다. 만약 유사하다면 독자에게 그 내용은 자연스럽게 타인의 입을 통해 재확인되는 것이다. 반대로 상이하다면 과연 무엇이 옳은 접근인지 원점에서 재검토하는 계기가 될 것이다. 진정 올바른 지식은 자신이 올바른 지식임을 강요하지 않는다.

『하버드 비즈니스 리뷰Harvard Business Review』의 드러커 탄생 100주년 기념 특집호에서 켄트로우Alan M. Kantrow 교수가 말했던 것처럼, 우리가 드러커를 읽는 이유는 그가 말한 지식 자체를 배우려는 데에 있지 않다. 그런 지식이라면 여타 경영학 교수들도 보다 세련된 언어로 표현한 것들이 많

3 엘리자베스 하스 에더샤임 지음, 이재규 옮김, 『피터 드러커, 마지막 통찰』, 명진출판, 2007. 번역자 이재규의 말 p. 7 저자의 감사의 글, pp. 380~381 참조.

다. 우리가 그의 글을 읽는 이유는 어느 한 지식의 프레임에 치우치지 않고 전체의 관점에서 역사, 자료, 이론, 직관을 엮어 가며 숨어 있던 경영의 원리를 도출해 내는 그의 사유 방식을 경험하기 위해서다.[4]

그런 사유를 통해서 독자는 드러커의 정립된 지식을 얻는 것이 아니라, 자신이 직접 여행하는 경험을 누리게 된다. 그런 의미에서 본서를 통해 독자들이 드러커에 대해 약간의 실마리라도 잡았다면 원저를 통해 드러커가 거닐었던 생각의 숲길을 직접 걷는 기회를 마련하기를 권유한다.

드러커의 사상이 낡은 사상으로 취급되는 날이 빨리 와야 하는 이유

드러커를 가리켜 이미 낡은 시대의 사상가로 여기는 사람들도 많다.[5] 그러나 그가 1950년대 이후 쉼없이 주장했던 목적, 목표, 자율, 강점, 성과, 피드백, 혁신의 경영 원리가 과연 오늘날 조직의 보편적인 문화로 얼마나 수용이 되어 있는가를 되물어 본다면, 섣불리 낡았다고 단언하지 못할 일이다. 그만큼 그의 주장은 여전히 현재 진행형이다.

비유하자면 소수의 선각자들이 양성평등에 눈을 뜨고 그 실현을 주장한 이래, 구미에서나 아시아권에서나 여성의 참정권, 균등한 교육과 사

4 Alan M. Kantrow, 「Why Read Drucker」, November 2009, Harvard Business Review, pp. 72~82. 이 글은 원래 1980년에 출판됐던 글을 2009년 『하버드 비즈니스 리뷰』 특집호에 다시 게재한 것이다.

5 낡기로 치면 스미스, 마르크스, 슘페터, 케인즈는 드러커보다 더하면 더했지 결코 못하지 않다. 하물며, 공자, 맹자, 한비자, 순자, 관자, 율곡, 퇴계, 다산은 어떤가? 그러나 사람들은 아직도 그들의 생각을 공부한다. 그렇다면 왜 오래된 것을 공부하는가? 현실을 해독할 수 있는 사유법이 여전히 그곳에 남아 있기 때문이다.

회 활동의 기회, 성차별 언어 사용을 부끄러워할 줄 아는 문화가 이 사회에 확산, 정착되기까지 얼마나 오랜 세월 많은 사람의 노력이 필요했는가? 모든 사람은 평등하다는 기본 사상이 이미 알려졌음에도, 출생 신분에 따라 계급이 나뉘는 카스트 제도 같은 것이 왜 아직도 지구상에서 사라지지 않고 있는가?

마찬가지로 아직까지 우리나라 경영자들의 사고와 조직인들의 언행이 여전히 전근대적인 관행에 머물러 있지는 않은지 자성해 볼 필요가 있다. 사회의 지속과 건강성을 유지하는 지배적 기구로서 책임이 있는 기업의 상당수가 불합리, 타성, 단견, 강제와 지시, 탐욕의 굴레에서 벗어났다고 말할 수 있을까? 인간의 자유와 평등을 구현하는 지도적인 공간이 되어야 할 기업 조직이 오히려 이들을 억누르고 그들을 노예 같은 급여생활자나 쓰다 버리는 소모품 정도로 전락시키는 현실이 얼마나 개선되었다고 말할 수 있을까? 그런 의미에서 드러커의 사상이 구태의연한 사상으로 취급되는 날이 어서 오기를 바랄 뿐이다.

해서는 안 될 일과 이미 익숙한 것들을 포기하기란 항상 고통스럽고 어려운 일일 수밖에 없음을 누구나 안다. 그러나 그 일이 정말로 쉬운 일이라면, 이 세상 모든 현자들의 외침이 존재할 이유가 없다. 말하지 않아도 누구나 쉽게 다 그렇게 할 수 있다면, 반드시 그렇게 해야 한다거나 해서는 안 된다거나 하는 말조차 필요가 없을 것이다.

사라져 가는 기적을 다시 꾸준한 일상으로 되살릴 수는 없을까?

한국 경제가 저성장의 늪에 빠졌다고 한다. 세계 경제 탓이라는 핑계는 이제 그만 대자. 경제학자나 전업 논평가들은 기업이 창조적 파괴를 통해 새로운 시장을 창조해야 한다고 눈만 뜨면 외친다. 하지만 그토록 열혈에 찬 지식인들은 당사자가 아니다. 우리에게는 일어나라고 외치는 사람 100명보다, 막상 험지를 향해 자리를 박차고 나설 기업가 한 사람이 더 소중하다. 물론 황야에 외치는 사람조차 한 명도 없다면 더 이상하겠지만, 막상 실천해야 할 주체들이 옛 습관에 사로잡혀 있는 한 아무런 구원도 일어나지 않는다.

우리나라는 해방 이후 그 짧은 기간에, 세계사에서 드물게 절대 빈곤을 딛고 기적처럼 도약했다. 조선 후기 지배층이 이권 싸움으로 골몰하고 평민은 털릴 대로 털려 초근목피로 연명하다 일본의 노예가 되고 다시 사회주의 세력의 폭침으로 폐허가 됐던 나라가 이렇게 살아났다는 것은 도무지 상상조차 할 수 없는 일이었다.

그런데 한때의 성공을 가능하게 했던 그 위대한 에너지가 다시 거짓말처럼 사라지고 있다. 오히려 그 시대에나 통했던 낡은 경영자들의 사고는 그대로 남아 풀섶 아래 덫처럼 우리를 붙잡고 있다. 대중이 대기업을 바라보는 시선은 이제 찬탄이 아니라 증오가 되었고, 벤처들조차 그토록 비난했던 선배 대기업의 구태를 닮아 가고 있다. 모두가 새로운 정신으로 채우고 지금 다시 일어서지 못하면, 우리는 다시 세계 시장에서 2류, 3류 경제로 전락할지도 모른다.

기업가들이 손을 놓고 있는 것은 절대 아니다. 그들이야말로 현장에서 가장 골몰하고 고뇌하는 주체들이다. 무슨 거창하게 이 나라, 이 사회를 위해서라기보다, 당장 생존하기 위해서라도 그래야 한다. 그러나 오직 생존하기 위해서뿐이라면 부끄러운 일이다. 왜냐하면, 드러커가 말했던 대로 기업은 오늘날 참으로 지도적인 사회 기구이기 때문이다. 과거 절대 군주, 귀족, 종교 지도자들이 차지했던 지위쯤은 훌쩍 넘어 전혀 차원이 다른 사회적 권력으로 등극했기 때문이다. 기업은 이 사회의 생사여탈권을 쥐고 있다. 정치가는 기업에 기생하고 지식인조차 기업이 있어야만 숨을 쉴 수 있다. 이 중요한 존재가 사회의 물질적, 정신적 기둥이 되기는커녕 당장의 생존밖에는 아무것도 보려 하지 않는 모리배처럼 사고하고 행동한다면, 도대체 말이 안 된다. 이제 기업가는 경제인 이상의 존재여야 한다.

물론 기업가가 경제인 이상의 존재로 격상하려면, 먼저 경제인으로 철저히 생존할 수 있어야 한다. 이 생존이야말로 기업의 1차적 의무다. 그래서 기업가들은 오늘도 수많은 경영 서적에서 길을 찾고 있다. 그러면서 다시 기적을 바랄지도 모른다. 기업가의 진정한 기적은 절대로 마술사가 보이는 한순간의 현란한 연출처럼 오지 않는다. 오히려 가장 둔하게, 느리게, 평범하게, 지리할 정도로 힘겨운 훈련과 피드백과 실천 끝에 온다.

차례

PETER DRUCKER

1부

사람 경영

지식 노동자를 둘러싼 오해와 진실

Peter Ferdinand Drucker

1

과연 한 명의 천재가 수많은 사람을 먹여 살리는가

이건희 회장의 천재 경영론 논란

삼성그룹의 이건희 회장은 2003년 6월에 이른바 천재 경영론을 주창했다. 이 주장의 핵심은 한 사람의 천재가 수만 명을 먹여 살린다는 것이다. 당시는 이 회장이 삼성의 '신경영 선언 10주년을 맞는 시기였기 때문에 이 주장은 삼성그룹 내부는 물론이고 한국 사회 전반에서 많은 반향을 일으켰다

"오래전부터 5~10년 뒤 우리나라가 무얼 먹고 살아가야 할지 고민했는데, 바로 이거다 하는 것이 떠오르지 않았습니다. 세상 흐름이나 기술 발전이 너무 빠르기 때문이죠. 그래서 내린 결론은 미래를 책임질 수 있는 뛰어난 인재를 찾아내고 키우자는 것이지요(조선일보, 2003. 6. 15.)."

이건희 회장은 21세기가 머리로 싸우는 두뇌 전쟁의 시대라고 정의했다. 그러면서 빌 게이츠가 소프트웨어 하나를 개발해서 1년에 수십억 달러를 간단히 벌어들이고, 수십만 명에게 일자리를 제공할 수 있다는 사례를 들었다. 삼성에서는 첨단 D램 개발의 주역인 황창규 삼성전자 사장 같은 사람을 그런 반열에 꼽았다. 일본이나 미국보다 땅도 좁고 시장도 작고 자본도 적은 우리나라가 성장을 지속할 수 있는 길은 오직 탁월한 인재를 키우는 데에 있다. 동시에 이건희 회장은 능력과 실적에 상관없이 대우를 똑같이 받는 조직 문화에 대해서 거부감을 표현했다.[1] 탁월한 인재는 평범한 사람들과 분명히 다른 만큼 그에 걸맞게 대우를 받아야 한다. 그룹을 이끌어 갈 초특급 인재에 대한 그의 선호와 갈망, 그리고 철저한 능력주의에 대한 신념이 이런 식으로 표현된 것이다.

당시 이건희 회장의 주장에 대해 많은 경영자들이 다양한 반응을 보였다. 구본무 LG그룹 회장은 "한두 명의 천재보다는 유능한 리더인 CEO를 육성하는 것이 중요하다"고 말했다. 김재철 동원그룹 회장은 "한 사람의 천재보다 힘을 합칠 수 있는 다섯 사람의 범재가 필요하다"고 했다.

이 회장이 유독 빌 게이츠를 예로 들었던 것을 보면, 그가 염두에 둔 천재는 주로 과학이나 기술에 기반을 둔 혁신적이고 창의적인 사고를 할 수 있는 인물이었음을 알 수 있다. 이런 암시 때문이었는지 이건희 회장의 주장은 이공계 중심 사고라는 오해를 받기도 했다.

3년 뒤 유한킴벌리의 문국현 대표도 천재 경영론에 반대하는 견해를 밝혔다. 그는 오랫동안 드러커의 사상에 심취해 있었던 인물이다. 문국현 대표는 드러커의 지식노동자의 성과 창출 원리, 인적 자본 투자와 평생

1 앞의 신문, 6월26일 자.

학습 사상을 자신이 몸담았던 조직에 정착시킨 것으로도 유명하다. 그는 KBS와 함께 가진 인터뷰에서 "한 명의 천재보다 다수 구성원들의 역량이 더 중요하다"고 말했다. 천재 경영론이 전적으로 틀렸다는 것이 아니라, 어느 정도 맞는 부분이 있지만 그것이 전부가 아니라는 주장이었다.

모든 기업들이 우수한 인재를 찾지만 현실에는 그런 인재가 드물다

이건희 회장의 견해는 맞다. 그러나 완전하지는 못하다. 왜냐하면 그의 주장은 정작 그 스스로 실천했던 중요한 요소들과 아직 조화를 이루지 못하고 있기 때문이다. 그는 이미 경영자로서 목표와 성과, 피드백과 강점, 다양한 지식 통합의 원리들을 실천했다. 특히 불확실성에 직면해서 내린 의사 결정과 잇따른 실행력은 이 회장의 커다란 강점이었다. 그러나 그가 이룩한 이 모든 성과들이 '천재 경영'이라는 한마디 말 뒤에 숨어 버리면, 사람들은 오도당하기 쉽다. 그가 자신의 천재 경영론을 폄하하는 여러 경영자와 평론가들에게 서운한 감정을 느낀 것도 당연하다.

기업을 경영하는 사람들은 누구나 우수한 인재를 찾는다. 구글의 창업자인 세르게이 브린Sergey Brin과 레리 페이지Larry Page 스스로도 이미 탁월한 인재였지만, 그들이 만든 조직은 세계 최고 수준의 인재만을 찾기로 유명하다. 수급의 장단이 이처럼 잘 맞을 수가 없다. 구글과 같은 회사에서 엿보이는 비전과 최고의 근무 환경은 그런 인재들을 빨아들이기에 손색이 없다. 천하의 구글이 입사를 제안했는데 거절할 사람이 있겠는가?

삼성전자도 분야별로 최고의 인재를 영입하는 데에 특별히 집중했다.

전설적인 게임 개발자 리처드 게리엇은 엔씨소프트에서 퇴직한 직후 우주여행을 다녀오기도 했다.

천재 경영론이 등장했던 그해부터 삼성전자는 실리콘 밸리에 연구소를 설립했다. 그리고 소재, 반도체, 하드웨어, 소프트웨어에 이르는 다양한 영역에서 인정받는 글로벌 특급 인재들을 영입했다. 그들은 한결같이 HP, 노키아, MIT미디어랩 등에서 빛나는 성과를 이룩한 실력자들이었다. 그 뒤 우리나라의 많은 기업들이 해외의 유명 인재를 영입하기 시작했다. 기아자동차는 2006년에 세계적인 자동차 디자이너 피터 슈라이어Peter Schreyer를 최고디자인책임자로 영입했고, 엔씨소프트는 전설적인 게임 개발자인 리처드 게리엇Richard Garriott을 영입했다. 그러나 이렇게 영입한 결과는 일률적이지 않았다. 기대했던 혁신에 성공한 경우도 있었고 큰 성과 없이 끝난 경우도 있었다.

모든 기업들이 구글이나 삼성전자 같은 조건을 갖추고 있는 것은 아니다. 일류 기업들이 저 위에서 순서대로 가장 먼저 우수한 인재를 앗아가는 동안, 저 아래에 있는 많은 기업들은 과히 일류라 할 수 없는 인재들로 만족해야 하는 상황이다. 하물며 대기업 군에 들지도 못하고, 안정된 중견기업으로 자리 잡지도 못한 중소기업들은 어떨까? 우리나라의 많은 대졸자들은 지방 소재 중소기업에는 눈길을 좀처럼 주지 않는다. 그런 중소기업들이 우수한 인재를 상대로 아무리 근사한 비전과 남부럽지 않은 근무 조건을 제시해도 단지 지방에 있다는 이유로, 그리고 유명하지 않다는 이유로 자주 외면당할 가능성이 높다. 초일류 기업이 아닌, 대부분의 기업들에게 천재 경영론은 손이 닿지 않는 곳에 달린 열매에 불과하다.

세계 최고의 인재까지는 바라지 않는다. 당장 하루하루 닥치는 일들이라도 제대로 처리하는 직원이 대부분의 조직에서는 갑이다. 그러나 현실에서 만나는 직원들은 대개 아슬아슬하다. 그나마 쓸 만해서 위안이 됐던 직원들은 꼭 사내의 유망한 부서에서 차출해 가거나, 어느 날 갑자기 더 좋은 직장으로 옮겨 간다. 초특급 인재는커녕 정상적으로 업무를 처리해 낼 직원들과 함께 일할 수 있다는 것만으로도 경영자에게는 큰 행운이다.

경영자는 늘 혁신의 필요성을 느낀다. 아이디어를 내 봐라, 기획안을 만들어 봐라 해도 영 신통치 않다. 의욕적으로 새로운 일을 추진하려고 해도 직원들의 역량이 따라 주지 않는다. 저자가 안산 시화공단에 소재한 모 대학에서 현장 CEO들을 대상으로 강의를 했을 때 그들이 한결같이 호소하던 애로였다. 아무리 혁신의 필요성을 외치고 위대한 경영 사상을 접한들 무슨 소용이 있겠는가? 맡기고 싶어도 맡길 수가 없다. 뽑고 싶어도 뽑을 수가 없다. 결국은 경영자 혼자서 고심하고 문제를 해결하기 위해 발버둥치는 일상만이 이어진다. 물론 모든 기업이 이렇지는 않겠지만 문제 있는 직원을 아무리 개선시키려고 노력해도 좀처럼 개선되지 않는다. 업무 역량은 물론이고 일에 임하는 자세조차 달라지는 것이 없다. 무엇이 어디에서부터 잘못된 걸까?

이런 현상이 일어나는 가장 큰 이유는 물론 채용 단계부터 이 조직의 일에 맞지 않는 사람을 뽑았기 때문일 가능성이 가장 높다. 그러나 조직이 진정으로 원하는 유형의 인재를 채용한다는 것은 경영이 안정되어 있고 지명도가 있으며 자금력과 근무 환경이 양호한 극소수의 기업에서나 가능한 일이다. 오래전 일이다. 국내 및 글로벌 완성차 회사에 수십 년 가까이 핵심 부품을 납품해 온 중견기업에서 우수한 기획 관리 인력이 늘 아쉬웠다. 충분히 지원이 가능할 것 같은 몇 명의 후보들에게 의사를 타진했으나, 그 회사가 지방에 있다는 사실이 최대 걸림돌이었다. 결국 원하는 채용은 실패했다.

그러니 이런 기대는 잠시 접고 다시 현실로 돌아오자. 대부분의 경영자들이 만나는 직원들은 평범한 사람들이다. 초특급 인재를 찾는 경영자의 눈에는 결함투성이일지 모른다. 그러나 이는 전혀 잘못된 일이 아니다. 이것이 정상이다. 피하고 싶어도 어쩔 수 없이 그들과 함께 일해야 한다. 그렇다면 어떻게 할 것인가?

조직은 평범한 사람들이 비범한 성과를 내도록 하는 곳이다

조직은 평범한 사람들이 비범한 성과를 내도록 하는 곳이다. 이 말은 비버리지 경Lord Beveridge의 말을 드러커가 그의 『경영의 실제』에서 인용한 것이다. 그 어떤 조직도 천재에 의존할 수 없다. 그렇다면 천재는 과연 어떤 역할을 하는가?

"1880년 경 이전에, 발명은 신비로운 것이었다. 19세기 초의 책들을 보면 '천재의 영감'이라는 표현이 끊임없이 등장한다. 발명가는 대개 반은 낭만주의자, 반은 황당무계한 성격을 지닌 인물, 그리고 외로운 골방에서 뭔가를 두드려 맞추고 있는 괴짜로 묘사되었다. 1914년에 이르러 1차 세계대전이 발발하면서 발명은 비로소 '연구'가 되었고, 체계적이고 목적이 있는 활동이 되었다. 그것은 이룩할 가능성이 있는 목표로서 몇 가지 예측 가능한 결과들에 초점을 두고 계획하고 조직하는 활동이었다(JnE, p. 34)."

혁신은 주로 천재들이 주도하는 과학이나 기술에 의거한 것이라는 생각은 19세기 말 발명의 시대에나 통하던 것이다. 19세기 말은 에디슨이나 테슬라, 벨과 마르코니 같은 인물들이 영웅으로 대접받던 시절이었다. 이는 조직과 경영의 시대인 20세기에는 전혀 맞지 않다. 사람들은 흔히 비운의 발명가, 불운한 천재라는 표현을 쓴다. 아쉽지만, 이런 표현은 완곡어법에 불과하다는 사실을 깨달아야 한다. 그런 표현들은 경영을 통해 고객을 창조하지 못한 제품, 시제품과 모형 상태에서 작업이 끝나고만 프로젝트에 대해 최소한의 경의를 표현하기 위해 구사한 수사법일 뿐이다. 우리는 에디슨이 창업한 에디슨제너럴일렉트릭Edison General Electric이 직류 방식에 대한 그의 고집과 시장 창출 전략의 미흡으로 경영난에 처했다는 사실을 잘 알고 있다. 결국 당시 신발 상인이었던 코핀Charles Coffin이 모건J. P. Morgan의 자금으로 에디슨의 회사를 인수한 뒤, 연구 개발과 마케팅을 체계화, 조직화하면서 오늘날 제너럴일렉트릭GE의 초석이 마련됐다.

이건희 회장이 천재급 인물의 전형으로 꼽은 빌 게이츠는 어떤가? 그가 초창기에 유닉스UNIX를 모방하여 만들었던 소규모 유사 운영체제는

비버리지 경은 조직을 정의하면서 평범한 사람들이 비범한 성과를 내도록 하는 곳이라고 말했다. 피터 드러커는 비버리지 경의 이 말을 그의 저서 『경영의 실제』에 인용하기도 했다. 사진은 1943년경의 비버리지 경.

우연한 계기로 IBM의 하드웨어 사업을 만나면서 시장을 만들 수 있었지만, 정작 마이크로소프트를 글로벌 일류 기업으로 성장시킬 수 있었던 것은, 훗날 합류한 수많은 경영자들과 개발자들의 역량으로부터 탄생한 것이다. 게이츠는 그 중심에서 방향을 잡는 역할만을 했다. 오피스를 비롯한 수많은 주력 상품이 M&A를 통해 성장했지만, 그 의사 결정은 게이츠의 독단이 아니라 수많은 사람의 제안과 지식 통합의 과정을 통해서 이루어졌다. 마이크로소프트의 거대한 현금 창출원이었던 파워포인트는 원래 프리젠테이션 소프트웨어 전문 벤처기업이었던 포어쏘트 Forethought의 제품이었는데, 빌 게이츠는 처음에 임원들이 이 회사의 인수를 제안했을 때 심하게 반대했다. 그러나 개인의 선호와 판단을 잠시 뒤로하고, 한 조직의 경영자로서 문제를 다시 검토해 본 그는 자신의 생각을 철회했다. 파워포인트의 성과는 한 사람의 천재가 이룩한 것이 아니라, 조직이 해낸 것이다.

천재보다는 조금 온건하지만 특급 또는 초특급 인재라는 표현도 자칫 경영자들에게 환상을 심어 주기에 알맞다. 특급 인재를 육성하는 정책에

제너럴일렉트릭은 신발 상인이었던 코핀이 모건의 자금으로 에디슨의 회사를 인수한 뒤 초석을 다진 회사다. 사진은 1896년 뉴욕 스케넥터디에 있었던 제너럴일렉트릭 공장 모습이다.

는 분명히 장점이 있다. 선별된 인재는 조직으로부터 인정받는 순간 자신감과 열정으로 그 능력을 한층 더 발휘할 동기를 얻게 된다. 이런 인재는 종종 A급보다 높은 S급으로 분류되고 향후 임원이나 관리자로 승진할 때 최우선 순위를 확보한다. 그러나 이 정책에는 그에 상응하는 단점이 있다. 유망한 인재에 들지 못한 사람들은 자신이 상대적으로 존중받지 못하는 존재임을 암암리에 느끼게 된다.

조직은 단지 노동자에게 임금을 주고 일을 시키는 곳으로 끝나서는 안 된다. 조직은 경영자를 개발하는 곳이어야 한다. 구성원들에게 오직 일을 시키기만 하고, 그들을 경영자로 개발해 놓지 않은 조직은 사망 선고를 받아 놓고 매일을 영위하는 중환자와 다를 것이 없다. 그러나 경영자 개발을 특별히 유망한 인재를 발굴해야 한다는 의미로 해석하는 것처럼 위험한 일도 없다.

"(경영자 개발에서) 어떤 기업이 할 수 있는 최악의 선택은 촉망받는 인재들을 육성하고 거기에 들지 않은 사람에 주의를 기울이지 않는 행동이다. 한 10년쯤 지난 뒤에 살펴보라. 기업의 전체 업무의 80퍼센트 정도는 잉여로 분류되었던 바로 그 사람들이 해내고 있음을 알게 될 것이다. 촉망받는 소수의 인재들에게 부여된 비전을 그 잉여 인력들이 이해하고, 수용하고, 행동으로 옮길 수 있도록 개발되어 있지 않다면, 그 조직에는 아무런 변화도 일어나지 않는다. 10명 중 잉여로 분류된 8명은 당연히 자신의 존재가 조직으로부터 존중받지 못하고 있다는 사실을 느끼게 될 것이다. 그들은 결국 목표를 달성할 의지도, 보다 생산적이고 싶은 열망도, 새로운 일들을 시도하고자 하는 생각도 이전보다 줄어든 채 그냥 나날을 보내게 될 것이다(MTRP p. 423)."

조직이 누군가를 특급 인재로 분류하여 특별 관리하는 순간, 그 대상이 되지 않는 사람들의 목표는 미세하게 조직 전체의 목표와 어긋나기 시작한다. 아무리 노력해도 특급 인재로부터 배제당할 운명임을 자각하는 순간 자신은 조직에서 별로 중요한 존재가 아니라는 생각이 무의식 속에서 싹트게 된다. 그에게는 경영자로 성장하기보다 단지 소극적인 작업자로 머물고자 하는 동기가 자리 잡게 된다. 특히 함께 일하던 동료가 아무런 책임과 지위를 부여받지 못한 상태에서 사실상의 후계자로 지명되는 순간, 조직에는 균열이 생긴다. 이는 그렇게 지명된 당사자의 조직 생활에도 큰 위해가 된다(MTRP p. 424).

경영자가 조직의 지속을 기대할 수 있는 가장 강력한 근거는 천재나 특급 유망 인재의 능력이 아니라, 모든 구성원마다 지닌 고유한 강점을 발견하고 그것들을 존중하는 데에서 나온다. 이때 개인마다 상이한 여러 지식과 강점에 차별을 두어서는 안 된다. 다만 일의 목적상 특별히 어떤 사업이나 기능을 중시하는 것은, 고객 창조의 관점에서 가치에 우선순위를 두는 것일 뿐 결코 지위와 권한에 차별을 두는 것이 아니다. 예를 들어서 잡스가 지휘했던 2000년대의 애플은 디자인이 최우선이었고 마케팅은 그다음이었다. 그렇다고 해서 그가 마케팅을 차별한 것은 아니다. 마케팅 담당자들은 그에 걸맞은 강점을 발휘해서 최고의 성과를 낼 것을 늘 요구받았다.

기업에 몸담은 사람들은 적어도 개인으로 보면 평범한 사람들에 불과하다. 반면에 조직은 각각의 강점에 의거하여 성과를 낼 수 있는 비범한 인물로 그들을 탈바꿈시켜야 할 과제가 있다. 사람마다 재능의 차이가 있다. 또한 세상에는 천재가 분명히 있다. 평범한 프로그래머가 몇 달을 분투해도 짜기 어려운 코드를 며칠 만에 새로운 알고리즘으로 구현해 놓는 괴물 개발자가 있다. 사람들은 천재를 부러워한다. 모차르트와 베토벤을 만일 오늘날 음악 창작 회사에 정규직으로 고용하면 어떤 일이 일어날까? 그들을 상대로 매월 타 부서와 비교하면서 성과 점검을 하고, 주간 회의에서 공손한 자세로 사장님 앞에서 경과를 보고하라고 시킨다면 그들은 어떤 느낌을 받을까?

천재는 적어도 조직 안에 들어오는 순간 그의 강점과 역할만을 남긴 채 그의 재능은 철저하게 조직의 목표에 복속시켜야 한다. 그것이 조직이 천재에게 부과한 역할이자 책임이다. 적당한 수준의 재능을 지닌 사람들을 모아서 천재 이상의 성과를 내도록 하는 것은 분명히 경영자의 일이다. 그 이유 때문에 조직이 있는 것이다. 그렇지 않다면 조직이 있을 필요가 없다. 혼자 알아서 생각하고 일하도록 놓아두면 될 것이기 때문이다. 경영자는 탁월한 능력이 있는 사람을 찾아서 써야 할 책임이 있다.

그러나 이 탁월함을 천재라는 단어로 포장해 버리면 수많은 사람이 오도당한다. 대신에 '강점'이라는 단어를 사용하자. 천재는 희소하지만 강점은 누구에게나 있기 때문이다.

잡스는 픽사Pixar에서 온전한 컴퓨터 그래픽만으로 이루어진 애니메이션, 「토이 스토리Toy Story」를 완성하기 위해, 그 일에 오로지 '강점'으로 충만한 수학자와 프로그래머들을 고용했다. 정작 잡스 자신은 수학과 프로그래밍의 세부 내용을 알 리 없었지만, 그런 '강점'을 지닌 인력을 알아보고 확보할 수 있다는 것이 그의 강점이었다.

이렇게 함께 일하게 된 인재들을 더 이상 '천재'라는 단어로 부르지 말자. 이것은 조직 내에서 천재가 아닌 인간들로 분류되는 타인에 대한 모독일 뿐만 아니라, 오히려 천재로 일컬어지는 그들에 대한 모독이기도 하다. 천재는 함께 일하는 사람과 조직을 생각하지 않고 자신의 실력과 재능에만 도취해 있는 사람일 가능성이 높기 때문이다. 조직에서 일한다면 천재라 불리는 것을 오히려 부끄럽게 여겨야 한다. 다만 그 일에 '강점'이 있는 사람으로 인정받고 있음을 한없이 자랑스럽게 생각해야 한다.

만약 경영자가 목표하는 사업에 필요한 강점을 현재 구성원 그 누구에게서도 도저히 발견할 수 없다면 어떻게 할 것인가. 그래서 외부의 전문 인력을 수혈하고자 하는데 그것도 여의치 않다면 어떻게 할 것인가? 이때 두 가지 길이 있다. 첫째, 그런 강점을 요구하는 사업을 아예 시작조차 하지 않는 것이다. 또는 포기하는 것이다. 강점에 기반을 두고 그 누구보다도 탁월해질 가능성이 없는 사업은 아예 사업 목록에서 지워 버리는 것이 올바른 결정이다. 둘째, 그 경영자가 '경영'에 강점이 없음을 자인하는 것이다. 함께 일하는 구성원을 늘 관찰하고 그들에게 성과 창출의 책임과 기회를 적절히 부여해 온 경영자라면 그 구성원의 강점과 약점을 모를 리가 없다. 만약에 몰랐다면 경영자에게 문제가 있는 것이다. 그런 경영자는 자신의 자리를 경영자로서 보다 '강점'을 지닌 다른 사람에게 넘기는 것이 맞다. 그리고 자신은 강점이 있는 조직 내 다른 자리를 맡아야 한다. 우리는 실리콘 밸리의 창업자가 일정한 규모 이상으로 회사가 성장한 뒤에 자신은 개발자로 옮기고 최고경영자의 일은 다른 사람에게 맡기는 경우를 종종 본다. 인간의 에고ego 상 이것은 어려운 일이다. 그러나 이 일을 해내는 사람만이 개인의 성공적인 삶과 자신이 속한 조직의 성장에 제대로 기여하는 것이다.

2

직원은 교육시키는 것이 아니다

개인화, 현장화하는 직원 교육

국내 모 그룹사에서는 대학 MBA 과정과 연계하여 임원 후보자들을 교육시켰다. 매우 좁은 문을 통과해야 이 후보에 오를 수 있었다. 모든 부장급 이하 직원들에게는 선망의 대상이었다. 이 교육을 받는다는 것은 선택된 인재로 인정받는다는 것을 의미했고 당사자에게는 큰 자부심이었다. 후보자 선발 과정은 주로 상사의 추천에 의존했다. 이때 상사가 휘하에 일하는 인력의 강점과 약점, 임원으로서 성과를 달성할 수 있는 잠재력을 공정하게 판단해서 추천해 줄 수만 있다면 이 절차는 효과가 있었을 것이다. 그러나 사람들은 강점과 성과에 앞서 우선 상사에게 인간적으로 잘 보이려는 행동을 하게 된다. 실제로 그런 일들이 일어났다. 이렇게 선발된 직원들은 회사가 제공하는 크나큰 특전을 오히려 개인의 이익을 추구하는 데에 사용했다. MBA 과정에서 형성되는 인맥은 소속된 조직의 성과에 기여하는 자산이 되기보다는, 개인의 인맥으로 변했다. 물론 직원은 만일 임원으로 승진하지 못할 경우에 대비하거나, 아예 처음부터 임원 승진은 염두에 두지 않고 독립을 생각할 자유가 있다. 이런 자유는 존중받아야 한다. 평생을 오직 조직에만 충성할 것을 요구해서는 안 된다. 문제는 개인의 투자가 아니라 교육비가 회사의 자원으로 동원되었다는 사실이다. 여기에 개인의 자유와 조직의 목적 사이에 부조화가 발생한다.

앞의 예는 다소 극단적인 예이기는 하지만, 아직까지 많은 회사에서 발생하는 현실이기도 하다. 모든 글로벌 기업들은 매년 직원 훈련과 교육 프로그램에 막대한 예산을 지출한다. 구글도 예외가 아니었다. 구글은 사내에 보다 많은 프로그램을 만들고 보다 많은 직원들이 참가하도록 독려했다.

그러나 교육 프로그램을 개설하는 것까지는 누구나 할 수 있는 일이다. 정작 중요한 것은 실행 과정에서 두 가지 요건이 준수되는 일이다. 하나는 정말로 필요한 사람이 교육 프로그램에 참여할 수 있도록 하는 것이고, 다른 하나는 교육 프로그램의 효과에 대한 피드백이다. 첫째 요건을 만족시키기 위해, 전 직원, 전 관리자의 참석을 강제하는 일이 과연 필요한지 재고해야 하고, 현재 하고 있는 과업의 추진에 장애가 되지 않는지를 잘 감안해야 한다. 둘째 요건을 만족시키기 위해서는, 효과 없는 교육 프로그램은 신속히 폐지하고 효과 있는 교육 프로그램은 더욱 강화하고 개선해야 한다. 구글은 이 두 가지 요건이 다 충족되도록 교육 프로그램을 운영한다. 구글은 모든 학습 경험을 개인화하고 맞춤화하는 데에 주력한다.

교육 전문 기업인 휴넷은 기업의 연수 프로그램이 제공되는 형태를 크게 정형 학습과 비정형 학습의 두 가지 목적으로 구분한다. 정형 학습이란 주로 내부 또는 외부에서 코스 형태로 제조되어 있는 프로그램을 통한 학습이다. 비정형 학습이란 직원들이 해당 과업 수행에 필요한 구체적 지식을 학습하는 것이다. 휴넷은 이 가운데 실제 교육 효과가 비정형 학습에서 대부분 나온다는 사실을 알고 있었다. 물론 정형 학습이 효과가 전혀 없는 것은 아니다. 일반적인 지식을 주입하는 데에는 정형 학습이 어느 정도 효과가 있다. 그러나 이 모든 프로그램보다 더 효과적인 것은 일을 통해서 배우는 학습, 즉 OJT[On the Job Training]다. 그래서 휴넷은 이른바 702010 시스템을 직원 연수의 가장 이상적인 공식으로 삼았다. 이는 조직에서 수행되는 지식 형성 경로 중 70퍼센트는 일과 학습의 결합, 20퍼센트는 비정형 학습, 10퍼센트는 정형 학습을 통해서 이루어지도록 해야 한다는 것이다.

과거의 교육은 오프라인 또는 온라인 프로그램을 막론하고 정형 학습이 100퍼센트에 가까웠다. 그러나 이제 정형 학습의 시대는 끝나고, 점점 비정형 학습과 OJT를 통한 학습 방향이 높은 비중을 차지하고 있다. 최근에는 SNS 공간에 업무와 관련된 지식, 아이디어를 영상이나 텍스트로 올리면 여러 사람들이 관련된 정보를 추가하면서 학습이 강화되고 있다. 드러커는 생전에 SNS가 이토록 활성화되는 모습을 보지 못했지만, 기업의 정보 교환, 지식 축적 과정은 그가 말했던 방향으로 점점 이행되고 있다고 보인다.

드러커가 말했던 지식 조직, 지식 사회에서, 이제 직원 교육은 단순히 지식노동자의 생산성 향상을 위한 여러 방법 중 하나가 아니다. 그것은 생산성 향상을 위한 유일한 방법이다. 중요한 점은 오늘날 그 방법이 과거처럼 일방적인 강의나 주입이 아니라, 현장의 과업 중심, 그리고 지식노동자의 자발적 참여 중심으로 바뀌고 있다는 사실이다.

지식이 모든 성과의 원천이 된 사회

드러커는 이 시대의 사회는 여전히 자본주의이자 시장경제로 남아 있을 것이라고 말했다. 이는 사회주의와 계획경제가 그 야심찬 시도에도 불구하고 실패로 끝난 것과 대조적이다. 그러나 이 시대의 자본주의, 시장경제는 분명히 전 시대의 그것과 다르다. 무엇이 다른가? 바로 '정보자본주의information capitalism'라는 점이 다르다. 이 자본주의의 특징은 지식이 모든 경제 활동의 가장 중요한 자원으로 자리 잡았다는 사실이다. 전 시대의 금융자본주의financial capitalism[1]에서는 화폐 자본이 중심이었고, 사회주의나 수정자본주의에서는 지식 자본을 중앙 기구에 집중시킨 뒤 계획하는 능력이 핵심이었다. 그러나 오늘날 지식은 가장 중요한 자본으로서 모든 단위 조직, 모든 단위 노동자가 자율적으로 갖추어야 할 필수 요소가 되었다(PCS pp. 181~193).

또한 경영자는 과거처럼 단순히 업무를 지도·감독하는 사람이라는 의미에서 벗어나, 지식들을 적용해서 성과를 내는 데에 책임이 있는 사람이라는 의미로 재정립됐다(PCS p. 44).[2] 과거 같았으면 표면상 자본이나 노

---

1 독일의 마르크스 경제학자 힐퍼딩(Rudolf Hilferding)이 자본주의가 사회주의에 도달하기 이전 최후 단계의 형태라고 지칭한 개념이다.

2 드러커는 이 적용이 결국 '통합'이라고 했다. 통합의 대상은 경영자 또는 중간관리자를 중심으로 상하좌우의 여러 일들(MTRP p. 393)일 수도 있고, 하나의 과업을 성취하기 위한 여러 부분 요소들(PoM pp. 293~296)일 수도 있지만, 이 모든 통합은 궁극적으로 성과를 내기 위해 필요한 지식들을 통합하는 것과 같은 의미가 된다.

금융 자본주의의 상징과도 같은 뉴욕 증권 거래소의 모습(1963년).

동으로 분리됐을 만한 생산요소들도 사실은 그 근저에 지식이 작용하고 있었기 때문에 비로소 성과를 낼 수 있었다는 사실도 분명해졌다. 전통적 의미에서 토지, 노동, 자본은 여전히 역할을 하지만 지금은 지식에 비하면 부차적인 것이 되었다(PCS p. 42). 오늘날 기계는 단순히 쇳덩이가 아니며 설계자의 지식이 체계를 갖추고 구현된 대상일뿐만 아니라, 완성된 기계는 적절한 지식을 지닌 직원이 가동하고 활용할 때에만 비로소 생산적일 수 있다(PCS pp. 64~64). 테일러Frederick Winslow Taylor가 말했듯이 단순해 보이는 사람의 몸 동작조차도 지식에 의거하여 분석하고 재구성하면 한층 생산성을 올릴 수 있다는 사실도 알려지게 되었다(PCS pp. 33~35).

노동자가 성과를 창출하기 위해 필요로 하는 지식이 오늘날처럼 급변한 적은 없었다. 'Drucker'라는 이름은 네덜란드어로 '인쇄업자'라는 뜻이었다. 드러커의 조상은 암스테르담에서 1510년부터 1750년경에 이르기까지 인쇄업을 운영했는데 당시만 해도 젊어서 한 번 배운 지식은 평생토록 특별히 새로 배울 것이 없었다. 16세기에 개발된 기본 기술만으로 모든 것이 충분했다. 사용하는 도구도, 완성되어 나오는 물건도 크게 달라질 것이 없었다(MNS p. 68). 조선 시대에도 할아버지나 아버지가 배웠던 글들을 손자 대에도 거의 그대로 배웠다. 그것만으로 세상을 살아가는 데에 충분했다.

그러나 오늘날 지식이 중심적인 자원으로 표면화된 이후 상황은 급변했다. 어제 통했던 지식이 오늘 쓸모없어지는 일은 늘 일어난다. 낡은 지식에 머물러 새로운 지식을 수용하지 못하는 기업은 급속히 몰락한다. 노키아의 사례에서 보듯이 100년 장수 기업조차도 조직 내의 낡은 지식을 새 지식으로 대체하는 데에 실패하면 속절없이 몰락하는 시대가 되었다. 신모델은 잠깐 사이에 구모델이 된다. 지식이 낡았는가 아닌가 여부는 조직 스스로 규정하는 것이 아니다. 조직이 아무리 자신의 지식이 낡지 않았다고 고집해도, 외부에서 다른 지식들이 속속 등장하면 조직은 자의와 상관없이 비생산적인 지식의 집합소로 전락하고야 만다. 이런 지식 변화의 압박 때문에 기업의 평균 수명이 20세기 후반에만 해도 20~30년 유지되는 경향이 있었지만, 21세기에 접어들면서 20년 안쪽으로 조금씩 단축되고 있다.

질문하는 법과 사고하는 법을 배우기

이렇듯 지식은 단순히 변화하는 데에서 그치는 것이 아니라, 낡은 지식을 새로운 지식으로 지속적으로 대체하지 못하면 조직이 붕괴하고야 만다는 냉엄한 현실을 경영자들은 서서히 깨닫게 되었다. 전에는 교육 훈련이 매우 특수한 활동이었지만 지금은 일종의 관행처럼 되었다. 어느 정도 규모가 되는 기업치고 명사를 초청하여 사내 강좌를 개최하지 않는 곳을 찾기 힘들고, 여러 회사에서 중간관리자들도 진지하게 직원 교육 프로그램을 내부에 도입하고 있다.

지식에는 기능의 역할을 하는 지식과 경영의 원리에 대한 지식이 있다. 드러커에게 경영 지식은 결코 기능, 또는 전문 지식 차원의 문제가 아니었다. 예를 들어서 PERT[3]를 능수능란하게 짤 수 있다고 해서 그가 프로젝트 경영자로서 역량을 갖추고 있다고 볼 수는 없다. 유능한 판매 사원으로서 자신의 전문적인 지식과 노하우로 판매 목표를 달성하는 성과를 보였다고 해서 경영자로서 역량을 갖추었다고 단정할 수는 없다. 경영자는 전문 지식이나 기능과는 전혀 다른 차원의 지식이 필요하다.

그래서 드러커는 비즈니스 경력을 준비하는 데에 박사 학위가 왜 필요한지에 대해 의심스러워했다. 세상에는 회계, 컴퓨터, 세무, 재무, 부동산 등 체계적인 기능 지식이 있다. 누구든 그 분야의 용어와 규약을 익혀야만 학위나 자격증을 부여받는다. 드러커는 오늘날 경영대학원이 기능 위주의 지식을 전달하고 있으며. 경영의 원리에 대한 지식은 소홀히 하고 있다고 생각했다.[4]

전문 지식이나 기능은 목표에 의한 경영의 원리(management by objective, 본서 2부 2장 참조)에 부합하지 않는 내용이면 자원의 낭비만을 초래한다. 현장의 직원들에게 어떤 전문 지식이나 기능이 필요한가 아닌

---

3 Program Evaluation and Review Technique. 작업의 순서나 진행 상황을 한눈에 파악하도록 작성한 것을 말한다.

4 『피터 드러커: 현대 경영의 정신』, p. 500.

가는 현장의 직원들이 가장 잘 알고 있다.

기업에서 제공하는 외부 특별 연수 과정이나, 공식적인 학교의 학위 과정도 그런 면에서 한계가 있다. 이런 교육은 특성상 범용 콘텐츠로 구성될 수밖에 없으며, 그 내용이 경영자의 현실적 필요를 충족시켜 줄 확률은 지극히 낮다.

드러커는 장기 연수 과정에 득보다 실이 많다고 했다. 그 손실의 대부분은 경영자가 현장을 떠나는 데서 오는 것이다(MTRP, p. 480). 그래서 현장에 와서 늘 반추하라고 했다. 그렇지 않으면 시간과 자원을 불필요하게 낭비한 것이다. 단기 연수는 그렇다 쳐도 수년에 걸친 학위 과정은 목표에 의한 경영의 관점에서 보았을 때 그 손실이 지나치게 크다. 기업들은 관행적으로 사내 복지 차원에서, 또는 특급 인재 육성 정책의 일환으로 국내 또는 해외 학위 과정을 지원하는 경우가 있다. 만약에 단지 복지 차원에서 이루어지는 지원이라면 완전히 초점을 잃은 것이다. 그런 연수가 특급 인재 육성을 목적으로 한다 해도 문제는 남는다. 선발된 고급 인력이 그렇지 않은 인력의 동기를 박탈할 가능성이 있기 때문이다.

대개 현실에서 학위 과정은 조직 목표에 대한 기여보다 개인의 경력을 관리하는 수단으로 변질되어 버린다. 선택받은 인재는 의무 근무 연한이 차고 나면, 회사가 그를 붙잡아 둘 만한 특별한 매력이 없는 한, 종종 그 경력을 발판 삼아 이직을 시도한다. 개인으로서는 이익이지만, 그 개인의 이익을 만들어 주기 위해 기업의 다른 자원들이 희생된 것이다. 회사는 그 자금을 당면한 목표 달성에 기여하는 지식과 기술을 습득하는 데에 투입할 수도 있었지만, 그런 기회가 사라진 것이다.

목표를 달성하는 구체적인 방식, 즉 일하는 방식은 결코 교육 과정에서 알려 주지 못한다. 경영자들은 수없이 많은 성공 사례와 실패 사례를 듣고 권위 있는 강사의 이론 강의를 경청한다. 그러나 그가 최고경영자이거나 중간관리자이거나 이렇게 전달받은 방식이 그대로 현장에서 결과를 낳는 지침이 될 수는 없다.

그렇다면 경영 교사들의 생각을 왜 배우는가? 더욱이 드러커의 사상을 왜 읽어야 하는가? 그 이유는 그가 던진 언어들이 일종의 매개자 역할을 하기 때문이다. 드러커는 질문하는 법과 사고하는 법을 제시했을 뿐, 구체적으로 이렇게 하라는 실무 수행 방식을 알려 주지는 않았다.[5] 매개자는 두 현실 어디에도 속하지 않지만 두 현실을 연결하여 새로운 현실을 생성해 내는 데에 기여하는 역할을 한다. 매개가 없으면 두 현실은 분리되어 아무런 창조도 이루어 내지 못한다. 하나의 현실은 타인이 경험하고 해석한 현장이고 다른 하나의 현실은 내가 속한 현장이다. 경영자는 두 현실 간 매개를 통해 자신의 현장에서 전혀 새로운 경험을 창조해 내야 한다. 그렇지 않고 단지 타인의 현장을 그대로 나의 현장에 결합시킬 경우 아무런 성과도 내지 못하거나 커다란 혼란만을 초래할 수 있다. 3M의 15퍼센트 룰[6]이 좋다고 해서, GE나 휴렛패커드의 성과 평가 방식이 탁월하다고 해서, 삼성전자의 인재 육성 정책이 효과가 있다고 해서, 그것을 나의 현장에 그대로 적용하는 것은 어리석은 일이다.

5 『피터 드러커: 현대 경영의 정신』

6 근무 시간 중 15 퍼센트를 회사의 공식적인 업무 이외에 자신이 관심 있는 분야의 연구나 활동을 하도록 허용하는 제도다.

배우는 방법을 배워라

어떤 주제 자체를 배우는 것보다는, 뭔가를 배우는 방법을 배우는 것이 지식노동자에게는 더욱 강력하고 효과적인 무기가 된다. 이것을 드러커는 '학습을 학습하기learning to learn' 또는 '학습하는 법을 학습하기learning how to learn'라고 표현했다. 이를 통해 지식노동자는 변화하는 환경에 보다 효과적으로 대응할 수 있다. 이렇게 얻은 지식은 어떤 주제에 대한 지식이 아니라 그 지식을 발견, 생성, 응용하는 과정에 대한 지식이다(PCS p. 201, NR p. 236).

직원들에게 특정한 주제를 가르치는 것도 유용하지만, 그보다는 자신이 일하는 현장에서 스스로 학습을 추구하도록 하는 일이 더 효과적이다. 그래야만 그들은 지금 자신이 내야 할 결과가 무엇인지, 거기에 어떤 지식이 필요한지, 그 지식을 획득하려면 어떤 수단을 활용해야 하는지, 그리고 그 지식으로 결과를 내려면 어떻게 일해야 하는지를 스스로 찾아낼 수 있게 된다.

목표에 의한 경영은 도달해야 할 결과를 먼저 정한 뒤 거기에 필요한 도구와 지식들을 찾아가는 순서를 보인다. 반대로, 방법을 먼저 찾은 뒤 이것들 이용해서 결과를 만들어 내는 순서라면 그 일은 대부분 실패한다. 이 순서가 얼마나 중요한가에 대해서, 드러커는 『기업의 개념(1954)』에서 한 가지 사례로 설명했다.[7] 제너럴모터스GM는 2차 세계 대전 당시

---

7 물론 이는 '목표와 자기통제에 의한 경영'의 원리가 『경영의 실제』에서 처음 제시되던 시기보다 약 8년 전의 일이다. 드러커가 기업의 개념에서 이 사례를 든 목적은 대량생산 시스템이 사람을 기계에 종속시키는 비인간적 시스템이 아니라는 사실을 설명하려는 것이었다. 하지만 여기에서 제시된 사례를 보면, 훗날 목표에 의한 경영(MBO)으로 등장하게 되는 원리가 이미 맹아의 형태로 싹트고 있었다고 판단된다.

북부 미시간 공장에서 카빈 소총을 제조했다. 원래 그 공장은 자동차 조향 장치를 생산하는 공장이었다. GM은 총기 제조 전문가들로 급히 팀을 꾸렸다. 하지만 노동자들은 한 번도 총을 제조해 본 적이 없었다. 더구나 새로 고용된 노동자들은 대부분 여자였다. 대량 생산 시스템의 원리대로라면 그들은 상부에서 부과한 대로 조립 라인에서 단순 업무만을 하면 충분했다. 그러나 경영진은 그들이 무슨 결과를 내기 위해 그 일을 하는지 정확히 알도록 하는 데에 중점을 두었다. 먼저 카빈 소총을 분해한 부품들을 전부 보여 주었다. 다음에는 이것들로 조립된 소총을 가지고 직접 사격을 시켰다. 이 과정은 그들의 내야 할 결과, 즉 완성된 총의 '정밀함'을 미리 알려 주었다. 그다음에는 크기가 잘 맞지 않는 부품들을 가지고 동일한 과정을 반복했다. 이렇게 함으로써 노동자들은 자신이 내야 할 결과가 어떤 상태여야 하는지 알 수 있었다. 그러고 나서 노동자들은 그 결과를 내기 위해 일하는 방식을 스스로 정했다. 조립 업무의 순서와 그 리듬, 방법 가운데 어떤 방식이 가장 효율적인가를 작업 부서에서 자율적으로 찾아냈던 것이다. 이것은 단지 일의 구조뿐만 아니라 일하는 사람의 심리적, 생리적 상태와 작업 공간의 분위기까지 고려해서 찾아낸 방식이었다. 상부에서는 공장 전체에 하나의 획일화된 절차를 부과하지 않았다. 노동자들은 이렇게 자신이 처한 특수한 상황에 맞추어 "자신이 각각의 절차마다 무슨 일을 하는지뿐만 아니라 왜 그 일을 하는지도 알 수 있었다(CoC pp. 187~188, MTRP p. 274)."

또한 필요한 도구와 지식, 즉 결과를 만들어 내는 방법이 반드시 한 가지로 정해져 있는 것은 아니다. 대개 학교나 외부 기관에서 교육하는 방법이나 현장 선임자들의 경험을 통해 정립된 방법은 정형화되어 있다. 학생이나 후임자는 대부분 그 방법대로 일을 한다. 그러나 결과에 초점을 두는 지식노동자는 지금까지 알려진 것과 다른 방식을 얼마든지 찾아낼 수 있다. 아니 보다 나은 정도가 아니라 전혀 다른 전체를 창조할 수도 있다. 그것은 마치 만화경(MTRP p. 274)과 같아서 흔히 알려진 일하는 방식의 사소한 부분 하나만을 바꾸는 것만으로도 일의 모든 절차와 결과를 전혀 다른 차원의 세계로 바꾸어 버릴 정도의 위력이 있다.

항공기 엔진을 조립하는 방식도 흔히 통용되는 유형이 있었다. 어떤 대형 항공기 엔진 제작 회사는 여러 팀에게 각각 최적의 조립 방식을 찾아보도록 과제를 부여했다. 각 팀들은 저마다 다른 방식으로 분해하고 이것을 다시 조직화하는 방법을 탐색했다. 각 팀은 작업 반장과 주기적으로 만나서 새로운 방식이 과연 적합한지 끊임없이 상의하면서 더 나은 방법을 찾아낼 수 있었다(MTRP pp. 274~275). 이것이 바로 드러커가 말한 '지속적 학습'의 과정이다. 지속적 학습의 본질은 직원이 업무 현장에서 스스로 발견하고 학습하는 과정을 말한다. 그것은 내부 또는 외부의 공식적 연수 과정과는 크게 상관이 없다.

드러커는 일본식 카이젠Kaizen, 改善이야말로 경영 현장에서 이루어져야 할 지속적 학습의 한 전형이라고 보았다. 그는 일본 기업에 대해서는 '지속적 훈련'이라는 표현을 사용했다. 학습이나 훈련이나 결국 노동자가 결과를 낳는 지식을 스스로 생성한다는 면에서 동일하다(MTRP pp. 247~249).

학습에는 두 가지 전혀 다른 개념이 있다. 드러커는 이를 유교儒敎의 방식과 선禪의 방식으로 구분했다. 유교적 방식은 학습해야 할 대상과 학습 곡선의 형태가 주어져 있다고 가정한 상태에서, 끊임 없이 배우고 익혀서 보다 높은 경지에 도달하는 것이다. 이것이 전통적인 학습의 논리였다. 반면에 선의 방식은 학습의 차원, 문제를 바라보는 시야 자체를 전혀

새로운 수준으로 상승 또는 확대시키는 것이다(MTRP p. 248).[8]

앞의 GM이나 항공기 엔진 사례로 비유하자면, 어떤 결과를 내기 위해 이미 통용되는 매뉴얼을 잘 따르는 것은 유교의 방식이고, 매뉴얼 자체를 바꾸어 버리는 것은 선의 방식이라고 말할 수 있다. 직원 교육에서 만약에 지속적 학습을 통해 사업의 결과를 효과적으로 만들어 내는 것이 목표라면, 유교의 관점으로는 한계가 있다. 유교의 방식도 물론 효과가 없는 것은 아니지만, 드러커 식 사고법으로 치자면 그것은 결코 경영은 될 수 없으며 유지, 운영, 또는 관리에 그쳐 버리기 때문이다. 직원 교육의 성과가 유교의 차원에 머물지 않고 선의 차원으로 향상하려면, 직원들로 하여금 특정 주제의 학습보다는 학습하는 법 자체를 학습하게 하고, 목표와 자기통제에 의한 경영의 원리대로 사고하고 행동하게 하는 작업이 선행되어야 한다. 회사가 추진하는 내부 또는 외부의 모든 연수 프로그램은 이런 선결 요건이 갖추어진 다음에라야 비로소 효과가 있을 것이다.

많은 경영 서적들이 비슷한 이야기를 수없이 쏟아 냈다. 그러나 대부분 기업들은 이 명백한 원리를 무시한 채 단지 관습대로 업무를 수행한다. 무슨 결과를 내기 위해 이 지식을 배우는가를 지식노동자가 자각하는 절차가 선행되어야만 한다. 많은 기업들이 외부의 유행에 따라, 또는 최고경영자의 일시적인 기호에 따라 사내 교육 과정을 개설하거나 외부 연수를 실시한다. 이런 정책이 사업에서 결과를 내는 데에 전혀 도움이 되지 않는 것은 아니지만, 적어도 그 효과 면에서는 목표와 자기통제에 의한 경영의 원리를 따르는 데에 비할 바가 못 된다.

그런 의미에서 혁신이 일상화된 문화야말로 최고의 학교라고 말할 수

8 주어진 문제를 해결하는 것과 문제에 대한 정의 자체를 바꾸는 것 사이의 차이와 같다(PCS p. 193).

있다. 그런 문화라야 직원들은 항상 기회를 찾고 문제를 재정의하고, 문제를 해결할 수 있는 숨은 지식을 어디선가 찾아낸다.

최근에 우리나라 기업들의 불만 가운데 하나는 대학교가 기업이 필요로 하는 지식을 갖춘 인력을 양성하지 못한다는 것이다. 어느 정도 일리는 있다. 학습해야 할 업무 도구는 늘 변한다. 업무를 수행하는 컴퓨터의 소프트웨어 도구는 항상 새롭게 개선된다. 사업 환경을 규제하는 각종 법령과 정부의 정책도 수시로 바뀐다. 어떤 과업을 수행하는 이론적 뒷받침이 되었던 학설도 어느 날 바뀐다. 정보를 담고 주고받는 매체의 형식도 늘 바뀐다. 그렇게 변화하는 도구는 대학보다 학원에서 더 빨리 수용한다. 관련 주제를 다룬 책과 온라인 강의도 학교보다 대부분 먼저 나온다. 대개 학교는 항상 이들보다 뒤쳐진다. 기업 현장이 필요로 하는 정보를 제공하는 수단으로서 학교의 경쟁 상대는 많다. 단순히 기업이 필요로 하는 당장의 지식만을 가르쳐 주는 곳이어야 한다면 학교는 경쟁력이 없다. 그럼에도 사람들이 학교를 다녀야 한다면, 그 이유가 과연 어디에 있을까?[9]

학교는 실무에 쓰이는 도구를 가르치는 곳이기에 앞서, 자본주의 이후의 사회에서 지식노동자로서 항상 올바른 결과를 창출할 수 있는 균형 있는 지식을 생성하는 방법을 가르치는 곳이다. 드러커 식으로 말하면

---

9 학교도 기업과 마찬가지로 사회 내 기구로서 존재 이유를 지닌다. 따라서 외부 사회로부터 부여되는 목적에 충실하지 않은 학교들은 사회로부터 퇴출당한다. 실제로 오늘날 학교는 과거에는 학교로 간주되지 않았던 기구들과 경쟁해야 하는 입장이다. 실제로 다양한 온라인 또는 모바일 콘텐츠 매체는 학교에 대해 큰 위협이 되고 있다. 고객 창조에 실패하는 기업이 결국 사라지는 것처럼 외부의 변화에 대응하지 못하고 전통적인 방식으로 운영되는 학교는 모두 사라질지 모른다. 본서는 학교 경영에 대한 드러커의 생각을 다루는 것은 아니므로, 자세한 논의는 생략하겠지만 개인의 강점에 기반을 둔 교육, 전체를 바라볼 줄 아는 인문학적 소양 또는 보편적 문해력의 양성, 진정한 도덕성과 가치 교육, 새로운 경영자로서 교사의 새로운 역할 등 현대의 학교가 추구해야 할 방향에 대해서는 『새로운 현실』 ch. 16 「Shifting Knowledge Base」, pp. 232~252와 『자본주의 이후의 사회』 ch. 12 「책임을 지닌 학교」 등을 참조하라.

'교육받은 인간'이란 단순히 한 분야에 능통한 기술자도 전문가도 아니며, 인문학에만 경도된 서생도 아니고, 서구나 동양, 또는 좁은 지역 일방의 문화에만 익숙한 사람도 아니며, 수량과 과학만을 숭상하는 물질주의자도 아니다. 자신의 전공 분야를 지식의 여왕이라고 착각하는 편협한 학도는 더욱 아니다. 그는 모든 사람들의 지식과 문화가 동등하게 가치 있다는 것을 알고, 그들과 함께 사회 내 존재로서, 지식노동자로서 일을 통해 사회가 필요로 하는 결과를 낼 줄 아는 사람이어야 한다(PCS pp. 201~218).

본질은 직원 연수가 아니라 경영자 개발이다

드러커의 사상에 따르면 교육은 경영자 개발의 수단으로서 더욱 중요한 의미를 지닌다. 조직의 지속을 위해서 기업의 모든 부서에서 미래의 경영자를 양성하는 일은 참으로 중요한 과업이다(MTRP pp. 420~421). 흔히 외부 연수는 경영자 개발 목적으로 애용되는 수단이다. 그러나 세간의 통념과는 달리 드러커는 선발된 인재를 대상으로 하는 외부 연수 과정이 경영자를 개발하는 효과적인 수단이 되기 어렵다고 말했다.

수일, 수주, 또는 수년에 걸친 연수 과정은 원칙적으로 현장에서 임직원이 필요로 하는 지식 수요에 정확히 부응해야 한다. 그러나 그들에게 정작 필요한 지식은 교육 과정보다는 일 안에, 선임자의 경험 속에, 또는 회사와 개인이 공동으로 참여하는 개발 프로그램 안에 있다. 특히 드러커는 장기간에 걸쳐 사업장을 떠나 있어야 하는 교육의 효과는 의심스럽다고 생각했다. 중간관리자든 임원이든 장기간 현장을 떠나 있게 되면 자신도 모르는 사이에 발붙일 곳을 잃고 만다.

그가 살펴본 여러 형태의 외부 연수 과정 중에서 그나마 효과가 있는 것은, 경영자가 스스로 정한 시간, 또는 근무 시간 이후에 제공되는 대학의 특별 과정이나, 근무 기간과 학습 기간을 교대하면서 학습 내용을 근무 현장에서 반복해서 실천하고 응용하는 기간을 갖도록 해 주는 프로그램이었다. 경영자는 행동을 통해 결과를 낳는 사람이지 결코 철학자나 이론가가 될 필요는 없다. 단지 연수 과정에서 지식을 언어와 정보로만 학습하고 끝난다면, 아직 진정한 의미의 '지식'이 아니다(MTRP p. 423).

연수 과정보다 더 위험한 것은 선택된 소수 인력의 존재가 조직에 미치는 해악이다. 모든 직원들은 자신의 일을 수행하는 과정을 통해 공평하게 지식을 개발할 기회를 부여받고 조직의 목표에 기여하도록 해야 한다. 드러커는 일에 필요한 지식 수요에 부응해서가 아니라 사람에 기준을 두고 선발된 유망 인력에게 연수 과정을 제공하는 시도는 대부분 실패한다고 보았다.

첫째, 이렇게 선발된 인력이 반드시 향후 기업의 목표 달성에 크게 기여하리라는 보장은 어디에도 없다. 잠재력 있는 우수 인력을 기준으로 하든, 지금까지 우수한 성과를 창출한 인력을 기준으로 하든 실제로 미래에 그가 조직의 목표에 기여할 가능성은 장담할 수 없다. 만약 우수한 성과를 창출한 사람에 대한 포상 차원에서 제공한 교육이라면 큰 기대를 하지 말고 최소한의 복지 제공으로 그쳤다고 생각하면 될 것이다. 잠재력이 있는 인력이 그 대상이 되었다고 해도, 도대체 그 보이지 않는 잠재력 자체가 결과를 낳는 데에 얼마나 기여할지는 아무도 알지 못한다.

드러커는 도처에서 인사의 대원칙으로 사람을 보지 말고 목표와 일과 결과를 기준으로 삼으라고 말했다. 그의 이런 입장은 "누가 옳은가?"를 묻지 말고 "무엇이 옳은가?"를 물어야 한다는 원칙으로 나타난다. 이런 원칙은 교육을 수행하는 대상 인력과 그 내용을 정할 때에도 예외 없이 적용되어야 한다.

둘째, 그렇게 선발된 인력이 요직을 승계하기로 암묵적으로 결정된 상태라면, 경영자 개발 활동 자체의 의의를 부정하는 꼴이 된다. 경영자 개발이란 미래의 일과 조직을 위해서 하는 것인데, 승계 인력을 미리 정해 버리면 고정된 과거가 항상 미래를 지배하는 결과를 초래한다. 그러므로 미래의 사업 환경이 어떻게 변화할지 예측할 수 없기 때문에 가능한 모든 후보 인력들을 선택의 대상으로 남겨 두어야 한다.

드러커도 초기에는 승계자를 미리 지정하는 것이 미래를 대비하는 행동이라고 생각했으나, 『매니지먼트(1973)』를 저술할 당시에 와서는 그 입장을 수정했다. 경영 승계를 목적으로 집중 수업을 받는 인물을 미리 드러내는 순간 여타 후보 조직원들의 잠재 역량과 사기를 꺾는 결과를 낸다. 설령 비밀리에 진행하더라도 언젠가는 다 알려지게 되어 있으므로 마찬가지 결과를 가져온다.

베토벤의 방식, 드러커의 방식

사람마다 배우는 방법, 자신의 지식을 만들어 내는 방법이 다르다. 베토벤은 떠오르는 악상을 기록한 수많은 스케치북을 남겼다. 그런데 막상 작곡 작업에 들어가면 스케치북을 한 번도 들여다보지 않았다. 이를 의아해하는 사람이 그 이유를 물어보았다. 베토벤은 스케치북에 기록하지 않으면 잊어버리기 때문에, 악상이 떠오르면 기록해 놓는다고 말했다.

반면에 스케치북에 기록을 하는 과정에서 기억에 저장되기 때문에 나중에는 스케치북을 보지 않는다고 말했다.

GM의 슬론 회장은 회의 때에는 회의에 집중하기 위해 메모를 하지 않았다. 그러나 회의가 끝나고 난 뒤에는 몇 시간에 걸쳐 회의 참석자에게 건넬 편지를 작성했다. 편지에는 회의 때 거론된 핵심 의제, 의사 결정 사항, 미해결 문제 등이 기록됐다. 그렇게 해야만 회의 내용을 잊어버리지 않고 빠짐없이 기록으로 남길 수 있었기 때문이다(MC21 pp. 171~172).

사람마다 학습하는 방법이 모두 다르다. 책을 읽으면서 지식을 습득하는 데에 익숙한 사람, 글을 읽는 것보다는 들으면서 쉽게 배우는 사람, 직접 말을 하면서 배우는 데 익숙한 사람 등등. 최근에 등장한 '거꾸로 교실flipped-learning'은 그동안 무시되어 왔던 다양한 학습 방식 가운데 하나를 현실화하려는 시도다. 전통적으로 사람들은 강의를 통해 교육이 이루어진다고 생각했다. 그러나 교육 수단으로서 강의의 효과는 제한되어 있다. 사람들은 강의를 듣는 것보다는 직접 해 보고 배운 내용을 발표해 봄으로써 학습 효과를 한층 강화할 수 있다.

드러커는 상사 또는 부하가 서로 의사소통을 할 때, 상대가 읽는 유형인지, 듣는 유형인지 파악한 상태에서 임하라고 했다. 그렇게 하지 않으면 의사소통에 자주 실패하게 된다고 보았다. 실제로 탁월한 CEO 중에는 난독증에 시달리는 사람들이 많다. 시스코의 챔버스 회장이나 YG엔터테인먼트의 양현석 대표가 그렇다. 이런 경영자들에게 보고서로 정보를 전달하려는 시도는 큰 도움이 안 된다.

또한 드러커는 조직 내에서 지식노동자들은 자신의 일을 타인에게 가르치는 기회를 가끔씩 만들어 보는 것이 좋다고 했다. 가르침으로써 본인이 무엇을 아는지, 무엇을 모르는지 보다 분명히 알 수 있는 기회가 될 수 있기 때문이다.

경영자뿐만 아니라, 예술가, 문필가, 체육인, 그리고 다양한 분야에 종사하는 전문가들은 한결같이 자신에게 가장 적합한 연습 방식, 창작 방식, 과업 진행 방식이 있다. 동일한 분야에 종사하는 사람이라 해도 이 사람에게 적합한 방식이 다른 사람에게는 안 맞을 수 있다. 드러커 자신은 녹음기 앞에서 자신의 생각을 말로 녹음한 뒤, 이를 다시 들으면서 타이핑하는 방식을 사용했다고 한다. 이런 방식이 드러커에게는 가장 집필 성과를 잘 낼 수 있는 방법이었기 때문이다.

PETER DRUCKER

3

자신을 선한 계몽군주로 착각하지 말라

최고경영자의 잘못된 믿음

한때 우리나라의 모 그룹사 회장은 모든 직원에게 일과 중 단전호흡 수련을 시켰다. 아침 업무 시작 전에 직원들은 수련장에 모여서 단체로 수련을 했다. 회장은 우연한 계기로 건강 관리 차원에서 단전호흡을 시작했는데 많은 효과를 봤던 것 같다. 그는 이렇게 좋은 수련을 혼자만 알아서는 안 된다고 생각했다. 몸과 마음이 건강해야 업무 능력도 향상되고 기업의 성과도 늘어날 것이라고 믿었다. 직원들은 본인이 그 운동을 좋아하거나 아니거나를 막론하고 회장님의 지시를 따라야만 했다. 그 시간에 사적으로 헬스클럽을 다녔던 직원들은 그것을 포기하고 단전호흡 수련장으로 나와야 했을 것이다. 그 뒤 직원들의 몸과 마음이 실제로 얼마나 건강해졌는지, 사업의 성과가 얼마나 향상됐는지는 아무도 알지 못한다.

많은 회사에서 신입 직원이나 기존 직원 연수 프로그램에 극기 훈련을 포함시키는 것도 정도의 차이가 있을 뿐 성격은 크게 다르지 않다. 직원들은 산악 구보나 PT 체조를 한다. 함성을 지르면서 바다에 뛰어들기도 한다. 필자 역시 직장 생활을 하면서 이런 종류의 프로그램들에 자주 참여했지만, 그 어떤 것도 필자가 맡았던 과업의 성과를 향상하는 데에 기여했다는 느낌은 들지 않았다. 오히려 며칠간 그렇게 뺏긴 시간 때문에 회사에 복귀해서 밀린 일을 처리하기 위해 수없이 야근을 해야 했던 기억밖에 없다.

대부분 최고경영자는 이런 행사나 단기 프로그램을 통해 직원들의 정신 자세나 업무 역량이 크게 향상될 것이라고 믿고 흐뭇해한다. 이런 일들은 비단 우리나라만의 현상이 아니다. 직원들의 능력 향상에 지대한 관심을 기울이는 서구의 최고경영자들도 다양한 종류의 인성 개발과 능력 향상 프로그램을 실시해 왔다. 인도의 요가 수행자가 개발한 초월명상은 1960년대 이후 서구에서 수많은 기업들이 심신 수양법으로 채택해 왔다. 1940년대에 미국의 레빈K. Levin 등이 개발한 집단적 창조력 개발 기법인 인카운터 그룹encounter group도 그런 성격의 것이다. 최근에는 신경언어 프로그램NLP, Neuro-Linguistic Programming과 같은 심리 요법으로 개인의 행동을 스스로 통제하고 성과를 극대화하는 훈련 프로그램도 인기를 끌고 있다. 그밖에 수많은 창조성 개발, 집중력 향상, 리더십 육성과 관련된 프로그램들은 지금도 끊이지 않고 기업체에 도입되고 있다. 심지어 사내에 금연·금주 프로그램을 도입하기도 한다.

드러커는 각각의 프로그램들마다 고유한 가치가 있음을 결코 부정하지 않았다. 적어도 그것들이 제대로 기능해 주기만 한다면, 경영의 성과에 타당하게 기여하는 역할이 있다고 봤다. 그러므로 사람들은 자신에게 필요한 가치를 그 프로그램에서 발견한다면 적극적으로 이들을 이용할 권리가 있다. 정작 문제는, 이런 프로그램 자체에 있는 것이 아니다. 문제는 구성원들의 인성을 경영자의 의도대로 개조하려는 시도에 있다. 이것은 일종의 권력 남용이다.

경영에 철인왕은 필요 없다

구성원들은 조직에 충성하기 위해 입사한 것이 아니다. 어떤 고용주도 피고용자에게 조직에 절대적으로 충성할 것을 요구할 도덕적, 법적 권리는 없다.

> "회사가 참가하도록 지시한 심리 요법 세미나들은 어떤 회사에서도 정당화될 수 없는 사생활 침해다. 그것들은 도덕적으로 옹호받을 수 없다. 그리고 사람들은 심하게 거부할 것이다. 그러므로 회사가 직원들에게 어떤 성과를 창출하라고 요청할 수 있는 것은 회사가 그들에게 노동력을 제공하는 대가로 보수를 제공하는 이상 정당한 요청이 되지만, 그러한 요청 이상의 그 무엇을 직원들에게 또다시 강요하는 것은 강탈과도 같으며 전혀 그 정당성을 인정받을 수 없다."[1]

많은 경영자들이 창조성, 열정, 성과를 강조한다. 옳은 일이다. 그러나 이를 달성하는 방법을 인간 심리에 대한 올바른 이해, 그리고 목표와 자

---

1 『피터 드러커: 현대 경영의 정신』 p. 346에서 재인용.

경영자의 심리적 전제주의는 유럽에 출현했던 계몽 군주가 행했던 것과 거의 같은 방식으로 작동한다. 『향연』의 저자로도 유명한 플라톤은 그의 철학에서 철인왕을 등장시켰다. 드러커는 계몽 군주, 즉 철인왕을 위장된 독재자의 변형된 형태에 불과하다고 생각했다. 그림은 안젤름 포이어바흐가 그린 「향연」이다.

기통제에 의한 경영에서 찾지 않고, 훈도와 계몽에서 찾는다면 방향이 빗나간 것이다. 드러커는 대부분의 경영자들이 빠지는 이런 생각을 '계몽 전제주의' 또는 '심리적 전제주의'라고 불렀다(MTRP p. 243).

과거 서구 기업들이 앞다투어 도입했던 집단 감수성 훈련, T 집단, 나에 대한 자각 훈련 등은 인간을 독립된 도덕적 존재가 아니라 통제하고 조종할 수 있는 수단으로 바라보는 사고에 기반을 둔 것이다. 물론 모든 인간은 도덕적 존재로서 스스로 "나는 누구인가?", "나는 무엇을 알아야 하는가?", "나는 무엇을 해야 하는가?" 같은 질문을 끝없이 돌이켜야 한다. 하지만 누구도 당사자의 동의나 요청이 없는 한, 이런 질문을 타인에게 강요하거나 자신이 생각하는 해답을 따를 것을 요구해선 안 된다. 즉, 타인을 세뇌시키려고 해서는 안 된다. 오늘날 조직에서는 이런 강요가 일방적인 명령이 아니라 설득이나 권유의 형태를 띠기는 하지만, 어쩌면 그것은 더 교묘하게 위장된 강제에 불과할지 모른다.

드러커는 계몽 군주, 즉 철인왕哲人王, philosopher king은 위장된 독재자의 변형된 형태에 불과하다고 생각했다. 경영자의 심리적 전제주의는 200년 전에 유럽에 출현했던 계몽 군주가 행했던 것과 거의 같은 방식으로 작동한다. 지배자는 전지전능의 천재성을 갖추고 백성을 통치해야 하며, 보다 우월한 인물이 열등한 사람들을 이끌어야 한다고 생각한다. 이런 사고는 기본적으로 사람을 치료하고 개조할 대상으로 본다(MTRP p. 244).

경영자는 기업의 목적을 모든 구성원들이 알도록 하고, 사람의 인성이 아니라 강점에 의거하여, 그리고 인간관계가 아니라 조직의 목표에 의거하여 각 구성원이 자신의 과업과 성과 책임을 스스로 통제할 수 있도록 하는 데에만 주력해야 한다. 사람은 지식을 개발할 수는 있지만 인성은 바꿀 수 없다. 드러커는 구성원의 인성을 바꾸려 하지 말고, 오직 목표에 기여할 수 있는 그의 강점을 찾는 데에 주력할 것을 경영자에게 주문했다.

기업 권력의 정당성은 어디에서 오는가?

개인과 사회의 충돌은 『산업인의 미래(1942)』 이후 드러커의 근본 탐구 주제였다. '개인의 목적과 사회의 목적, 개인의 가치와 사회의 가치, 어느 것이 우선인가?' 개인을 극단적으로 강조한 것이 자유주의 내지 상대주의고, 사회를 최우선하는 것이 집단주의 내지 절대주의다. 드러커는 세계가 어느 한쪽으로만 치우치면, 제대로 기능하는 사회는커녕 온전한 삶을 사는 개인조차 달성 불가능하다고 보았다. 그가 생각한 것은 개인을 파괴하지 않는 사회, 사회에 발을 딛고 있는 개인이었다.

개인은 사회적 지위와 기능을 가져야만 개인으로서 온전히 설 수 있다. 그렇지 못하면 그는 존재의 뿌리를 상실한 채 내동댕이쳐진, 어둠 속을 더듬거리며 행복을 찾는 존재에 불과하게 된다. 그러므로 개인에게는 사회가 필요하다. 개인은 사회 안에서 조직화되어야 하고, 이 조직화는 정당성이 있는 권력이 수행해야 한다. 정당성이 있는 권력은 결코 힘이 아니다. 그것은 권리를 힘보다 우위에 두는 권위여야 한다. 그리고 사회 구성원들이 지닌 공통의 가치와 신념으로부터 나와야 한다.

기업은 정치권력과 달리 노동자들의 복리를 증진하기 위해 탄생한 기구가 아니다. 1차적으로 기업은 생산성과 수익성을 달성해야 하는 경제적 기구로서 탄생했다(NS p. 99). 그럼에도 기업은 자신의 경제적 목적을 달성하기 위해서는 노동자를 어떤 형태로든 통제해야 하는 정치적, 사회적 권력도 지니고 있다. 기업의 권력은 이토록 복합적이다. 그러나 드러커는 이 권력이 정당성을 갖추지 못하면, 마치 정치권력이 그렇듯 절대로 지속할 수 없다고 보았다.

드러커는 평생토록 이 기업 권력의 정당성이 어디에 있는가를 탐구했다. 그는 『매니지먼트』에서 정당성이 무엇인가는 정확히 정의할 수 없지만, 무언가 공동체로부터 옳다고 받아들여져야만 하는 그 무엇이라고 말했다. 무슨 근거로 경영자가 그 자리에 앉아 권력을 행사할 수 있을까? 단지 하나의 작은 사회인 조직의 성과를 내는 것만으로는 충분하지 않다. 기업 권력의 정당성이란 한 걸음 더 나아가 **개인의 강점을 생산적으로 만들 수 있다**는 데에서 나온다(MTRP pp. 809~810). 모든 개인은 그렇게 공동의 가치를 지닌 조직 내에서 자유를 존중받고 평등한 존재로 대접받게 되는 것이다. 드러커가 평생 탐구했던, 개인과 사회의 충돌이라는 문제는 이렇게 해소된다.

성과를 추구하는 경영자는 언제나 자신이 생각하는 방향으로 구성원들이 움직여 주기를 희망한다. 이는 극히 자연스러운 일이다. 그러나 이런 희망은 오직 목표와 자기통제에 의한 경영의 원리를 통해 구현되어야 한다. 이때 비로소 권위가 형성된다. 나는 다 알고 있는데, 구성원들은 무지하다거나, 나는 옳은데 구성원들은 어리석다든지 하는 생각으로 구성원들에게 다가가는 순간, 자칫 그 권력은 정당한 권위가 아니라 부드러운 무력으로 끝나게 된다. 구성원들은 경영자의 이런 접근을 내심 수긍하지 않는다. 구성원들 사이에서 옳다고 받아들여지지 않은 권력은 정당성이 결여될 수밖에 없다.

타인의 인성을 바꾸려 해서는 안 된다

그렇다면 구성원들을 대상으로 하는 교육이나 강연은 전혀 불필요한 것인가? 그렇지는 않다. 앞서 2장의 직원 교육과 관련해서 이미 말했듯이, 직원 교육은 목표와 자기통제의 원리에 부합하는 것이어야 한다. 교육을 통해 지식노동자의 목표 달성 능력을 개선시키는 것은 경영자의 중요한 책임이다. 이 모든 교육 프로그램은 목표에 의한 경영의 원리를 따라(본서 2부 제2장 참조) 개인의 강점을 생산적으로 만들어 주는 데에 초점을 두어야 한다. 그 점을 고려하지 않은 일괄 교육이나 동원 교육은 개인의 입장에서 얻는 것이 전혀 없지는 않겠지만, 조직 전체로는 그보다는 잃는 것이 더 많다.

드러커는 사람의 인성을 완전히 개조할 수 있다는 식의 속류 심리학을 믿지 않았다. 경영자가 그런 종류의 심리학 책을 읽다 보면 마치 자신이 사람의 마음을 다 안 것 같은 착각에 빠지게 된다(MTRP ch. 19). 그 결과 경영진을 개발하면서 마치 그들을 '거듭난' 인물로 개조할 수 있을 것 같은 생각에 빠진다. 신이라면 그리할 수 있을까? 그러나 사람은 그런 일이 불가능하다. 사람의 인성은 유년 시절에 한 번 형성되면 좀처럼 바뀌지 않는다.[2] 이런 식으로 사람을 대상으로 심리적 조작을 기대하는 것은 온정주의만큼이나 위험하고 비판받아야 할 행동이다.

경영자가 바꿀 수 있는 것은 인성 이외의 것들이다. 즉, 지식노동자로서 갖추어야 할 숙련과 지식, 그에게 부과된 과업의 구조, 그리고 그를 둘러싼 경영 관계 등은 경영자가 변화를 갖출 수 있는 영역에 속한다(MTRP ch. 33). 목표와 과업이 분명해지면 지식노동자는 성과를 창출하기 위해 구체적으로 어떤 지식과 숙련이 필요한지 스스로 안다. 이런 종류의 지식을 전수하고 개발하는 데에 투자하는 것은, 사업의 생산성을 향상시키는 중요한 수단이다. 반면에 성향과 자질을 바꾸려는 시도들은 무익한 투자로 그치게 된다.

경영진을 키우는 이유는 그가 목표를 달성하는 능력을 갖추도록 하는 데에 있지, 그를 자신의 충복으로 만들거나 그의 품성을 이상적인 인간형으로 바꾸는 데에 있지 않다. 고용주가 피고용자의 인성에 관여하는 것은 비도덕적일뿐더러 비합법적이다. 피고용자는 고용주에게 충성하는 것이 아니라, 조직의 목표에 충실하기 위해 입사한 것이다. 그가 책임을 져야 할 영역은 오로지 그의 성과에 있다.

또한 경영자가 자신을 선한 계몽군주처럼 간주하다 보면 자칫 온정주의로 흐를 가능성이 높다. 온정주의는 기본적으로 노동자를 보호받아야

---

2 Peter F. Drucker, 「Career Moves for Ages 20 to 70」, Psychology Today, Nov 1992, p. 56.

할 대상으로 간주한다. 온정주의 경영의 의도 자체는 높이 평가할 만하다. 산업 사회의 부작용을 해소하는 데에 어느 정도 역할을 하기도 했다. 그러나 지식노동자의 지위와 안정성을 혁신의 일상화를 통해서 확보하지 않고 복지와 고용 보장을 통해 해결할 수 있다는 믿음은 그다지 효과가 없다(본서 제4장 참조). 그런 방식은 오히려 조직의 성과에 대한 지식노동자의 자기 책임을 약화시킨다. 그 결과 경영자는 노동자를 자신의 부속물로 보고 그들을 조종하려는 분위기가 조성되기 쉽다. 그러나 자비로운 독재는 결코 올바른 경영이 아니다.

PETER DRUCKER

4

노사 갈등, 어디서부터 풀 것인가

경영자와 노동자가 직면한 불일치성

이병철 회장은 무無노조주의를 고수한 것으로 유명하다. 이것은 노조를 탄압한 것이라기보다는 노조를 신뢰하지 않은 것이다. 그는 노동자들에게 가능한 한 최고의 대우를 했고 최고의 복지 혜택을 주려 노력했다. 만일 노조가 사회 내 존재로서 올바른 인식을 가지고 기업의 지속에 건설적인 역할을 한다고 기대했다면 그도 노조 설립을 마다했을 리 없다. 그러나 노조의 행동은 경영자는 물론이고 일반 대중의 눈에 그만큼 파괴적인 존재로 각인되어 있다. 이 기본적인 갈등은 어디에서 오는가? 바로 이익관의 차이에서 온다.

"이익과 생산성 향상은 기업의 필수 요건이다. 그러나 기업의 **구성원**[1]

에게는 필수 요건도 아니고 더욱이 목적도 아니다(NS p. 75)."

경영자는 기업과 기업 구성원이 서로 다른 존재라는 사실을 인지하지 못하는 경우가 많다. 노동자들은 기업의 이익에 관심이 없다. 자신의 지위와 안정, 더 나아가 복지에 관심이 있다. 그래서 노동자들은 이익의 원리에 저항한다(NS pp. 74~75). 반면에 자유기업은 이익을 달성해야만 생존할 수 있다. 이 불가피한 대립을 어떻게 해결해야 할 것인가?

첫째, 불일치는 기업과 노동자가 임금을 지각하는 방식의 차이에서 나온다. 기업의 입장에서 임금은 비용이다. 즉, 기업은 임금을 지불하고 노동력이라는 상품을 구매한다. 기업은 생산 및 판매 금액에 맞게 비용을 조정해야만 생존할 수 있다. 노동은 고용 정책에 따라 변동비, 고정비 어떤 형태로도 지출이 가능하다. 기업은 이익을 달성해야 한다는 절박한 의무 앞에서 당연히 변동비를 원할 것이다. 경기에 맞춰 시간당 임금을 인하하거나 피고용자의 수를 감축하면 당연히 비용을 절감할 수 있다. 그래서 임금을 비용으로만 바라보는 경영자라면, 당연히 정규직이 아니라 비정규직을 늘 확대하고 싶어 한다.

반대로 노동자 입장에서 임금은 소득이다. 개인은 물론이고 가족의 삶을 지탱하는 원천이다. 기업가는 노동을 상품으로 볼지 몰라도 노동자 자신은 노동이 상품이라는 사실을 받아들이지 못한다(NS p. 77). 상품에 대한 수요는 경기에 따라 부침을 겪는다. 그 어떤 노동자도 자신이 그런 격랑에 내던져지는 것을 원치 않는다. 노동자가 원하는 것은 예측 가능한 소득, 합리적으로 안정된 소득이다(NS p. 73).

1 강조는 필자.

칼 마르크스(1875년)

노동자 입장에서 임금은 자신의 사회적 지위와 소속감을 상징한다는 또 다른 의미가 있다. 임금은 단순히 돈이 아니라 그의 '일'이자 '일자리', 더 나아가 조직 사회에서 일종의 시민권의 표상과 같은 것이다. 일을 잃은 노동자는 이 사회에 어디에도 소속할 곳이 없는 상태, 사실상 시민권을 박탈당한 상태처럼 된다. 노사 갈등은 비용으로서 임금과 소득으로서 임금 사이의 갈등이다.

둘째, 불일치는 내부와 외부의 차이에서 나온다. 여기에서 초점은 경기의 향방을 결정하는 힘, 즉 매출을 결정하는 힘이 기업의 내부에 있지 않고 외부에 있다는 사실이다. 바로 이 지점에서 기업을 지속하는 동력 사이에 근원적인 불일치가 발생한다. 흔히 마르크스주의를 추종하는 사람들은 기업이 노동 비용을 절감하려는 모든 시도를 자본의 논리라는 단순한 도식으로 설명하려는 경향이 있다.[2] 마르크스 식의 견해가 전혀 틀린 것은 아니지만, 이 문제를 드러커의 시각에서 약간 달리 생각해 보자. 기업은 그토록 많은 저항을 받으면서도 왜 노동 비용을 저토록 줄이려 하

2 자본이 자기 증식과 확대 재생산을 해야 하는 운명에 처해 있는 것은 분명히 맞지만, 이것은 자본의, 자본에 의한, 자본을 위한 활동이 아니라, 오히려 마르크스가 이야기했던 노동자의 인간다운 삶이라는 목적에 봉사하는 활동이다. 마르크스는 자본가 내지 그 하수인으로서 관리자들은 알았어도, 고전적 의미의 자본가가 사라진 오늘날의 연금기금 자본주의 또는 연금기금 사회주의에서 활동하는 경영자라는 존재를 알지 못했다.

는 것일까? 가장 큰 원인은 기업 외부에서 작동하는 힘, 즉 사람의 요소가 배제된 경제 요인의 힘 때문이다(NS p. 78).[3]

기업의 존재 이유는 내부에 있지 않고 외부, 즉 고객에 있다. 정부의 합법성은 국가 내부에 있는 신민의 이익을 위해 봉사하는 것이지만, 기업의 합법성은 조직 외부에 있는 고객의 이익에 봉사하는 것이다(NS p. 99). 그런 의미에서 기업 내부의 인력들은 오직 고객 창조에 기여할 때에만 존재 근거가 있다.

기업은 아무리 생존하고 싶어 해도 그 열쇠를 쥐고 있는 외부를 통제할 능력이 없다. 기업에게 주어진 가장 손쉬운 수단은 내부를 통제할 수 있는 권한을 사용하는 것이다. 기업이 어려움에 처하면, 임금을 오직 비용으로만 간주하는 경영자는 당연히 비용을 절감하는 일에 먼저 착수하려 들 것이다. 그러나 임금을 삶의 원천이자 시민권의 표상으로 받아들이는 노동자들에게는 이 모든 압박이 사람의 요소가 배제된 경제 요인의 힘이라는 괴물처럼 보이게 된다.

문제는 임금에 대한 기업의 입장과 노동자의 견해가 둘 다 타당하다는 것이다. 기업 입장에서는 외부에서 경제 요인이 가해 오는 압박이 통제 불가능한 상태에서 노동 비용 절감 정책은 기업의 지속을 위한 요구인 반면, 기업 구성원 입장에서는 임금 상승과 고용 보장은 삶의 질 향상, 안정성과 시민권에 대한 요구다. 양측의 행동은 모두 근거가 있다. 이 두 가지의 올바름 사이에 대립은 불가피해 보인다.

---

3 마르크스 경제학에서 이야기하는 '철의 법칙iron law'이나 '무자비한 법칙inexorable law'이라는 것도 말한 대상에는 차이가 있지만, 사람의 의지로 어찌할 수 없는 거대한 움직임이라는 의미에서는 드커가 말했던 것과 같은 속성을 지닌 것이라고 말할 수 있다.

이란성 쌍둥이 같은 기업과 노조

이 피할 수 없는 갈등을 해결할 방법이 전혀 없는 것일까? 불행하게도 대부분 기업에서 노동을 비용으로 간주하면서 임금 비용을 절감하는 손쉬운 수단을 택해 왔던 것처럼, 많은 노동자들, 아니 노동조합도 거부와 저항이라는 단순한 방법을 구사해 왔다.

기업이 하나의 조직인 것처럼 노동조합도 하나의 조직이다. 그렇다면 이 조직의 존재 이유는 무엇인가? 무슨 목적으로 활동을 하고, 어떤 일에 책임을 가지고 기여하는가?

대부분의 노동조합은 기업을 상대로 보다 높은 임금 인상안을 관철시킨 것을 최대의 성과로 자인하고 있다. 임금 인상 구호는 노동조합의 신성불가침한 소(聖牛, sacred cow, NS p. 81)와 같다. 또는 사측의 인력 구조조정 계획을 무산시키는 것도 노조의 크나큰 성과 지표가 되어 있다. 회사를 상대로 임금 인상안을 관철하지 못하거나 인력 구조조정을 저지하지 못한 노조 지도부는 대개 무능하다고 낙인찍힌다(NS p. 79). 그러나 오늘날 노동조합의 임금 극대화 논리는 기업의 이윤 극대화 논리만큼이나 허술한 것이다. 또한 노동조합이 무조건 고

1905년에 결성된 미국 최초의 전국적 산업별 노동조합인 하나의 대조합(One Big Union)의 조직 스티커.

용 보장을 주장하는 것은 기업이 무조건 규모 성장을 추구하는 것처럼 자기 파괴적이다. 기업과 노조는 둘 다 허술하면서도 자기 파괴적인 사상으로 무장한 채 멈추지 않는 전쟁(NS p. 80)을 벌여 왔다.

명목상으로는 협상이지만 사실상 전투와 다를 바 없는 노동 운동을 전개해 온 노동조합은 적어도 양적으로는 성장했다. 반면에 그들은 소위 '귀족 노조'라는 호칭을 얻을 정도로 사회에서 점차 고립되고 있다. 초기에는 적대할 상대로 회사를 지목해서 싸웠지만, 그 과정에서 사회로부터도 적대시 당하기 시작했고, 오늘날에는 비정규직 노동자들로부터도 외면받고 있다. 대중들에게는 노조가 마치 이기적인 압력 집단처럼 비친다(NS p. 81). 일부 대기업 노조는 더할 나위 없이 비대해져 지도부는 막강한 권력을 행사하고, 개별 노조는 전국 단위의 연합을 통해 개별 기업의 합리적 현황과는 무관하게 행동한다. 경영은 날로 분권화되어 왔지만 노동조합은 오히려 중앙 집중화로 역행해 왔다(NS p. 127).[4]

그러는 과정에서 노동조합은 진정한 리더십을 상실했다. 노동조합은 경영진에 대한 견제 장치의 역할을 제대로 하지 못한 채, 마치 또 다른 권력을 획득하기 위한 하나의 경력처럼 변질되었다. 2차 세계 대전 이후 미국의 블루칼라 노동자들은 노조 활동을 일종의 신분 상승 기회로 삼기도 했다(MTRP ch. 15).

기업이 사회로부터 존경받지 못하고 심지어 온갖 비도덕적인 행동으로 지탄을 받아 온 커다란 원인이 목적과 책임의 철학을 결여한 채 이윤 극대화 신앙에 매몰된 데에 있었던 것처럼, 오늘날 노동조합의 행태가

4 최근 우리나라에서 발레오전장의 사례(2016년 2월)에서 보듯이 산별노조 탈퇴가 정당하다는 판결이 나온 것이 이례적인 사건으로 보도된 것만 보아도 노동조합 운동이 얼마나 집중화, 전체화되어 있는지를 짐작할 수 있다.

많은 대중들 사이에서, 심지어 노동자들 내부에서도 호응을 얻지 못하는 큰 이유는, 노조가 기업 내 노동 활동이 지닌 뜻, 목적, 그리고 책임 대신에 임금 상승과 고용 보장에만 초점을 두고 자신의 행동을 전개해 온 데에 기인한다. 많은 기업이 사회 내 존재라는 사실을 망각하고 있는 것처럼, 노조도 사회 내 존재라는 사실을 놓치고 있는 경우가 많다.

기업이 사회적 책임을 다하지 못하면 결국 정부가 나서서 규제한다. 마찬가지로 노동조합에 대해서도 그렇다. 오직 임금이 그토록 전투의 대상이 되어 버리면 결국 정부가 임금을 규제하기 시작한다. 정부는 최저임금과 부문별 임금 지침을 법령으로 규정해 버린다(NS p. 81). 어떻게 보면 법령에 의한 임금 지침은 기업과 노동조합 모두 사회적 책임을 다하지 못하는 상태에서 제3의 힘이 불가피하게 개입하여 내놓은 중재안이다. 그러나 이 정책은 사람들에게 정서상으로는 쉽게 수용이 될지 몰라도 정작 자유기업 시스템을 오작동시키는 요소가 된다. 생산성만큼 임금 비용을 지불해야 할 기업의 판단은 원천 봉쇄된다. 이때 임금은 기업에게 진짜로 비용이 되어 버린다. 생산성에 걸맞는 비용을 자신의 판단이 아니라 법령대로 지불해야 하는 중소기업에게 이렇게 강제된 비용은 커다란 족쇄가 되기도 한다.[5]

5 임금 관련 법령을 준수해야 하는 곳으로는 중소기업뿐만 아니라 대규모 조직도 있다. 대규모 조직에서는 그다지 성과에 기여할 것 없는 속칭 '잉여' 인력들을 고비용을 들이면서 강제로 유지해야 한다. 이런 현상은 특히 공기업이나 각종 공공 기관에서 특히 두드러진다. 그러나 정부의 개입은 항상 양날의 칼과 같다. 그나마 최저임금제를 포함하여, 임금 규제 법령이 있기에 임금을 오직 비용으로만 인식하는 무책임한 기업들의 행동을 어느 정도 저지할 수 있다. 반면에, 조직에 기여하는 진정한 성과와 무관하게 오직 노력과 행동만으로 보상을 받고 있는 노동자들 때문에 야기되는 엄청난 비효율을 시장이 자율 조정하는 데에는 장애가 된다.

경영자는 노동관을 바꿔야 한다

그렇다면 드러커가 추구한 해법은 무엇인가? 지금까지 설명한 내용만 가지고 누구나 쉽게 내릴 수 있는 한 가지 결론은, 경영자가 임금을 비용으로만 보지 말고, 즉 노동을 상품으로만 보지 말고, 노동자가 받아들이는 노동관을 포함하여 노동의 속성을 전체의 관점에서 인지해야 한다는 것이다. 경영자는 '일'[6]을 어떻게 인식해야 할까? 일은 단순히 경제적 차원의 행동이 아니라는 것, 일은 기계가 아니라 사람이 하는 것, 일을 형벌이라거나 고통이 아니라 축복이라는 것, 사회적 유대를 형성하는 수단이라는 것, 일에는 권력의 속성이 개입한다는 것 등, 노동은 전체성 하에서 바라보아야 한다.

더 나아가서 드러커는, 고전파 경제학처럼 단순히 노동을 자본과 구분되는 생산요소로 인지하거나, 마르크스 경제학처럼 노동자를 프롤레타리아 계급으로 보는 사고법을 극복할 것을 주문했다. 어떤 경우에든 노동은 임금을 지불하고 구입하는 상품이라는 속성에서 결코 벗어나지 못한다. 노동자에게 아무리 높은 임금을 주어도 목표와 자기통제에 의한 경영MBOS: Management By Objectives and Self-Control[7]을 도입하지 않는 한 그

---

6 필자는 여기에서 잠시 한국어로 '노동' 대신에 '일'이라는 단어를 사용하는 것이 더욱 낫다고 생각한다. 노동은 땀과 고통, 공장과 굴뚝이 떠오르고, 몸과 마음의 움직임이거나 임금과 교환되는 상품이라는 느낌이 물씬하다. 이런 특성들은 '일'의 요소로서 매우 중요하게 인정해야 하지만, '일'은 그 이상의 중요한 심리적, 제도적, 사회적 특성들이 있다. 또한 20세기 후반에 전 세계적으로 지식노동자가 전례 없이 증가하면서 전통적 의미에서 '노동'을 하는 사람들의 비중은 점점 줄어들고 있다. 대신에 많은 사람들의 가치가 자신의 행동을 '노동'으로 인식하기보다는 '일'로 바라보고 있다. 노동은 여전히 중요하지만, "내 노동을 사랑한다"고 말하는 것은 어색하다. 대신에 "내 일을 사랑한다"고 말한다. 거기에는 삶에 대한 만족, 창조의 기쁨, 세계에 대한 기여, 그 사람의 사회적 위치는 물론이고 일자리의 의미까지 포함되어 있다.

7 대개 뒤의 self-control을 빼고 MBO로 약기하고 목표 관리제로 번역되는 개념이다. 그러나 오늘날 많은 기업이 적용하는 MBO에서 드러커가 원래 강조했던 MBOS의 취지는 사라졌다.

는 영원히 경영자가 되지 못한 채 프롤레타리아로 남게 된다. 대신에 드러커는 노동을 철저하게 자본으로 보아야 할 시기가 왔다고 생각했다. 이때 임금은 더 이상 경상비가 아니라 사업을 장기간에 걸쳐 지속하기 위해 지출하는 미래 비용, 즉 자본 자원을 구입하는 지출로 변형된다(NS p. 231).

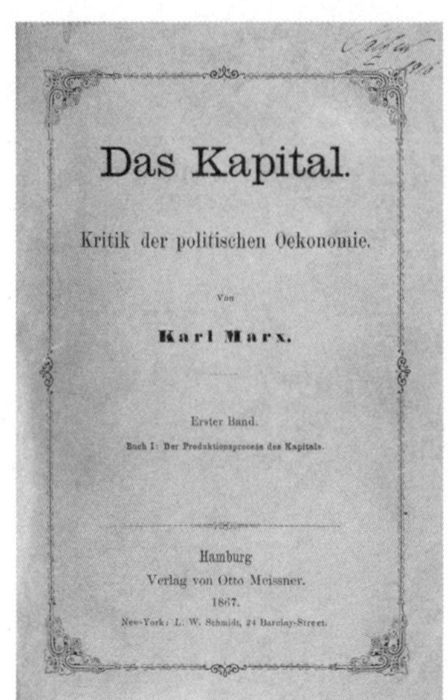

Das Kapital.

Kritik der politischen Oekonomie.

Von

Karl Marx.

Erster Band.

Buch I: Der Produktionsprocess des Kapitals.

Hamburg

Verlag von Otto Meissner.

1867.

New-York: L. W. Schmidt, 24 Barclay-Street.

드러커는 마르크스 경제학처럼 노동자를 프롤레타리아 계급으로 보는 사고법을 극복해야 한다고 말했다. 사진은 마르크스의 사상을 담은 1867년 『자본론』 초판본 모습이다.

그러나 이를 아는 것만으로는 아직 충분한 해법이 되지 못한다. 드러커가 늘 강조했던 것처럼, 자칫 단지 좋은 의도에만 그치고 결코 결과를 낳지 못할 것이기 때문이다. 아무리 사람을 자본으로 간주하고 경영의 동반자처럼 대한다고 하더라도, 그들로 하여금 한결같이 고객 창조, 즉 혁신에 참여하도록 하는 시스템을 기업 내부에 구축하지 못하면, 이 모든 시도들이 무익한 온정주의나 가족주의로 끝날 가능성이 높다.

오직 고객을 창조할 수 있어야만, 기업은 비로소 비용을 지불할 원천을 얻게 된다. 이 가운데 임금 비용이 노동자에게 안정적이고 예측 가능한 소득이 되려면, 노동자가 단순히 임금을 받고 노동력을 제공하는 상품으로서 언제든지 절감될 수 있는 존재가 아니라 고객 창조 과정에 기여하는 존재로서 지속의 기반을 스스로 만들어 나가는 존재임을 자각하도록 해 주어야 한다.

그래서 드러커는 고객 창조라는 목적에 기여하는 수많은 결과들을, '목표와 자기통제에 의한 경영'의 원리를 통해 구현할 것을 주문했다. 결과를 낳기 위해 동반해야 할 강점과 자기통제와 의사소통에 의한 경영의 원리도 반드시 알아야 한다고 강조했다. 무엇보다도 이 모든 원리의 저변에 또 하나의 원리, 대부분의 사람들이 잊고 있는 하나의 강력한 추동력으로 책임의 원리를 위치시켰다. 사람의 능력과 전문성, 그리고 그의 기능에 대한 화폐적 대가만이 지배하는 사회는, 책임의 원리가 버팀목이 되지 않으면 반드시 분열한다.

노동조합이 책임보다는 쟁취에 배경을 두게 된 것은 태생의 정치성 때문이다. 노동조합은 원래 경제적 기관이 아니라 정치적 기관으로 탄생했다. 그것은 본질적으로 권력의 대립, 좀 더 구체적으로 말하자면 기업 내 정치적 긴장 관계를 완화할 목적으로 등장했다. 표면은 임금이라는 경제적 대상을 다루는 조율 기관처럼 보이이지만, 본질은 기업의 지배 계층을 향한 대항 세력으로 조직되었다(NS p. 106). 이는 기업이 처음부터 경제적 기관으로 탄생한 것과 대조적이다. 기업의 존재 이유가 내부의 인력이 아니라 외부의 고객에 뿌리를 둔 만큼 기업과 내부 인력 사이의 긴장 관계는 필연적이었다. 그들의 행동은 경제적 조건에 따르기보다 정치적 저항 일변도로 나갈 수밖에 없었다. 더구나 그 행동이 본질적으로 강경한 투쟁 일변도로 나갈 수밖에 없었던 것은 노동자가 기업의 지배층에 대항하는 집단으로서 상대적으로 약하고 불안정한 집단이라는 사실을 반영한다. 노조 지도부는 저항의 표현을 극렬하고 선명하게 할수록 유능한 지도부라고 인정받는다. 경제학자들이 말하는 것과 같은 경제적 대가의 극대화 동기만으로는 도대체 그들의 행동을 설명하기 어렵다(NS pp. 113, 114~115). 더구나 회사의 부당한 정책에 대한 정당한 파업 차원을 넘어 산업 노조가 연례 행사처럼 벌이는 전국적 총파업은 경제적 합리성으로나 사회의 정서로나 용납이 어렵다(NS p. 121).

그러나 사회가 언제까지 노동조합의 이런 적대적 행동들을 수용해 줄 수 있을까? 기업 역시 사회 내 존재로서 자신의 존재 이유와 역할을 찾아야만 사회로부터 폐기당하지 않는 것처럼, 노조 역시 그렇게 해야만 하지 않을까? 노동조합의 목적이 구성원들을 보호하는 것이라고 한다면 임금 인상만을 주장하는 게 그런 목적에 부합하는 행동일까? 회사가 불황과 같은 외부의 통제 불가능한 경제적 변화에 직면하게 되면, 노동조합은 임금 인상을 기대하기는커녕 공멸하는 현장 앞에서 자신의 안위조차 보장받기 어려운 상황이 된다.

노동조합이 경영층을 대상으로 느끼는 약자로서 소외감과 상대적 박탈감은 분명히 존재한다. 이것을 부정해서는 안 된다. 그러나 이것은 결코 건전한 심리 상태가 아니다. 드러커는 이를 노동조합이 앓는 불안신경증이라고 표현했다(NS p. 122). 만약 노동자가 진정으로 자율적으로 결정할 수 있고 기업에 필수 불가결한 존재로 인정받는다면 그들의 행동은 달라질 것이다. 그러나 현실에서 대다수 노동자는 회사가 정한 규칙을 타율적으로 따라야 하는 존재이고 언제 임금을 삭감당하거나 해고당할지 모르는 불안 속에 살고 있다. 기업은 노동조합이 없어도 운영될 수 있지만 경영진이 없으면 하루도 운영이 불가능하다.[8]

이런 상황에서 노사 갈등을 어떻게 해결할 수 있겠는가? 그 관건은 누구에게 있는가? 우선 노동조합이 사회 내 존재임과 동시에 기업 내 존재로서 책임을 자각하고 적대감만으로 경영진을 대하는 그동안의 관행에서 벗어나야 한다. 경영자도 노동조합이 기업에 대한 방향타, 즉 자신에 대한 견제 세력으로서 엄연한 정당성을 지닌 주체라는 사실을 인정해야 한다.

그러나 그 일이 가능하도록 해 주는 최초의 동인은 결코 노동조합에 있지 않고 경영자 자신에게 있다. 경영자가 이익 극대화를 최고의 목표로만 설정하고 있거나, 진실성을 결여한 채 회사를 자신 또는 가족의 사적 이익을 추구하려는 도구로 삼고 있거나, 노동자가 느끼는 '일'과 임금의 본질을 외면한 채 노동자를 오직 최대로 가동시켜야 할 기계 내지 비용으로 간주하고 있다면, 그에게 기업 내 존재로서 노동조합을 자각하라고 요구할 수 없다. 무엇보다 경영자의 사고에 뿌리 깊이 박힌 이익관(본서 2부 제1장 참조)과 노동관을 극복하지 못하면, 그리고 이를 통해 모든 계층의 노동자들로 하여금 혁신에 참여하게 함으로써 지속적인 고객 창조를 이루어 가지 않는 한, 이익을 최고의 목적으로 삼는 경영자와 삶의 안정성을 원하는 노동자 사이에 이 불편한 전쟁은 영원히 멈추지 않을 것이다.

---

8 노동자는 두 임금 중에 하나를 선택해서 충성하라는 강요를 받는 상황에 처해 있다. 이것이 바로 드러커가 말한 양자택일의 충성이다. 하지만 양측은 다 노동자에게는 혜택을 주기 때문에, 정작 노동자 본인은 양자택일이 아니라 대개 둘을 동시에 선택한다. 실제로 노동자들을 상대로 근무 상황에 대해 조사를 하면 회사가 제공하는 좋은 점(예를 들어 '일하기 좋은 곳')과 노동조합을 통해 누릴 수 있는 좋은 점(예를 들어 '유급 휴가 조건' 등)에 대해 다 거론한다. 그런데 이 두 주체가 극단적으로 대립할 때 사회는 왜 노동조합이 아니라 경영자 쪽의 손을 드는 것일까? 그것은 노동조합이 없어도 사회는 작동할 수 있지만, 기업과 경영자가 없으면 정상적으로 사회가 제대로 기능할 수 없다는 것을 잘 알고 있기 때문이다. 노동조합이 노동자의 권익을 진정으로 보호하려면 지금과 같은 방식의 운동을 포기하고 무조건 기업과 경영자에게 굴복하라는 것이 아니다. 기업이나 정부 역시 권력의 문제로 노동조합에 접근해서 그들의 존재를 억압하는 것은 올바른 해결책이 아니다. 두 종류의 권력을 향해 각자 자신의 입장을 양보하면서 단순히 화해하라는 식으로 요정하는 것도 해답이 못 된다. 드러커가 말한 대로 이런 상황은 양자 종합의 충성으로 전환되어야 한다(Ns pp. 146~150). 이 종합 속에서 경영자나 노동조합 어느 한쪽이 사라져 없어지는 것은 아니다. 이런 종합을 가능하게 하려면 무엇보다도 경영자와 노동자 모두 목표에 의한 경영 사상에 충실해야 한다.

PETER DRUCKER

5

외부 인력 영입은 간단히 생각할 문제가 아니다

외부 인력을 영입하면 개선될 것이라는 생각

성과가 나지 않는 조직을 대하는 경영자의 심정은 답답하다. 불현듯 내부의 인력이 무능하게 보이기 시작한다. 만약 그렇다면, 사실은 직원들이 아니라 경영자 자신이 무능함을 자인하는 것이다.

어떤 회사에 최고경영자가 부임했다. 그 회사는 정부의 인허가로 보장된 시장에서 사업을 운영해 왔다. 관련 부처에서는 관행대로 퇴직 고위 공무원 한 사람을 사장으로 선임시켰다. 사장은 의욕에 차 있었고 뭔가 새로운 변화를 일으키고 싶어 했다. 여기까지는 좋았다. 그러나 그는 직원들의 능력을 믿지 못했다. 직원들에게 새로운 사업 기획안을 만들어 오라고 지시했지만, 중요한 기획안마다 반드시 외부 전문가의 공식적인 컨설팅을 받으라고 요구했다. 또한 전문성이 요구되는 현업 부서의 본부장을 제외하고, 기획, 전산, 행정 등의 본부장을 모조리 외부에서 영입했다.

사장의 철학은 "내부의 시각에 고착되면 성장할 수 없다. 외부 인력을 활발히 영입해서 조직에 변화를 일으켜야 한다"였다. 물론 그가 영입한 인물들은 다 그럴듯한 경력의 소유자들이었다. 그러나 그들은 이 사업을 알지 못했고, 직원들에게 정말로 필요한 지식이 무엇인지도 몰랐다. 그들은 뭔가 새로운 것을 추진하는 듯했지만 늘 마찰이 일었다. 더구나 사장은 자긍심으로 일해 오던 직원들을 향해 '그동안 우물 안 개구리처럼 살아왔지만 여러분들의 능력이 뛰어나다고 착각하지 말라'는 식으로 부정적 신호를 자꾸 내보냈다.

말이야 다 옳았다. 하지만 그동안 회사를 이끌어 오던 핵심 직원들은 깊은 자괴감이 들었다. 새로 영입한 인력들과 기존 조직원 사이에 보이지 않는 벽이 형성되기 시작했다. 일은 그럭저럭 돌아가고 있었지만 뭔가 활기가 사라지고 있었다. 급기야 사장의 신임을 등에 업은 본부장 한 명이 자재 조달 과정에서 공급 업체와 부당한 거래가 있었다는 사실이 발각됐다. 물론 사장은 그 인력을 당장 해임했지만, 창사 이래 한 번도 그런 일을 겪어 본 적이 없었던 회사는 큰 충격을 받았다. 그 밖에도 사장은 온갖 파행적인 인사로 현업 부서와 마찰을 겪다가 노조의 극심한 반발을 불러일으켰다. 결국 이사회에서 사장을 해임시키기에 이르렀다. 이 모든 사태가 최고경영자가 외부의 의미를 곡해한 데에서 나왔다.

이런 극단적인 경우가 아니더라도, 이종異種 사업에서 성과를 낸 최고경영자를 영입해서 실패하는 경우는 자주 보인다. 예를 들어서 모 그룹사에서는 계열 유통 회사에서 탁월한 성과를 낸 경영자를 전자 산업 경영자로 발탁했지만 실패했다. 아무리 한 사업에서 성공한 경영자라 해도, 필요한 지식과 일하는 방식이 전혀 다른 조직에 가서 적응한다는 것은 말처럼 쉬운 일이 아니다.

사업이 어려울수록 최고경영자는 유능한 임원이나 중간관리자를 영입해서 상황을 호전시키고 싶은 욕구가 생기게 마련이다. 그런 상황에 처했던 어떤 제조회사의 이야기가 있다. 경영자는 헤드헌터 사를 통해서 한 사업부장을 영입했다. 그는 국내 최고 명문 공과대학 출신으로 이 분야에서 오래 경력이 있었다. 하지만 문제는 모든 것을 자기 방식으로 개혁하겠다는 의욕이 앞섰다는 점이다. 그는 이전 직장에서 하던 방식대로 직원들을 통제하려고 했다. 얼마 지나지 않아 그의 독단적인 처사에 불만을 느낀 직원들이 퇴사하는 사태가 발생했다. 사장은 모든 것을 자기한테만 맡겨 달라는 그의 말을 따르고 잠시 그를 신뢰했었지만, 직원들이 이직하는 것을 보고 뭔가 문제가 심각하다고 느꼈다. 그러나 그는 직원들의 이직은 대수로운 것이 아니며, 그들의 빈자리는 경쟁사로부터 영입해 오면 아무런 문제가 없다고 변명했다. 최고경영자는 자신이 큰 실수를 했음을 직감했다. 결국 그는 계약 기간을 못 채우고 회사를 떠나야만 했다.

흔히 최고경영자나 임원, 중간관리자를 외부에서 영입하면 조직에 참신한 변화를 기할 수 있을 것이라고 기대하는 사람들이 많지만 만약 그 조직이 외부 영입 외에 다른 수단이 없는 지경에 이르렀다면, 이는 스스로 경영자 개발에 실패했음을 자인하는 것이다.

반면에 외부 인력을 영입하여 성공한 사례도 가끔씩 들린다. 그러나 매우 희소하다. 그들이 이렇게 성공한 것은 마침 사업 현황이 좋아졌거나 정말로 희소한 탁월한 인물이 우연히 그 자리에 오게 되어 그렇게 된 것이지, 외부 영입 자체가 효과를 본 게 아니다. 또한 대부분 성공 사례는 매체에 소개되는 반면 실패 사례는 잘 알려지지 않는다. 막상 현실에서는 잘 알려지지 않은 외부 인력 영입 실패 사례가 더 많아 보인다.

외부 인력 영입을 신중히 해야 하는 이유

먼저 드러커가 그토록 강조했던 외부의 중요성에 잠시 주목해 보자. 드러커가 기업의 목적이 고객 창조에 있다고 한 말은, 그 목적이 자기 자신이 아니라 "그 외부에 있다(PoM p. 37, MTRP p. 61)"고 말한 것과 같은 의미다. "사업의 결과도 자원도 사실은 내부에 있는 것이 아니다. 둘 다 외부에 존재한다(MfR p. 5)." 기업이 각종 인력과 자원을 유지하고 비용을 투입할 수 있는 근거는 기업 내부에 있지 않고 외부에 있다. 기업가가 행하는 두 가지 핵심적인 기능은 외부에 근거를 둔 혁신과 마케팅인데, 오직 이 두 가지 활동만이 결과를 낳으며 여기에 기여하지 않는 나머지 활동들은 모두 비용을 낳을 뿐이다(MTRP pp. 62~64).

사업이란 외부의 자원을 외부의 결과(고객의 가치 실현)로 전환시키는 절차에 불과하다(MfR p. 5). 여기에서 독자들은 고객이 외부에 있다는 말은 직관적으로 수긍이 쉽게 갈지 몰라도, 자원들까지도 외부에 속한다는 말은 쉽게 수용하기 어려울지 모른다. 고객들은 분명히 회사 밖에 있다. 하지만 회사에 와서 매일 같이 일하는 직원들, 사무실이나 공장에 구축된 각종 시설과 장비, 전사적으로 구축된 지식 전달과 의사소통 시스템, 기타 모든 자원들은 회사 내부에 있지 않은가? 그렇지 않다. 냉철히 생각해 보면 이 모든 자원들은 회사가 단지 고객 창조를 위해 외부로부터 조달하여 조직화한 것에 불과하다. 그 어느 것 하나도 원래 회사 것은 없었다. 만약에 이렇게 밖에서 조달한 자원들이 고객 창조에 더 이상 기여하지 않는다고 판단되면, 그 자원은 폐기해야 한다. 그리고 새로운 자원을 다시 외부에서 조달해야 한다.

그런데 이 지점에서 오해가 생긴다. 누구나 지식을 교체하지 않고 사람을 교체하면 문제가 쉽게 해결될 것으로 생각한다. 하지만 사람을 교체해서 그 지식이 금방 확보된다면 좋겠지만, 대개 그럴 가능성은 적다. 왜냐하면 지식은 단지 그 한 사람의 지식이 아니라, 목표에 의한 경영의 원리에 따라 조직 내에서 꾸준히 상호 기여하는 지식들이어야 하기 때문이다. 한 사람을 급격히 바꾸게 되면 조직 지식의 전체성은 파괴되고, 시스템은 고객 창조라는 최상위 목적에 이르지 못하고 파열음을 내게 된다. 폐기하거나 교체해야 할 대상은 사람이 아니라 원칙적으로 사람이 지닌 지식이어야 한다. 여기에는 보수주의 사상가로서 드러커의 철학이 깔려 있다. 그는 혁명과 단절 대신에 연속과 축적을 통해서만 사회가 진보할 수 있다고 생각했다. 그러나 이 축적은 지속적인 포기 또는 탈학습을 동반한 축적이어야 한다.

직원 재교육은 바로 이런 목적 때문에 필요한 것이다. 또한 그렇게 교체되는 지식은 피드백을 통해 현장에서 조직 내 다른 지식과의 상호 기여가 효과적으로 이루어지고 있는지 늘 재확인해야 한다.

스마트폰 시장이 도래하면서 피처폰의 절대 강자 노키아가 몰락한 것은 결코 그 인력들이 무능해서가 아니었다. 그들은 모두 업계에서 최고 수준으로 인정받는 마케팅 또는 연구 개발 인력이었다. 그러나 그동안 축적한 지식을 버리는 것이 불가능했다. 그들은 이미 익숙해져 있는 통신 표준, 능수능란하게 사용하던 개발 툴, 통용되는 설계 방식, 판매 채널, 공급처 네트워크 등, 어느 것 하나 버리기 힘들었다. 그들이 바보였을

외부 인력을 영입해서 성공한 경우로는 독일의 카를 차이스를 들 수 있다. 정밀 렌즈 장인이었던 카를 차이스는 전통적 지식으로는 품질 개발에 한계가 있다는 생각에 물리학자 에른스트 아베를 영입했고 그 결과 시장에서 확고한 지위를 확립했다.

리는 없다. 분명히 조직 내 누군가는 다가오는 스마트폰 시장의 위협을 느꼈을 것이고, 회의 중에 진지하게 대책도 논의했을 것이다. 그러나 이미 공고하게 축적된 지식을 쉽사리 교체할 수는 없었다. 설령 교체하려 시도했다 한들, 이미 새로운 지식으로 무장해서 등장한 애플처럼 탁월한 가치를 창출할 수는 없었을 것이다.

이런 일은 어느 시장에서나 일어난다. 오히려 가장 견고하게 틀이 잡힌 듯한 사업일수록 지식 교체는 힘들어진다. 또한 그들의 지식이 이미 깊이 체화된 각종 장비들을 내다 버린다는 것은 생각도 하기 싫은 일이다. 이런 이유 때문에 드러커는 모든 1등 기업의 사업 기반은 생각보다 취약하며(InE p. 76) 독점 기업은 혁신으로부터 필연적으로 멀어지게 된다고 보았다(MTRP p. 106). 그만큼 내부의 지식을 교체하기가 구조적으로 어려운 상태에 빠져 있기 때문이다.

하지만 조직 내에 있는 직원들만으로는 새로운 지식을 생성해 내기 어려운 경우가 종종 있다. 드러커는 이런 경우에 한하여 외부의 인력을 영입할 수 있다고 보았다. 독일의 정밀 렌즈 장인이었던 카를 차이스Carl Zeiss는 전통적 지식으로는 품질 향상에 한계가 있다고 생각하고 정통 물리학자 에른스트 아베Ernst Abbe를 영입했다. 아베는 차이스가 사망한 후 회사를 인수한 뒤 철저한 작업 분석과 교육 훈련을 통해 시장에서 타의 추종을 불허하는 지위를 확립했다(MTRP p. 259). GM의 슬론 회장은 독불장군형 천재 발명가 찰스 케터링Charles.Kettering을 부사장으로 영입해서 자동차 핵심 부품의 기술 수준을 획기적으로 향상시킬 수 있었다(MTRP p. 411).

이처럼 외부 인력의 영입으로 성공적인 결과를 낼 수 있었던 것은 단지 외부에서 지식을 도입했기 때문만은 아니다. 목표에 의한 경영의 원리와 조직 내 의사소통의 원리가 정상적으로 작동했기 때문에 성공할 수 있었다. 아베는 렌즈 작업의 중요한 성과가 어디에 있는지 꿰뚫고 노동자를 잘 조직하고 훈련하는 능력이 있었다. 슬론은 전문가가 자신의 분야에서 탁월성을 추구할 수 있도록 자율권을 부여하되 조직의 상이한 지식들 사이에서 결코 충돌이 일어나지 않도록 조정하는 능력이 있었다.

GM의 슬론 회장은 천재 발명가 찰스 케터링을 영입함으로써 자동차 핵심 부품 기술을 획기적으로 향상시켰다. 사진은 「타임」 지에 실린 케터링의 모습.

그렇다면 슬론 자신은 내부에

서 승진한 인물이었는가?[1] 그는 원래 포드, GM 등에 납품하는 베어링 제조사 하이아트 베어링Hayatt Bearing을 운영하고 있었다. 그가 40세 되던 1916년에 GM의 듀런트 회장은 하이아트 베어링을 포함하여 5개 자동차 부품사를 인수하여 합작 법인 유나이티드모터스United Motors를 설립했다. 슬론은 이때 유나이티드모터스의 대표 겸 최고운영책임자COO로 취임했다. 2년 뒤에 그 회사는 GM에 합병되었고 슬론은 전에 하던 업무를 그대로 승계하여 GM의 부품 담당 부사장으로 취임했다. 그리고 듀란트가 의장으로 있던 GM 이사회 구성원이 됐다. 1919년 경영 부진으로 듀란트가 사임한 뒤, 그는 회사를 재건하기 위해 대주주인 듀퐁과 일하는 과정에서 능력을 발휘해 1923년에 회장으로 취임했다.

그는 이미 GM의 가치 사슬 안에서 활동을 하면서 인수합병 과정에서 자연스럽게 승진했기 때문에 엄밀한 의미에서 외부 영입이라고 볼 수 없다. 그렇다고 GM의 말단 사원으로부터 시작한 것도 결코 아니었다. 중요한 것은 그가 GM에 합류하게 된 과정이 그 사업에 필요한 지식을 획득하고 시야를 넓히는 과정과 정확히 일치했다는 점이다. 그는 청년 시절부터 수많은 자동차 기업들을 상대로 납품을 했기 때문에 미국 자동차 산업의 기술 동향과 경쟁 상황을 잘 알고 있었다. 그리고 외부에서 GM을 상대로 일했기 때문에 GM의 사업을 외부에서 바라볼 수 있었고, 유나이티드모터스에서 복수의 이질적인 사업(경적, 베어링, 라디에이터, 휠 등)을 경영해 본 경험도 축적했다.

이런 관점에서 보면 사업의 전체 속에서 각 부분을 보는 능력을 갖춘 인물만이 최고경영자의 자리에 오를 수 있는 자격이 있다. 임원이나 중

1 슬론의 자서전 『Alfred P. Sloan Jr』(1963), ch. 2~6에 이 과정들이 상세히 소개되어 있다.

간관리자도 전체 사업 안에서 자신이 맡은 부분을 바라볼 줄 아는 사람이라야 한다. 이것이 목표에 의한 경영의 기본 원리다. 만약에 그 조건만 충족시킬 수 있다면, 내부 승진이거나 외부 영입이거나 상관이 없을 것이다. 그러나 대개 내부에서만 커 온 사람들과 외부에서 갑자기 영입되어 온 사람 모두 이 조건을 충족시키기는 어렵다. 앞의 사람은 외부를 모르고 뒤의 사람은 내부를 모르기 때문이다.

특히 평생을 대기업 조직 내에서만 승진해 온 사람들에게 동종 교배의 위험이 가장 크게 나타난다. 이런 사람들은 대부분의 시간을 한 회사 내부 사람들과 대면하고, 그 회사의 방식대로만 일하며, 외부의 정해진 공급처나 고객을 만나기만 해 왔다. 자연 상태 그대로 놓아두면 대기업일수록 외부에 대한 감관은 둔해지고 지식 교체 능력은 저하된다. 그래서 대기업 직원일수록 회사 밖의 세계에서, 특히 타 산업에서 어떤 일이 일어나고 있는지, 그런 변화가 회사의 사업 기회에 어떤 영향을 미치고 있는지 조직적으로 주의를 기울이지 않으면, 자신이 이미 변화의 희생양이 되고 있다는 사실을 눈치채기 어렵다. 그래서 3M이나 구글은 의도적으로 일정 시간 동안 회사 업무와 상관없는 일을 자유롭게 탐구하도록 조직화한 것이다.

그렇다면 적절한 자리에 외부 인력을 영입해서 외부의 지식을 교배시키려는 행동은 얼마나 효과가 있을까? 드러커에 따르면, 원리상으로는 효과가 있어야 하지만 실제로는 그렇지 않을 가능성이 더 높다.

외부에서 최고경영자를 찾아야 할 상황이라면 이미 때가 늦었다

최고경영자를 외부에서 급히 물색해야 할 상황이 되었다는 것은 이미 조직에 망조가 들었음을 뜻한다. 구원 투수를 통해 조직을 회생시킨다는 것은 일종의 도박과 같다. 조직 정상화 가능성이 전혀 없는 것은 아니지만, 정말로 탁월한 인물이 오지 못하면 기대하지 않는 편이 낫다. 한참 뒤에 사람을 잘못 데려왔다고 깨달았다 해도 이미 때는 늦었다. 그 한 사람을 내보내는 일도 보통 어려운 일이 아니다(MTRP p. 662). 대개는 계약 조건 운운하며 끝까지 버티고 퇴직금이며 각종 특전을 재직 중에 남김없이 챙겨 간다. 이런 과정에서 조직은 파괴될 대로 파괴된다.

하급 직원을 영입하면 어떻게 될까? 외부에서 나름대로 회사에 도움이 될 만한 경험과 지식을 쌓은 직원이라 해도, 그는 별 권한도 힘도 없는 하급 직원일 뿐이다. 대부분 그런 직원들은 내부의 논리에 이내 동화된다. 승진해서 어느 정도 권한과 책임이 부여될 즈음이면, 그 역시 경직된 내부인이 되어 있을 것이다(MTRP p. 662).

중상급 관리자, 예를 들어서 우리나라로 치면 과장이나 부장급 정도 되는 관리자는 어떨까? 이 직급은 타 산업 종사자 영입을 통해 어느 정도 효과를 볼 수 있는 영역이다. 그러나 아주 한정된 자리에 한하여 신중하게 영입해야 한다(MTRP p. 662).

특히 신사업 추진은 특별히 조직 내부에서 그 분야의 전문 지식이나 기능을 생성하기 어려운 경우를 제외하면, 가급적 내부 인력을 기용하는 것이 바람직하다. 신사업은 아무리 그럴듯해 보여도 구조적으로 실패 가능성이 높다. 추진 과정에서 늘 예상치 않은 문제점이 대두되고 조직 내부의 논란거리가 된다. 내부에서 검증된 가장 유능하고 신뢰받는 인력이 담당하는 것이 맞다. 그래야만 만약 실패하더라도 조직이 이를 받아들일 수 있다(MTRP p. 663).

만약 외부로부터 영입한 인력에게 책임 있는 일을 맡긴다면, 이미 어느 정도 안정화된 사업이 적합하다. 이때 그가 기여할 목표와 수행할 과업에 대해 명확히 정의하는 일이 선행되어야 한다. 특히 그에게 기존 사업에 대한 변화를 주문했을 때에는 더욱 그렇다. 그리고 조직 내 여타 구성원들에게 그가 안정 파괴자destabilizer로서 역할을 담당하고 있다는 사실을 공유시켜야 한다.

하지만 어떤 경우에든 사업의 기존 방식을 바꾼다는 것은 관련 내부인에게는 대단히 거북하다. 그들은 불편해하고 거부할지도 모른다. 이때 중요한 것은 이런 안정 파괴 기능이, 조직에서 주기적이고 체계적으로 수행되는 과업으로 정착되어 있어야 한다는 점이다. 즉, 이 과정이 더 이상 불편한 일이 아니라 당연한 일로 받아들여져야 한다. 외부 지식이 주는 충격이 한때의 특별한 사건으로서 사람들을 당황스럽게 만드는 데에 그쳐서는 안 된다(MTRP p. 663). 그런 체제로는 조직이 절대로 외부 지식을 수용해서 변화를 기할 수 없다. 돌멩이 하나에 잠시 파장이 일었다가 잔해지는 호수처럼 조직은 다시 내부의 타성 속에서 잠든다.

준비되지 않은 상태에서 외부 인력을 내부로 갑자기 들여오는 정책은 대부분 효과가 적다. 오히려 조직에 큰 해를 끼칠 가능성이 있다. 3M의 15퍼센트 규칙처럼 차라리 내부 인력이 늘 외부를 바라볼 수 있도록 내부 시스템을 구축해 놓는 것이 보다 안전하다. 드러커가 혁신을 한때의 특별한 사건이 아니라 일상의 규범으로 만들라고 주문한 것도 같은 맥락이다(InE p. 151).

PETER DRUCKER

6

노예가 노예를 부리는 조직

우리는 모두 독립한 자유인이고 싶다

드러커의 경영 사상은 이 사회에서 자유와 평등을 구현하기 위해서는 무엇이 필요한가에 대한 정치학적 고민에서 출발했다. 이 고민이 전체주의의 기원을 다룬 그의 『경제인의 종말』이 지녔던 근본 문제의식 가운데 하나였다.

자유를 박탈당한 사람을 우리는 노예라고 부른다. 우리나라의 수많은 직장인 가운데 한번쯤 자신이 노예가 아닐까 하는 생각을 해 보지 않은 사람은 드물 것이다. 자신이 노예였다고 생각하는 직원들의 이야기는 언론에 종종 보도되곤 한다.[1] 어떤 대기업 신입 직원에게 주어진 과업은 협

1 송지혜·이상원, 「살고 싶어서 퇴사합니다」, 시사인(www.sisainlive.com), 2016. 3. 2. 이하 협력업체 쥐어짜기를 강요당했던 직원의 이야기는 이 기사의 내용을 요약했다.

력 업체 쥐어짜기였다. 거기에는 아무런 합리가 필요 없었다. 그냥 우리 회사에 납품하고 싶으면 단가를 깎아야 한다는 것이 유일한 논리였다. 마치 전체주의가 아무런 논리 없이 그냥 권력 자체가 목적이라고 주장하는 것과 다를 바 없었다. 기업에는 조직의 목적과 과업은 아랑곳하지 않고 오로지 집착과 자기 이익으로 똘똘 뭉친 상사들이 있다. 직원들은 그런 상사 밑에서 왜 자기가 그 일을 해야 하는지도 모르는 채 지시를 따라야 한다.

개인의 재산이 풍족한 소수의 사람들을 제외한 대부분의 직장인들은 회사를 떠나고 싶어도 떠날 수가 없다. 막상 자리를 박차고 다른 일자리를 찾는다고 해서 과연 자신이 존중받는다는 느낌을 가지면서 일할 수 있을지 확신이 없기 때문이다. 중세 유럽의 농노는 자신과 가족의 생존을 보장받는 조건으로 영주에게 자유를 헌납한 채 약간의 특전만으로 살아가는 존재였다(AD p. 254). 그들은 일종의 황금 족쇄에 묶여 있었다(MTRP p. 372). 오늘날 자유를 반납한 직장인들이 중세 농노와 얼마나 다를 것인가?

우리는 과연 누구를 위해서 일하는가?

노예는 주인을 위해 일한다. 그렇다면 오늘날 기업 조직의 구성원은 도대체 누구를 위해 일하는가? 산업 사회가 등장하기 이전의 사회는 독립된 주체들의 사회가 아니었다. 서구 역사상 대부분의 삶은 예속된 삶이었다. 오직 소수의 상류층만이 자유로웠다. 영주, 지주, 귀족, 교황, 독립 공인, 자영농, 독립 상인은 상대적으로 소수였다. 보다 많은 사람들이 시종, 농노, 하인, 하녀였다. 그들은 주인을 위해 일했다. 19세기 중반 디킨스의 소설에 등장하는 노동자들은 한결같이 주인님을 위해 일하는 사람들이었다. 그들은 공장을 위해 일하지 않았다. 19세기 말에 접어들어서야 서구인들은 처음으로 주인님이 아니라 기업을 위해 일하기 시작했다. 하지만 기업은 아직 추상적이었다. 보다 정확히는 상사를 위해 일하기 시작했다. 그런데 그 상사라는 사람도 또 다른 상사를 위해 일하는 사람이었다. 이 전통은 아직까지 서구에 남아 있다. 자유기업의 역사가 서구보다 100년 정도 뒤진 우리나라에서는 이 전통이 많이 남아 있다.

20세기 후반부터는 또 달라지기 시작했다. 상사를 위해 일하는 것이 아니었다. 보다 많은 사람들이 일 자체를 위해 일하기 시작했다. 이것은 전혀 새로운 현상이었다. 상사가 있기는 하지만 그가 일을 지시하는 이유는 상사 개인을 위해서가 아니라 상사를 초월한, 그러니까 조직 전체의 일을 위해서였다. 그러나 아직도 상사를 위해 일할 것을 강요하는 조직이 조금씩 남아 있다. 이것은 시대착오적이다(MTGC pp. 204~206).

과거에는 왜 대부분의 사람들이 노예처럼 일했는가? 재산이 없었기 때문이다. 그들은 자본이 없고 오직 노동력만이 있었다. 마르크스 사상은 바로 이런 현실의 산물이었다. 생산요소를 자본과 노동으로 나누는 고전파 경제학의 습관은 마르크스가 계승한 것으로 끝나지 않았다. 그 사고법은 오늘날까지도 끈질기게 사라지지 않고 있다. 그러나 드러커에 따르면 오늘날 자본과 노동의 구분은 사라졌다. 자본은 연기금을 통해 사회화됐고, 지식 사회에서 연기금은 연불 임금deferred wage, 즉 미래로 연기된 임금인 동시에 자본의 원천이 됐다.

오늘날 지식노동자들의 생산성을 올리고 그들의 소득을 창출해 주는 원천은 결코 구시대의 방식으로 분류한 자본, 즉 기계가 아니다. 토지도 아니며, 노동도 아니다. 그것은 바로 지식이다. 기계, 컴퓨터, 건물, 땅, 심지어 돈이 아무리 손에 쥐어져 있어도 그것들은 아무것도 아니다. 그로부터 생산성을 올리고 가치를 창조하는 것은 오직 지식이다. 지식은 오늘날 새로운 형태의 자본이다. 아니, 새롭게 발견된, 궁극의 자본이다.

오늘날 지식노동자는 그 자본을 축적하기 위해 초기 성장 과정에서 십수 년간 기본 교육을 받는다. 초·중·고등학교, 대학교, 그리고 전문 분야의 대학원 또는 연수 프로그램을 이수한다. 이후에도 평생토록 지식을 갱신하고 축적한다. 그러한 자본 축적을 가능하게 하는 원천은 바로 앞 세대의 임금이자 이를 바탕으로 축적된 연기금이었다.

다시 우리는 누구를 위해 일하는가의 문제로 돌아가 보자. 상사를 위해 일한다는 것은 상사의 희망대로 일한다는 것을 의미한다. 내 선택은 없다. 그것은 내 일이 아니다. 그러나 과거 재산이 없던 사람, 즉 자본이 없던 사람은 그 일이 내 일이 아니라 해도 주인을 떠날 수 없었다. 주인을 떠나는 순간 내 소득을 창출하는 원천인 일체의 자본과 결별하는 것이기 때문이다. 그러나 오늘날 지식노동자는 지식이라는 자본을 체화하고 있다. 그러므로 내 일을 할 수 있는 곳을 찾아 떠날 수 있다. 내가 하는 일이 내 일이 아니라 상사의 일이라고 판단하는 순간 언제든지 상사를 떠날 수 있게 된 것이다.

오늘날 조직에서 어떤 상사라도 반드시 또 다른 상사 밑에서 일한다. 최상층 오너owner를 제외하고 말이다. 만약에 노예가 노예를 부리는 조직이 존재한다면, 그곳은 지식 자본을 갖추지 못한 노동자들로만 구성된 곳에서나 가능하다. 소외는 그런 곳에서 일어난다. 그들은 자본이 없으며 오직 지시하고 지시당하는 관계 속에서만 산다. 그들의 삶은 일에서 분리되어 있다. 소외가 없는 세상이란, 지식노동자가 자신의 일을 선택할 수 있는 세상이다. 거기에서 자신의 지식이 기여할 곳은 과업의 성격에 의존한다. 오늘날 사회 내 존재인 지식노동자들은 자신이 기여할 목적이 있는 조직을 찾아 사회 내에서 자유롭게 이동할 수 있다. 만약에 자유롭게 이동할 수 없다면, 그는 자신의 지식이 기여할 곳을 찾지 못했기 때문이다. 또는 그가 조직 내에서 기여할 일을 찾지 못했다면 그것은 상사의 책임이다. 이 찾아줌이 바로 드러커가 말했던 리더 또는 경영자의 진정한 역할이다.

막상 현실은 드러커가 이야기했던 것처럼 이상적이지는 않다. 많은 기업가들이 사회 내 존재라는 사실을 망각하고 있듯이, 상당수 노동자들도 스스로 사회 내 존재임을 부정하고 살아간다. 그들은 조직을 통해 사회에 기여하는 주체로 자신을 바라보기보다는 조직으로부터 내 몫을 하나라도 더 챙겨야 할 존재로 생각한다. 그때 그들의 지위는 사회적이지 않고 철저히 개인적이다.

지식노동자는 과연 누구를 위해 일하는가라고 물었을 때, 오직 상사만을 위해서, 오직 자신만을 위해서, 또는 오직 조직만을 위해서라고 대답해서는 곤란할 것이다. 이 모든 대답은 균형이 파괴된 상태를 의미하기 때문이다. 그는 사회 안에서 일하지만, 동시에 개인의 가치를 보존해야 한다. 지식노동자는 사회 내 존재로서 서로 타인의 성과에 기여함으로써 자신의 성과를 창출하는 존재여야 한다. 그가 개인과 사회 가운데 어느 한 방향의 가치에 과도하게 치중하거나 남게 되면 개인과 사회가 모두 파괴된다. 개인의 자유와 조직의 목적 사이에 피할 수 없는 갈등을 어떻게든 피해 보려 했던 드러커의 구상, 즉 목표와 자기통제에 의한 경영은 그래서 어쩔 수 없이 조직의 여러 목표 사이에서 균형을 강조할 수밖에 없었던 것이다. 어려운 일이지만, 어렵기 때문에 가치가 있다.

외국계 IT 컨설팅 회사에 오래 근무했던 A씨는 국내 IT 컨설팅 회사 B사 임원으로 스카웃되어 이직했다. B사는 전문가들을 초빙하여 대규모 국제 컨퍼런스를 개최했다. A씨가 이상하게 생각한 것은 B사의 임원이나 책임자 급에서 발표자로 나가는 인물이 한 사람도 없었다는 점이다. 발표자는 모두 해당 분야의 해외 전문가들로 채워졌다. A씨가 전에 근무한 회사에서는 컨퍼런스를 개최하면 본사의 책임자 급이 여러 세션을 맡아서 자신의 전문 지식을 발표하곤 했었다. 실제로 그렇게 해서 회사의 평판이 좋아지고 고객이 나타났다. 그러나 B사가 도대체 무슨 목적으로 그 주역들을 오직 해외 전문가들로만 채웠는지 A씨는 몹시 의심스러웠다.

누구도 행사가 왜 이런 방식으로 기획되었는지 명쾌히 설명해 주지 않았다. A씨는 나중에야 그 이유를 조금씩 알 수 있었다. 회사는 개인이 외부에 부각되는 것을 기피했던 것이다. 참으로 이상한 문화였지만, 그들은 그것이 조직에 충성하는 직원들의 정상적인 모습이라 여겼다. 원래 목표와 자기통제에 의한 경영은, 조직 전체의 목적에 나의 지식이 어떻게 기여하고, 나의 지식이 동료 노동자의 지식과 어떻게 상호 기여하는가를 알아야 작동한다. 그런데 사실 B사의 임직원들은 조직의 목적에 기여하는 것이 아니라, 단지 조직의 높은 사람에게 충성하는 것이었다. 심지어 회사 직원들은 대외적으로 자신의 이름으로 책을 쓰거나 논문을 발표하는 행위가 높은 사람들의 눈에는 마치 회사의 일을 소홀히 하고 개인의 이익만을 추구하는 모습으로 비친다는 사실을 잘 알고 있었다. 그들은 어쩌면 허울 좋은 노예였는지도 모른다.

이 사례는 극단적으로 보일 수도 있다. 그러나 이런 일이 한국 기업에 남아 있는 뿌리 깊은 집단주의의 한 형태라는 점만은 분명하다. 그곳에서 개인은 철저하게 불허된다. 오늘날 지식 조직은 피라미드 건설 현장도 아니고 컨베이어 벨트 시스템이 돌아가는 공장도 아니다. 지식 사회에서 지식노동자를 이런 식으로 집단과 타율의 틀에 가두어 버린다면, 아무런 창조도, 성과도, 축적도 이루어 내지 못할 것이다.

해외에서 역량 있는 컨설팅 회사에 소속된 전문가들이, 적어도 소속 회사의 영업 비밀이 아닌 한, 자신의 전문 분야에서 축적한 지식을 출판하는 경우를 우리는 자주 본다. 그리고 그런 책들은 해당 분야의 종사자나 대학의 전공생들에게 널리 읽힌다. 지식노동자가 주도하는 경제에서 이런 사람들의 활동은 대학과 더불어 지식 생산의 주축을 담당한다. 그렇게 그들의 지식은 사회 곳곳에 전파되고 새로운 혁신의 원천이 된다.

지식노동자들의 기대치

힘겨운 경쟁 끝에 기업에 입사한 직원들이 환멸을 느끼고 떠나는 경우가 자주 있다. 그들은 로스쿨이나 의학 전문 대학원에 진학하거나, 기업 생활과는 전혀 다른 경로의 삶을 새로 선택한다. 물론 새로 선택한 길이 그들의 삶을 보장해 주는 것은 아니다. 그들도 그것을 안다. 그러나 적어도 기업이라는 곳보다는 나을 것이라고 기대했을 뿐이다. 이런 현실을 두고, 그 정도도 못 견디고 기업을 떠나는 이들이 나약하다고 업신여기기보다는, 오늘날 기업이라는 조직이 얼마나 황폐화된 공간으로 전락했는가에 대해서 자성해야 한다. 왜 기업은 우수한 사람들을 끌어들이는 곳이 아니라 밀어내는 곳이 되어 버렸는가? 이에 대해서 경영자 스스로 책임을 절감해야 한다.

모든 경영자들이 인재를 원한다. 특히 구인난을 겪는 중소기업은 더욱 그렇다. 사람들이 기업을 떠나는 이유는 체계적인 경영이 없기 때문이다. 체계적인 경영이란 조직 내에 자기통제가 가능한 경영자를 육성하는 경영이다. 오늘날 지식 사회에서는 과거처럼 시킨 대로 일해야 하는 노동자가 필요한 것이 아니다. 목표와 자기통제에 의한 경영의 원리가 조직에 정착되지 않으면, 개인의 삶과 성과를 추구하는 어떤 지식노동자도 조직의 부품으로 소모당하고 싶어 하지 않을 것이다. 그런데 아직도 많은 경영자들과 중간관리자들은 시키는 대로 일하는 사람을 찾는다. 그러면서 인재를 찾는다고 하고, 인재가 떠나는 것을 비난한다. 떠나는 지식노동자들의 기대는 전혀 다른 곳에 있다. 그들은 존재를 인정받고 싶고 자유롭고 싶다. 그들은 인정받는 삶, 조직의 성과에 기여하면서 삶의 질을 키울 수 있으리라는 기대 하에 첫 출근 후 몇 달간을 경험한다. 그동안 이런 기대는 서서히 사라진다.

노동자는 단순히 돈을 받는 대가로 일해 주러 온 사람이 아니다. 하지만 이런 상태에서는 경영자가 노동자를 향해 자신의 일에 자긍심을 가지라고 아무리 요청해도 그런 마음이 생기지 않는다. 노동자 스스로 조직의 흥망에 책임을 지닌 경영자라는 인식, 기업 내에서 자신이 중요한 일을 맡은 중요한 인물이라는 느낌, 스스로 일을 결정하고 책임을 질 수 있는 존재라는 자각이 있어야만 비로소 자긍심이 나올 수 있다. 드러커는 이것을 노동자가 갖추어야 할 '경영 비전managerial vision'이라고 불렀다. 이 비전을 노동자 혼자 만들어 낼 수는 없다. 상사가 함께 해야 한다(PoM pp. 307~311).

"흔히 간과되는 한 가지 사실은 바로 교육받은 청년층의 기대치다. 재능과 능력을 갖춘 인력이 매력을 느끼도록 하고, 그들에게 동기를 부여하고, 그들에게 그 자리를 지켜 줄 것을 요청할 능력이 없는 회사는 살아남지 못할 것이다. 날이 갈수록 그 인력 대상은 바로 지식노동자가 되고 있다. 과거의 육체노동자와 달리 지식노동자는 단지 일자리 하나를 찾는 것이 아니다. 그는 경력을 찾고 기회를 찾는 것이다(MTRP p. 774)."

드러커의 이 말을 단순히 40년 전 낡은 논평이라고 보지 말고, 오늘날 사람 구하기 어렵다고 늘 투덜대고 힘겹게 구한 사람조차 스스로 떠나게 하는 이 땅의 경영자에게 하는 말이라고 생각해 볼 필요가 있다.

비정규직조차
지식 자본으로 대우해야 한다

지식노동자들이 주축을 이루는 기업에서 경영자들은 항상 사람이 최고의 자산이라고 말하곤 한다. 그런 말을 하는 조직에서조차 비정규직 또는 아웃소싱 노동자의 비중은 날로 늘어나고 있다. 가장 큰 이유는 정규직을 고정 비용이 지출되는 부채로 간주하기 때문이다. 미국에서는 1950년대에 단순 업무를 담당하는 임시직 파견 회사가 처음 등장했고, 1980년대 후반에는 전문가 파견과 그들에 대한 인사 행정 업무를 총괄해 주는 전문가 파견 회사PEO, Professional Employees Organization가 등장했다. 예컨대 미국의 기업들은 CEO나 중간관리자들을 PEO로부터 조달받는 경우가 많으며, 병원들은 의사가 아닌 물리치료사나 식단관리사와 같은 전문가들을 아웃소싱 형태로 고용하곤 한다. 앞으로 우리나라도 이런 형태의 고용이 점점 증가할 것으로 보인다. 이는 피할 수 없는 추세다. 미국 최대의 PEO인 인스페리티Insperity의 매출은 24억 달러(2014)에 이른다. 우리나라를 포함한 전 세계에서 인력 파견 사업은 급부상하고 있다.

드러커는 이렇듯 세계적으로 거역할 수 없는 고용 형태의 변화 추세에서 기업은 비정규직에 대해서조차 부채로 보아서는 안 되고 자본으로 인식할 것을 주문했다. 그들은 기업 입장에서 잠시 쓰다 버려도 되는 존재가 아니다. 기여하고 성취할 대상을 찾는 자유로운 노동자들이다. 그가 보기에 이 사태를 정규직과 비정규직의 대립 문제로만 보거나, 더 나아가 비정규직의 정규직화를 통해 이를 해결할 수 있다는 믿음은 문제의 본질을 잘못 짚은 것이다.

정규직이라 하더라도 오늘날과 같은 지식 경제에서는 이미 정년이 아무런 의미가 없는 상황이 되었다. 생산성이 낮은 인력들의 정년을 무조건 연장하려는 시도는 무의미하다. 어떤 경우에든 기업은 성과에 기여하지 못하는 지식에 끝없이 투자할 이유가 없기 때문이다. 그렇다고 해서 기업 입장에서 정규직을 줄이고 비정규직을 늘려야 한다는 당위성이 나오는 것은 더욱 아니다. 초점은 정규직, 비정규직을 막론하고 지식노동자에게 지속적으로 경험과 학습의 장을 마련해 줌으로써 그들의 생산성을 향상시키는 일에 있다.

기업이 비정규직 비중을 자꾸 확대하는 이유는, 정규직을 증가시켜도 기업의 생산성이 증대할 가능성이 불확실한 반면에 정규직 확대에 수반하는 각종 부담이 너무 크다고 느끼기 때문이다. 다시 말해서 사람이 기업에 부채로 인식되는 것이다. 그러나 경영자가 사람을 부채로 보는 뿌리 깊은 타성을 버리고 자본을 체화한 존재임을 깊이 느끼지 못하면, 비정규직을 아무리 늘려도 생산성 향상에는 아무런 도움이 되지 못한다.

비정규직들도 지금 하는 일에서 보다 성과를 내는 방법을 알고 있고, 무엇이 문제인지 느끼고 있으며, 조직의 성과에 기여하는 일원으로 인정받고 싶어 한다. 그들은 소모품이 아니다. 정규직도 마찬가지다. 오히려 정규직으로 보장된 직장에서 황금 족쇄에 묶인 노예가 된 채 지시와 타율과 평범함 속에서 나날을 보내는 것보다, 자신이 기여할 수 있는 자리를 찾아 언제든지 자유롭게 이동할 수 있는 지식노동자가 되는 것이 낫다.

7

생산성의 의미와 중요성

열심히 일하는 당신

한국의 2014년 노동자 1인당 연간 노동 시간은 2,114시간을 기록했다. OECD 국가 중에서 2위였다. 1위는 2,228시간을 기록한 멕시코, 3위는 2,042시간을 기록한 그리스였다. 2000년에 2,512시간으로 당시 2위였던 멕시코를 제치고 1위를 했던 것을 기억하면, 14년이 경과하도록 크게 나아졌다고 보기 어렵다.[1] 이토록 열심히 일한 만큼 생산성은 높았을까? 시간당 생산성[2]으로 보면, 2014년에 42개 조사 대상국 가운데 하위 11위인 31.2달러를 기록했다. 같은 해에 최상위였던 룩셈부르크의 79.3달러나 역시 상위 3위를 기록했던 미국의 62.4달러와 비교 대상으로 삼을 수조차

1 OECD 통계 사이트 www.oecd.org

2 노동 시간당 GDP[2010년 구매력평가(ppp) 불변 가격 기준]. 앞과 같은 사이트.

없다 하더라도, 이웃 나라 일본의 39.4달러에도 미치지 못했다. 2000년에 하위 8위였을 당시에 비하여 다소 나아진 것 같기는 하지만 큰 변화는 없다. 이런 차이는 사실상 1인당 GDP 수준에서도 거의 비슷하게 드러난다. 그런데 참 이상하다. 우리나라 사람들이 경험한 미국 노동자들의 모습만을 보면 미국이 그렇게 생산성이 높다는 사실이 잘 납득이 가지 않는다. 경험자들의 말을 들어 보면 공공 기관이나 일반 서비스 회사 직원들의 대민 업무 처리 속도나 친절함은 한국이 미국에 단연코 앞서 있다고 한다.

2009년 장용성 로체스터 교수는 그의 칼럼에서 한국 사람들의 우수해 보이는 두뇌와 능력에 비하여 막상 사회 전체적으로 생산성이 현저히 떨어지는 이유를 인적 자원의 배치가 제대로 이루어지지 않기 때문이라고 지적한 바 있다.[3] 그에 따르면 우리나라 국민의 평균 IQ는 홍콩에 이어 세계 2위이고 우리나라 중고생의 과학 학습 능력은 싱가포르에 이어 2위를 차지할 정도였다. 미국과 직접 비교해도 현장에서 일하는 노동자들의 능력이나 지식 수준은 매우 높아 보인다. 다소 역설적으로 들리지만, 미국의 말단 직원들이 그다지 똑똑하지 않다는 것은 유능한 인력들이 대부분 리더의 자리로 승진해 있다는 것을 의미한다. 그에 따르면 미국의 생산성이 한국보다 현저히 높은 이유는 바로 리더의 능력이 한국보다 우수하기 때문이다. 그의 논지는 결국 능력 있는 사람이 제자리를 잡고 일을 하도록 해 주는 조직 문화야말로 생산성을 결정하는 핵심 요인이라는 것이다. 우리나라에서 관행처럼 자리 잡은 연공서열제는 능력 있는 사람이 경영자로 승진하기보다 무능한 사람이 리더의 자리를 꿰찰 가능성이 더 높다. 경험과 식견이 풍부한 사람들이 단지 나이가 많다는 이유로 현장

---

3 장용성, 「(경영 노트) 한국의 노동생산성이 미국의 절반밖에 안 되는 이유」, 조선일보, 2009년 5월 8일.

에서 은퇴해야만 하는 경우가 많다. 이런 이유로 우리나라에서는 강점을 지닌 지식노동자들이 더 나은 성과를 창출할 수 있는 기회들이 미국 사회에 비하여 훨씬 제약당할 수밖에 없다.

우리나라에서 직장 생활을 해 본 대다수 사람들이 느끼는 조직 적응형 인간의 모습은 한마디로 '열심히 일하는 사람'이다. 야근에 주말 근무를 도맡아 해야 일 잘하는 직원인 것처럼 평가받는다. 물론 많은 조직에서 근절되기는 했지만, 하루 일을 가뿐이 마치고 정시 퇴근이라도 할라치면 남아서 일하는 동료들에게 뭔가 미안하고 상사에게 눈치도 보인다. 물론 그들에게 근무 시간 중에 정말로 집중해서 열심히 일했느냐고 묻는다면 대부분은 머쓱해질 것이다. 잡담에, 간식에, 심지어 사적인 통화, 메시징, SNS까지 일하는 시간의 많은 부분을 과업과 무관한 활동으로 소비하는데다가, 조직에 만성화된 불필요한 회의와 상사가 긴급히 요청한 업무 처리에 많은 시간을 보내곤 한다.

필자가 업무 때문에 접했던 많은 조직 중에서 소위 신의 직장, 보장된 직장의 상당수에서 특이한 경향을 발견한 적이 있다. 임원급으로 올라가서 방이라도 생기면 하는 일이라고는 결재 문서에 도장을 찍는 일 외에는 없었다. 임원실에 골프 퍼팅 매트가 놓여 있는 것을 아무도 이상하게 생각하지 않았다. 접견 소파 한 켠에 베스트셀러 소설 전질이 쌓여 있고 그것을 읽으면서 하루를 보내도 크게 문제될 것이 없었다.

외국계 기업에 근무했던 필자의 지인들은 직위가 올라갈수록 권한, 책임과 아울러 업무량이 더할 나위 없이 증가하는 자신의 경험을 이야기하곤 했다. 그들은 우리나라 기업에서 직위가 올라갈수록 편안하고 여유로워지는 모습을 도저히 이해할 수 없다고 말했다. 한국의 직장인들이 승진에 목을 매는 이유는 일을 통해 더 크고 남다른 성과를 내기 위해서가 아니라 어쩌면 일에서 벗어나기 위해서였는지도 모른다. 아랫것의 노예 같은 삶은 윗분이 되면 언제든지 벗어날 수 있다. 그것은 일종의 구원이다. 막대한 권력과 복지가 그곳에 있다.

굳이 임원까지 도달하지 않더라도, 한때 중간관리자들조차도 점심 식사 때에는 거래처와 낮술 한잔하는 것쯤이야 당연하게 생각한 적이 있었다. 잠시 졸았다가 일은 밤에 하면 되기 때문이다. 밤늦게까지 사무실에 불이 꺼지지 않는 게 오히려 자신이 열심히 일하는 모습을 보일 수 있는 좋은 기회일지도 모른다고 생각한 것이다.

너 자신의 시간을 알라

이런 풍토에서, 적어도 근무 시간 중 생산성 향상의 관점에서 IBK기업은행은 참으로 거대한 실험에 성공했다. IBK는 2009년부터 자동 'PC오프off 제도'를 도입했다. 오후 7시에 PC가 자동으로 꺼지게 해서 행원들은 어쩔 수 없이 퇴근할 수밖에 없었다. 야근이 필요한 사람은 지점장의 사전 결재를 받도록 했다. 그 결과 거대한 변화가 일어났다. 일과 시간 중에 헛되이 시간을 보내지 않으려고 행동이 바뀌기 시작했다. 이른바 '보고를 위한 보고'가 사라지고, 핵심만 전달하는 보고가 자리 잡았다. 지루하게 시간을 끄는 회의도 사라졌다. 회의 시간도 짧아졌다. 은행은 간부들에게 불필요한 회의나 서류 작성에 투입할 시간을 줄이는 대신 고객을 한 명 더 만날 것을 주문했다. 당시 조준희 행장은 단순히 시간만 많이 투자하면 성과가 창출될 것이라는 낡은 사고에서 벗어나야 한다고 강조했다.

행원들은 생산성 향상을 이룩한 대가로 여가의 가치를 다시 발견하게 됐다. 종전에 평균 9시가 넘었던 퇴근 시간이 7시 이내로 앞당겨지면서, 삶의 질은 크게 향상됐다. 종전 같으면 꿈도 못 꾸었을 퇴근 후 자기 개발과 레저를 규칙적으로 즐길 수 있게 됐다.

IBK의 이런 시도가 있기 전에도, 삼성의 이건희 회장은 1993년에 이미 7-4제, 그러니까 7시 출근, 4시 퇴근을 시도한 적이 있었다. 수십 년 뿌리박힌 문화를 일거에 바꾸기는 정말 어려웠지만, 이건희 회장과 비서실이 4시 이후 퇴근 지침을 준수하지 않은 임직원들에게 직접 경고를 보내고 징계하는 노력을 기울인 끝에 신속히 자리 잡을 수 있었다. 실제로 삼성 직원들을 이 제도 실시 이후 업무 효율이 크게 향상됨을 체험할 수 있었다. 이후 2000년대에는 7-4제가 탄력적으로 근무 시간을 선택할 수 있는 제도로 바뀌었다.

유연근무제는 이후 국내 대기업들에 급속히 확산됐다. 삼성은 물론이고 여러 기업에서는 재택근무와 원격회의 등을 이용한 스마트 워크를 도입했다. 단순히 일하는 시간을 줄이는 것을 넘어, 자유 시간을 의도적으로 늘리는 기업들도 생겨났다. 놀이가 오히려 창의성을 촉진하고 생산성을 향상한다는 기대에서다. 3M이나 구글의 10퍼센트 규칙으로부터 시작된 이런 문화는 우리나라에서도 NHN, 넥슨, 유한킴벌리, 셈표식품 같은 회사에 보급되었다.[4]

이렇게 시간을 효율적으로 활용하는 것은 당연히 생산성을 향상시킬 수 있는 중요한 수단이 된다. 드러커 역시 "너 자신의 시간을 알라!"라고 할 정도로 생산성 향상을 위한 시간 관리의 중요성을 더없이 강조했다(EE pp. 25~51). 그러나 지식 조직에서 생산성은 단순히 시간을 효율적으

4 「직원들이 놀아야 기업이 산다」, 이코노믹 리뷰 755호, pp. 38~39.

로 활용하거나 인적 자원을 적절히 배치하는 것 이상의 문제다. 첫머리에서 말한 1인당 생산성 개념조차도 사실은 낡은 시대의 생산성 개념에 바탕을 둔 것이다.

생산성 향상은 올바른 과업을 정의하는 데에서 출발한다

20세기 제조업의 생산성 혁명은 프레데릭 테일러Frederik F. Taylor의 과학적 관리법에서 출발했다. 그 덕분에 동일한 사업장에서 단위 시간당 산출량은 과거에 비해, 수십 배, 수백 배 이상 증가할 수 있었다. 하지만 테일러의 방식은 사물을 만들고 이동시키는 활동을 대상으로 했다. 그는 주어진 산출물을 낳기 위해 작업들을 분해하는 데에 초점을 두었다.

20세기 후반에 육체노동자의 제조 작업이 지식노동자의 서비스 작업으로 이동하면서 그 관점에는 변화가 필요했다. 지식노동의 생산성은 육체노동과는 달리 접근해야 한다. 무엇보다도 성과를 내고자 하는 과업이 주어져 있는 것이 아니라, 그 과업이 무엇인지 정의하는 데에서 출발해야 한다(EV p. 224). 해야 할 일이 무엇인지 제대로 정의하고 해서는 안 될 일이 무엇인지 파악하는 일이야말로, 더 열심히 일하는 것이 아니라 더 지혜롭게 일할 수 있는 첫 단추를 꿰는 것이다(EV pp. 215~218).

오늘날 지식노동자는 자신이 현재 하고 있는 과업 자체를 주어진 것, 변경할 수 없는 것으로 간주해서는 안 된다. 그가 먼저 물어야 할 것은, "내가 해야 할 일이 무엇인가?"이다. 즉, 과업 자체를 정의하는 일에서 출발해야 한다. 지식노동자는 먼저 올바른 과업을 정한 뒤에, 그를 위해 해야 할 여러 하위의 일들과 그렇지 않은 일들을 찾아내는 일이 따라야

20세기 제조업의 생산성 혁명은 프레데릭 테일러의 과학적 관리법 덕분이었다.

한다. 이것이야말로 목표에 의한 경영이 일에 접근하는 방식이다.

대학교수의 과업이 강의와 연구라면, 거기에 필요한 일과 자원을 최대한 확보하도록 하는 것이 생산성을 올릴 수 있는 길이다. 그러나 현실에서 대학교수는 할 필요가 없는 일들, 예컨대 각종 내부 또는 외부의 위원회나 행사 참여, 학교 내 정치나 인간관계 유지에 과도한 시간 소모, 교수 업적 평가 수치를 맞추기 위한 요식적인 행동들에 시간을 소모하는 경우가 많다. 의사 역시 환자에게 양질의 진료를 위해 시간을 확보하고 연구를 하는 것보다 의료보험 서류를 작성하는 데에 상당 시간을 소모해야 한다면 참으로 낭비다. 문제는 오늘날 비대해진 조직들은 지식노동자들에게 성과 창출에 별로 기여하지 않는 일들에 시간을 쏟도록 만들었다는 점이다. 이때 정작 자신의 중요한 과업이 무엇인지 놓치게 된다.

다음으로 중요한 것은 지식노동의 생산성에서 고려해야 할 질의 문제다. 백화점 판매원의 성과는 기본적으로 양으로 측정되지만 전적으로 거기에만 의존해서는 안 된다. 고객이 흡족한 매장 경험을 하도록 만들어 주는 것은 질적인 성과다. R&D 부서가 그저 그런 평범한 개선작들을 많이 내는 것은 양으로는 수용될지 몰라도 질로는 높이 평가받기 힘들다.

의사, 은행 지점장, 기자, 간호사, 교수 등등 수많은 지식노동자의 성과들은 이렇게 양과 질의 두 속성을 지니고 있다. 이들을 대상으로 처리량이나 건수로만 생산성을 측정하려는 모든 시도는 지식노동자의 성과에 착시를 일으킨다. 드러커는 **질적인 성과를 일종의 최소 제약 조건**으로 보아야 한다고 생각했다. 필요한 수준의 질을 달성하는 일은 작업의 절차에 반드시 포함되어 있어야 한다(EV p. 225). 양 때문에 질을 희생한다거나, 질만 추구하면서 양을 무시하는 것은 결코 생산성 향상이 아니다. 물론 여기서 양이라는 것은 더 많은 노력을 기울여 더 많이 만들어 내는 데에 초점이 있지 않다. 최소한의 질을 전제한 목표량을 달성하기 위해 어느 정도의 시간이 필요한가를 아는 데에 초점이 있다.

일을 더 잘 할 수 있는 방식은 지식노동자 스스로 가장 잘 알고 있다

그동안 테일러는 물론이고 이후 첨단 산업공학 기법조차 구상한 방식을 일방적으로 노동자에게 가르친 것에 불과했다. 그들이 간과했던 것은 일하는 방식을 일하는 사람에게 묻는 일이었다. "무엇을 개선해야 하는가? 무엇이 필요한가? 무엇이 장애가 되는가? 지금보다 더 나아질 수는 없는가?" 이렇게 노동자에게 직접 묻는 일은 2차 세계 대전 기간 중에 IBM이 시도해서 성공했고, 1950년대 이후 일본 기업들의 '카이젠改善'에서 더욱 구체화됐다. 모든 방법은 일하는 사람들로부터 나왔다(EV p. 227).[5]

---

5 EV ch. 15 「The New Producivity Challenge」. 1991년에 발표된 이 글은 MF ch. 13과 동일한 내용으로 다시 소개됐다.

1905년 테일러의 경영 이론을 적용했던 타보 회사(Tabor Company)에서 작업 중인 노동자의 모습.

우리나라에서도 혁신이 연구 개발 부서나 기획실의 전유물이 아니라는 사실을 많은 기업들이 인지하기 시작했다. 예를 들어서, 자동차 부품 전문 기업인 현대모비스는 신제품이나 일하는 방식의 개선안을 전 직원들로부터 청취한다. 미래 기술 공모전과 학습 동아리 Best Practice 발표를 통해 일하는 사람에게 직접 물은 것이다. 회사는 그들로 하여금 단순히 발표만 하게 한 것이 아니라, 신제품 시연을 위한 모델 제작비를 지원하고 국내외 관련 정보를 수집하는 활동을 돕기도 했다. 모든 참여는 자발적이었다. 직원들이 참여함으로써 생산성 향상 성과가 도처에서 나타나기 시작했다. 몇 가지만 예로 들자면, 기존에 암묵적인 형태로만 존재해 왔던 설비 운영 노하우를 직원들의 자발적인 제안과 참여를 거쳐 체계화할 수 있었다. 그 결과는 매뉴얼로 정리됐고 사내에 공유되어 업무 효율을 크게 향상시킬 수 있었다. 또한 그동안 외부 개발에 의존하던 업무들을 내부에서 수행하는 절차가 개발되어, 외주비를 크게 절감할 수 있었다.

지식노동자가 지속적으로 학습을 해야 하는 이유가 바로 여기에 있다. 이것은 단지 취미나 시간 때우기가 아니다. 개선을 위한 지속적인 학습은 유교 방식과 선禪 방식을 다 포함한다. 주어진 과업의 끊임없는 반복을 통한 향상은 유교적 방식이며, 발상의 전환이나 창의적 혁신처럼 차원을 달리하는 도약은 선 방식이다(MTRP p. 248, EV).

또한 지식노동자들에게 자신의 지식을 외부에 드러내도록 만드는 것만큼 생산성 향상에 도움이 되는 일도 없다. 가르치는 일은 자신에게는 최고의 배움이기도 하다. 이를 통해 지식노동자는 자신이 어떻게 성과를 낼 수 있었는지, 그리고 자신이 무엇을 알고 무엇을 모르고 있는지를 보다 분명히 깨닫게 된다.

생산성은 한 가지 지표가 아니라 자원의 총제적인 투입 측면에서 봐야 한다

경제학자들은 현실을 간결하게 이론화하기 좋아한다. 그래서인지 그들은 경영자와 달리 자원의 성격을 지나치게 단순화해서 사고하는 경향이 있다. 예컨대 동일한 수의 노동자에게 기계나 도구를 추가로 장착시키면 생산성이 향상된다고 생각한다. 이것이 자본의 한계 생산성이다. 경제학자들은 대개 한계 생산성은 양수이며 자본 투입량이 증대함에 따라 체감한다고 가정한다. 사실 노동자 1인당 생산성이나 시간당 노동생산성 개념은 과거에 육체노동만이 생산적 자원이라고 믿었던 시대의 산물이다.

최초의 근대적인 경제학 저술이라 불리는 『국부론』을 쓴 애덤 스미스 조각상. 그의 경영 철학 역시 피터 드러커처럼 다소 오해받은 부분이 없지 않다.

경제학자들이 전통적으로 한 사회의 자본 형성 비율 또는 노동력의 수를 강조한 것도 이런 맥락이었다. 최근에 우리나라 인구 정체가 경제력 쇠퇴로 이어질 것이라고 우려하는 것도 이런 사고에서 나왔다. 하지만 드러커의 견해에 따르면, 한 사회의 부를 창출하는 과정에서 자본 형성 자체는 부차적이다. 가장 근원적인 것은 두뇌 형성률rate of brain formation이다. 첨단 설비나 시설, 즉 자본은 그냥 주어지는 것이 아니라, 누군가가 지식을 통해 기획하고 설계한 것이다. 모든 자본은 이로부터 최대의 성과를 이끌어 낼 지식과 숙련을 갖춘 사람이 있어야만 작동할 수 있다(MTRP p. 68). IBM의 인공지능 컴퓨터를 미개인에게 안겨 보았자 고철 덩어리에 불과할 뿐 결코 생산적인 자본이 되지 못한다.

또한 회계에서 간접 노무비, 흔히 '오버헤드overhead'라고 불리는 비용도 생산성에 대한 잘못된 개념에 기반을 두고 있다. 이는 마치 생산 과정에 직접 손때를 묻히는 사람만이 생산적이고, 그렇지 않은 곳에 앉아 있는 사람들은 비생산적이라는 식의 사고다. 물론 이런 사고는 육체노동에 기반을 둔 제조업 시절의 산물이다(MTRP p. 69). 애덤 스미스, 리카아도, 마르크스가 다 이런 식으로 사고했다.

모든 기업들이 산업 간 경계를 허물며 지식 조직으로 바뀌어 가고 있는 지금도 우리나라의 많은 경영자들이 오버헤드라는 용어를 편하게 사용한다. 심지어 지식 서비스 사업의 최전선에 있는 컨설팅 회사들조차 오버헤드라는 말을 서슴치 않고 사용한다. 현장에서 직접 자료를 분석하고 보고서를 작성하는 컨설턴트는 생산적이고, 이를 뒷받침하는 사내의 정보 지원 시스템, 경영진의 지식 네트워크, 기타 하드웨어 인프라를 오버헤드라고 부르는 것은 뭔가 맞지 않는다. 일하는 사람이 오버헤드인가 아닌가 보다 성과 창출에 기여하는 자원인가 아닌가가 더 중요하다.

이처럼 사회 곳곳에서 말로는 지식 조직을 외치지만 사고와 행동은 육체노동자를 다루던 시절에 머물러 있다. 우리나라의 SI[System Integration]기업들의 일하는 행태를 보면 프로그래머를 고급 지식노동자가 아니라 단순 노무자 대하듯이 한다는 느낌을 지울 수 없다. 어떤 연구소에서는 연구 보고서 완료 승인을 건설 용어인 "준공이 떨어졌다"고 표현했다. 지식 사회에서 필요한 노동을 아직도 이른바 '노가다'로 보고 있는 것이다.

우리나라 기업들이 과거처럼 단순히 저임금에 힘입어 이익을 창출할 수 있었던 시절은 지났다(MF pp. 49~53). 지금 기업들이 해외로 나가는 목적이 단순히 저임금 노동력을 확보하기 위해서라면 방향을 잘못 잡은 것이다. 그들은 지속적인 학습과 생산성 향상에 대한 책임이 아니라, 단지 이익을 남기기 위한 동기로 사업을 하는 것에 불과하다.

이제 지식 사회에서 생산성은 단순히 노동이나 자본 투입을 통해 달성될 수 있는 것이 아니다. 심지어 기술이 발전한다고 해서 생산성 향상이 담보되는 것은 더욱 아니다. 실리콘 밸리에서 아무리 기술 발전이 일어나도 그것만으로는 한 사회의 생산성 향상으로 연결되지 못한다. 시카고 부스 경영대학원의 채드 시벌슨Chad Syverson 교수는 전 세계적으로 정보 기술이 발전해 왔음에도 생산성 저하는 일반적 현상으로 관찰되고 있다고 지적하기도 했다.[6] 등록 특허 수가 세계 4위에 달하는 우리나라는 왜 그에 걸맞은 수준의 탁월한 글로벌 기술 기업들을 배출하지 못하고 있을까?

생산성은 노동, 지식, 시간, 제품 믹스, 프로세스 믹스, 조직 구조 및 기업 내 여러 활동들 사이의 조화라는 여러 요소들 사이에 균형을 이루면서, 투입되는 여러 노력들을 최소한으로 유지하면서 최대의 성과를 창출하는 것이다(MTRP pp. 70~71, PoM pp. 41~46, CWE pp. 61~67).

더 나아가 자본이라고 해도 유형의 설비만을 염두에 두어서는 안 된다. 사업에 투입되는 자본이란, 자금 외에도, 사람, 물리적 자원, 그리고 혁신 노력 등이 갖춘 생산성의 여러 요소들을 모두 포함한다. 두 기업이 있다고 가정하자. 두 기업 사이에 동일한 자금이 물리적 자원과 인건비로 지출된다 해도, 보다 높은 성과를 올릴 수 있는 기회에 그 자원들을 집중시키고 구성원들의 지식을 활용할 수 있는 기업이 보다 높은 생산성을 보일 수 있을 것이다. 이렇게 되기 위해서는 그만큼 혁신을 일상화시키기 위한 의식적인 노력이 수반되어야만 한다. 이런 노력 역시 투입된 자본에 포함시켜야 한다. 왜 경영자의 일이 탁월한 곡예사가 균형을 잡는 능력만큼이나 고난도의 기술을 요구하는지 알 수 있는 대목이다(MTRP p. 388).

그런 의미에서 생산성은 흔히 하듯이 인당-시간당man-hour 생산성과 같은 단 하나의 지표에 의존해서 판단해서는 안 된다. 노동생산성은 수

6 http://newspeppermint.com/2016/03/06/siliconvalleyproductivity/

치상 상승했어도, 다른 부문에서 생산성이 하락했다면 전체 생산성은 하락한 것이다. 2차 세계 대전 후 미국의 제지 산업은 제품 가격도 상승하고 생산량도 늘어났으며 지표당 노동생산성도 상승했지만, 계속 적자를 면치 못했다. 1달러 매출에 2~3달러의 설비 비용이 투입되는 설비 과잉이 원인이었다(MTRP p. 112). 이것은 진정한 생산성 향상이 아니다.

물리적 자본은 단지 통로일 뿐이다

대개 사람들은 기계가 뭔가 해낼 것이라고 기대하곤 한다. 하지만 물리적 자본 그 자체만 놓고 보면 아무것도 생산해 낼 능력이 없다. 자본은 단지 통로일 뿐, 그를 통해 생산성을 달성하는 것은 인간의 지식, 즉 사업을 위하여 모인 사람들이 바친 힘겨운 지식 노동이다(MTT pp. 69~70).

어떤 두 회사가 있다고 하자. 동일한 기계에, 동일한 사람을, 동일한 시간만큼 투입하는 데도 성과가 다르다. 그 성과란 판매량(액)일 수도 있고, 생산량일 수도 있다. 투입한 비용은 같아도 성과가 다르므로 사업의 지속 가능성도 차이가 나게 된다. 도대체 이 차이는 어디서 오는가?

플라스틱 사출기업 ○○사는 동일한 제품을 생산하기 위해 두 지역에 공장을 운영하고 있었다. 두 공장 가운데 나중에 생긴 공장 B는 먼저 생겼던 공장 A보다 훨씬 성능이 뛰어난 기계를 가동하고 있었다. 당연히 공장 B의 기계는 고가였고 시간당 생산량이 더 많았다. 그런데 판매액에서 제반 비용을 제외한 후 판매액 단위당 가득액[7]을 기준으로 비교하

7 수출 가격에서 원자재의 수입 가격을 차감한 금액.

면 공장 A가 훨씬 높게 나왔다. 다시 말해서 투입 자원의 생산성은 공장 A가 훨씬 높았다. 반면에 뒤에 생긴 공장 B는 최신 설비로 시간당 더 많은 생산량을 보였음에도 기계 가격이나 투입 인건비를 감안했을 때 먼저 있던 공장 A에 비해 생산성이 미치지 못했다.

경영진은 도대체 어디서 그런 차이가 나왔는지 면밀히 분석했다, 전문가 컨설팅을 받기도 했다. 그 결과 원인이 밝혀졌다. 자율 경영의 일환으로 두 공장에 원료 구매도 자율권을 주었는데, 공장 B에서 선택한 원료에는 최적의 실내 온도와 습도 조건이 있었다. 그런데 공장 B의 직원이 이걸 잘 맞추지 못한 것이다. 이 조작은 매뉴얼대로 되는 것이 아니라, 기계를 가동해 본 사람만이 알 수 있는 매우 미묘한 내용이었다. 공장 A의 직원들은 오랫동안 숙련이 되어 이 조건을 잘 맞출 줄 알았다. 공장 B는 원인을 파악한 뒤 공정을 개선했고 생산성을 공장 A 수준으로 맞출 수 있었다.

투입 요소와 성과를 이처럼 수량으로 분리 측정할 수 있을 때에는 간단한 계산으로 생산성을 비교할 수 있지만, 그렇지 않은 경우에는 문제가 매우 어려워진다. 눈으로 보면 분명히 알 수 있지만 수량화하기 힘든 품질 완성도 문제가 그렇다. 특정 제품에 대응되는 원재료와 투입 기계, 투입 인력의 범위를 비교적 명확히 구분할 수 있는 사업이 아니라면, 즉 여러 분야의 지식이 공통으로 투입되어 나타나는 성과라면 더욱 그렇다. 관리직, 기획직, 연구직, 재경직, 기타 다양한 부서의 기여가 함께 작용하는 경우 생산성을 분리해서 측정하기는 매우 어려워진다. 이럴 경우 회사가 수익성이 나지 않는 이유가 어디에 있는지 그 원인 자체를 정확히 발견하기가 어려운 상황이 된다. 오늘날 발달된 관리회계 기법을 가지고도 아직 만족할 만한 계측이 이루어진다고 말하기는 어렵다.

생산성은 소수의 생산 요소, 특히 유형의 자본 설비를 통해 달성되는 것이 아니라, 무수한 전체가 함께 작용함으로써 이룩된다. 다른 회사와 비교하여 진정으로 생산성이 높은지 낮은지를 판단하는 일도 어렵거니와, 생산성이 나쁜 원인이 어디에 있는지를 파악하는 일은 더욱 어렵다. 그러나 누구나 확실히 알 수 있는 일이 하나 있다. 전과 달라졌는지, 전보다 나아졌는지 나빠졌는지는 '알' 수 있다. 아니, 다만 '보인다'. 굳이 숫자를 통하지 않더라도 이는 가능하다.

포스코POSCO가 그랬다. 투입 요소는 아무것도 바꾸지 않았다. 설비도, 원료도, 공정도, 투입 인력도 그대로였다. 단지 감사 운동을 벌였을 뿐이다. 생산량도 크게 달라진 것이 없었다. 그런데도 제품을 이용하는 고객들은 품질이 분명히 달라졌음을 알아차렸다. 이런 변화 역시 생산성이 향상된 한 가지 형태다. 이런 달라짐을 과연 숫자로 표현할 수 있을까? 당장은 어려울 것이다. 그러나 장기적으로 이 변화는 고객이 부여하는 신뢰로, 그리고 그에 따른 매출 성장과 경제적 성과 창출로 나타날 것이다.

생산성이란 본질적으로 노력으로부터 결과를 낳는 정도를 말한다. 그런데 이 과정에서 무한의 요소가 결합함으로써 이룩된다. 이 결합되는 요소들로 과연 무엇이 있는지, 이들을 어떻게 결합해야 하는지를 '아는' 것, 이것이 바로 드러커가 말했던 경영자의 진정한 지식이다. 그래서 지식노동자의 생산성 향상은 자본의 투입을 증대하거나, 동일한 투입 당 노동비용을 절약하려는 데에서 나오는 것이 아니다. 그것은 목적을 향한 끝없는 피드백, 학습, 탈학습의 힘겨운 과정 끝에야 이루어진다. 지식이 생산성을 향상시키는 근본 동인이지, 자본이나 노동이 그리 하는 것이 아니다.

또한 생산성을 향상시키는 요소들은 기업 내에만 존재하는 게 아니라, 기업 외부로부터도 가져온다. 현직 공인회계사가 그의 농부 할아버지보다 높은 소득을 얻는 이유는 단지 그가 열심히 일해서가 아니다. 그가 그만큼 오랜 기간 공부해서 축적한 지식이 있기 때문이다(MTRP p. 72). 그가 이렇게 지식을 축적할 수 있었던 이유는 이 사회가 그를 훈련시킬 수 있는 제도를 이미 갖추고 있기 때문이다. 지식은 내부의 자원인 것처럼 보이지만 사실은 외부의 자원이라는 드러커의 말은 바로 이를 의미한다(MfR p. 5). 결과를 낳는 원천인 고객과 지식은 궁극적으로 기업 내부가 아니라 외부에 존재하는 셈이 된다. 이런 의미에서 생산성은 본질적으로 외부로부터 온다.

다만 외부에서 오는 이 모든 자원과 지식 자체는 그것만으로는 전혀 생산적이지 않다. 뛰어난 학위 보유자, 탁월한 숙련 경력자, 최첨단 장비 등등 밖에서 들어온 이 모든 자원을 생산적으로 만들 수 있는 사람이 다름 아닌 경영자다. 반대로 조직을 모든 똑똑한 사람들과 최신 설비들의 썩은 무덤으로 전락시킬 수 있는 사람도 다름 아닌 경영자다. 그런 의미에서, 오늘날 지식 사회에서 생산성 향상이야말로 경영자가 지닌 **1차 사회적 책임**이다(EV p. 231, MF p. 111).

무엇보다도 지식노동자가 무익한 일에 끝없이 소모당하지 않도록 하면서, 그들에게 일과 삶의 균형을 되돌려 주기 위해서라도 더욱 그 책임은 막중하다. 마치 100여 년 전 프레데릭 테일러가 육체노동자의 비참했던 생활 여건을 향상시킬 목적으로 생산성 향상을 모색했던 것처럼 말이다.

P E T E R D R U C K E R

2부

조직 경영

● 한국식 기업문화가 쉽게 빠지는 함정들

Peter Ferdinand Drucker

1

기업의 목적은 이익을 추구하는 것인가?

혼란스러운 이익관

기업을 하는 이유가 이익을 창출하기 위해서라는 말은 대부분의 경영자에게 상식처럼 되어 있다. 아니, 상식이라기보다는 지독하게 뿌리 깊은 선입견이다. 필자가 만나 본 대부분의 지인들조차 대화 중에 자연스럽게 사업하는 이유는 돈을 벌기 위해서, 또는 이익을 남기기 위해서라고 말한다. 그들에게 사업을 하는 이유는 고객을 창조하기 위해서라고 말하거나, 사회에 대한 중요한 책임을 다하기 위해서라고 말이라도 할라치면 코웃음을 친다. 그런 말들은 책에서나 나오고 사업하는 데 아무 도움이 안 되는 비현실적인 이야기에 불과하다는 것이다. 그렇지만 사업하는 이유를 너무나 잘 안다는 그 사람들 가운데 제대로 이익을 내면서 사업을 지속하는 경우는 드물었다.

이익에 대한 견해는 경영자 당사자들에게도 여전히 혼란스럽다. 심지어, 출판되는 경영서들도 『회사의 목적은 이익이 아니다』[1]로부터 『경영의 원점, 이익이 없으면 회사가 아니다』[2]에 이르기까지 전혀 상반돼 보이는 표제를 달고 나오기도 한다. 심지어 어떤 경영자들은 이익을 포기하면서 사회에 유익한, 선한 사업을 하는 것을 목적으로 삼는다. 이것도 잘못된 것이다. 그들은 이타주의야말로 기업의 핵심 가치라고 본다.

> "어떤 사람들에게는 이윤이 경영자의 성배이지만, 또 어떤 사람들에게는 이윤이 금기어가 되어 있다(CWE p. 45)."

사업을 하는 사람은 누구나 이익을 내고 싶어 한다. 자연스러운 일이다. 하지만 이익을 내고 싶다는 염원이나 명령만으로 이익이 나오는 건 아니다. 왜냐하면 이익은 그 자체로 실체가 있는 게 아니라, 이익에 앞선 다른 성과들이 상호 작용한 끝에 나타나는 결과에 불과하기 때문이다. 이익이 나지 않는 경영자는 이익을 내기 위해 매출액을 증가시키거나 비용을 감축하거나 둘 중 한 수단을 택할 수밖에 없다. 그러나 혁신을 통해 고객을 창조하거나 생산성을 향상시키지 않는 한, 매출을 증가시키려 아무리 주문을 외워도 매출이 알아서 증가해 줄 리는 만무하거니와 당장의 실적을 올리려 돈을 쏟아부은 만큼 매출이 따라서 증가해 주지도 않는다. 심지어 무분별하게 비용을 줄이려 하면 자칫 그 비용에 연결된 성과들을 싹부터 잘라 버리면서 역시 이익을 갉아먹게 된다. 그럼에도 불구하고 지금도 경영자들은 이익 앞에서 노심초사한다.

---

1 요코타 히데키 지음, 임해성 옮김, 트로이목마, 2016.
2 이나모리 가즈오 지음, 양준호 옮김, 서돌, 2009.

이익의 진정한 지위

이익이 기업이 수행하는 경제 활동의 결과를 나타내는 한 가지 객관적 기준이 될 수 있다는 사실에는 드러커도 이견을 달지 않았다. 다만 기업의 존재 이유를 사회성에 두느냐 경제성에 두느냐에 따라 이익이 누리는 지위는 현저하게 달라진다. 드러커는 이 두 가지를 양자택일, 즉 '이것 아니면 저것'의 방식으로 나누지 않았다. 오히려 하나의 역동적이면서도 전체적인 과정 내에 이 두 가지를 서열 지웠다. 기업은 궁극적으로 사회의 필요를 충족시키기 위해 태동한 기구이지만, 그곳에 도달하는 과정에서 경제적 결과를 1차적으로 달성해야 할 책임이 있는 존재이기도 하다.

드러커는 이익의 역할에 대한 혼란스러운 논쟁들을 이런 비유로 일축했다. "본질적으로 이익과 수익성은 에너지 보존 법칙을 경제적 관점에서 재구성한 것에 불과하다(CoC p. 236)." 사업의 목적이 이익 추구에 있다는 것은 사람으로 치자면 에너지 흡수가 생존의 목적이라고 말하는 것과 같다. 태양 에너지가 음식을 통해 사람의 신체에서 에너지로 바뀌고 사람은 그 에너지로 뇌세포와 팔다리를 움직이며 산다. 그러나 이렇게 에너지를 가급적 많이 흡수하는 것이 곧 삶의 목적은 아니다. 만약에 그런 일이 목적이라면 그저 한없이 먹는 사람만이 삶의 목적에 충실한 사람이 될 것이다. 하지만 삶의 목적이 그런 데 있지 않다는 사실쯤은 누구나 다 알고 있다. 사람은 사회에 뭔가 가치 있는 기여를 하기 위해서 산다. 누구나 어떤 직업 내지 사회 내에서 자신이 맡은 역할을 통해 그렇게 기여할 기회를 평등하게 부여받았다.

그러나 기여하는 데에 사용할 에너지 자체를 생성하지 못하면 삶의 사회성은 전혀 발휘조차 되지 못하고 사라질 것이다. 기업도 사회 내 존재이기 때문에 사회적 목적을 달성하기 위해서라도 경제적 성과인 이익은 반드시 달성되어야 한다. 즉, 이익은 사업의 목적이 아니라 필요조건이다. 그러므로 대단히 중요하다. 이익 추구가 기업의 목적이 아니라는 말을, 마치 이익을 포기해도 된다는 식으로 오해해서는 안 된다. "성자聖者가 기업을 경영한다 해도 이익은 여전히 현실로 나타날 것이다."[3] 이익 달성에 실패한 경영자는 기업의 사회적 목적을 달성하는 책임에 이미 실패한 것이다. 사회 내 존재로서 기업의 목적은 이익 추구를 넘어서 고객 창조에 있다. 그리고 그 목적 하에서 응당 실천해야 할 사회적 책임이 존재한다.

경제학자들이 흔히 사용하면서 우리에게 너무 친숙해진 극대화maximization라는 단어도 혼란스럽기는 마찬가지다. 지금도 대부분의 경제학 교과서는 기업 이론을 말할 때 이윤 극대화 함수profit maximization function를 설정하는 데에서부터 출발한다. 이익이 정말로 중요하다면, 이익은 어느 정도 수준으로 달성해야 하는가? 최대로 달성한다는 것은 무슨 의미인가? 도대체 최대로 달성한다는 것이 가능한 일이기나 한가?[4] 이런 문제에 대해서는 경제학계 내부에서도 진화경제학이나 제도경제학에서 만족화satisficing나 관행routine 등의 개념으로 이윤 극대화와 전혀 다른 논리로 이윤 창출 과정을 이론화하려는 노력이 있었다.[5] 하지만 여기에서는

---

3 『피터 드러커: 현대 경영의 정신』, p. 128~129.

4 사업을 조금이라도 해 본 사람이라면 경제학에서 말하는 식의 이윤 극대화 지점, 즉 한계수입이 한계비용과 같아지는 지점까지 생산량을 늘이거나 줄이는 것이 불가능하다는 사실을 금방 알게 된다. 생산물의 종류가 한두 가지가 아니며 생산요소도 수많은 사람과 이질적인 장치와 온갖 기물들이 함께 동원되는 것이어서 한계수입 내지 한계비용이라는 것을 측정하는 일 자체가 사실상 불가능하다. 이런 측정 자체가 불가능한 상황에서 어떻게 얼마나 생산해야 그것이 극대화된 이익을 만들어 주는지를 미리 알 수 있는 방법 자체는 없다. 관리회계는 이렇게 복잡한 생산 과정에 동원된 여러 비용을 측정하고 배분하는 작업 자체가 어렵다는 것을 인정하고 가장 받아들일 만한 효과적인 계측 방법을 탐색하려는 시도이다.

단지 드러커의 생각으로 국한해서 살펴보기로 하자.

드러커는 재무 성과를 측정하는 한 가지 방식으로서 이익이 높게 나타났다고 해서 기업이 그만큼 가치를 창출했다고 단언할 수 없다고 보았다. 그런 면에서 이익 극대화 목표는 착상 자체가 잘못되어 있는 것이었다. 일부 통찰력 있는 기업 분석가[6]를 제외하고 월스트리트의 전문가들조차 기업의 이익이 그 기업의 경제적 성과와 탁월성을 표현한다고 생각하는 오류를 종종 범한다. 재무 분석 전문가들은 이익이 지니는 한계 때문에 이익률 외에 온갖 보조적인 재무지표들을 개발해서 병행 판단해야 한다는 사실을 알고 있다. 드러커도 매출액 대비 이익률, 이익 마진 총액, 투자 자본 이익율 할 것 없이 모두 기업의 수익성을 판단하려는 용도로는 장점과 단점이 있기 때문에, 기업의 이익 달성 수준을 제대로 알려면 복수의 지표를 사용하여 각각 무엇을 말하는지 동시에 판단하는 길밖에 없음을 인정했다(MTRP pp. 116~117).

뛰어난 경제적 성과를 달성한 기업들을 살펴보면 수익성을 절대로 무시하지는 않지만, 이와 동시에 수익성 이외의 여러 생존 조건들을 얼마나 광범위하게 관철시켜 왔는지 모른다. 새로운 사업 기회를 포착해서 개척하는 일, 인력들이 각자의 강점에 기반하여 최대의 성과를 낼 수 있도록 동기를 부여하는 일, 기업 생존에 치명적인 영향을 미치는 외부 사건들을 인식하는 능력 등이 그것이다.

이익은 이 모든 조건들이 다 갖추어졌을 때 사후적으로 남는 결과에 불과할 뿐, 그것 자체가 달성해야 할 목표가 되는 것은 아니다.

---

5 허버트 사이먼(Herbert Simon)의 만족화 가설, 리처드 넬슨(Richard Nelson)과 시드니 윈터(Sidney Winter)의 관행 가설이 널리 알려져 있다.

6 예를 들어서 워런 버핏(Warren Buffett) 같은 인물이 그 범주에 들 것이다.

"이익은 원인이 아니라 결과다—사업이 마케팅, 혁신, 그리고 생산성 분야에서 이룩한 성과가 결과로 나타난 것이다. 그것은 기업이 필요로 하는 결과로서, 본질적인 경제적 기능을 수행한다(MTRP p. 71)."[7]

우리는 막대한 이익으로 환호하던 기업들이 왜 그렇게 갑자기 추락하는지, 적어도 과거의 이익 실적만 보고서는 그 이유를 알기 어렵다.[8] 실제로 기업의 지속을 좌우하는 요소들은 이익의 배후에 몸을 숨긴 채 기업의 운명을 좌우하고 있기 때문이다.

또한 이익은 현재를 위한 비용이 아니라 미래를 위한 비용이다. 즉, 미래의 일자리를 유지하고 혁신하고 성장하기 위한 자본이다. 연속하는 시간 차원에 걸쳐 지속해야 할 책임이 있는 존재로서 기업에게 이익은 필수 불가결하다. 그러나 지속은 결코 현재 앉아 있는 자리가 보장되는 상태에서 주어지는 것이 아니라, 자신이 발딛고 있는 현실이 끊임없이 바뀌는 상태에서 이루어져야 한다는 데에 어려움이 있다. 그런 의미에서 이익이야말로 미래의 불확실성이라는 위험에 대해 일종의 보험료처럼 지불하는 것이다(MTRP p. 72, 114, PoM pp. 76~78).

이익이 경제 측면이나 사회 측면에서 기업에게 필수요소라는 점에는 누구도 이견을 달 수 없다. 그래서 독일의 정치가이자 철학자였던 라테나우Walter Rathenau는 이익 대신에 책임이라는 단어를 사용하자고 말하기까지

---

7 같은 취지의 내용이 이미 PoM pp. 46~48에 기록되어 있다.

8 시장에서 너무나 자주 접하는 흑자도산이라는 현상은, 기업의 지속성에 대한 이익의 기여가 얼마나 불명확한 것인지 잘 알려 주는 사례다. 설령 회계상 이익이 아니라 현금 흐름 개념으로 바꿔서 봐도 본질은 크게 달라지지 않는다. 현금 흐름은 말 그대로 이미 지나간 시기에 결과로서 집계된 현금 흐름일 뿐 그것이 미래의 지속에 어느 정도의 영향을 미치는지는 알기 어렵다. 재무분석가들이 흔히 수행하는 현금 흐름 추정이라는 것도, 그 추정의 전제가 되는 사실들에 조금이라도 변화가 생기게 되면 언제든지 허물어지며 결코 미래에 대한 예측 수단이 되지는 못한다.

막스앤스펜서는 이익을 목표가 아니라 사업의 지속을 위한 하나의 필수 요건으로 간주했다. 드러커는 막스앤스펜서를 '목표에 의한 경영'의 성공적인 사례로 들기도 했다.

했다. 그러나 이익은 기업이 지는 책임의 전부를 의미하지 않는다. 대신에 이익은 단지 기업의 1차적인 책임이다. 이 1차적 책임조차 달성하지 못하는 경영자는 성과를 낼 목적으로 자신에게 수탁된 자원들에 대한 진실성을 훼손함과 동시에 경제의 성장 능력을 갉아먹는 것이다(MTRP p. 73).

그렇다면 도대체 이익은 어느 정도 수준으로 달성할 책임이 있는 것일까? 드러커는 이익은 극대화할 대상이 아니라 최소한의 자본비용을 보상하는 수준으로 달성되어야 한다고 말했다(MTRP pp. 115~116). 드러커는 최소한이라는 표현을 썼지만, 사실 웬만한 기업들은 이 최소한의 이익조차 달성하기가 쉽지 않다.[9] 이 최저 수준의 수익률이란 그 기업에 대

9 재무에서 말하는 경제적 부가가치(EVA: Economic Value Added)는 자본비용을 차감한 후의 최종 이익을 말하는데, 바로 드러커가 말한 개념과 같다. 우리나라 상장기업 중 양의 EVA를 달성한 기업은 절반도 되지 못한다는 사실이 여러 분석 기관의 조사를 통해서 이미 알려져 있다.

하여 대출 은행과 지분 투자자를 포함한 모든 자본 투자자들이 그 조달 비용을 지불하고도 매력을 느낄 만큼 높은 수익률을 말한다.

드러커는 계열 은행에 자본비용 지불을 최저한의 수준으로 지불하고 고객 확대를 지고의 목표로 삼은 일본 기업의 사례, 이익을 목표가 아니라 사업의 지속을 위한 하나의 필수 요건으로 간주했던 막스앤스펜서Marks&Spencer의 사례를 들었다. 막스앤스펜서의 관점에서 보면, 여타 마케팅, 혁신, 연구 개발, 생산성, 사회적 책임과 관련된 활동들이 목표로 부여되었던 것과 달리, 이익은 "기업의 목적이 아니라 단지 올바르게 활동한 결과에 불과한 것(MTRP p. 98)"이었다.

이익의 도덕성은 혁신을 통해 추구된다

애덤 스미스는 자유주의 경제 사상이 발전하는 데에 획기적인 기여를 했음에도 그의 생각을 표면적으로만 읽은 많은 독자들 사이에 커다란 오해를 불러일으키기도 했다. 사람들은, 개인이 사회를 대할 때 도덕적 행동의 기준이 되는 공평한 관찰자와 공감의 역할처럼 스미스가 일관되게 주장했던 것들은 대개 무시하고, 그가 『국부론』에서 잠깐 언급하고 지나갔던, 빵 생산자가 생산 활동을 하는 원인으로서 자신의 이익own interest[10]을 추구하는 동기와 보이지 않는 손invisible hand의 역할에만 주로

10 학계에서 고증학적인 검토가 좀 필요하겠지만, 『국부론』의 여러 판본에 따라 원래의 'own interest' 가 'self interest'로 둔갑하고, 경제사상사 연구자들은 별 의심 없이 'self interest'를 보편적으로 사용하고 있다. 그가 말한 own interest가 사리만을 추구하는 탐욕을 의미하지 않는다는 것을, 『도덕감정론』이나 『국부론』의 전반적인 논조를 이해하는 사람이라면 쉽게 수긍할 수 있을 것이다. 스미스는 오히려 탐욕스러운 모리배들을 혐오했다.

관심을 두었다. 그리고 이를 확대 해석해서, 스미스가 이기심과 탐욕을 정당화했다고 미루어 짐작해 버렸다.

드러커의 정신적 스승 가운데 한 명이었던 슘페터

드러커는 개인의 악덕이 공공의 선으로 이어진다는 맨더빌이나 개인의 사익 추구가 사회적 편익을 낳는다는 애덤 스미스의 자유주의적 사고는 적어도 경제적 성과를 낳은 원리로서 타당하다는 사실을 인정했다. 그들을 통해 분업과 보이지 않는 손의 원리가 발견된 것은 경제적 측면에서 분명히 거대한 진전이었다.

하지만 드러커는 그것만으로는 이익을 추구하는 행동의 도덕성이나 경영의 정당성을 설명하기에는 충분하지 않다고 생각했다. 드러커는 개인의 이익 추구 동기를 보완하는 수단을 조직의 원리에서 찾았다. 특히 개인의 강점들은 조직을 통해 사적인 성취와 공적인 기여라는 두 가지 목적을 달성할 수 있다고 보았다. 경영자가 이익에 대한 올바른 견해를 지니고 올바른 결과와 마땅한 사회적 책임을 추구함으로써 이를 보완하지 못하면, 스미스식 자유주의는 자칫 이 사회에 흉기가 될 수도 있다는 것을 드러커는 깨닫고 있었던 것이다(MTRP pp. 809~810).

이처럼 이익과 관련된 동기는 올바르게 접근하지 않으면 자칫 자신의 도덕성을 상실한 채 사회에서 반기업 정서를 일으키는 촉매제로 변하고 만다.

드러커는 경제학의 모든 역사에 걸쳐, 이익의 도덕성이 진정으로 회복된 것은 슘페터에 이르러서였다고 말했다.[11] 슘페터가 보기에 이익은 오직 혁신을 통해서만 실현될 수 있었고, 그렇게 실현된 이익을 통해서 사회는 미래의 일자리와 새로운 혁신의 기회를 지속적으로 창출할 수 있었다. 오직 그런 이익관을 통해서만 자본주의는 소수 계층이 독점하거나 착취하는 시스템이 아니라 비로소 모든 사회 구성원들이 수용할 수 있는 도덕적 시스템이 될 수 있었다.

고전파 경제학을 포함하여 마르크스 경제학에 이르기까지 그 누구도 이익에 정당성과 도덕성을 부여하지 못했다. 그들의 눈에 이익은 언제나 독점, 사욕, 또는 착취의 결과였을 뿐이다. 이익의 그런 속성들은 사회가 도저히 도덕적으로 수용하기 힘든 것들이었다. 그래서 이익을 추구하는 자본주의 기업가들은 언제나 사회로부터, 특히 지식인들로부터 탐욕스럽고 사악하고 폐쇄적인 존재로 낙인 찍혀 왔다.

더구나 실제로 경영자 자신이 그런 이익관에 젖어 말하고 행동하고 다니기도 했다. 따라서 반기업 정서, 반자본주의 정서를 야기한 책임은 원천적으로 그릇된 이익관을 지닌 기업가 자신에게 있다. 그리고 이것이야말로 기업가들이 역사상 저 거대한 공헌에도 불구하고 아직까지 사회의 지도적 계급으로 정당하게 대접받지 못하는 이유이기도 하다(PoM pp. 391~392, MfR p. 227).

---

11 Peter F. Drucker, 「Schumpeter and Keynes」, Forbes, May 23, 1983, pp. 126~127.

PETER DRUCKER

2

사람이 아니라 목표가 기업을 경영한다

코페르니쿠스적 전환

무엇이 기업을 경영하는가? 이런 질문을 던지면 대부분 반사적으로 어떤 사람의 이름을 댈 것이다. 이건희 회장 또는 이재용 부회장이 삼성을 경영한다, 정몽구 회장이 현대자동차를 경영한다, 신동빈 회장이 롯데그룹을 경영한다, 레리 페이지 또는 에릭 슈미트가 구글을 경영한다, 팀 쿡이 애플을 경영한다 등등. 그러므로 대부분의 사람들이 이 질문에 대해 지니고 있는 대답은 이것이다. **사람이 기업을 경영한다.**

이런 반사적인 대답은 사람들의 무의식에 뿌리 깊게 자리 잡은 선입견에서 나온다. 그러나 이런 선입견은 그들의 모든 사고와 행동에 영향을 미치면서 경영의 본질을 왜곡해 왔다. 대부분의 최고경영자들은 자신이 회사를 경영한다고 생각하고 있을 것이다. 그래서 직원들에게 지시하고 명령할 수 있다고 생각할 것이다. 최고경영자들은 기업의 지속을 위해 올바른 결정을 내리기도 하지만, 그보다는 그릇된 결정을 내리는 경우가 더 많다. 그릇된 결정은 주로 종종 자신이 회사를 경영한다는 생각에서 나온다. 자신의 지식, 자신의 견해, 자신의 선호가 다른 무엇보다 앞서면서, 현실을 직시하지 못하기 때문이다.

인간 존중 경영 사상에 투철한 사람들이라면 사람이 기업을 경영한다는 생각에 더욱 확신을 가질지도 모른다. 왜냐하면, 그들은 사람이야말로 가장 소중한 자산이라고 생각하기 때문이다. 그래서 사람들이 열정을 가지고 일할 수 있도록 만들어 주는 것이야말로 올바른 경영이라고 생각할 것이다.

사람이 기업을 경영한다는 생각은 분명히 현장에서 어느 정도 효과가 있다. 태양이 지구를 돈다고 생각해도 사계절의 변화나 별의 움직임을 어느 정도는 설명할 수 있는 것과 마찬가지다. 해시계는 여전히 규칙적으로 시간을 가리키고 밀물과 썰물은 제때 일어나며, 사계절이 때맞춰 돌아온다. 하지만 그것만 가지고는 사태의 실상을 정확히 알 수 없다. 그 결과 설명할 수 없는 오류에 종종 빠진다. '사람' 대신에 '자연', '노력', '인간관계', '우수한 두뇌', 이런 단어들을 대입해도 사태는 크게 달라지지 않는다.

자연이 기업을 경영한다? 노자老子 사상에 심취한 사람들이라면 그렇게 말할지 모른다. 하지만 터무니없다. 무위이화無爲而化, 애써 함이 없어도 저절로 된다라고 했으니 말이다. 하지만 드러커의 견해로는 조직을 자연 상태로 그냥 놓아두면 질서가 자생하는 것이 아니라 오히려 분열, 퇴화, 무질서, 갈등만이 판을 치게 된다.

노력이 기업을 경영한다? 이제 갓 전역한, '하면 된다'는 교육을 받은 투철한 공수특전단 대원들이나 1만 시간의 법칙을 곧이곧대로 신봉하는 독자라면 그렇게 말할지 모른다. 불굴의 의지로, 열심히 노력한다고 해서 성과를 낳을 것 같으면 이 세상에서 성공하지 못하는 기업은 하나도 없었을 것이다. 해야 할 대상, 자신에게 맞는 대상, 그리고 올바른 방법이 아니면 아무리 노력해도 성과를 내기 힘들다.

인간관계가 기업을 경영한다? 맹자의 사상에 심취한 사람이라면 그렇게 생각할지도 모른다. 천시天時보다 지리地利가, 지리보다 인화人和가 최고라는 그의 말만을 믿고, 조직 내 인간관계만 잘 구축되면 성과를 낳을 수 있다고 믿는다면 오산이다.

우수한 두뇌가 기업을 경영한다? 어떤 조직에 '최고의 인재들이 모여 있다'고 자랑하는 것처럼 실속 없는 말도 없을 것이다. 업계 최고 학벌의 인력들로 가득한 회사에서 오히려 분란이 끊이지 않고 조직 차원의 성과가 경쟁 기업에 비해 뒤쳐지는 일은 늘 있다.

최고의 학벌과 우수한 두뇌들이 모여 있는 조직으로 치자면 대학교에 비길 만한 조직이 없을 것이다. 그렇다면 대학은 저절로 훌륭하게 경영되어야 할 것이다. 하지만 그런 일은 대개 일어나지 않는다. 우수한 두뇌들이 모여 있다는 것과 훌륭한 경영이 이루어진다는 것은 전혀 다른 일이다. 오히려 많은 대학들이 경영 부재로 신음하고 있다.

그렇다면 무엇이 기업을 경영해야, 진정 올바른 경영에 이를 수 있는가? 드러커라면 이렇게 대답했을 것이다. **목표들이 기업을 경영한다.** 그렇다면 최고경영자는 기업을 경영하지 않는다는 말일까? 이것은 관점의 문제다. 최고경영자는 목표가 이끄는 데로 경영에 참여해야 한다. 다시 말해서 목표에 의지하여 간접적으로 경영을 실천해야 한다. 이때 최고경영자는 철저히 목표들에 복종하는 인물이 된다. 동시에 최고경영자는 기업이 목표들을 결정하고 피드백하는 절차에 최종 책임을 진다. 그는 이 작업을 가장 책임 있게 주도하는 위치에 있지만, 그 역시 그렇게 설정된 목표들에 복종해야 한다. 마치 제헌의원이 헌법을 제정하지만, 그들은 그렇게 제정된 헌법에 철저히 복종해야 하는 것과 같다.

최고경영자가 아닌 사람들, 그러니까 임원들과 중간관리자, 실무자들 역시 한결같이 자신의 지위마다 부여된 목표들을 이룩하는 데에 주력한다는 의미에서, 역시 기업을 경영하는 데에 목표는 중요한 요소라 할 수 있다. 그러나 이들은 개인의 목표에만 시야가 국한되는 것은 아니다. 이들은 여러 목표들이 상호 기여한다는 사실을 잘 안다. 그래서 자신의 영향권 범위 내에 있는 타인의 목표 달성에 기여하는 일 역시 자신의 과업이라는 사실을 안다. 그래야만 조직 전체의 목표가 원활히 달성될 수 있기 때문이다. 결국 기업이라는 조직의 모든 구성원들은 목표에 복종함으로써 기업이 지속하고 성장하도록 하는 데에 참여한다.

목표들이 기업을 경영한다는 문장을 피동형으로 바꾸면, 기업은 목표들에 의해 경영된다고 표현할 수 있다. 이것이 바로 드러커가 말했던 목표에 의한 경영, Management By Objectives이다.

목표에 의한 경영은 기업 경영관에서 코페르니쿠스적 전환에 가까운 것이다. 과거에 목표보다 사람을 앞세웠던 타성에서 벗어나, 목표들을 사람보다 앞세운 일은 실로 거대한 전환이었다. 사실 목표는 이미 조직을 경영하고 있었고, 역사의 모든 위대한 성과들은 그 때문에 가능했다. 마치 지구는 늘 태양 주위를 돌면서 사계절을 만들고 지상에 꽃을 피우고 눈이 내렸던 것처럼 말이다. 그러나 대부분의 사람들은 수천 년 이상 태양이 지구 주위를 돈다고 생각하면서 살아왔다. 그런 식으로 사람들은 오랜 세월 동안 사장이 회사를 경영하고 지도자가 공동체를 이끈다고 생각했다.

물론 사장이 자신의 손에 의해 회사가 경영된다고 믿는다 해도 회사가 운영되는 데에는 큰 지장이 없다. 그러나 탁월한 성과를 달성하기는 매우 어렵다. 진정 탁월해지기 위해서는 사람이 아니라 목표들이 기업을 경영해야 한다. 사람들을 그 목표에 맞게 선발하고 배치하며, 목표에 맞는 강점을 발견하고 육성해야 한다. 강점을 발휘할 수 없는 목표들은 아예 처음부터 자리 잡지 못하게 해야 한다.

목표를 관리한다는 표현은 잘못되었다

우리나라에서 목표 관리제는 부서별로 다양한 목표 체계를 도입하여 그 성과를 주기적으로 점검하는 제도로 알려져 있다. '목표 관리제'는 '목표에 의한 경영(이하 MBO)'에 대한 번역어다. 조직의 인사 관리 담당자 또는 기획관리실 직원치고 목표 관리제를 모르는 사람은 없다. MBO는 드러커가 1954년에 『경영의 실제』에서 최초로 그 원리를 제시한 뒤 이내 경영학계의 유행어가 되었다. 1970년대에 미국 닉슨 행정부에서 공공 기관 업무에 도입했고, 우리나라에서는 1997년 이후 MBO가 지방자치단체와 공공 부문에 채택되면서 크게 확대되었다. 그 과정에서 수많은 시행착오가 있었지만, 직원들의 태도가 바뀌고 실제로 성과를 낳은 사례도 많았다.

드러커가 이 사상을 설파했던 당시의 제목은 '목표와 자기통제에 의한 경영'이다. 그 취지는 목표를 외부에서 정해 주는 것이 아니라 조직의 공동 목표에 부합하도록 각 부서 조직원들이 스스로 정하도록 하자는 것이었다. 그래서 자기통제라는 단어가 붙었다. 물론 이때 상사와 부하 사이에 협의가 반드시 필요하다. '목표 관리제'라는 번역어에는 이런 취지가 잘 드러나지 않는다. '관리'라는 단어는 '자기 결정' 또는 '자율'과는 거리가 먼 느낌이다. 이 단어는 권력을 통한 인적 통제를 연상시킨다. MBO는 사람이 권력으로 사람을 통제하는 것이 아니라 목표가 자발적으로 사람을 움직이도록 해야 한다는 취지를 지녔다. 그러므로 '목표 관리제'보다는 '목표 중심 경영' 또는 '목표 지향 경영'이라는 번역이 더 적합할지도 모르겠다.

드러커는 석공의 우화를 들어 MBO의 본질이 '기여'에 있음을 짤막하게 표현했다. 왜 돌을 쪼느냐는 질문에, 한 사람은 "먹고살려고", 다음 사람은 "가장 멋진 솜씨로 돌을 쪼는 사람이 되려고", 마지막 사람은 "성당을 짓기 위해"라고 대답했다(PoM p. 122, MTRP p. 431). 이 셋은 각각 '노동자', '전문가', '경영자'라고 불린다. 경영자가 반드시 최고경영자만을 의미하지는 않는다. 목표를 위해 조직 내에서 지식과 자원을 통합하는 사람은 모두 경영자다.

조직 내의 다양한 기능 부서, 예컨대 마케팅, 생산, 연구 개발, 자금, 회계, 인사, 전산 부서의 직원들은 종종 노동자 내지 전문가의 함정에 빠진다. 오직 조직이 시키는 대로 일하면서 월급을 받는 게 유일한 목표이거나, 기껏 자신의 기능과 전문성에 함몰되어 그게 전부라고 생각한다. 왜 회계 업무를 하는가? 단지 복잡한 숫자를 능수능란하게 맞추려고 하는가? 아니다. 대개 그 과정에서 임직원들은 조직이 공통으로 지향해야 하는 궁극의 목표를 잊어버리기 쉽다.

어떤 사상이든 최초의 제안자로부터 출발해서 후대에 보완과 개선을 거치면서 발전할 필요가 있다. 하지만 사람들이 MBO를 일종의 기법으로 체계화하는 과정에서 원래의 취지로부터 너무 동떨어져 버린 것 같다.

KPI의 홍수 속에서 뭘 해야 할지를 놓치고 있다

우리나라의 많은 기업들이 KPI를 실시하고 있다. 하지만 KPI 제도가 드러커의 목표에 의한 경영과 혁신의 원리를 파괴하는 형태는 크게 네 가지로 나타난다.

첫째, 상부에서 일방적으로 하위 부서에 목표들을 하달한다. 형식상으로는 하위 부서와 협의한다고 하지만 실제로는 상부의 의도를 확인시키는 수준인 경우가 많다. 하지만 이는 MBO가 **회사 전체의 목표 내에서 단위 부서가 기여할 목표를 스스로 정하는, 즉 자기통제에 의한 경영의 원리임을 망각**한 것이다. 이는 KPI 제도 자체의 문제가 아니라 최초부터 취지를 잘못 이해했거나 운영이 미숙하기 때문에 발생하는 문제다. 현존하는 KPI 지침서들은 목표의 자율 결정에 대해 대부분 잘 안내하고 있다. 정작, 실행 조직에서 그 중요성과 취지를 과소평가하는 것뿐이다.

둘째, 성과 지표가 파편화되면서 협업 대신에 부서 이기주의, 개인 이기주의가 판을 치게 된다. 이는 **전체에 대한 부분 지식의 기여, 그리고 부분 지식간 상호 기여를 강조하는 MBO의 취지에 어긋난다.** 영업 부서는 고객의 소리를 개발에 반영하여 연구 개발 부서가 성과를 올리도록 하는 데 관심이 없어지고, 조달 부서는 조달 비용 절감에만 주력하여 생산 부서의 품질 성과 달성에 장애가 될 수 있다.

많은 회사에서 협업 지표를 설계함으로써 이 문제를 해결하려고 노력한다. 예를 들어서 영업 부서의 성과 지표에 연구 개발 부서에 제안하여 채택된 건수를 포함시키기도 한다. 그러나 현실에서 지식의 상호 기여 형태는 아주 긴밀하면서도 복잡하다. 이 복잡한 네트워크의 역동성을 소수의 협업 지표에 다 담아 표현한다는 것은 불가능하다.

셋째, 외부 환경은 급속히 변화하는데, 구성원들은 여전히 과거의 평가지표에만 몰두하게 된다. 드러커가 말했던 혁신의 제1원천, **예상치 않았던 성공이나 예상치 않았던 실패를 혁신 또는 체계적 포기로 연결시키는 기회를 지연**시킨다. 결과를 창출하는 기회는 항상 예상치 않았던 곳에서 나온다. 단순히 끼워 팔기나 구색용이라고 생각했던 상품이 예상과 달리 시장에서 폭발적 반응을 보여도, KPI에 포함되어 있지 않다면 직원들은 굳이 그 상품에 특별한 노력을 더 기울일 동기가 없을 것이다. 기존의 주력 상품이 구조적으로 성과를 내지 못하고 있는데 이 부문을 축소하거나 포기하기는커녕 단지 KPI이 포함되어 있다는 이유로 조직의 노력이 그곳에 여전히 몰려 있을 수도 있다.

이처럼 기존에 채택된 KPI에서 그다지 중시하지 않았거나, 아예 무시되고 있던 항목이 갑자기 중요해지는 경우는 항상 발생한다. KPI에 포함되어 있지만 어느 날 갑자기 그 중요성이 사라지는 항목도 반드시 생긴다. 변화 경영에서 타이밍은 생명이다. KPI가 수정될 때까지 기다리기에는 너무 늦다.

넷째, 수량화할 수 없는 평가 항목은 물론이고 수량화할 수 있는 평가 항목에 대해서조차 피평가자들은 수긍하지 못한다. 정량 평가 기준에 대해서는 계산 방식이 공정하지 못하다고 항의하고, 정성 평가 결과에 대해서는 평가 기준의 모호성을 자주 트집 잡는다. 이런 현상은 주로 '평가'를 강조하고, **중간 피드백 절차, 강점의 원리, 성과에 대한 자기 책임의 원**

리를 소홀히 하기 때문에 발생한다. 목표에 의한 경영에서 '평가'는 하나의 수단일 뿐이다. 그 목적은 개인이든 부서든 업무 단위별로 보유한 강점에 집중하도록 함으로써 성과를 극대화하자는 데에 있다. 즉, 약점을 들추고 저평가자를 솎아 내자는 데에 있는 것이 아니다. '평가'에 자꾸 초점을 두게 되면, 지식노동자가 스스로 부과하는 책임을 통해 일을 추진하도록 하자는 MBO 본래의 취지는 점점 사라진다.

사람들은 이렇게 말할지 모른다. "지식노동자들이 자기 책임을 느끼도록 하는 일은 누구나 원하는 것이지만, 그것은 이상에 불과하다. 타율, 통제, 평가가 없으면, 그들은 대부분 동기 부여도 되지 않을뿐더러 한없이 기회주의적으로 행동하게 된다." 맞는 말이다. 드러커는 이 점을 잘 알고 있었다. 그래서 MBO를 절차나 기법이 아니라 법치의 원리이자 철학이라고 말한 것이다. 모든 문제를 절차, 규정, 기법만으로 해결할 수 있다면, 거기에는 '경영자'라는 요소가 들어갈 틈이 전혀 없다. 게다가 아무리 법을 촘촘히 구성해 놓아도 법치의 원리를 망각하고 법을 오남용하는 사람들이 판을 치게 되면 그 법의 취지는 구현되지 않게 된다.

드러커가 MBO에 착안한 배경

그렇다면 드러커는 왜 목표에 의한 경영 원리를 자신의 사상에서 중심에 두게 되었을까? 크게 두 가지 이유가 있다.

첫 번째 이유는 전체와 부분, 하나와 여럿의 갈등과 부조화를 해결할 수 있는 유일한 방법이라고 보았기 때문이다. 드러커는 1940년대에 GM의 슬론을 만난 뒤 연방 분권화federal decentralization 제도의 효과를 체험했다. 이는 GM에서 강력항 중앙의 목표와 분권화된 단위 조직들의 목표를 구분하고 조화시키는 제도였다. 예를 들어 GM에서 차종별 설계, 생산 방식의 결정, 조달, 판매 권한 등은 단위 차종 사업부에 귀속되어 있었지만, 가격 결정과 금융 조달은 중앙에 귀속되어 있었다. 드러커는 여러 부분의 활동들이 조화롭게 결합하여 GM이라는 거대한 전체의 성과로 변하는 과정을 인상 깊게 보았다.

목표에 의한 경영은 연방 분권화 사상에서 깊은 영향을 받고 태어났지만, 이 둘이 동의어는 아니다. 연방 분권화는 조직의 구성 방식 가운데 하나다. 그런 방식이 만능은 아니며, 조직은 추구하는 사업 특성에 따라 기능형 조직, 팀제, 네트워크 조직 등 연방 분권화 이외의 구조를 취하는 것이 얼마든지 가능하다(MTRP pp. 599~602, NS pp. 273~275). 반면에 목표에 의한 경영은 조직 형태를 막론하고 보편적으로 적용될 수 있는 강력한 철학이다.

무엇보다도 경영자들은 전체와 집적이 다르다는 사실을 알아야 한다(NS pp. 271~272). 수많은 성과 목표들을 덕지덕지 모아 놓는다고 해서 목표에 의한 경영이 이루어지는 것은 아니며, 역시 수많은 전문가들을 한 장소에 모아 놓는다고 해서 지식 조직이 되는 것도 아니다. 전체는 시스템을 구성하는 모든 기능과 지식과 성과가 서로 기여하면서 조직의 최종 성과, 최종 기능, 최종 성과의 창출에 기여하도록 만들 때에만 달성된다. 그런 상호 기여가 결여될수록 그 조직은 전체가 아니라 그저 무리 지은 사람들의 한 모임에 가까워진다. 그러나 우리가 접하는 많은 조직에서 기획, 생산, 마케팅, 재무, 연구 개발, 교육 등 대부분의 기능들은 다만 한 장소에 모여 있을 뿐, 각자 따로 작동하는 경향이 있다.

드러커는 또한 시스템 이론에서 목표에 의한 경영의 원리를 구성할 이론적 근거를 발견했다. 날로 변화하고 점점 복잡해지는 환경에서, 단지 수많은 기능과 정보들이 모여 있기만 한 상태라면 기업은 대혼란에 빠질 것이다. 대부분의 기업들이 부서별로 자신의 영역에만 갇혀서, 전체의 미션을 잘 이해하지 못하고 상호 연결된 여러 분야의 기능 사이에 소통이 두절되면 바로 이와 같은 현상이 일어나게 된다.

회계 부서를 예로 들어 보자. 회계 부서는 기능적으로는 기업 내 비용과 성과의 흐름을 관리하고 기록하는 업무, 또는 재무 보고용 문서를 만드는 일을 한다. 목표에 의한 경영을 생각해 본 적이 없는 직원들은 단지 이미 확립된 관행대로 일을 한다. 때가 되면 정해진 방식대로 정해진 비용 분석 보고서, 결산서 등을 만들고 제출한다. 그러나 조직 전체의 목적과 목표에 비추어 볼 때 자신의 일이 어디에 기여하는가, 조직 내 누구에게 기여하는가의 문제를 생각하는 사람은 좀 다르게 일할 것이다. 자신이 작성하는 자료가 최고경영자가 올바른 의사 결정을 내리는 데 과연 기여하는가, 비용과 성과 정보를 제대로 알아야 할 조직 내 타 부서가 있다면 그들에게 어떻게 정보를 제공할 것인가를 고민할 것이다. 예를 들어서 생산 부서나 연구 개발 부서의 특성에 맞게 그들이 자신의 성과를 창출하는 데에 필요한 회계 정보는 무엇인가를 생각할 것이다. 그리고 거기에 맞춰 내용과 형식을 혁신할 것이다. 이처럼 지식의 기여 차원에서 자신의 과업을 바라보는 사람들은 앞에서 언급한, 성당을 만드는 석공과 같다.

드러커는 상호작용하는 여러 기능들을 통합적 사고방식으로 연구하는 시스템 이론에서 감명을 받았고, 이런 사고방식이 미국의 기업 세계에도 도입되어야 한다고 생각했다. 드러커는 여러 경영 도구와 기법들이 속속 등장하고 있지만 조직 내 지식 간 융합과 소통을 활성화시키는 데에는 역부족이라고 생각했다. 드러커는 원심력으로 뿔뿔이 흩어지려는 여러 부분의 지식들을 강력한 구심력으로 전체에 응집시킬 필요성을 이렇게 말했다.

> "내가 처음 경영 분야에 발을 들여놓고 보니, 그 대부분의 지식이 공학으로부터 왔다는 것을 알았다. 그리고 또 많은 부분이 회계로부터 왔다. 또 일부는 심리학에서 왔다. 그리고 어떤 것들은 노사관계론에서 왔다. 이 모든 것들이 별개의 분야였고, 따로따로 떼어 놓고 보면 그 자체로는 별 효과가 없는 것들이었다. 말하자면, 목수가 톱만 있다거나 망치만 있다거나, 아니면 펜치가 뭔지도 모른다면, 그는 절대로 목수의 일을 할 수 없다. 이 모든 도구들을 당신의 방식으로 한 벌로 묶어야만 한다(FM p. 9)."

드러커가 MBO를 자신의 사상 중심에 둔 두 번째 이유는 조직 안에서 추락하는 인간 본성을 극복할 수 있는 강력한 방법이라고 보았기 때문이다. 사람은 항상 심리와 정서 속에서 산다. 불안과 안심, 고통과 희열, 나태와 의욕 사이를 늘 오고 간다. 조직에 던져진 인간도 이를 피할 길이 없다. 상사가 성과를 내라고 지시해도 부하 직원은 상사의 뜻대로 반응하지 못한다. 두려우면 피하고 싫으면 거부하면서 나태해진다.

드러커는 GM의 연방 분권화에서, 경영자가 기업을 멋대로 지배하는 사람이 아닌, 각각 목적과 목표 체계에 봉사하는 시종으로서의 역할을 부여함으로써, 자칫 눈멀고 포악해질 수 있는 권력을 제어할 수 있는 이상적인 체제의 모습을 발견했다.

조직에 속한 사람들을 자유롭게 놓아두면 질서가 자생하는 것이 아니라 오히려 분열한다(MfR pp. 7~8, MTRP p. 267). 그가 자연 상태를 예찬했던 루소를 부정한 이유가 바로 이 때문이다. 드러커가 『경제인의 종말』과 『산업인의 미래』 이후 끊임없이 경계한 인간의 모습은 자연 상태에 노출된 인간이 드러내는 추악성, 심지어 악마성이었다. 사람을 이런 추락으로부터 이끌어 올릴 수 있는 유일한 힘은 조직을 지배하는 강력한 목적과 목표들에 있다.

MBO는 기법이 아니라 철학이다

앞에서 조직이 성과를 내는 방식에서 헌법식 접근과 도야陶冶식 접근의 두 가지가 있다는 것을 언급했다. 헌법식 접근은 조직에 구성 원리와 기준을 잘 정해 놓으면 정상적으로 작동한다는 것을, 그리고 도야식 접근은 지도자의 특성, 능력, 습관, 도덕적 지향점에 따라 조직의 성과가 달라진다는 것을 의미한다. 물론 드러커는 현실에서 이 두 가지가 동시에 적용되어야 조직이 진정으로 성과를 낼 수 있다고 보았다.[1]

MBO가 그 좋은 취지에도 불구하고 제대로 정착되지 않는 이유는, 경영자들이 구조 또는 제도만 잘 설계해 놓으면 원하는 성과가 날 수 있다고 기대하기 때문이다. 그러나 그 구조가 제대로 작동하도록 만드는 것은 사업 단위별 경영자인 '사람'의 행동 여하에 달려 있다. 이 점을 도외시하면 드러커 경영 사상은 불완전해진다. 그래서 『목표를 달성하는 경영자(1966)』는 이른바 '경영의 원리'보다 '일 잘하는 법'을 알려 주는 데

---

1 P. F. Drucker, Introduction: 「Why *My Years with General Motors* Is Must Reading」, in A. P. Sloan, Jr. My Years with General Motors, Currency Doubleday, 1963 (1990 reprinted), pp. x~xi.

에 초점을 두었다. 그 책에서는 경영자가 지식노동자로서 목표 달성 능력을 어떻게 습득할 것인가, 시간을 어떻게 관리할 것인가, 공헌할 목표에 어떻게 초점을 맞추고 몰입할 것인가, 강점을 어떻게 활용할 것인가, 우선순위를 어떻게 부여할 것인가, 의사 결정을 어떻게 할 것인가와 같은 문제를 다루었다.

MBO 또는 그 구체적인 구현 형태인 KPI 평가 시스템이 아무리 정교하게 설계되어 있더라도, 경영자 스스로 자신이 이 자리에서 무엇을 어떻게 해야 하는지 알지 못하면, 더 나아가 올바로 실천하지 못하면 그 모든 것들이 껍데기에 불과하게 된다. 드러커 사상의 상당 부분이 이 올바른 실천을 위해서 무엇을 해야 하는가를 말한다. MBO는 그런 실천이 담겨야 할 그릇과 같은 역할을 한다.

MBO가 관료적인 KPI로 변질되고 현장 적용에 실패하면서 이를 비현실적이라고 비판하는 사람들이 많다. 그렇다면 MBO를 이상적으로 구현하는 기업이 있었을까? 드러커는 과연 그 사례를 들기라도 했는가? 드러커는 『매니지먼트』에서 막스앤스펜서를 예로 들었다. 그의 저서 도처에서 초창기의 시어스 로벅Sears Roebuck, IBM, 포드, GM 등 수많은 기업의 성공적인 경영 사례가 등장했지만, 드러커는 그 어느 것도 MBO의 이상에 부합하는 것으로 보지는 않은 것 같다. 그래서 MBO는 어쩌면 현실이 아니라 이상일지도 모른다. 바로 이 부분에서 많은 사람들이 드러커를 이상주의자로 오해한다. 그러나 이상은 비현실이라는 이유로 결코 포기해야 할 대상이 아니라, 끊임없이 바라보아야 할 대상이다. 망망대해에서 갈 곳을 잃으면 배는 언젠가 좌초한다. 도착할 수는 없다 해도 끝없이 추구해야 한다.

벤처 기업

드러커는 MBO를 결코 하나의 기능으로 제시하지 않았다. 처음엔 '철학'이라 했고, 나중에는 '헌법의 원리'라고 말했다. MBO가 추구하는 목적은 원저의 부제 '자기통제'가 암시하듯이 진정한 자유를 구현하는 데에 있다. 그것은 '법 아래의 자유freedom under the law'다. MBO는 그런 의미에서 일종의 법철학이다(PoM p. 136, MTRP p. 442).

정치에서는 1215년 영국에서 마그나 카르타Magna Carta, 大憲章를 시발로 인치人治에서 법치法治로 체제가 전환한 지 오래됐다. 민주주의란 것도 국민이 다스리는 체제가 아니라, 사실은 법이 다스리는 체제를 말한다. 물론 아직도 수많은 사람들이 법치를 표방하면서도 실제로는 인치에 머무르는 행동을 보이는 경우가 많기는 하지만 말이다.

반면에, 기업 경영은 아직도 인치의 단계에 인식이 주로 머물러 있다. 기업 경영에 아직 법치의 사상은 희미하다. 기업의 정관이나 사규를 법이라고 볼 사람이 있을지 모른다. 그러나 그것은 조직의 일상에서 법치를 구현하는 수단으로는 부족하다. 드러커는 주기적으로 제정되는 목표들의 체계야말로 기업의 최고경영자를 포함한 모든 구성원들의 일상 행동을 지배하는 법이어야 한다고 생각했다. 그것은 일종의 헌장과 같은 효력을 지녀야 한다(MTRP p. 439). 물론 정관이나 사규도 법의 일종이지만, '고객 창조' 성과를 내도록 하는 법은 바로 현장現場의 법이라 할 수 있는 목표들의 체계다.

드러커는 기업에서 법치가 제대로 작동하기 위해서는 단지 법 체계만으로는 부족하다고 생각했다. 그 법을 실천하는 사람들의 역량, 동기 부여, 책임 의식이 동시에 갖춰지지 않으면 아무리 훌륭한 목표 체계가 수립되어 있어도 단지 종이 위에 쓰인 글자에 불과하다. 드러커의 저서 중에 『경영의 실제』가 기업에서 법치의 원리를 밝힌 것인 반면에, 『목표를 달성하는 경영자』[2]는 그 원리를 제대로 구현하기 위해서 '사람'이 어떻게 행동해야 하는가를 제시한 책이다. 두 책은 성격상 보완적이다. 그는 앞의 책이 헌법식 접근, 뒤의 책이 경영자에 대한 도야식 접근을 취했다고 표현했다.[3]

기업에 법치가 자리 잡지 못하고 있다면, 즉 목표에 의한 경영이 정착되어 있지 않다면, 자칫 따뜻한 경영, 민주적인 경영, 방향성 없는 자율 경영, 복지 경영이 조직을 지배할 우려가 있다. 반면에 흔히 보이는 몰아붙이기 식 목표 달성 경영도 진정한 법치로서 목표에 의한 경영이 아니다.

최근 '몰입'에 대한 관심이 뜨겁다. 미국은 몰입지수 30~40, 한국 기업은 15 정도에 불과한 것으로 나타났다. 무엇이 몰입을 가능하게 하는가? 구성원들이 한결같이 공유하는 목적과 성과 목표가 그것을 가능하게 한다. 목표에 의한 경영은 몰입의 필수 전제 조건이다. 이런 조건이 먼저 충족되지 않은 상태에서, 아무리 일에 대해 열정과 충성을 강요해 보았자 몰입은 불가능하다. 우리나라의 많은 기업이 대개 이런 식이다. "하라는데 웬 말이 그리 많아?" 하는 식으로 부여된 과업은 몰입과 성취 대상이 아니라 기피와 위장 대상이 될 뿐이다.

---

2 우리나라에서는 『피터 드러커의 자기경영노트』(이재규 옮김)로 번역되어 있다.

3 P. F. Drucker, Introduction: 「Why *My Years with General Motors* Is Must Reading」, in A. P. Sloan, Jr. My Years with General Motors, Currency Doubleday, 1963 (1990 reprinted), pp. x~xi.

기업을 위한 복수의 목표들과 경영자 서한

어느 기업이나 생존을 위해 반드시 성과를 창출해야 할 핵심 활동들이 있다. 기업마다, 구체적인 하위 목표들은 사업의 특성마다 조금씩 차이가 있겠지만, 드러커는 『경영의 실제(1954)』에서 모든 기업에 공통으로 적용할 수 있는 8개 영역을 처음 제시했다. 시장 지위, 생산성, 물리적·재무적 자원, 혁신, 수익성, 노동의 기여, 경영의 성과, 그리고 사회적 책임이다. 드러커는 4년 뒤에 「시카고 저널 오브 비즈니스Chicago Journal of Business」에 게재한 논문에서 이 8개 영역을 다시 5개의 기본 생존 목표, 마케팅, 인적 자원, 혁신, 수익성, 그리고 사회적 책임으로 압축했다.

『매니지먼트(1973)』에서는 막스앤스펜서의 사례를 들면서, 기본 전략 목표, 마케팅 목표, 혁신 목표, 핵심 자원(생산성) 목표, 사회적 책임 목표의 5개 영역을 제시했다. 이익은 목표에 포함이 안 되고 단지 필수요건으로 사업의 기본 전제라고 했다. 첫 번째 **기본 전략 목표**는 "우리의 사업은 무엇인가", "우리의 고객은 누구인가" 등의 질문에서 나온다. 막스앤스펜서는 1차 세계 대전 이후에는 하위 노동자 계급의 소비 기회를 상류층 수준으로 향상시킨다는 목적을 분명히 했다. 그리고 이를 위해 사람들이 자신의 계급을 보여 주는 수단으로서 의류에 집중했다. 두 번째, **마케팅 목표**는 이런 전략 목표에서 자연스럽게 나온다. 어떤 고객 집단을 목표로 할 것인가, 매장의 형태와 운영 방식은 어떻게 구성해야 이 목표를 달성할 수 있는가? 세 번째, **혁신 목표**는 앞의 전략 목표 및 마케팅 목표에 부합하는 품질과 속성, 비용 구조를 갖춘 의류와 직물을 어떻게 조달할 것인가로부터 나왔다. 이 조건에 부합하는 신생 제조 기업들을 탐색하여 공급사로 만드는 것이 자연스럽게 목표가 됐다. 네 번째, **핵심 인력과 생산성 목표**로는 인력 채용, 교육, 개발 프로그램의 목표, 재무 자원의 조달 및 활용도 측정에 대한 목표, 매장 면적 당 생산성 목표 등을 설정했다. 마지막으로 **사회적 책임 목표**로는 스태프 관리자 제도를 도입해서 매장 직원의 고충을 청취하고 해소해 주는 목표, 공급사들을 착취하는 것이 아니라 육성함으로써 안정적인 관계를 형성하는 목표 등을 설정했다(MTRP pp. 96~99).

드러커는 1986년에 약간 기준을 달리해서 5개의 성과 영역을 제시하기도 했다. 첫째, **시장 지위**다. 물론 이는 시장점유율이 아니라 고객 가치 측면의 리더십에 초점을 둔다. 둘째, **혁신 성과**다. 이것은 지금의 주력 사업, 즉 현재의 고객 지속이 아니라, 신상품, 신서비스와 같은 미래 고객을 창조하는 활동에서 나타나는 성과다. 셋째, **생산성**이다. 이는 자금, 부품, 설비, 인력 등 모든 생산요소를 총체적으로 투입해서 달성한 고객 가치 상승 효과다. 넷째, **현금 유동성**이다. 보유 현금 관리야말로 기업의 지속에 필수 불가결하다. 사업의 현금 회전 구조, 외부 자금 조달 정책, 보유 자산들을 적절히 관리하는 것이 필수적이다. 다섯째는 **수익성**이다. 이는 전통적인 의미의 이익 자체와는 좀 다른 것이다. 수익성은 기업의 자원들이 총체적으로 투입되어 이익을 창출할 수 있는 역량을 의미한다. 자산 매각 차익, 환차익 등 특별 이익이나 특별 손실로서 비경상적으로 발생하는 손익을 제외한, 근본적인 이익을 창출할 수 있는 체력을 의미한다. 그리고 어느 한 해의 이익이라기보다 장기간에 걸친 이익 창출력에 초점을 둔다. 이는 투하자본 회전율과 자본비용 보상 능력 등 여러 측면에서 종합적으로 판단해야 한다(MF pp. 263~267).

드러커는 기업의 목표가 오직 단 하나밖에 없다고 생각하는 것만큼 위험한 일은 없다고 여겼다. 특히 이익 극대화를 기업의 유일한 목표로 생각하는 오랜 습성이야말로 잘못되었다고 봤다. 이익은 기업의 목적도 목표도 아니다. 단지 최소한의 달성이 필요한 필수 요건이다.

다수의 생존 목표들은 모두 평등하게 조직의 성과에 기여하는 것이지, 결코 어느 한 목표가 절대적인 우위를 점해서는 안 된다. 여러 목표들은 시스템 전체의 지속을 위해 적절히 균형을 유지해야 한다. 수익성 또는 여타의 단일한 목표를 우선시하면 자칫 무리한 비용 절감과 품질 하락으로 연결되어 고객 창조가 어려워질 수 있다. 사회 공헌에만 몰두하여 연구 개발에 투자를 등한시하게 되면 미래를 포기하는 것이다. 예를 들어서 미국의 컴퓨터 기억 장치 회사인 콘트롤 데이터Control Data의 어떤 최고경영자는 기업의 사회적 책임을 지나치게 중시하는 정책을 펴다가 이사회에서 해임당했다.

이렇듯 한 목표에 과도하게 치중하여 다른 중요한 목적들이 퇴색하면, 결국에는 기업의 지속이 불가능해지는 사태가 초래된다. 이는 시스템 이론의 중요한 교훈이기도 하다. 시스템에서 어느 한 기능이 과도하게 작동하여 시스템 내의 여타 기능과 상호 균형이 파괴되면 시스템 전체의 안정성이 위협당할 수 있다.

기업 내부에서 특정 부문의 기능이 홀로 의사 결정을 수행하는 일은 결코 있을 수 없다. 사실, 재무 따로, 마케팅 따로, 연구 따로, 인사 따로, 또는 홍보 따로 이루어지는 의사 결정이란 무의미하다. 그들이 내리는 결정은 소속 부서의 이름이 다를 뿐, 본질적으로는 경영 의사 결정인 것이다(MTT pp. 68~71). 그런 의미에서 경영 의사 결정은 반드시 최고경영진만이 내리는 것이 아니다. 예를 들어 인사부 과장이 사내 교육 프로그램을 하나 개발하고자 하는 것도 본질은 경영 의사 결정이다. 이 결정은 교육에 참여하는 직원들이 자신의 분야, 예컨대 생산, 판매, 연구 개발, 조달 등에서 성과를 내도록 하는 데 이 교육이 어떻게 기여할 수 있는가에 대한 신중한 고민 끝에 이루어져야 하기 때문이다.

드러커는 부서별로, 지위별로 상이한 여러 목표를 설정하는 방법으로 **경영자 서한**manager's letter이라는 실용적인 제안을 하나 했다. 이에 따르면 상위 경영자들은 하위 경영자로 하여금 1년에 2회 '경영자 서한'을 작성하도록 한다. 하위 경영자는 이 편지에 자신이 알고 있는 상위 경영자의 직무 목표를 서술하고 다음에는 거기에 기여하는 본인의 직무 목표를 기술한다. 그러고 나서 하위 경영자는 자신의 성과 표준을 설정한다. 하위 경영자는 그 목표들을 달성하기 위해서 해야 할 일들을 열거한다. 그리고 자신의 부서 내에서 그 일을 해내는 데 장애가 될 만한 요인들을 열거한다. 하위 경영자는 상위 경영자와 회사 전체가 수행하는 일 중에서 자신에게 도움이 되는 일들과 자신에게 방해가 되는 일들을 나열한다. 마지막으로 하위 경영자는 다음 해의 목표를 달성하기 위해서 제안할 만한 일들로는 어떤 것들이 있는지 묘사한다.

상위 경영자는 하위 경영자의 이 제안을 수용 또는 거부할 권리가 있다. 거부 시에는 그 이유와 수정 방향에 대해 서로 논의한 뒤, 다시 제안을 받는다. 최종적으로 그 제안이 서로 합의되었다면 '경영자 서한'은 그대로 준엄한 법이자 헌장이 된다. 일정한 기간, 예컨대 수개월 뒤 성과에 피드백이 있을 때까지 이 법은 철저히 준수되어야 한다. 특히 상위 경영자는 중간에 이를 망각하거나 이유 없이 번복하는 일이 있어서는 안 된다. 상위 경영자가 애초에 정한 목표와 어긋난 말을 하면 하위 경영자들은 일의 방향을 어디에 맞출지 무척 혼란스러워질 것이다. 다음번 피드백 시에 목표와 일하는 방식은 수정될 수 있고, 그것은 그때 또 다른 새로운 법의 역할을 한다(PoM pp. 128~130, MTRP p. 439). 이 과정을 반복하면서 기업 전체의 복수 목표 체계는 지속적으로 진화한다.

구호에 그치는 MBO는 오히려 위험하다

목표에 의한 경영은 참으로 이상적인 제도이지만, 이상과 현실 사이에는 괴리가 컸다. 드러커는 목표에 의한 경영이 기업의 성과를 개선하는 실질적 수단이 되기보다는 또 다른 관료주의로 전락하는 모습을 지켜봐야 했다. 특히 자기통제의 취지는 사라지고 목표에 대한 타율, 지시, 강제가 일반적인 모습을 띠는 상황을 개탄했다(MTRP p. 441). 무엇보다도 허울 좋은 구호에만 그치는 것은 절대 경계해야 한다.

경영자가 목표에 의한 경영을 머리로만 알고, 결국 구호로 그치게 된 대표적인 경우가 메디슨의 사례였다. 메디슨의 이민화 전 회장과 이장우 교수의 책 『초생명기업』은 영원히 지속하는 기업을 만들 수 있는 원리로 MBO를 제시했었다. 그는 개별 기업의 MBO를 중심으로, 그 앞단에 개인으로부터 시작해서 뒷단에 벤처 연방제 초생명기업에 이르기까지 6단계의 발전 과정을 제시했다. 도전(개인) → MBO(업무) → 태극 조직(조직) → 인트라 벤처(사내) → 스핀아웃(사외) → 초생명기업(연방체)에 이르는 모든 과정에 등장한 개념들은 가장 이상적인 기업의 모습을 담은 것들이었다. 경영학에서 개발된 모든 이론들이 여기 동원됐다. 이민화 회장은 과거 재벌 중심의 한국 기업 문화에 변화를 일으켜야 한다는 사명감으로 충만했다. 학습열이 대단히 높았던 그는 각종 경영 이론에도 해박했었고, 자신의 생각을 전파하기 위해 많은 글을 발표하기도 했다.

특히 드러커의 MBO에 대한 묘사는 비교적 정확했다.[4] 그대로만 실천

4 이 책에서 MBO 부분의 주 집필자가 이민화 회장이었는지 이장우 교수였는지는 정확히 알려져 있지 않다. 어떤 경우에든 공동 저자들은 원고를 상호 검토, 보완하고 승인했을 것이다. 그러므로 이 부분은 이장우 교수의 것일 수도 있지만 공동 저자로서 이민화 회장의 지식이라고 보아도 무방할 것이다.

이 되었다면 메디슨은 진정 우리나라의 모범 기업으로 성장했을지도 모른다. 하지만 메디슨은 실천에서 실패했다. 실천하다가 실패한 것이 아니라 사실은 실천조차 하지 못했다. 그는 해박한 지식을 지닌 사람들이 흔히 빠지는 함정에 빠졌다. 그것은 자신이 옳다는 생각의 함정이다. 업계에서 벤처 전도사라고 불렸던 그는 우리나라 벤처 문화와 나아갈 방향에 대해 확고한 신념을 지니고 있었다. 그러나 올바른 신념을 올바른 결과에 이르도록 할 수 없다면 이 모든 신념은 무의미하다. 오히려 큰 해악만 일으키고 끝날 수도 있다. 그는 조직 내 하위 부분들을 상대로 하는 의사소통과 그들의 자율적인 목표 설정을 이끄는 데에 실패했다. MBO는 조직의 전체 목표, 하위 목표, 그리고 자율의 세 가지가 균형 있게 추구되어야 함에도, 시스템의 무게는 그가 설정한 조직의 전체 목표로만 과도하게 쏠렸다. 그는 자기도 모르는 사이에 '말씀하시는'[5] 어른이 되어 버렸고 MBO는 설 자리가 없게 됐다.

이 과도한 균형 파괴는 투자를 바라보는 그의 시각에서도 나타났다. 그는 기업이 강점과 탁월성이 결여돼도 투자 유치를 통해 얼마든지 이를 만회할 수 있다고 생각했다. 그리고 그 투자가 관련 기업들 사이에 느슨한 결합으로 이어지고 이들 사이에 시너지가 생겨나면서 결코 망하지 않는 기업 생태계가 탄생할 것이라고 상상했다. 2002년 초 부도 직전까지 그는 메디슨의 기술력과 가치를 인정하는 투자자들로부터 쉽게 자

---

5 지시를 상징하는 '말씀'이라는 표현은 메디슨 부도 후 IT전문 신문인 아이뉴스 24에 게재된 한상복 전 서울신문 기자의 칼럼에서 빌려 왔다. 그 칼럼 중에 나왔던 표현을 여기 다시 옮겨 본다. "2000년 후반, 메디슨의 기업 설명회에 참석했던 한 애널리스트는 'IR이 아니라 고등학교 수업시간 같았다'고 꼬집은 적이 있습니다. 이날, 많은 애널리스트들과 펀드 매니저들이 모기업인 메디슨의 수익성 악화와 투자 부실화, 현금 흐름의 불안정성 등을 제기했으나 이민화 회장은 이를 귓등으로도 듣지 않은 채 자신의 장밋빛 구상만을 설파했다고 합니다. '잘되고 있는데 왜 몰라주느냐'며 오히려 답답해하더라는 것이지요." ["「(한상복) 다시 생각하는 바보 CEO론 – 이민화 회장에 대한 아쉬움」, 2002년 2월 3일, http://opinion.inews24.com/]

금을 공급받을 수 있을 것이라고 생각했다. 중저가 초음파 진단기 사업에서 어떤 고객 가치를 창출하면서 기업을 성장시킬 수 있을까를 생각하는 대신, 투자와 차입, 그리고 M&A를 통해 크기를 키우면 이 모든 문제가 해결될 것이라는 믿음에 집착했다. 결국 균형은 깨졌다. 2002년 초 메디슨은 금융권에서 부도 처리됐다. 결국 우리는 허울만으로 이루어진 MBO의 구호를 봤을 뿐이다.

PETER DRUCKER

3

성과는 세는 것이 아니라 가늠하고 판단하는 것이다

측정의 의미

인터넷에 가끔씩 드러커가 했다는 말이 짧게 인용되곤 한다. 필자는 어떤 데이터 분석 전문 기업이 "측정하지 않으면 경영할 수 없다"는 드러커의 말을 인용했던 것을 본 적이 있다.[1] 막연한 느낌보다 구체적인 데이터 측정을 통해 사업의 제반 활동과 성과를 관리하는 일이 중요하다는 사실을 강조하는 내용이었다. 데이터 분석은 물론 중요하다. 하지만 데이터와 사실이 지닌 함정도 존재함을 잊어서는 안 된다. 이쯤에서 우리는 드러커가 '측정'이라는 표현을 어떤 의미로 사용했는지 살펴볼 필요가 있다. 그렇지 않으면 누구나 이 짧은 인용문 하나로 오도당할 수 있다.

---

1 http://kr.besuccess.com/2014/09/data-analystic-for-startup/

수량으로 측정할 수 있는 대상은 전체 매출 실적, 비용 절감액 실적, 인당 생산량, 인당 계약 체결량, 인당 수익 등 성과 지표일 수 있다. 또는 불량률, 고객 유입률과 이탈률 등이거나 단순한 활동 지표일 수도 있다. 그러나 어떤 대상이든지, 한 가지 측정 수단만을 활용하면 항상 왜곡되거나 편향된 해석을 낳을 수 있다(MTRP p. 101). 과업은 하나의 커다란 전체이지만 특정 측정치는 한 작은 부분에 불과하기 때문이다.

어떤 측정치이든 사업의 여러 부분에서 결과로 나타난 현상임은 분명하다. 그러나 기업 활동의 중요한 성과들 가운데에는 결코 수량으로 측정할 수 없는 것들이 더 많다. 특정 분야의 과업 결과를 충실히 반영하는 1~2개의 측정치를 찾는 일은 그리 쉬운 일이 아니다. 하지만 우리는 적어도 결과가 얼마나 향상되었는지에 대해서는 알 수 있다(MTRP p. 101). 결국 측정 자체가 목적이 아니라 실천을 통해 과거보다 얼마나 진보가 이루어졌는지를 판단하는 일이 더 중요하다.

드러커는 measure(측정하다)와 measurement(측정)라는 단어를 그의 여러 저작에서 무수히 많이 사용하고 있다. 무엇보다도 그는 기업의 성과를 측정한다는 뜻의 measure를 사용할 때 '자yardstick'를 염두에 두고 있었다(NS p. 276, PoM p. 344, MTRP p. 101, 117). 그러나 자신이 사용하는 그 단어의 의미를 더 깊이 있게 설명한 부분은 무엇보다도 『경영의 실제』와 『매니지먼트』에서 목표와 자기통제에 의한 경영을 설명하는 장에 있다.

드러커는 MBO에서 측정의 성격을 이렇게 묘사했다.

"이러한 측정들은 엄격하게 수량화되어 있을 필요는 없다. 한 치의 오차도 없이 정확할 필요도 없다. 그러나 이 측정들은 분명하고, 간단하고,

합리적이어야 한다. 이 측정들은 대상과 적절히 대응되면서도 직접 연관되어 있는 주의와 노력을 가리키고 있어야 한다. 이것들은 신뢰할 만해야 한다—적어도 오차 범위가 인정 및 이해되는 수준까지는 그렇다. 말하자면, 이것들은 복잡한 해석이나 철학적 논의 같은 것은 전혀 거치지 않고도 그것만으로 무엇을 말하려 하는지 알 수 있어야[2] 하고 즉각 이해할 수 있는 것이어야 한다(MTRP p. 440, PoM p. 131)."

그리고 드러커는 다시 이 긴 설명을 짧은 제목 하나로 압축했다. 바로 'measure'와 'count'의 차이다.

"성과는 가늠[3]하는measure 것이지, 세는count 것이 아니다(MTGC p. 89)."

한편 측정 수단에 특정 정보를 담으려는 목적은 그것만 보고도 과업 수행자가 자기통제를 할 수 있도록 만들기 위해서다. 즉, 그 정보는 자기가 자기를 통제할 수 있도록 하는 수단이지, 결코 타인이 그를 통제하기 위한 도구가 되어서는 안 된다(MTRP p. 440, PoM pp. 130~135, 344~345). 자기통제의 의미를 보다 명확히 하기 위해 드러커는 자동차 운전용 계기판에 나타난 정보를 예로 들었다. 운전자는 그 정보들을 보고 자신이 적절한 속도와 올바른 방향으로 가고 있는지를 판단하고 조향과 가속·감속을 스스로 결정한다.

---

2 PoM 131에는 self-announcing으로 표기되어 있었다. 자기통제와 측정을 설명한 MTRP의 이 부분은 20년 전 PoM의 해당 내용을 다시 전재한 것이다.

3 '가늠하다'는 "목표나 기준에 맞고 안 맞음을 헤아려 본다(네이버 국어사전)"는 뜻이므로 measure의 뜻이 비교적 잘 담겨 있는 우리말이라고 생각한다.

여러 측정 지표들이 명령과 강제가 아닌 자기통제에 의한 경영의 수단으로 활용되어야 한다는 주장은 이미 『경영의 실제』에서 충분히 개진된 바 있었다. 드러커는 다음과 같은 예를 들었다. GE의 순회 감사원은 일 년에 적어도 한 번씩 사업 부서 실적을 감사한 후 그 결과를 최고경영자에게 송부하는 게 아니라 담당 경영자에게 송부했다. 이는 GE에 그만큼 신뢰와 자율의 문화가 자리 잡고 있었기에 가능한 일이었다. 그러나 다른 회사들은 그 결과가 담당 경영자에게 가지 않고 곧바로 최고경영자에게 보고된다. 그런 회사에서 감사 부서는 일종의 사장 직속 게슈타포와 같은 공포의 존재다. 이때 담당 경영자는 진정으로 성과를 달성하려 노력하기보다는 감사 부서에 그럴듯해 보이는 수치만을 생산하는 데에 골몰하게 된다(PoM p. 132). 이것이 바로 자율과 타율이 낳은 결과의 차이다.

현대에는 컴퓨터로 데이터를 처리하는 기술이 비약적으로 발달하면서 수많은 계량화된 측정 지표들이 개발되었다. 앞에서 예로 든 데이터 분석 벤처기업도 그 계량 측정과 분석에 전문성이 있었을 것이다. 그러나 이 측정 정보는 과업 수행자가 스스로 자신의 과업을 통제하는 수단으로 활용될 때에만 MBO의 수단으로 효과가 있다. 이 정보가 하급자를 통제하기 위한 수단으로 남용되는 순간 MBO의 취지는 실종되고 경영자의 목표 달성 능력은 현저히 저하된다(MTRP p. 440).

MBO에서 측정과 자기통제 사이의 관계는 『경영의 실제』에서 크게 두 부분으로 나뉘어 설명된다. 먼저 전반부에서는 측정에 대해서만 논의한다. 제7장에는 기업이 다양한 목표를 설정해야 할 8개 분야를 들었다. 즉 시장점유율, 혁신, 생산성, 물적 자원 및 화폐 자원, 수익성, 경영자의 성과와 경영자의 육성, 노동자의 성과와 태도, 사회적 책임이 그것인데, 각 분야마다 수량으로 측정하는 제반 수단들의 한계와 취약점을 상세하게 논의하고 있다. 드러커는 시장점유율, 순이익률 등을 포함한 제반 수량 측정 수단 외에도 조사 분석과 같은 보완용 측정 수단이 두루 필요하다고 말했다. 특히 마지막 3개 영역은 수량으로 성과를 측정하기가 사실상 불가능한 무형의 영역이었다. 그러나 무형의 영역이라고 해도 경영자는 그 행동의 결과를 반영하는 유형의 수단을 찾아야 한다(PoM pp. 62~84).

그러다가 후반부에 이르러서야 드러커는 비로소 자기통제를 이야기한다. 통제를 뒤늦게 거론한 것은, 측정의 의미는 분명한 반면 통제라는 단어의 의미는 불분명하기 때문이다. 통제는 스스로 자신이 가야 할 방향을 정하는 행동이라는 뜻과, 어떤 사람이 타인을 지배한다는 뜻이 모두 들어 있다. 여기에서 드러커는 측정이 전자를 위한 수단으로 쓰일 때 자기통제에 의한 경영이 가능하다고 보았다. 측정이 후자를 목적으로 할 때에는 지배에 의한 경영management by domination이 된다(PoM p. 131, MTRP p. 440).

결국 드러커가 말한 성과 측정은 스스로 자신이 무엇을 해야 할지 그 방향을 알 수 있도록 해 주는 수단이라는 뜻에 초점이 있다. 사람을 기계처럼 조작할 대상으로 간주한다거나, 기록된 수치 데이터만이 모든 결과를 말해 준다거나, 과업 수행자를 상급자가 타율적으로 강제하는 수단이라는 뜻은 전혀 없다는 점을 명심하자. 모든 MBO 성과 평가의 초점은 여기에 있다.

위기에 처했던 레고LEGO사를 회생시킨 최고경영자 크누스토르프의 말로 그 의미를 다시 한 번 갈무리한다.

> "제가 CEO가 됐을 때 그들은 10년 정도 힘든 시간을 보낸 뒤였기 때문에 경영진 자체에 대한 신뢰가 많이 떨어져 있었습니다. 저는 CEO가 된 후 그들에게 무엇을 하라고 지시하기보다는, 본인이 어떤 일을 해야 한다

위기에 처한 레고를 구해 낸 최고경영자 크누스토르프 역시 피터 드러커의 목표와 자기통제에 의한 경영을 충실히 따르려 노력했다고 볼 수 있다.

고 생각하는지를 먼저 물었습니다. 회사의 문제와 본인이 해야 할 일은 직원 스스로가 가장 잘 알고 있습니다. 이런 문화는 레고의 전통이 됐습니다. 사업 구조 조정 과정에서 레고랜드 등 수익이 나지 않는 부분들을 접을 때도 직원들의 의견부터 물었습니다. 이런 과정에서 직원들이 절 새로운 리더로 인정해 줬다고 생각합니다."[4]

목표와 자기통제에 의한 경영이야말로 경영자가 구성원들 사이에서 리더로 인정받는 방법이며, 경영자 권력의 합법성과 정당성에 대한 가장 강력한 근거가 된다.

4 이혜운 기자, 「수많은 혁신안이 블록 하나만 못하더라」, 조선일보 Weekly Biz, 2016. 3. 26.

목표 달성보다 더 중요한 것은 피드백이다

목표와 자기통제에 의한 경영은 여러 개념들이 복합적으로 균형을 이루면서 작동해야 하는 시스템이다. 이 개념들을 두루 고려하지 못하고 어떤 한 가지 사상에만 편중되면 그 취지는 전혀 구현되지 못한다.

제조업을 영위하는 어떤 A사가 외부에서 영업 담당 임원을 영입했다. 그는 이미 업계에서 실력을 인정받은 유능한 인물이었다. 하지만 탁월한 성과에도 불구하고 전에 소속된 회사에서 임원 진급에 실패했다. 낙담해 있던 그는 고민 끝에 A사의 영입 제의에 흔쾌히 응했다. 그는 자신의 강점을 인정해 주는 새로운 회사에서 자신의 실력을 한껏 발휘했다. 직원들은 그를 잘 따랐고, 그의 권위를 인정했다. 그는 최고경영자가 현장의 올바른 정보를 알도록 하기 위해 의사소통에도 특별히 주의를 기울였다. 매일 현장 일지를 써서 최고경영자에게 제출하기도 했다. 그가 업무를 맡은 이후 2년 동안 판매 성과가 크게 올랐고 조직 전체가 그 성과를 인정했다. 외부 인력 영입에 성공한 흔치 않은 경우였다.

A사는 그가 오기 전에 이미 중국 판매 법인을 운영하고 있었는데 도무지 실적이 나지 않았다. 결국 그에게 중국 판매 법인 관리를 맡겼다. 현지 법인장은 중국인이었고, 그는 한국 본사에서 이를 담당하는 임원 역할을 했다. 그는 한 달에 한 번씩 중국에 가서 상황을 점검하고 보고했다. 그러나 그의 노력에도 실적은 개선되지 않았다. 실적은 전보다 오히려 더 악화됐다. 그는 자신을 신임해 준 최고경영자 앞에서 고개를 들 수가 없었다. 무엇보다도 이 분야 전문가로서 스스로 한없이 부끄러웠다.

그러나 최고경영자는 악화된 실적에 대한 책임을 묻기보다 그를 신뢰하는 편을 택했다. 다른 임원과 동일하게 성과급을 지급하고 격려했다.

그는 중국 법인이 무엇 때문에 성과를 내지 못하는지 원점으로 돌아가서 분석했다. 피드백을 시작한 것이다. 곧 중국 현지 사정에 밝은 인사들로부터 자문을 받고 여타 사업의 성공 사례들을 분석했다. 여러 정보를 종합한 결과 직판 방식에 한계가 있다는 결론이 나왔다. 최고경영자와 상의한 끝에, 종래의 직판 방식을 포기하고 대리점 방식으로 전환하기로 결정했다. 1년여에 걸쳐 직판 조직을 철수시키고 대리점 방식으로 서서히 전환하면서 사람도, 일하는 방식도 조금씩 바꿨다. 그 결과 다시 성과가 나기 시작했다.

이 예는 잠시 부진했던 성과가 올바른 피드백을 통해 해결된 경우지만, 현실에서는 그렇지 않은 경우가 더 많다. 우선 최고경영자가 오직 숫자로 나타난 성과, 또는 한두 가지 지표로 나타난 성과에만 집착하게 되면, 성급하게 중국 법인을 폐기하거나 담당자를 교체해 버리는 결정을 내릴 수도 있었을 것이다. 또한 사업의 목표 자체보다 사람에 대한 선호가 개입되면 문제는 더욱 복잡해진다. 행여나 외부 영입 인사에 대한 내부의 저항이나 견제가 있었다면, 중국 법인의 실적 악화는 그를 공격할 좋은 빌미가 되었을 것이다. 그렇게 되면 목표와 자기통제에 의한 경영은 사라지고 사람에 대한 선호와 감정이 지배하는 경영이 자리 잡게 된다.

피드백은 드러커 경영 사상을 구성하는 가장 중요한 기둥 가운데 하나다. 피드백이 제대로 이루어지려면 그보다 앞서 성과 측정, 목표 수립, 책임 부여, 이 모든 것들이 동시에 작동해야 한다.

피드백 절차가 목표 그 자체보다 진정으로 중요한 이유는, 모든 조직의 목표 달성이 1회에 그치는 것이 아니라 연속하는 과정에서 전개되기 때문이다. 경영은 본질적으로 일회성 게임이 아니라 반복 게임이다. 1회의 목표 달성을 통해 이룩된 결과는 다음 목표를 달성하기 위해 취하는 여러 행동에 영향을 미치는 기본 전제가 된다. 경영은 앞의 결과를 토대로 새로운 결과를 끝없이 만들어 내는 과정이다.[5]

미국 육군은 오래전부터 **행동 후 검토**AAR: After-Action Review라는 효과적인 피드백 시스템을 꾸준히 가동해 왔던 것으로 알려져 있다. 그것은 크게 네 가지의 핵심 질문으로 이루어진다.

- 최초에 기대했던 결과는 무엇인가?
- 실제로 발생한 결과는 무엇인가?
- 그 원인은 무엇인가?
- 향후 보완, 강화해야 할 점은 무엇인가?

그 실행 절차는 드러커가 강조했던 결과를 생각하는 경영, 목표에 의한 경영이 추구하는 철학과 사실상 동일하다.

- 과업: 예하 부대 별로 취해야 하는 구체적인 행동들
- 목적: 왜 이 과업이 중요한가? 왜 이 과업을 행해야만 하는가?
- 지휘관이 의도: 경영자가 생각하는 내용. 설령 상황이 예상했던 대로 전개되지 않더라도 부대는 이 목적에 맞추어 일을 추진해야 한다.

---

5 이런 기본 전제, 즉 이미 있던 존재들을 완전히 부정한 채 단지 전적으로 새로운 목표만을 달성하려고 시도하는 것을 우리는 흔히 혁명이라고 부른다. 대개 혁명은 연속이 아니라 단절이다. 그래서 결과가 나오기 어렵다. 의욕에 찬 경영자들이 말로는 개혁이지만 사실은 혁명에 가까운 변화를 요구하는 경우가 가끔 있다. 그러나 이런 변화는 대부분 실패한다. 에드문드 버크나 드러커와 같은 보수주의 철학자들의 생각이 바로 이것이다. 보수는 기존의 사회적 결과들을 그대로 고수하자는 것이 아니라, 기존 결과에 바탕을 두되 포기·축소해야 할 것과 유지·강화해야 할 것을 지속적으로 갱신시켜 나가자는 것이다. 혁명은 모든 축적을 파괴함으로서 피드백의 가능성을 대부분 차단한다. 그러므로 피드백은 혁명의 파괴성을 예방하기 위한 가장 효과적인 수단이다.

• 최종 상태: 도달하고자 하는 상태(예: 적군 섬멸, 고지 탈환)

이런 피드백 시스템을 추동하는 가장 큰 정신적 동력은 바로 '책임'이다. 원래 사명이라는 단어는 군사 용어였지만 나중에 경영 용어로 정착했듯이, AAR의 절차도 기업에 동일하게 적용할 수 있다.[6]

실적에 대한 강제는 경영이 아니다

실적에 대한 강제는 결코 경영이 아니다. 단지 기록상 판매 수치는 증가할지 몰라도 거기에는 진정한 고객 창조가 없다. 이런 일은 영업 세계에서 흔하다. 예를 들어서 어떤 매장의 책임자는 오로지 매장의 매출 또는 이익 수치만을 성과로 인정받는다고 하자. 이때 그가 고객을 발굴하고 창조하기 위해 기울인 노력은 경영자의 눈에 잘 보이지 않는다. 물론 책임자의 이런 노력은 장기적으로 실제 고객 창조로 이어져야 하고 매출과 이익 증대에 기여해야 한다. 하지만 당장 경영자 입장에서는 매장 책임자가 고객 창조를 위해 기울이는 노력, 예를 들어서 기존 고객 데이터를 체계적으로 다시 분석한다든지, 지역 내 비非고객에 대한 정보를 수집하고 분석하는 행동에 대해서는 무관심하게 된다. 이때 영업 담당자들은 오로지 경영자의 눈에 보이는 실적 수치만을 맞추려는 동기가 생긴다. 이것은 드러커가 말했던, '결과를 생각하는 경영'이 결코 아니다. 필자가 굳이 새로운 표현을 만들어 본다면 오히려 '결과를 망치는 경영'이다. 사

---

6 Marilyn Darling, Charles Parry, Joseph Moore, 「Learning in the Thick of it」, Harvard Business Review, July-August 2005. (https://hbr.org/2005/07/learning-in-the-thick-of-it)

업의 결과는 어떤 절대적인 한 수치에 의존하는 순간 그 실상을 제대로 볼 수 없다. 실상을 보지 못하면 방향을 잃는다. 드러커가 말한 '결과'가 복수형 'results'라는 점에도 주의하자. 사업 전체로도, 사업 내 부문으로도, 모든 결과는 반드시 복수의 지표로 균형 있게 재량하면서 동시에 판단해야 한다(MTRP pp. 116~117, PoM pp. 62~87).

우리나라 보험 영업인들에게는 속칭 '가라 계약'이라는 것이 있다. 가라 계약이란 영업인들이 기간별로 할당된 목표를 채우기 위해 자신의 돈을 납입함으로써 원수보험사를 상대로 보험 계약을 체결하는 것을 말한다. 보험 경영자들은 이게 고질병인 줄 알면서도 근절하지 못한다. 물론 계약 당사자 명의는 가족이나 친분이 있는 사람들로 되어 있다. 영업인은 어떻게든 실적 수치를 맞추어 놓고, 나중에 해지를 하든 뭐하든 뒤처리는 그 뒤에 생각할 일이 된다. 일단 원수보험사로부터 영업인에게 판매 수당이 나오기는 하지만, 억지로 이름을 빌려 주고 가입을 당한 사람은 물론이고 영업인 당사자, 이른바 재무컨설턴트FC: financial Consultant의 정신적 고통은 정말 큰 것이다.

이런 식의 실적 강압은 기업 내부에서 흔히 나타나지만, 기업 외부에서 기업을 향하여 이루어지는 경우도 많다. 대표적인 것이 정부의 통제, 이른바 관치官治로부터 오는 압박이다. 모든 명분은 항상 합리적이다. 그것이 올바른 일이라는 데에 아무도 의구심을 품지 않는다. 물론 명시적으로 강제하지는 않는다. 다만 표정과 눈짓만이 있을 뿐이다. 그렇게 경영은 사라진다. 숫자는 남겠지만 결과는 없다.

최근 ISA(개인종합자산관리계좌) 유치 사태가 그랬다. 금융위원회는 금융 개혁 차원에서 세제 혜택이 있는 새로운 금융 상품의 개발이 필요하다고 생각하고, 2015년 8월에 한국형 ISA를 기획했다. 금융 정책 당국으로서 이런 기획은 당연히 필요하다. 기획 자체는 잘못이 없다. 그리고 이 상품 출시와 관련하여 필요한 세법 개정안도 통과됐다. 금융위원장은 특별히 관심을 가졌고 불완전 판매가 결코 없어야 한다는 점을 강조하기도 했다. 모든 과정은 다 합리적이고 순조로워 보였다.

출시가 시작되자 금융기관은 ISA 유치 실적을 달성하기 위해 총력전을 펼쳤다. 여기까지도 아무런 문제가 없어 보인다. 좋은 의도로 등장한 신상품을 많이 팔기 위해 조직의 역량을 총동원하는 데에 무슨 문제가 있겠는가? 그러나 정작 문제는 금융기관이 감독 당국에 보고할 숫자 맞추기에 모든 노력을 집중했다는 사실이다. 고객 1명이 ISA계좌 하나를 가입하려면 무려 20장에 달하는 서류에 서명해야 하고 수십 분 동안 충분한 설명을 들어야 한다. 충분한 설명이란 불완전 판매가 없도록 하기 위한 필요조건이다. 물론 금융감독원은 불완전 판매가 이루어지지 않도록 촉각을 곤두세웠고, 영업점 CCTV를 통해 불완전 판매 여부를 모니터링할 수도 있다는 신호를 보냈다. 정부의 이런 의도 자체는 나쁘지 않다. 문제는 금융기관이 스스로 판단해서 상품을 개발하고 판매 전략을 수립하고 고객을 창조하는 것이 아니라 하달받은 상품을 보여 주기 식으로 밀어낸다는 데에 있다. 이것은 경영이 아니라 단순한 타성이자 조건반사다. 숫자가 타 은행이나 증권사에 뒤지면 안 된다는 생각에 할당량이 상부로부터 자연스럽게 지역 본부나 영업점에 전달된다. 지점장 이하 모든 직원들이 숫자 맞추기에 목을 맨다. 그 결과 하루에 수백 명을 유치하는 지점들이 속속 탄생했다. 충분한 잠재 고객 분석에 바탕을 두고 금융위원회가 강조했던 '충분한 설명'을 충실히 구현했다면, 이런 기적은 좀처럼 일어나기 힘들었을 것이다.

기적은 항상 후유증을 남긴다. 서류만 보내 주면 다 알아서 처리해 준다는 서비스 정신에 자세히 알고 싶어 하지도 않은 고객은 일단 안심하고 가입한다. 투자 금융 상품에 손실이 나는 일은 원래 항상 얼어나는 법인데, 그런 사태가 집중적으로 발생하면 금융기관은 대개 나 몰라라 한다. 수십 장의 서류에 서명은 이미 되어 있고 금융기관은 대부분의 경우에 귀책사유가 없다. 하지만 금융 상품의 복잡한 구조를 잘 이해하지 못하는 고객의 잘못이라고 치부하기에는 뭔가 중요한 것이 부족하다. 때로는 지점의 과도한 충성에 본점이 오히려 당황하기도 했다. 서류가 불충분한 상태에서 일단 가입시켰던 고객과 계약을 해지하라고 영업점에 통보하기도 했다.

이것이 과연 사업의 결과인가? 금융기관을 이용하는 고객에게 진정으로 가치가 제공되었는가? 금융기관은 성과를 이룬 것이 아니라 단지 숫자를 채웠을 뿐이다. 성과는 세는 것이 아니라는 드러커의 말은 현장에서 반대로 나타난다. 어느 은행원은 새로운 금융 상품이 출시되면 가장 혜택을 보는 쪽은 제지 회사라는 자조적인 농담을 던지기도 했다. 가입 서류용 종이 수요가 폭증했기 때문이다. 지난 해 8월 세계경제포럼WEF에서 우리나라 금융기관 경영의 수준이 우간다만도 못하다는 말이 나온 것도 결코 우연이 아니다.[7]

---

7 안재만, 「(팀장칼럼) ISA 소동을 보니 한국은 금융 후진국이 맞았다」, 조선비즈(biz.chosun.com), 2016. 3. 18.

PETER DRUCKER

4

의사소통은 조직의 수단이 아니라 조직 양식 그 자체다

권위주의 대신 진정한 권위는 필요하다

자주 듣던 이야기가 하나 있다. "한국 사회는 유교의 전통 때문에 토론 문화가 자리 잡지 못했고, 상명하복의 분위기 때문에 상하 간 건설적인 의사소통이 어렵다." 사실 이런 현상이 과연 유교 때문인지는 확실치 않다. 여하튼 이런 식의 자탄은 기업에서 자주 들린다. 상사의 위압과 조직의 강권에 끌려다니곤 했던 임직원들은 구미의 글로벌 기업에서 이루어지는 격식 없는 의사소통에 대한 이야기를 들을 때마다 부러워한다.

대한상공회의소와 맥킨지가 우리나라 기업 100개 사, 4만여 명의 임직원을 대상으로 기업 문화를 글로벌 1,800개 사와 비교한 결과, 우리나라 기업의 의사소통 성숙도가 현저히 떨어지는 것으로 나타났다. 조사 대상 100개 사 중 조직 건강도가 글로벌 기업보다 약체인 기업은 77개 사로 집계됐고 그중 52개 사가 최하위권이었다. 특히 중견기업은 91.3퍼센트가 하위 수준인 것으로 나타났다. 반면 상위 수준은 23개 사에 그쳤다. 영역별로는 리더십, 조율과 통제(시스템), 역량, 외부 지향성 등 4개 영역이 취약한 반면, 책임 소재, 동기 부여의 2개 항목은 우수한 것으로 확인됐다.

이 보고서에서는 우리나라 기업에 임원으로 재직했던 외국인이 임원실을 가리켜 마치 엄숙한 장례식장 같다고 말한 내용까지 등장했다. 상사 앞에서 정자세로 서서 불명확하고 불합리한 지시에 'Why?'나 'No!' 같은 것은 전혀 없이 오직 고개만 끄덕여야 했다.[1] 이것은 마치 패턴이 정해진 알고리즘과 같다. 이런 알고리즘은, 임원에서 부장, 부장에서 과장, 이런 식으로 위계의 하단으로 내려올수록 조금씩 완화되기는 하지만, 조직 전반에 대체로 복제되어 있는 편이다. 물론 실행하는 순간 오류가 가득 쏟아져 나오는 알고리즘이다. 그렇지만 한국인 특유의 악과 깡으로 이 모든 오류들은 언제나 덕지덕지 수정된다. 배가 어디로 가는지는 모르지만 어쨌든 간다.

한마디로 요약하자면, 소통은 약하고 추진은 강한 것이다. 이런 방식은 우리나라 고도 성장기에 사업을 시작했거나 성장시켰던, 그래서 지금은 대기업이나 중견기업으로 자리 잡고 있는 조직에서 흔히 볼 수 있다. 분명 이런 방식이 통했던 시절이 있었다. 하지만 2000년대 이후 창업 기업은 많이 달라졌다. 그런 방식이 통하지 않는 세계가 됐다. 젊은 창업자와 직원들 사이에서 지위와 무관하게 자유로운 대화 분위기가 자리 잡기 시작했다. 1970년대 이후 미국 실리콘 밸리에서 시작된 캐주얼 근무복은 이제 우리나라에서도 자연스럽다. 이렇게 된 데에는 자율과 소통을

1 대한상공회의소 보도자료, 「상명하복·야근 등 후진적 문화에 병든 韓기업… 조직 건강 '빨간불'」, 2016. 3. 17.

강조하는 경영 서적, 글로벌 기업의 조직 문화를 국내에 소개한 미디어 콘텐츠나 경력자들이 큰 역할을 했다.

그러나 어떤 조직에서든 단지 외양만 보고서는 의사소통이 제대로 이루어지고 있는지 알 수 없다. 회의 중에 온갖 의견들이 쏟아져 나온다거나, 상사와 허물없이 이야기를 나눌 수 있다거나, 상사가 부하의 의견을 경청한다거나 하는 것만으로는 도저히 알 수 없다. 이런 현상만으로는 의사소통이 잘 이루어지고 있다고 단언하기 어렵다. 의사소통이 제대로 이루어지려면 좀 더 중요한 요건들이 필요하다.

유교 문화가 지배적이었던 나라라면 일본을 빼놓을 수 없다. 만약 유교 문화 때문에 의사소통이 원활할 수 없었다면, 소니, 토요타, 야마하 같은 글로벌 기업이 탄생할 리도 없었을 것이고, 드러커가 일본식 의사소통과 의사 결정 문화의 장점을 예찬할 일도 없었을 것이다.

권위주의로 치자면 군대만 한 곳이 없다. 어떤 군대가 전쟁에서 승리할 수 있는 것은 결코 토론 문화가 잘 정착되어 있어서가 아니다. 축구나 야구에서도 어떤 팀이 승리하는 것은 선수들 사이에 민주적으로 의견이 수렴되어서가 아니다. 그런 곳에서는 엄격함을 넘어서 혹독하다 싶을 정도의 규율과 훈련이 지배한다. 그곳에서는 느슨하거나 자율적인 것과는 전혀 다른 차원의 효과적인 의사소통이 존재한다.

우리 사회는 군사 문화라는 단어에 반사적으로 거부감부터 보인다. 정작 그 안의 효과적인 의사소통, 성취, 승리의 철학은 너무 무시하는 경향이 있다. 그러면서도 대중들은 위대한 군인을 예찬하고, 전장에서 드러난 뜨거운 인간애에 감명받으며 스포츠 팀의 멋진 성과에 감동한다.

한화 이글스의 김성근 감독은 우리나라에서 한때 뛰어난 리더십의 대명사처럼 통했다. 만약 선수 개인의 한계를 뛰어넘도록 유도하는 혹독한 훈련뿐이었다면 그런 칭호를 듣지 못했을 것이다. 그는 누구보다 앞서 몸소 모범을 보이며 선수들과 함께 땀을 흘렸다. 과거 여러 번의 멋진 승부 사례들은 그의 이런 리더십이 유효했음을 입증했다. 그러나 2016년 초에 팀이 연달아 부진한 성적을 내면서 그의 칭송받던 리더십은 갑자기 불통의 대명사로 전락했다. 그동안 수면 뒤에 가려져 있던 1인 통치의 폐해를 많은 야구인들이 지적하기 시작했다. 모든 스토리가 성공하면 미담이지만 실패하면 부끄러운 이야기가 된다. 마치 정답이 없는 것처럼 보인다. 어쩌면 김성근 감독은 의사소통에서 뭔가 중대한 실수를 저지르고 있었을지도 모른다. 자신이 옳다고 믿는 내용을 일방통행으로 전달하고 관철시키는 것을 의사소통으로 생각했을지도 모를 일이다.

그렇다고 해서 선수들의 의견을 무조건 수용하는 것도 결코 의사소통은 아니다. 이 양극단 사이에서 균형을 잡기란 매우 어려운 문제인 것처럼 보이지만, 올바른 의사소통의 본질은 목표와 자기통제에 의한 경영을 실천하는 데에 있다는 사실만 명심하면 중심을 잃을 일은 없다. 다만 이 과정에서 수직형이냐 수평형이냐, 강력한 통제냐 느슨한 자율이냐, 독단이냐 합의냐 하는 식의 양자택일식 구분법은 올바른 의사소통을 이해하는 데에 방해가 된다.

권위주의 타파는 우리나라 사람들에게 일종의 강박 신경증이다. 권위를 타파하면, 즉 조직을 수평화시키거나 자율을 부여하면 모든 것이 잘 풀릴 것이라고 막연히 기대한다. 뒤에서도 이야기하겠지만, 강압적 권위주의와 진정한 권위는 다른 것이다. 대부분의 사람들이 타율과 수직에 대한 반작용으로 자율과 수평을 외치지만, 드러커는 권위의 중요성을 망각해서는 안 된다고 생각했다.

그런 의미에서 삼성의 최근 시도는 의미심장하다. 삼성은 한때 '관리의 삼성'으로 알려져 있었을 만큼 엄격하고 체계적인 조직 문화로 유명했다. 그 중심에 있던 삼성전자가 2016년 3월에 스타트업 삼성 컬쳐 혁신을 선언했다. 창업 3세 이재용 부회장은 1세, 2세와 분명히 다른 세계에서 학습하고 성장했던만큼 충분히 그럴만한 동기가 있었다. 이 프로그램은 여러 가지 내용을 담고 있었지만, 무엇보다도 의사소통 문화를 개선하자는 데에 초점이 있었다. 권위주의 문화를 타파하고 수평적 조직 문화를 구축하기 위해 직급 체계를 단순화하고 직무와 역할 중심으로 인사 제도를 개편하기로 했다. 업무 생산성을 높이기 위해 비효율적인 회의와 보고 문화를 개선하려 한 것도 특징이다. 특히 눈길을 끄는 것은 사원-대리-과장-차장-부장의 5단계 직급을 줄이고, 직책을 부르는 대신에 '~님', '~선배' 식으로 부르게 된다는 점이다.

삼성은 자의든 타의든 한국의 여러 조직에서 벤치마킹 대상이 되어 있다. 삼성의 이런 시도가 애초의 취지대로 결과를 낳고, 그 성과가 여타 기업에도 확산될지는 지켜볼 일이다. 드러커라면, 의사소통 문화를 바꾸려는 한국 기업들의 시도를 보고 무슨 조언을 했을까?

인간은 지각 능력이 현저히 부족하다

올바른 의사소통이 이루어지기 위해서는 먼저 인간의 지각 능력이 생각보다 뛰어나지 않다는 사실을 아는 데에서 출발해야 한다. 현대 뇌과학은 사람의 뇌가 탁월한 동시에 얼마나 불완전한 생체 조직인가를 밝혀냈다.

사실 현대 뇌과학이 발전하기에 앞서 인지심리학자들은 이미 인간 지각 능력의 불완전성을 밝혔고, 언어학자들은 언어의 논리와 의미 사이의 관계가 결코 간단치 않음을 보였다. 드러커는 여타 학문 분야에서 이룩한 이 성과들을 검토한 후 의사소통의 속성을, 지각, 기대, 요구, 그리고 정보의 네 가지 측면에서 규정했다(MTRP ch. 38).[2]

먼저 지각perception 측면에서 보면, 의사소통은 철저하게 수신자와 관련된 현상이다. 발신자는 단지 말하는 것일 뿐이며, 수신자가 존재하지 않을 때에는 의사소통이 존재할 수 없다. 태양이 아무리 빛을 내뿜고 있어도 이를 반사시킬 행성이 없다면 무의미한 것처럼 말이다.

대개 어떤 내용을 부하나 동료에게 전달하는 사람은, 자신이 그에게 뭔가 말을 했다고 해서 의사소통이 이루어졌다고 생각한다. 그러나 수신자가 정말로 존재했는지, 존재했다면 어떤 양식으로 존재했는지에 따라 의사소통은 전혀 이루어지지 않거나, 아예 다른 방향으로 이루어진다. 이 사실을 알아야만 올바른 의사소통의 첫걸음이 가능하다. 사람의 시각이나 청각은 오직 자신이 지각할 수 있는 범위의 것만을 지각한다. 다시 말해서, 발신자와 수신자 두 사람이 어긋나는 이유는 동일한 현실을 자신의 지각 능력 한계를 거치면서 왜곡, 변형되기 때문이다. 여기에 의사소통의 어려움이 있다.

상사가 "프로젝트 진행이 지연되고 있다"고 말했을 때, 동일한 말을 듣는 부하들은 저마다 다른 경험의 바탕 위에서 해석한다. 누군가는 자신에 대한 무리한 독촉으로, 누군가는 상사가 책임을 전가하려는 시도로, 누군가는 그 이유를 알지만 굳이 거론하고 싶어 하지 않는 상태로, 누군가는 해결 방법을 찾으려는 적극적인 의지로 해석한다. 이 말이 나온 전

2 의사소통을 다룬 『매니지먼트』의 38장은 1969년에 International Academy of Management에서 발표한 논문을 다시 편집해서 수록한 것이다. 이 내용은 훗날 대표 선집 『기능하는 사회』에도 재수록됐다.

체 상황과 그 안에서 수신자의 경험이 차지하는 위치에 따라, 사람들은 전혀 다른 의미로 받아들인다.

경영자가 구성원들에게 "요즘 회사가 어렵다"라고 말했을 때, 무엇이 정말로 어려운 것인지 구성원들은 대개 체감하기 어렵다. 수주나 판매가 갈수록 부진하다고 아무리 수치를 들어 설명해도, 막상 영업이나 자금 부서 외에는 그게 정말로 얼마만큼 심각한 상황인지 느끼기 어렵다. 극단적으로 말하면, 자신의 급여가 몇 달 밀려야 비로소 어려운 현실을 체감한다. 그것도 경영자와는 전혀 다른 각도에서 말이다. 이웃하는 부서가 수년의 실패를 반복하면서 성공적으로 신제품, 신서비스를 개발하는 데에 성공했다고 해도, 그게 얼마나 의미 있는 성과인지, 어떤 기회인지 참여해 보지 않은 여타 부서는 큰 관심이 없다. 기업을 구성하는 여러 기능 단위들은 이렇게 서로 소통하지 못한다.

새로 부임한 사장이 어느 날 갑자기 핵심 부서장에게 '회사의 지배 구조 개선안에 대해서 연구해 보라'고 지시했다. 사장의 의도는 아무 지분 없이도 오랫동안 지배권을 행사할 수 있는 방안을 찾아보려는 데에 있었다. 그러나 부서장은 그동안 업무 과정에서 주주와 고객사 간 이해관계 상충 문제를 늘 고민해 왔고, 이 문제를 피하면서 회사의 성과를 제고할 방법이 없을까를 연구해 왔다. 자신의 의도를 명확하게 이야기하지 않았던 사장은, 한 달 뒤 부서장이 가져온 개선안에 대해서 여러 가지를 지적했지만, 부서장은 사장이 도대체 무슨 이야기를 하는지 이해하기 힘들었다. 이내 사장은 답답하기 그지 없는 그 부서장 대신에 눈치 빠른 다른 임원에게 그 일을 맡겼다.

사람들은 경험 범위 내에서 상상한다. 자신이 직접 겪어 봤거나 겪고 있는 일, 자신이 보고 듣는 현장에서 일어나는 일, 자신에게 중요한 일 이

외에는 잘 보이지도, 들리지도 않는다. 부하가 상사에게 진지한 제안을 하거나, 동료가 유익한 의견을 제시해도 대수롭지 않게 여기거나 무시하는 것도 이 때문이다. 어떤 중요한 사안에 대해 아무리 충실한 문서를 첨부해서 사내 회람을 돌려도 실제로 그 내용을 제대로 이해하고 수용하는 사람은 의외로 많지 않은 것도 같은 이유다.

드러커는 의사소통이 지닌 기대와 요구의 특성을 알아야 한다고 말했다. 사람들은 자신 앞에 던져진 현실을 있는 그대로 읽는 게 아니다. 오직 보고 싶은 것만을 보고, 듣고 싶은 것만을 들으려 한다. 또한 현실을 있는 그대로 전달하는 것도 아니다. 발신자는 자신이 알리고 싶지 않은 내용은 무시하고 오직 알리고 싶은 사항만을 가려서 전달하고 싶어 한다. 더 나아가 발신자는 수신자를 향하여 무언가 이렇게 행동해 주었으면 하는 요구를 동반한다. 하지만 이런 요구들이 수신자의 요구와 일치하지 않으면 대개 아무런 소통도 일어나지 않는다. 심리학자들은 이를 프레임 효과라고 부른다.

지금도 수많은 회의실에서, 교실에서, 가정에서 그토록 많은 좋은 말들, 이른바 '훈화'가 아랫사람들을 향해 넘쳐 남에도 불구하고, 막상 감화받는 수신자가 극히 적은 이유도 이 때문이다. 아둔해 보이는 직원들을 지혜로운 스승의 마음으로 아무리 가르치려 해도, 직원들은 잘 수용하지 못한다. 그렇게 이야기하고 강조했건만 달라지는 것은 없다. 이것은 그들의 학습 능력이 부족해서가 아니다. 단지 그들이 기대하고 요구하는 바가 경영자의 그것과 일치하지 않기 때문이다. 그들은 그들만이 속한 사회와 그들만이 바라는 삶이 있다. 이것은 분명히 경영자의 그것과 다르다. 기업에서 경영자와 노동자 사이, 대학에서 교수와 학생과 행정 직원 사이, 사회에서 소비자와 생산자 사이에서 소통이 생각처럼 원활하지 못한 이유는 여기에 있다.

목표와 자기통제의 의한 경영이야말로 의사소통의 선결요건이다

이런 이유 때문에 모든 조직은 자연 상태에서는 반드시 분열하게끔 되어 있다. 개별 구성원들이 태생적으로 다른 곳들을 바라보고 있는데 어떻게 통합이 자연스럽게 이루어질 수 있겠는가? 이런 분열을 막으려면 목표와 자기통제에 의한 경영이 반드시 선행되어야 한다.

드러커는 발신자와 수신자 간에 '정보'를 아무리 주고받아도 그것만으로는 의사소통이 이루어지지 않는다고 말했다(MTRP pp. 487~489). 의사소통은 문자와 정보를 주고받는 게 아니라 경험과 의미를 공유하는 것이기 때문이다. 발신자가 조직 내 타인에게 산더미 같은 보고서를 던져 주어도 수신자가 정작 그 안에서 중요한 의미를 포착한다는 보장은 없다. 오늘날과 같은 인터넷 시대에 정보는 풍부해 보이지만 정작 한 분야의 경영자에게 진정 의미 있는 정보를 찾기란 매우 어렵다. 사소해 보이는 정보에서 남들이 보지 못하는 의미를 읽어 내는 능력은 참으로 희소하다. 이미 알려질 대로 알려진 정보에서조차 여기에 어떤 의미가 있는지 제대로 읽어 내는 일은 정말 어렵다. 환경 규제가 보편화되고 전기차가 이미 개발되어 돌이킬 수 없는 '미래'가 되었음에도 불구하고, 많은 성공한 내연기관 자동차 회사들은 그 의미를 과소평가한 채 기존 제품의 실적 증대 방안을 찾는 데에만 골몰한다.

상사와 부하, 이웃하는 동료, 그리고 조직의 내부 구성원과 외부의 이해관계자들 사이에 지각은 대개 다르다. 이들이 동일한 현실을 각각 다르게 보고 있다는 사실을 먼저 인지하는 것만으로도 의사소통의 절반은 이룩한 셈이다. 부하는 개인이 하고 싶은 일과 조직이 요구하는 일 사이

전기차가 이미 개발되어 돌이킬 수 없는 대세가 된 지금 이 시점에도 국내 자동차 업계는 여전히 그 의미를 과소평가한 채 기존 제품의 실적 증대에만 골몰하는 듯하다. 사진은 테슬라 모터스의 모델 S 제작 전의 프로토타입이다.

에 차이가 있다는 것도 알게 되고, 상사가 처한 상황의 복잡성도 이해하게 된다. 상사 역시 직원들마다 어떤 차이가 있으며 그들의 강점을 어떻게 육성해야 할지 비로소 알게 된다(MTRP p. 492).

가끔씩 최고경영자는 오랜만에 직원들과 대화하는 자리를 마련한다. 그런데 대게는 한두 시간 내내 자신의 경영관만 설파하다 돌아가 버리는 경우가 많다. 상대가 서로 다른 지각 체계에 살고 있다는 사실만 알고 임했어도 그런 일은 훨씬 줄어들 텐데 말이다.

이런 상황에서 경영자가 의사소통에 얼마나 많은 시간을 들여야 하는지, 또 항상 수신자에게 그 의도가 제대로 전달이 되도록 정보를 전달하는 방식을 어떻게 연구해야 하는지, 외부의 고객이나 정부나 시민 단체 등에서 자신에게 전달하는 메시지들이 과연 무슨 의미가 있는가 파악하는 데에 얼마나 적극적이어야 하는지, 그 필요성은 아무리 강조해도 지나치지 않을 것이다. 그냥 입에서 나오는 대로 불명확한 지시나 표현 한 마디로 자신의 의사가 잘 전달되었다고 생각하거나, 늘 사용해 오던 주간 보고나 월간 보고의 한두 쪽 양식만으로 특별히 중요한 사안이 제대로 전달되었다고 생각하거나, 분기에 한두 차례 몇십 분 대화만으로 부하의 업무와 성과를 이해할 수 있다고 생각해서는 안 된다. 간간이 나오는 규제 당국의 경고나 시민의 불만 사항들을 의례 있었던 일로 무시해도 된다고 생각하는 것도 오산이다. 더구나 상사가 부하에게 눈치로 모든 뜻을 알아채고 행해 주기를 기대해서도 안 된다. 그런 사람들은 의사소통에서 지각과 기대와 요구의 원리를 전혀 알지 못하고 있는 것이다. 이런 경우 조직의 어떤 과업도 올바른 방향으로 결과를 낼 수 없다.

수직형이냐 수평형이냐는 본질이 아니다

드러커는 의사소통을 조직의 수단이 아니라 조직의 양식이라고 규정했다(MTRP p. 493).[3] 마르크스가 생산을 단순히 생산 수단들 사이의 기능적인 과정이 아니라 일종의 사회적 관계(=계급 투쟁)로 본 것처럼, 드러커 역시 기업의 성과 창출이 여러 자원들 사이의 자동적 과정이 아니라 구성원 사이의 사회적 관계(=의사소통)에서 나온다고 보았다. 의사소통이 조직에 부가되는 별개의 수단이라고 생각하면 그 본질을 놓치는 것이다.

---

3 마르크스는 경제의 역사 발전 단계를 분석하면서 생산 수단과 생산 양식이라는 표현을 사용했던 적이 있다. 생산 수단이란 토지, 노동, 자본처럼 생산이 이루어지기 위해 필요한 객관적인 수단들을 의미한다. 생산력은 생산 수단들을 결합하여 이룩할 수 있는 성과를 말한다. 생산 관계는 생산 수단을 보유한 주체 간의 소유와 권력의 사회적 관계를 말한다. 생산 양식이란 생산력과 생산 관계의 총체적인 구조를 뜻한다. 드러커도 마르크스의 이 표현을 의식했던 것 같다.

의사소통 구조야말로 조직 양식 그 자체다.

조직 양식이라고 하면, 대부분의 사람들은 조직 구조를 연상한다. 기능 조직, 연방 분권화 조직, 유사 분권화 조직, 팀 조직, 매트릭스 조직, 시스템 조직, 야구형 조직, 테니스형 조직, 축구형 조직 등. 경영학자들은 오랜 세월 동안 이상적인 한 가지 조직형태를 찾는 데에 골몰해 왔다. 최근에는 수직적 조직(위계형 조직)에서는 의사소통이 원활치 않으며 수평 조직에서 의사소통이 잘 이루어질 것이라고 생각하는 경향이 있다. 그러나 드러커 자신은 모든 상황에 두루 타당한 어떤 한 가지의 조직 설계 원리는 존재할 수 없다고 생각했다. 처음 어떤 과업에 적합한 조직을 설계했을 때 적용된 사업 가정들은 반드시 시간이 지나면서 바뀌고, 그에 따라 새로운 조직 구조가 필요할 수 있기 때문이다(MTRP p. 599).

드러커에 따르면 가장 이상적인 조직 형태는 그 누구도 찾을 수 없지만, 나쁜 조직의 징후는 얼마든지 발견할 수 있다. 계층의 수가 지나치게 많은 것이 한 예다. 최근 삼성의 조직 혁신이 직급의 수를 줄이기로 한 것도 그런 취지에서였다. 계층의 수가 많아질수록, 조직 전체의 목표와 방향을 구성단위 사이에 공유하기가 점점 어려워진다. 극단적으로는 상부에서 생각했던 방향과 말단 실무자 사이에서 일어나는 행동은 완전히 별개로 이루어질 가능성이 높다. 또한 계층의 수가 너무 많으면 실무자가 아무리 오래 근무해도 결코 상위의 경영자 지위에 오르는 일을 기대하기 힘들다. 따라서 경영자 육성에도 실패하게 된다.

불필요한 회의가 지나치게 많은 것도 문제적 징후다. 목표가 분명하지 않은 조직일수록 구성원들이 결과를 낳는 일에 집중하기보다 틈만 나는 대로 회의를 통해 문제를 해결하려 든다. 마지막으로 흔히 간과되지만 망해 가는 조직의 한 가지 특성으로 분명한 것이 있다. 조직의 목표와 성과보다, 정치적 인간관계, 타인의 감정, 또는 뒷담화에 민감해하는 일이 많아지는 현상이다(MTRP pp. 546~549).

조직 형태는 어디까지나 수단일 뿐 결코 목적이 아니다(MTRP 602). 어느 조직에서 과업의 필요에 따라 적합한 조직 형태를 찾는 일은 약간의 연구와 노력만 기울이면 쉽게 할 수 있는 일이다. 예를 들어서 단일 품목 사업에 대해서는 기능 조직, 한 회사 내 여러 수평적이면서도 이질적인 사업들에 대해서는 연방 분권화 조직, 가치 사슬상 계열화가 필요한 복수의 사업들에 대해서는 유사 분권화 조직, 전문가들의 협업이 필요한 과업에 대해서는 팀제 조직 등이 필요하다. 하지만 조직 형태를 불문하고 가장 어려운 문제는 바로 의사소통을 자리 잡게 할 수 있느냐 아니냐에 있다.

우리나라에서는 한때 팀제형 조직이 유행한 적이 있었다. 팀제는 뭔가 권위주의를 탈피한 것처럼 보였고, 민주적이라는 느낌을 주었다. 그래서 사람들은 팀제가 도입되면 위계형 조직의 단점이 극복되고 원활한 의사소통이 가능할 것이라고 생각했다. 덕분에 우리나라에서 이제 팀장이라는 단어는 흔한 보직 명칭이 됐다. 심지어 임원들도 팀장이라는 직위를 부여받았다. 그러나 조직도상 명칭만 팀으로 바뀌었을 뿐 실제 의사소통 작동 방식은 위계형 조직과 별로 달라지지 않았다. 목표와 자기통제에 의한 경영은 전혀 도입되지 않았고, 팀은 상부에서 일방적으로 하달된 지시 사항만을 이행하는 조직으로 전락했다.

조직 전체의 목표를 분명히 인식하기, 그에 맞춰 철저히 자신의 과업을 통제하고 자신의 성과에 강력한 책임을 느끼기, 상하좌우 타인의 성과에 나의 지식이 어떻게 기여하는가를 늘 생각하기, 내 성과에 타인으로부터의 어떤 기여가 필요한지 찾기 같은 이 기본적인 조건들이 충족되지 못하면 수직형 조직이거나 수평형 조직이거나를 막론하고 실패한다.

조직도에 자와 펜을 대고 이리저리 선을 긋거나 잘라 붙이는 일은 누구나 쉽게 할 수 있다. 그래 놓고서 보기에 근사하다고 자화자찬하기는 더욱 쉽다. 누구나 할 수 있기 때문에 누구나 경솔해질 수 있다. 하지만 경솔했던 만큼 그 결과는 치명적일 수 있다. 정말로 어려운 일은 이미 있는 조직 형태를 인정하되 그 안에서 의사소통을 복원하는 일이다.

> "조직 구조가 아름답다거나, 명료하다거나, 무결점이라고 해서 결코 사업이 건강하다는 사실을 입증하는 것은 아니다. 이를 입증하는 것은 다름 아니라 사람들이 창출하는 성과에 있다(MTRP p. 602)."

권위를 부정해서는 안 된다

드러커의 경영 사상을 다룬 해설서에서는 잘 드러나지 않지만, 드러커는 초창기 『경제인의 종말』과 『산업인의 미래』로부터 시작해서 중기 『매니지먼트』를 정점으로 후기의 여러 저서에 이르기까지 곳곳에서 권위의 중요성을 수시로 강조했다. 그의 관심은 처음에 경영이 아니라, 공동체와 사회, 그리고 권력의 문제를 연구하는 데에서 출발했다. 드러커는 기능하는 사회에서 권력은 오직 권위의 형태로 행사되어야만 정당성을 인정받는다고 보았다. 그에게 권위는 한 사회, 더 나아가 한 조직을 유지하는 중추적인 가치다.

사회가 자유와 평등을 지나치게 추구하다 보면 자칫 정당한 권력, 즉 권위가 실종될 위험이 있다. 에드문드 버크가 말했듯이, 구체제로로부터 급격한 단절을 통해 자유와 평등을 달성하려 했던 프랑스 혁명이 결국 실패했던 이유도 기존의 모든 권위를 깡그리 부정했기 때문이다. 드러커는 사상적으로는 자유주의와 보수주의 계열에 속한다. 그는 20세기 초 기존 사회를 지탱했던 일체의 권위와 전통을 파괴하려 들었던 히틀러, 무솔리니, 스탈린 등의 전체주의를 극도로 혐오했다. 사회사상가로서 드러커는, 초창기에 정치 권력자가 어떻게 해야 힘으로 부당한 권위를 행사하는 것이 아니라 정당하면서도 존중받는 권위를 지닐 수 있을까를 고민했다. 그의 연구 대상은 초기에 정치 권력자로부터 훗날 기업과 경영자라는 새로운 권력자로 바뀌었다.

모든 사람들이 개인의 자유와 평등과 권리만을 외치는 사회에서 분야마다 따라야 할 지도자와 본받을 스승의 권위마저 깡그리 상실된다면, 과연 그런 사회가 제대로 작동할 수 있을까?

여기서 잠시 목표에 의한 경영이 권위의 존재와 무슨 상관이 있는지 생각해 보자. 그는 기업을 궁극적으로 사람의 성취라고 보았다. 그럼에도 사람이 아니라 목표가 기업을 경영해야 한다고 사고했다. 그는 초창기에 견딜 만한 사회tolerable society와 정당한 권력의 문제를 연구할 때, 권력과 권위의 관계에 대해 다음과 같이 생각했다.

> "기능하는 사회에서 권력은 권위로서 행사되어야 하며, 권위란 올바름right이 무력might을 지배하는 상태를 말한다(FIM p. 36)."

여기에서 올바름을 기업의 목표로, 무력을 경영자의 지배욕, 소유욕, 충동, 인성 등으로 치환해 보자. 그대로 목표에 의한 경영 사상이 된다.

권위는 현재의 자신보다 높은 그 어떤 존재를 인정하는 데에서 나온다. 권위는 그로 하여금 현재의 지위에서 보다 상승하고자 할 동기를 부여하는 역할을 한다. 사회는 물론이고, 어느 조직에서나 사람마다 축적된 지식의 깊이에 따라 권위에 단계가 존재한다. 조직에서 이를 제거해서는 안 되고 사실 제거하는 것도 불가능하다. 경험과 지식이 보다 쌓이고, 권한과 책임이 더욱 부여될수록 그 권위는 상승한다. 최고경영자에게 가장 높고 큰 책임이 부여되는 이유는 바로 여기에 있다.

권위는 구성원들로부터 자연스럽게 인정받는 것이어야 한다. 그런 인정은 올바름을 공유하는 데에서 나온다. 반면에 올바른 목표에 기반을 두지 않은 일방적인 강제와 지시는 그들로부터 인정받지 못하기 때문에 결코 권위가 될 수 없다. 그러므로 1인 독재형 카리스마는 결코 권위도 아니고 리더십은 더욱 아니다.

수평 조직이라고 불리는 곳에서조차 권위가 사라져서는 안 된다. 아니 사라질 수가 없다. 협업하는 분야가 서로 다르다면 각자 권위는 당연한 것이고, 설령 동일한 분야라 해도 축적된 경험이 1년인 사람, 3년인 사람, 10년인 사람마다 권위가 다르다. 그들을 똑같이 "~님" 또는 "~선배"로 부른다고 해서 그런 권위가 사라지는 것은 아니다. 하지만 그런 가벼운 호칭이 자칫 지식노동자의 세계에서 존중받아야 할 권위와 그에 수반하는 책임을 희석시킬 위험이 있는 것도 사실이다. 한 분야에서 남다른 탁월성을 구현한 사람에게 그에 걸맞은 호칭을 부여하는 일은 전혀 어색한 게 아니다. 네가 나의 아래 또는 위에 있는 것은 절대로 아니지만, 너와 내가 똑같은 것은 더욱 아니다. 서로 다름 속에서 진정한 권위가 작동하는 조직이라야 신뢰가 자리 잡을 수 있다.

수직형 조직에서 지위의 높낮이에 따라 호칭을 달리 부여한 이유는 권위와 책임을 인정하는 하나의 수단을 갖추자는 데에 있었지 결코 지시와 복종의 관계를 정립하려는 데에 있지 않았다. 조직 내 모든 호칭은 그 지식노동자의 기능, 서열, 책임을 종합적으로 상징하는 역할을 한다. 호칭은 단순히 이름에 그치는 것이 아니다. 사람들은 호칭에 부여된 역할과 기여를 그에게 기대한다. 거기에 걸맞지 않는 모든 호칭은 혼란을 불러일으킨다(MTRP pp. 408~409).

수직적 조직이 권위 대신 지시와 복종이 지배하는 문화로 변질되면서, 직위 호칭이 마치 그 원인인 것처럼 보였다. 그 대항 형태로 수평적 조직이 등장했다고 해서 호칭에 수반되는 권위와 책임까지 덩달아 내다 버려서는 안 된다. 수평적 조직은 지시와 복종의 문화에서 탈피하고 협업을 통해 결과를 낳자는 취지로 출발했다. 그러나 협업에서 구성원마다 자신의 능력과 분야에 따라 조직에 기여하는 내용이 다르다는 점과 구성원 사이에 권위의 차이가 있다는 사실을 부정해서는 안 된다. 모두가 다 똑같은 높이에 있다고 보는 순간 신뢰가 생기는 게 아니라, 오히려 조직에서 모범적으로 성장한 지식노동자의 권위만 손상된다. 잘 운영되는 조직은 수평적이거나 수직적이거나를 막론하고 권위에 바탕을 둔 신뢰가 작동하는 조직이다.

수평적 조직의 핵심은 이런 권위를 부정하자는 데에 있는 것이 아니다. 다만 구성원들이 의사소통의 동등한 지위와 기회를 부여받자는 것이다. 여기에는 목표를 공유해야 한다는 대전제가 필요하다. 모든 구성원들이 동등할 수는 없다. 그들은 팀이 공유하는 목표를 위해 서로 다른 자리, 다른 역할, 다른 책임을 통해 기여해야 한다.

제왕적 경영자와 권위

우리나라 언론이 재벌 총수의 경영 스타일을 가리켜 흔히 사용하는 '제왕적'이라는 표현에는 대중들이 오너 경영자에 대해 지닌 일반적인 인상이 담겨 있다. 임직원의 이견 제시 등 자신의 권위에 도전하는 일체의 언행을 불허하고 모든 사람들이 자기 앞에서 공손히 머리 숙일 것을 요구하는 강압적 자세가 그것이다. 이때 권위는 추종자로부터 우러나오는 것이 아니라 단지 본인이 만들어 내는 것이다. 그룹 회장이 가는 곳마다 따라 다니는 과도한 경호 행렬도 '권위'를 만드는 데 기여한다. 만약 약관의 나이에 회장으로 취임하기라도 했다면 나이 지긋한 임원들에게 호통을 치거나 재떨이를 집어 던지기도 했을 것이다. 이 역시 뭔가 부족했던 '권위'를 채워 넣기 위한 것이다.[4] 대한항공 조현아 부사장이 이른바 '땅콩 회항'을 지시한 것도 그녀 입장에서는 자신의 '권위'를 세우기 위한 행동이었다. 막무가내로 비행기를 돌리라고 한 행동이 항공 운항상 심각한 문제라는 사실쯤은 상식을 지닌 사람이라면 누구나 알 수 있다. 비록 이런 사람들 정도까지는 아니더라도 재벌 총수들의 언행과 관련해 비슷한 이야기들은 심심찮게 구설에 오르내린다.

최고경영자에게 권위는 반드시 필요하다. 그것이 없으면 조직에 질서를 세우기 위한 최초의 전제가 무너지기 때문이다. 리더의 정당한 권위를 구성원들이 온갖 구실을 들어 자꾸 부정하려 든다면, 그들은 자신이 탄 배를 스스로 침몰시키는 것이다.

다만 드러커는 리더의 권위가 조직의 '올바른 목표'에 의거한 것이 아

4 「김 회장 캐릭터는… 제왕적 경영과 의리 경영 사이」, 이현상 기자, 중앙일보, 2007. 4. 30.

니라, 개인의 충동, 지배욕, 인간관계에서 발로할 때, 그것은 정당한 권위가 아니라고 생각했다. 그런 것은 그냥 '무력', 또는 속칭 '가오'에 불과한 것이다. 가끔씩, 개인 간에 '의리'가 담긴 금일봉으로 권위를 조성하는 경우도 있다. 그러나 이 역시 정당한 권위는 아니다.

비단 재벌 총수만 그런 것이 아니다. 전문 경영자로서 최고의 자리에 올랐을 때에도 조직의 올바른 목표가 아니라 개인의 지배욕에 바탕을 두고 권위를 행사하려 한다면, 조직은 물론이고 사회의 그 누구도 그것을 정당한 권위로 인정하려 들지 않는다. 2010년에 신한금융지주의 라응찬 회장이 자회사 신한은행의 신상훈 행장을 배임·횡령으로 고소해서 해임시키려 했던 행동도, 조직의 올바른 목표를 바라보고 한 것이 아니었다. 그것은 다만 개인의 지배욕에서 나온 그릇된 권력욕이었다.

잠시 드러커가 생각했던 경영자의 권위와 인성의 관계에 대해서 언급하고 넘어가자. 경영자의 권위는 가용한 지식을 통합해서 목표를 달성하는 능력에서 나온다. 세상에 수도사 같은 분위기가 감도는 탁월한 경영자는 얼마든지 존재할 수 있지만, 사회가 모든 경영자에게 항상 고승대덕高僧大德 같은 풍모를 요구하는 것은 무의미하다. 그것은 목표를 달성하는 능력과 크게 상관이 없기 때문이다. 더구나 친구처럼 스스럼없이 대할 수 있는, 이른바 서민적인 경영자 상을 그리는 것도 경영 능력과는 전혀 별개의 일이다. 가끔씩 우리나라 언론들은, 최고경영자의 소탈한 행동, 예를 들어서 지갑을 놓고 와서 동석한 임원한테 돈을 빌려 음식 값을 냈다거나, 페이스북에서 나타난 일상의 소소하면서도 서민적인 경험들을 들어 그의 인성을 높이 평가하지만, 어차피 경영 성과와는 동떨어진 세계의 일이다. 경영자가 절제된 언행을 보이거나, 말수가 적거나, 온화하거나, 허풍을 잘 떨거나, 잡기와 향락을 좋아하거나, 언행이 과격하거나, 이른바 '보스' 기질이라거나, 학자 스타일이라거나, 책을 좋아하거나, 혹은 책을 싫어하거나, 아침잠이 많거나, 새벽형이거나를 막론하고 이 모든 모습들은 진정한 의사소통 및 목표 달성 능력과는 무관하다. 이렇듯 드러커는, 리더십은 그 어떤 인성 유형으로도 규정할 수 없다고 말했다.[5]

의사소통의 본질과 권위의 관계에 대해 한 걸음 더 나아가 보자. 조직에 올바른 의사소통이 정착하기 위해 필요한 것은 개인의 카리스마가 아니라 상호 존중하는 권위들이다.

드러커는 왜 1인 슈퍼맨 경영자가 위험하며, 경영진 팀이 반드시 필요하다고 했을까? 자본주의 이후의 사회에서는 혼자만의 지식과 능력으로 조직 내에 수시로 올바른 목표들을 설정하는 일이 불가능할 정도로 현대 경영 환경이 감당하기 어려운 상태가 되었기 때문이다. 글로벌 차원으로 분산된 다양한 시장과 복잡다단한 제품/서비스 군, 빠른 기술 변화와 불가사의할 정도로 광범위한 고객 욕구 등등, 도저히 한 사람의 지식으로는 올바른 목표들을 수립하기가 어렵게 만들었다. 이때 모든 구성원들이 한 사람의 지시, 한 사람의 의중, 한 사람의 말만을 쳐다보는 조직은 원리상 생존이 불가능하다.

한 인물을 중심으로 거대한 조직이 통합될 수 있었던 시기는 20세기 전반에 이미 끝났다. 그런 시대의 마지막 대표 주자였던 헨리 포드 1세 조차도 후기에 1인 지배 체제의 함정에 빠져 사업이 위기에 봉착했다. 결국 손자인 포드 2세가 경영을 승계하고 경영진 팀을 구성함으로써 그 함정에서 벗어날 수 있었다. 잭 웰치, 빌 게이츠 등 20세기 후반에 성공한 스타 경영자들조차 1인 체제가 아니라 경영진 팀을 구성함으로서 조직을 지

---

5 P. F. Drucker, 「Not Enough Generals Were Killed!」, Forbes, Apr. 8, 1996. p. 104.

20세기 뛰어난 경영자였던 헨리 포드는 탁월한 경영에도 불구하고 1인 지배 체제의 함정에 빠져 회사를 위기에 빠트릴 뻔하기도 했다. 사진은 헨리 포드가 그의 첫 번째 자동차에 앉아 있는 모습이다.

속할 수 있었다. 21세기 세계 시장에 편입되어 있는 우리나라 역시 1인을 중심으로 조직이 통합될 수 있었던 시대는 지났다.

경영진 팀의 법적 대표는 흔히 CEO가 맡는다. 그러나 이는 어디까지나 법률상 요건이다. 사업자등록증에 올릴 한 사람의 이름이 필요해서다. 그러나 조직 전체의 성과를 창출하는 권한과 책임, 역할과 기여 관계로 보면 CEO를 포함하여 CTO, CIO, COO, CFO 등은 결코 상하 관계가 아니다. 그들은 서로 다른 영역에서 중요한 결정을 한다. 그들의 지위는 높낮이가 아니라 다름이다.

이런 시스템이 작동하려면 당연히 목표에 의한 경영이 먼저 성립되어야 한다. 조직을 구성하는 여러 목표들의 체계는 서로 해치거나 부딪히

아스피린 개발 당시 제약 팀장이었던 아이헨그륀은 아스피린 출시를 놓고 약리학 팀장이었던 드레세르와 끝까지 대립했다. 두 사람의 신경전은 결국 최고경영자였던 뒤스베르크의 결정으로 일단락되었다. 사진은 아스피린 제약 팀장이었던 아이헨그륀의 모습이다.

는 것이 아니라 상호 기여해야 하기 때문이다. 물론 끝까지 대립하는 견해들이 있을 때, 조직 전체 차원에서 최종 결정은 CEO가 내려야 한다. 예를 들어서, 바이엘Beyer이 아스피린을 처음 개발했을 때 제약 팀장 아이헨그륀Arthur Eichengrün과 약리학 팀장 드레세르Heinrich Dresser는 끝까지 대립했다. 개발 목표를 달성한 제약 팀장은 조속한 출시를 주장했지만, 약리학 팀장은 부작용이 검증되지 않았다는 이유로 반대했다. 둘은 끝까지 신경전을 벌였지만, 결국 최고경영자 뒤스베르크는 출시하기로 결정했다.[6] 이런 과정에서 조직 내 누군가의 견해는 분명히 채택되지 않겠지만, 이런 결정이 누군가를 부정하는 것이라고 생각해서는 안 된다. 왜냐하면 조직 전체의 목표에 자신을 복속시켜야 하기 때문이다.

물론 경영진 팀 내 관계를 상하 관계로 간주하던 문화는 서구에도 일부 남아 있다. 하지만 점점 사라지고 있다. 특히 고성과를 올리는 대부분

---

6 『아스피린의 역사』, 다이어무이드 제프리스 지음, 김승욱 옮김, 동아일보사, 2007, pp. 99~108.

의 글로벌 기업들은 진정 그렇다.

오늘날은 20세기 전반까지 경제를 지배했던 공장 자본주의 시대가 아니다. 지금은 지식 사회다. 세상에 농부라는 직업이 소리 없이 사라지고 있는 것처럼, 제조업이라는 이름을 단 사업도 점점 사라지고 있다. 20세기 후반 지식 조직의 선구자였던 의료, 법무, 회계, 컨설팅 법인의 경영자들이 왜 '파트너'라는 이름으로 팀을 구성하게 되었는지 유의해서 살펴볼 필요가 있다. 이제 1차, 2차, 3차라느니, 제조업, 유통업, 서비스업이라느니 하는 산업 구분은 무의미해지고, 대부분의 기업들이 지식 통합 조직으로 변모해 가고 있다. 이런 시대에 '~장長'이라는 직함은 높낮이가 아니라 서로 다른 영역별로 존재하는 권위를 상징하는 것이어야 한다. 설령 '~장長' 자가 붙지 않은 구성원이라 해도 마찬가지일 것이다.

경영진 팀을 구성하는 임원들은 맡은 역할이 다를 뿐 결코 어떤 1인을 상대로 지배-복종 관계에 있는 것이 아니다. 그러나 우리나라에서는 임원들을 CEO의 휘하에 있는 사람으로 본다. 하지만 CEO의 첫 글자인 Chief는 가장 높은 권력이라는 뜻이 아니라 자신이 강점을 부여받은 지위를 상징하는 것이다. CTO, COO, CIO…… 다 그런 뜻이다. 회사의 궁극적 지배자는 CEO 개인이 아니라 이사회라는 사실을 CEO 본인이 대개 외면하려고 한다. 또한, 임원들에게 '기여'보다 '충성'을 제1의 덕목으로 요구하는 최고경영자들이 의외로 많다. 그들은 경영진 내 구성원들을 각각 독자적인 권위로 인정하고 경영에 참여하도록 하는 것이 아니라, 다만 하수인이나 충복처럼 대한다. 이런 상황에서 CEO에게 담뱃불을 붙여 올리는 임원들의 풍경은 어색하지 않다.

많은 최고경영자들이 머리로는 자신이 1인 통치자가 아니며 휘하의 임직원들에게 충분한 자율권을 주었다고 생각한다. 하지만 내심 깊은 곳에서는 자신에게 모든 권위가 집중되기를 바란다. 이견 제시는 자신에 대한 도전이자 권위에 대한 훼손으로 받아들인다. 상사들이 자신보다 뛰어난 능력을 지닌 부하를 거북해하는 것도 이 때문이다. 이때 의사소통은 일어나지 않는다. 그것은 마치 양반과 머슴, 주인과 집사의 관계와 같다.

어떤 회사의 CEO가 임원과 중간관리자들의 부부 동반 송년 행사를 연 적이 있었다. 은행 계좌로 급여가 이체되는 시대에 특별히 월급봉투 이벤트가 열렸다. CEO 앞을 순회하는 사람들에게 CEO는 그달의 급여가 현금으로 들어 있는 봉투를 차례차례 나눠 줬다. 재경 직원은 그 많은 사람들의 급여를 현찰로 모두 찾아서 봉투에 넣느라고 꽤 고생을 했을 것이다. 어떻게 보면 인정이 넘치는 훈훈한 장면 같지만, 사실 그 CEO는 아랫사람들을 먹여 살리는 어른으로 자신을 보이고 싶었던 것이다. 늘 나오는 월급이었지만 그날 아랫사람들은 왠지 모를 경멸감을 느꼈다고 들었다. 당연히 그 조직에 의사소통은 없었다.

조직 내 진정한 의사소통은 위계의 최상층부로부터 최하층부에 이르기까지 여러 권역의 권위들이 상호 존중하는 데에서만 나온다. 필자의 지인이 오래전 마크 저커버그의 사무실을 방문했을 때 일반 직원들과 같은 책상에 앉아 일하는 모습을 보고 깜짝 놀랐다고 말한 적이 있었다. 휴넷의 조영탁 사장도 직원들과 나란히 책상을 쓴다. 삼구아이앤씨의 구자관 대표는 사장 대신에 '책임대표사원'이라는 호칭을 사용한다. 그렇다고 해서 이런 기업에서 조직 내 구성원들이 대표의 권위를 부정하는 일 같은 것은 전혀 일어나지 않는다. 오히려 최고경영자의 권위는 가장 존중된다.

책상의 위치나 크기, 호칭 그 자체가 권위를 만들어 주는 것은 아니다. 중요한 것은 그의 권위를 구성원들이 내면으로부터 얼마나 인정해 주고 있느냐 하는 것이다. 이견이 서로 도전이 아니라 진실한 제시로 받아들여지려면, 권위에 대한 상호 존중이 반드시 선행되어야 한다.

초창기 GE의 엔지니어링, 생산, 유통 책임자 스워프Gerlad Swope와 재무 책임자 영Philip Young은 업무와 관련하여 사사건건 대립하기로 악명이 높았다. 두 사람은 사적으로는 말도 잘 안 걸 정도로 사이가 나빴지만, 적어도 업무 영역에서는 서로의 권위를 인정했다. 자신의 과업과 관련되어 상대방이 알아야 할 정보를 서로 알리는 데에 적극적이었다. 상대 영역에서 무슨 일이 일어나는지 서로 알고 있었기 때문에, 각자 조직 전체의 목표를 위해 서로 무엇을 기여해야 하는지 잘 알 수 있었다. GE에 오래 근무했던 사람들은 이렇듯 인간이 배제된, 그러나 고도로 조직화된 시스템이 작동했을 때가 훗날 경영진 간에 자주 대화하고 인간적으로 친밀한 관계를 유지하던 시절보다 훨씬 높은 성과를 냈었다고 술회했다(MTRP pp. 623~624).

드러커는 조직 내 이견, 생산적 갈등의 중요성을 항상 강조했다. 하지만 상대방의 권위를 부정한 상태에서 나오는 모든 이견은 단순히 반박, 공격,

GE의 엔지니어링, 생산, 유통을 책임졌던 스워프와 재무 책임자 필립 영 역시 바이엘의 아이헨그륀과 드레세르처럼 업무와 관련하여 대립했다. 두 사람은 사적으로 말도 안 섞을 정도로 관계가 나빴지만 업무적으로는 서로의 권위를 인정했으며 상대방이 알아야 할 정보를 서로 알리는 데에도 적극적이었다. 한마디로 공사 구분이 명확했던 뛰어난 리더들이었다.

또는 냉소일 뿐이라는 점도 아울러 말했다. 이때 아무리 많은 대화가 오가도 의사소통은 전혀 일어나지 않는다. 기껏해야 말뿐인 아이디어들, 아첨, 부화뇌동, 또는 무조건 반대, 질시, 험담, 인신공격만이 있을 뿐이다.

생산적인 회의를 위한 네 가지 원칙

드러커는 조직의 가장 이상적인 상태는 회의가 없어도 작동하는 것이라고 말한 적이 있다(MTRP p. 548). 하지만 이는 이상에 불과하다. 현실에서는 회의를 없앨 수 없다. 실제로 회의에서 많은 의사소통이 일어나며, 구성단위별로 과업과 책임이 결정된다. 중요한 것은 무익하고 낭비적인 회의를 없애고 올바른 회의를 실천하는 일이다.

필자는 언젠가 모 기업의 오너가 주재하는 회의에 참석한 적이 있었다. 회장이 지정한 당시 베스트셀러 경영서 한 권을 10인가량 되는 나이 지긋한 임원들이 모두 읽고 각자 그 소감을 발표하는 자리였다. 그런데 10명에게 다 기회를 주는 것이 아니라, 시간이 부족하다는 이유로 네 사람 정도만 발표하도록 했다. 발표자는 마치 복권 추첨을 할 때처럼 번호판을 돌려서 나온 숫자에 맞추어 선정했다. 총괄 임원이 번호판을 돌리는 동안 임원들의 눈빛은 제발 자기가 안 걸리기만을 바라는 눈치였다. 그나마 선택된 임원들은 도서에 대해 자신의 솔직한 견해를 발표하기보다 회장이 듣기 좋아할 만한 구절들을 뽑아서 이야기하는 것 같았다. 회의에 소통은 없고 오직 회장의 훈화만이 있었다. 필자는 그런 회의가 도대체 왜 필요한가 의심이 들었다. 진정 생산적인 회의라기보다는 마치 초등학교 선생님이 학생들 독후감을 검사하는 시간 같았다.

그렇다면 생산적인 회의란 어떤 원칙을 따라야 할까?

첫째, 올바른 회의는 올바른 폐기로부터 시작된다. 무엇보다도 이 회의를 과연 해야 하는 것인지부터 재검토해야 한다. 대부분의 조직에서 주간 또는 월간 정기 회의는 일종의 관행처럼 굳어 있다. 정해진 보고 양식이 있고, 늘 이야기하는 의제들이 있다. 그런데 정작 그렇게 이야기 나누는 내용들을 보면, 굳이 회의까지 소집할 필요가 있었을까 의심이 드는 경우가 많다. 사안에 따라 회의보다는 혼자 먼저 구상과 연구를 통해 방안을 생각해 보는 게 효과적인 단계이거나, 회의를 통해 특별히 전과 달라진 바가 없을 것으로 예상되거나, 회의 이외에 보다 적은 비용으로(예컨대 단순 게시, 열람 등) 그 목적을 달성할 수 있다면, 그런 회의는 하지 말아야 한다. 또는 굳이 다수를 모이게 할 필요 없이 당사자만 참석시킨 상태에서 논의해도 되는 내용이라면, 굳이 대규모 회의를 소집할 필요도 없다. 그러나 많은 조직에서 회의는 최고경영자나 상사가 휘하의 전 구성원을 대상으로 자신의 존재와 권위를 확인하는 자리처럼 운영된다.

둘째, 모든 회의는 "우리가 이 회의를 하는 이유가 무엇인가?"를 분명히 한 상태에서 이루어져야 한다. 목표를 정하기 위한 것인지, 의사결정을 하기 위한 것인지, 아니면 어떤 정보를 얻기 위해서인지, 단순히 의견이나 아이디어를 수집하기 위한 것인지 등이 그것이다. 회의 주재자는 참가자에게 회의의 목적을 분명히 공유시켜야 한다. 회의 참가자는 오로지 그 목적에 기여하는가에 초점을 두고 발언하고 경청해야 한다(EE p. 69).

셋째, 모든 청취와 발언은 의사소통의 원리인 지각, 기대, 요구, 정보의 원리에 충실해야 하며 목표 지향적이어야 한다. 회의의 목표가 분명하지 않으면 모든 발언은 시간 낭비에 불과하게 된다. 또한 발신자와 수신자가 지각, 기대, 요구, 정보의 원리에 충실하지 않으면 의도했던 의사소통 효과를 거두기 어렵다. 그런 의미에서 청취나 발언 자체는 의사소통의 출발점에 불과할 뿐, 그 자체로는 무용하다. 흔히 인간관계를 중시하는 학파에서는 경청을 중요하게 여기지만, 경청 자체가 소통은 아니다. 그것은 단지 소통의 선결 요건일 뿐이다(MTRP p. 490).

마지막으로, 회의 중에 이견 제시는 반드시 진실성에 기반을 두고 이루어져야 한다. 회의 시에 이견 제시는 언제나 환영할 일이다. 오직 이견을 통해서 경영자는 개인의 부족한 지식을 효과적으로 극복할 수 있기 때문이다. 어쩌면 만장일치야말로 가장 위선적이고 가식적인 절차일 것이다.

우리나라 기업들의 회의 문화는 이견 제시를 잘 수용하지 않고 참가자들은 생산적 갈등에 익숙하지 않다. 이는 회의를 주재하는 경영자가 조성하는 분위기가 큰 몫을 한다. 주재자가 참여자의 발언 기회를 아무 원칙 없이 임의로 통제·지정하거나 발언 내용에 대해서 냉소적이거나 무조건 질타하는 식의 반응을 보이면 누구도 먼저 나서서 이야기하려 들지 않을 것이다.

그러나 무엇보다도 사업의 목표와 성과가 아니라 인간관계의 호불호를 기준으로 서로를 평가하는 문화가 가장 나쁜 것이다. 누군가 내 의견에 반론을 제기했을 때, 그것이 결코 나 개인에 대한 반감이 아니라 조직의 목표에 기반을 둔 진실한 반론이라는 사실을 알고 있다면 누구도 불쾌해하지 않을 것이다. 그리고 당연히 이런 반론은 화법상 기본적인 예의를 갖춘 상태에서 이루어져야, 그것이 개인에 대한 공격이 아니라는 사실을 느낄 수 있을 것이다.

목표가 아니라 사람이 기업을 경영한다는 인식이나 인성의 호불호로 서로를 평가하는 문화가 지배하는 조직에서는 약간의 반론조차 자신에 대한 공격으로 받아들이게 된다. 그러므로 목표 대신에 사람에 의한 경영이 자리 잡은 조직에서는 회의 중에 이견을 기대하기 힘들다.

강점을 육성하는 발언은 단순히 듣기 좋거나 아첨하는 말과 얼핏 비슷하게 들리지만 전혀 다르다. 이견은 마치 상대의 약점을 공격하거나 냉소하는 말처럼 느껴질 수도 있지만 사실은 그렇지 않다. 오직 조직의 목표 아래 개인을 복속시킬 수 있는 사람이라야 이견을 제시할 수 있고 강점을 육성하는 발언을 할 수 있다. 이것이 바로 진실성이다(MTRP p. 462).

자유로운 소통보다 더 중요한 것은 먼저 올바른 목표를 찾는 일이다

우리나라의 1990년대 이후 벤처 창업자들은 그 태생과 성장 과정 자체가 전 세대와는 다르다. 그들은 1970년대 산업화 시대에 성장한 경영자에 비해 수평적 관계에 더욱 익숙하고 높은 사람들 앞에서도 자유롭게 의사를 표현하려 한다.

1999년에 설립된 리눅스 벤처기업 A사의 B 대표는 벤처기업가의 진취적이고 개방적인 면모를 한 몸에 지니고 있었다. IT 전반과 리눅스 시스템에 대한 해박한 지식, 해외 유학 경험이 없었음에도 독학으로 익힌 유창한 영어 실력, 어렸을 때부터 전문 경영자였던 부친에게서 보고 들으면서 습득한 경영 감각, 젊은 나이에도 불구하고 풍부한 독서에 바탕을 둔 예사롭지 않은 지식과 통찰력 등을 바탕으로, A사는 아무런 실적도 없는 상태에서 단지 실력과 성장 가능성만을 무기로 글로벌 투자은행으로부터 60억 원의 투자를 받아냈다. 실제로 사업 초기에 서버 공급 사업으로 기대 이상의 매출 실적을 올리기도 했다. A사가 특히 자부심을 느꼈던 것은 당시 국내 기업에서는 좀처럼 찾아보기 어려운 자유로운 소통 문화였다. B 대표를 포함하여 임원들은 언제 어디서나 자유롭게 자신의 견해를 말하는 문화가 정착되어 있었다. 회의 풍경은 엄숙함과는 거리가 멀었다. 마치 전쟁터 같을 때가 더 많았다. 오히려 그런 분위기를 즐기는 것 같았다. 당연히 B 대표 1인 체제가 아니라 부문별로 우수한 경영진으로 팀이 잘 구성되어 있었다. 경영 구루들이 늘 말해 왔던 이상적인 소통 문화의 전형을 보는 듯했다. 과거 우리나라에서 회장님의 표정을 살피느라 모든 임원들이 숨을 죽이던 회의 문화와는 다른 세계였다.

그럼에도 효과적인 의사소통의 대전제인 목표에 의한 경영에서 실패했다. 그들이 구축하려고 했던 바람직한 소통 문화는 아무런 결과도 낳지 못하고 그저 시도로만 끝나고 말았다. 아니나 다를까, A사는 외형 성장에 주력하면서 수익성 목표를 등한시했다. 국내에서조차 리눅스 서버 사업의 수익 모델이 검증되기도 전에 성급하게 미국, 중국을 비롯한 해외 시장으로 사업을 확장했다. 매출액 목표는 실현 가능한 수준이 아니라 단순히 꿈 같은 목표였다. 우리나라 대기업들이 흔히 해 오던 식으로 올해 상반기 ○○원 달성, 전년 대비 ○○퍼센트 달성 식으로 매출 목표를 설정하고 밀어붙였다. 성급한 성장 과정에서 막대한 하드웨어 구입 비용이 심각한 자금난을 유발하고 한없이 수익성이 악화됐다. 닷컴 붐이 일시적으로 서버 수요를 뒷받침했기 때문에 초기 성장은 가능했지만, B 대표는 닷컴 붐이 시드는 사이 변화에 눈길을 돌리지 못했다. 닷컴 붐이 꺼지면서 그동안 자신의 강점처럼 보였던 모든 역량이 신기루처럼 사라졌다. 대주주는 경영 실패에 대한 책임을 물어 B 대표를 설립 후 3년 만에 해임했다. 글로벌 거대 기업을 키우고 싶었던 B 대표의 원대한 꿈은 그렇게 좌절됐다.

올바른 목표란 무엇인가? 우리의 사업은 무엇이며, 우리의 고객은 누구인가? 이는 쉽고 당연해 보이는 질문이지만 대부분 경영자가 여기에서 좌초한다. 물론 B 대표도 이 문제에 대해 나름대로 해답을 가지고 있었을 것이다. 그러나 그를 보좌하는 우수한 경영진의 팀 지식으로도 이 해답의 올바름을 검증하지 못했다. 그 답은 결국 제3자 누구도 제시할 수 없으며 본인의 것으로 본인이 스스로 찾아내야 한다.

목표에 의한 경영이 선행하지 않고서는 그럴듯해 보이는 소통 문화조차도 이렇게 무력해질 수 있다. 아무리 활기찬 회의라 해도 정말로 말만 무성한 회의로 끝나고 만다. 회의 중에 도출된 결론은 실천을 통해 하나씩 결과로 만들어 가고, 감당할 만한 수준의 실패를 자꾸 반복하면서 목표와 성과에 대한 피드백을 반복하지 않으면, 이 모든 소통은 한낱 물거품으로 끝난다. 경영자에게 정말로 필요한 것은 자유로운 소통 또는 수평적 소통이 아니라, 올바른 목표를 찾기 위한 소통이어야 한다. 수평적이라거나 수직적이라거나 하는 조직 형태도 결국 이를 이루기 위한 수단에 불과하다.

5

가족 같은 기업의 위험성

인화人和로는 뭔가 부족하다

외국계 기업에서 평생 근무하다 우리나라 대기업에 스카우트된 어떤 임원은 새로 접한 회의 분위기에 적응하기 어려웠다. 인화人和를 회사의 기치로 내걸어서인지, 회의 중에 나오는 안건에 대해 반론이 거의 없었다. 전 직장에서는 안건에 대하여 지위 고하를 막론하고 다른 생각을 내놓는 것이 자연스러운 일이었다. 그러나 새 직장에서는 자기가 그런 식의 이야기를 꺼내는 순간 참석자들의 기류가 이상하게 바뀌고 있다는 것을 직감했다. 모든 회의는 서로 덕담을 하면서 끝나는 것이 일상이었다. 사람들 사이에서도 동료를 불쾌하게 할 수 있는 반론을 심하게 하지 않는 것이 예의인 것처럼 받아들여졌다. 이런 조직은 마치 따뜻한 아랫목처럼 편안하지만 그만큼 위험하다.

드러커를 가리켜 휴머니스트 경영 사상가라고 부르는 사람들이 많다. 아마 사람을 중시했다는 면에서 그렇게 표현했을 것이다. 하지만 인간 존중을 따뜻함의 의미로 해석해 버리면 크게 그르치는 것이다. 드러커가 휴먼의 의미를 어떻게 해석했는가로 들어가면 사람들이 생각하는 휴머니스트와는 전혀 의미가 달라진다. 사람들은 휴머니스트라고 하면 배려, 경청, 인정, 포용, 참여 등을 연상한다. 하지만 드러커는 사람들이 생각하는 의미에서의 휴머니스트인 적이 없었다. 오히려 드러커는 높은 사명과 목표를 통해 나약하고 치열한 인간 본성을 강력히 통제해야 한다고 생각했다. 그의 철학에 따르면 조직은 바로 그런 일을 하는 곳이다.

자율 경영은 민주적 경영을 의미하는 것이 아니다

드러커의 MBO에서 self-control은 자기통제다. 사실 이 단어는 autonomy, 즉 자율과 같은 뜻이다. 실제로 그는 같은 맥락에서 두 단어를 번갈아 가면서 사용했다. 이 책에서도 이하 자율로 표기한다.

드러커는 자율 경영을 주장했지만 이 자율의 의미를 온정주의와 민주적 경영을 의미하는 것으로 오해해서는 안 된다. 온정주의 경영 사상의 시초는 널리 알려진 맥그리거Douglas McGregor의 Y이론에 있다. Y이론은 노동자의 본성에 대해 긍정적이다. 모든 인간은 일하고 싶어 하는 본성을 지녔다. 스스로 헌신과 성취를 추구하고 책임을 질 줄 안다. Y이론은 맥그리거가 전통적인 X이론에 대비하여 제시한 것이다. X이론은 노동자를 미성숙하고 게으르며 책임을 회피하는 개인으로 간주한다.

다양한 실험들이 Y이론을 지지하는 것으로 나타났다. 예를 들어서 드러커는 GM이 1940년대에 19만 명의 노동자를 대상으로 실시한 내부 설문조사, '내 일과 내가 그 일을 좋아하는 이유'를 들었다. 일을 싫다고 하는 사람은 별로 없었다. 그러나 그 결과는 모호한 면이 있었다. 그렇다고 해서 그 일을 좋아한다는 사람은 더욱 발견하기 힘들었던 것이다. 자신의 일에 어떤 도전과 성취의 열정을 보이는 사람은 그리 많지 않았다. 헤르츠베르크Frederik Herzberg가 지식노동자를 대상으로 수행한 조사도 Y이론을 뒷받침했다. 그는 조사를 통해 노동자들이 성취 요소가 있는 일에 대해서는 진정으로 일하고 싶어 한다는 결론을 내렸다(MTRP p. 232).

드러커는 Y이론의 긍정적인 면을 인정했다. 그러나 경영이 그 사상을 통해 성과를 낳기 위해서는 결코 너그러운 측면에 초점을 두어서는 안 된다고 보았다. 물론 맥그리거 자신도 이 점을 알고 있었다. 하지만 맥그리거는 이 사실을 강조하지 않았다. 드러커는 맥그리거가 말한 수준 이상으로 노동자에게 성과 목표와 그에 대한 책임을 보다 강력한 형태로 부여해야 한다고 생각했다(MTRP p. 232).

드러커가 성공적인 기업 경영자로 묘사했던 독일 차이스의 아베는 결코 너그러운 사람이 아니었다.

일에 대한 분석, 노동자 훈련, 성과 목표의 설정과 측정, 피드백, 이 모든 절차에 결코 너그러움이 개입되어서는 안 된다. 드러커가 성공적인 사례로 묘사했던 일본 기업의 경영자들, 독일 차이스Zeiss의 아베, IBM의 토마스 왓슨, 그 누구도 너그러운 사람은 없었다(MTRP p. 264).

드러커는 너그러움이 자리 잡을 틈이 없는 경영의 예를 핵잠수함에서 찾았다. 선장은 각 승무원마다 사명과 과업을 부과한다. 승무원들은 이 과업을 어떻게 실행할지 스스로 결정한다. 그들이 모든 과업을 수행할 때에는 마치 동료 승무원의 생명이 바로 자신에게 달려 있는 것처럼 임한다(MTRP p. 283). 그러나 이런 강력한 긴장감은 철저하게 목표가 경영을 주도할 경우에만 결과를 낳는다. 반대로 목표에 의한 경영의 원리가 결여되고 사람의 감정과 욕망이 주도할 경우, 강력한 긴장은 무모한 추진으로 전락하고 조직은 아무런 결과도 낳지 못한다.

그렇다면 경영자는 사업장에서 가족 공동체와 같은 요소를 철저히 배제하고, 회사를 피도 눈물도 없는 공간으로 만들어야 하는가? 바로 이런 문제에서 드러커는 이분법적 사고가 아니라 전체적 사고를 한다. 전체를 볼 줄 아는 사람은 더 중요한 것과 덜 중요한 것을 구분한다. 경영에서 온정과 복지의 요소를 완전히 무시할 수는 없다. 구내식당이나 휴게 공간을 보다 쾌적하고 산뜻하게 운영하거나, 휴가, 교통, 동아리 활동 등을 지원하는 것은 성과 창출과 직접 관련이 없는 부수적인 의사 결정이다. 그러나 이런 의사 결정은 작업 공동체에게 일종의 위생 조건hygene과 같은 역할을 한다. 이런 위생 조건이 결여되면 공동체의 사기는 크게 저하된다.

반대로 이런 정책에 지나치게 공을 들인다면 결과에 도움은 되지 않고 비용만 발생할 뿐이다. 이는 마치 사람에게 청결한 몸과 아름다운 의상이 그의 업적에는 직접 영향을 미치지 않지만, 최소한으로 유지해야 할 기본 예법인 것과 같다. 그러므로 이런 정책들은 작업 공동체의 수준에 맞게 최소한의 수준으로 유지해야 할 필요가 있다.

이런 결정은 본질적으로 우선순위를 배분하는 문제이다(MTRP p. 282).

고故 이병철 회장은 직원들에게 높은 수준의 복지를 제공했지만, 그보다 더 상위에 분명한 목표와 강력한 성과 책임을 위치시켰다. 성과가 복지보다 분명히 우선이다. 그렇다고 해서 복지를 전혀 무시해서는 안 된다. 이것이 직원을 위하는 올바른 길이다.

온정주의의 극단적인 형태 가운데 하나로 무해고 원칙이 있다. 이를 주장하는 경영자의 의도는 충분히 이해할 수 있지만 중요한 사실이 빠져 있다. 드러커는 자유주의 산업 사회가 질서를 유지하려면 일자리의 안정성이 필수 요건이라고 생각했다. 하지만 직업 안정성 그 자체를 목표로 하게 되면, 즉 우선순위로 놓게 되면 오히려 노동자의 지위와 역할을 보장해 주지 못한다는 역설이 발생한다. 왜냐하면 일자리는 기업이 만들어 주는 것이 아니라 외부의 고객이 만들어 주는 것이기 때문이다. 그러므로 무조건적인 고용 보장은 종업원의 진정한 복지라는 측면에서 보면 문제를 해결해 주는 수단이 아니라 문제가 해결된 뒤의 상태라고 보아야 한다. 결국 온정주의는 단지 증상을 완화시킬 뿐 진정으로 산업사회의 문제를 해결할 수 있는 방법은 되지 못한다(NS p. 105).

온정주의를 표방하는 경영자의 양심적인 노력은 높이 쳐줄 만하지만, 문제는 그 의도만큼 결과가 나오지 않는다는 사실에 있다. 지식노동자가 일자리를 보장받는 궁극적인 길은 오직 목표에 의한 경영과 끝없는 혁신 이외에는 없다.

동료간 우호는 조직 내 올바른 인간관계가 아니다

원활한 인간관계의 의미도 경영자 사이에서 많이 오해되고 있다. 올바른 인간관계는 경영자가 목표를 달성하는 능력의 중요한 기반이다. 그러나 인간관계가 단순히 사람들끼리 큰 의견 충돌 없이 원만하게 지내는 관계를 의미한다면 한참 잘못된 것이다. 특히 최고경영진 내에서 의사결정을 할 때 인간관계의 호불호가 개입하는 것은 가장 위험하다(MTRP pp. 621~624). 사람 사이의 감정이 아닌, 목표와 성과에 기준을 둔 생산적 의견 충돌은 오히려 장려할 일이다. GM의 전설적 경영자 슬론은 경영진이 사안을 대체로 수긍하고 그냥 넘어가는 일을 절대로 허용하지 않았다(MTRP 472). 더구나 그런 것이 단지 최고경영자나 상사의 눈치 때문에 그런 것이라면 절대로 있을 수 없는 일이었다. 그는 반론과 충돌이 남김없이 나온 뒤에라야 결정했다. 그런 의미에서 인간관계를 강조하는 경영자가 자주 내세우는 성실이나 인화 같은 덕목들은 혼란스럽다. 그것은 적어도 경영에서는 일종의 마약과 같은 덕목이다. 매우 효과가 있는 것 같지만 사실은 심신을 파괴한다.

진정한 인간관계는 오직 구성원들이 조직 내 타인의 성과에 상호 기여할 때에만 이루어진다. 반면 성실이나 인화에 초점을 두면 빗나가게 된다.

> "조직의 경영자들은 그들이 '사람들을 잘 다루는 재능'을 지니고 있기 때문에 좋은 인간관계를 만든 것이 아니다. 그들은 자신의 일과 다른 사람들과의 관계에 대해 헌신했기 때문에 좋은 인간관계를 갖고 있다. 결과적으로 그 관계는 생산적이다. 그리고 이것이야말로 '좋은 인간관계'에 대해 유일하게 타당한 기준이다(EE pp. 63~64)."

민주주의적 경영democratic management도 환상을 심어 주기에 족하다. 의사결정에서 민주주의 방식을 추구하다 보면 반드시 함정에 빠진다. 조직이라는 단일 실체와 그를 구성하는 이질적 다수 사이에 조화는 언제나 어려운 일이다. 왜냐하면 최고경영자와 임원진을 포함하여 조직의 각 구성원들은 자신이 선호하는 방향으로 의사 결정이 내려지기를 희망하기 때문이다. 이때 민주주의적 의사 결정에만 따른다면, 그 조직은 경영자의 역할을 부정하는 셈이 된다. 모든 사안을 다중의 의사를 따라서, 심지어 투표로 결정해야만 한다면 왜 경영자가 필요하고 리더가 필요하겠는가? 조직은 경영자를 필요로 하는 것이지 결코 다중의 대리인을 원하는 것이 아니다.

경영자가 모든 사람의 선호를 다 충족하는 완벽한 결정을 내린다는 것은 불가능하다. 인기를 추구하는 경영자는 두루 많은 사람들의 희망을 충족하는 결정을 내리고 싶어 한다. 그러나 드러커는 이를 그릇된 타협이라고 보았다. 언제나 기준은 '누가 옳은가?'가 아니라 '무엇이 옳은가?'에 두어야 한다. 올바른 타협은 사람이 아니라 목표에 기반을 두고 우선순위를 결정하는 것이어야 한다. 후순위의 과업들은 어쩔 수 없이 희생되어야 한다. 빵을 반으로 나누어 먹는 것이 전혀 없는 것보다 나은 상황이 있고, 아기를 반으로 자르는 것보다 아기를 자르지 않고 누군가가 아기를 포기하는 것이 올바른 결정이 되는 상황이 있다. 민주주의의 원리만으로는 도저히 이런 문제를 구분할 수도 해결할 수도 없다. 그러므로 생산적인 충돌을 통해 모든 이견을 충분히 드러나도록 하되, 결정은 다중이 내리는 것이 아니라 조직 내 권위가 수행하도록 해야 한다(MTRP p. 479).

가족적인 분위기는 가족에게 필요한 것이지 기업에서 권장할 일은 아니다. 경제적 목적을 추구하기 위해 인간과 별도로 존재하는 공식적인 가치와 신념으로 결성된 게젤샤프트Gesellschaft는 인간의 가치, 신념, 유대를 중심으로 형성된 공동체인 게마인샤프트Gemeinschaft가 아니기 때문이다.[1] 심지어 가족 기업family business조차도 가족적이어서는 안 된다(MTRP pp. 725~727). 다만 공동체를 유지하는 위생 조건으로서 최소한의 온정과 유대감을 유지하는 정도면 족하다.

---

1 사회를 게마인샤프트와 게젤샤프트라는 두 종류의 개념적 범주로 구분한 것은 독일의 사회학자인 퇴니스(Ferdinand Tönnies)였다. 드러커의 사회관은 퇴니스의 사상으로부터도 많은 영향을 받았다.

6

아무 문제없이 잘 돌아가고 있다고 느낀다면 착각이다

현장 내 은퇴한 회사 구성원들

어떤 최고경영자가 무사안일에 빠진 중간관리자들을 일깨우고 싶었다. 그래서 임원을 제외한 전사의 모든 부서장과 팀장들을 일제히 당시 유행하던 해병대 캠프에 보냈다. 그들은 3박 4일간 PT 체조를 하고 바다에 뛰어들고 산을 타는 혹독한 훈련을 받았다. 40대의 굳은 몸으로 간신히 프로그램을 마친 그들은 여러 날을 극심한 근육통으로 시달려야 했다. 최고경영자는 그들이 훈련을 마치고 출근한 날 이렇게 훈시했다. "여러분들 없어도 아무 일 없이 회사는 잘 돌아갔습니다. 다 자리 빼도 되겠네요."

사실상 이 말은 가학성 농담이지만, 얼핏 회사 시스템이 잘 구축되어 있어서 저절로 돌아가고 있다는 뜻처럼 들리기도 한다. 만약에 중간관리자가 3일이 아니라 한두 달 공석이었다면 어떤 일이 벌어졌을까? 그렇다 해도 누군가는 그들의 역할을 대행해야만 했을 것이다. 만약에 중간관리자가 아니라 임원이나 사장이 장기간 공석이라면 어떨까? 그런 일은 상상조차 할 수 없다. 모든 경영자는 필수 불가결하다.

간혹 사업에 성공한 사람들을 만나면 이런 말을 듣기도 한다. "처음에는 정말 힘들었다. 하지만 지금은 자리를 잡아서 내가 할 일이 별로 없다. 일은 직원들이 다 하고, 나는 가끔씩 출근해서 별 이상이 없는지 확인만 하면 된다." 그런 경영자들은 평일에도 부담 없이 골프와 사교를 즐기기도 한다. 가끔씩 일부 청년 벤처 사업가들조차 그런 꿈을 꾸곤 한다. "사업이 안정 궤도에 오르면 편안히 관리나 하면서 여생을 행복하게 보내고 싶다." 그러나 그런 일은 절대 있을 수 없다.

> "**오래오래 행복하게 잘 살았다**는 말은 동화 속에나 등장하는 대사다."
> (MTRP p. 88)

왜냐하면 성공하는 순간, 성공을 있게 해 준 그 행동은 이미 낡은 것이 돼 버리기 때문이다. 성공 이후에는 성공 이전과 전혀 다른 현실이 창조된다. 그러므로 가만히 있다가는 그 순간부터 순탄한 것이 아니라 오히려 어긋나기 시작한다. 왜 사람들은 뒤바뀐 현실을 보지 못할까? 그것은 성공한 조직은 과도한 자신감, 더 나아가 오만함에 엄습당하고, 과거의 행적이 도덕, 신념을 넘어 거의 종교에 가까운 신앙이 되어 버리기 때문이다(MTRP p. 159).

우리나라는 전자정부 세계 1위라는 자부심이 있었다. 국제연합UN 전자정부 평가에서 2010년, 2012년, 2014년 3회 세계 1위를 기록했다. 우리나라의 디지털 행정 체계는 외국에 모범 사례로 수출되기도 했다. 그만큼 IT 기술을 이용한 행정 효율화가 잘 이루어져 있다. 공무원들이나 민원인들은 과거에 비하여 훨씬 효율적으로 일을 처리할 수 있게 되었다. 그들은 자신이 속한 일의 영역에서만 좁혀서 보면 큰 문제가 없다.

그러나 이렇게 전자정부 시스템이 순탄하게 유지되는 사이에, 그 기저를 이루는 컴퓨팅 환경은 이미 바뀌고 있었다. 클라우드 컴퓨팅은 전산 환경에 지각 변동을 일으키기 시작했다. 공유 지식, 공유 경제 시스템이 새로운 패러다임의 싹을 틔우기 시작했다. 정부 역시 이 점을 인지하고 변화 대책을 강구하기 시작했다. 그러나 막상 공무원들은 이미 익숙해진 방식을 바꾸기 싫어한다. 한국을 방문했던 전자정부 전문가, 가트너 그룹의 코스트 부사장은 잘 구축된 하드웨어 인프라에 만족하기보다 부처간 의사소통과 협업을 통해 사회 현안을 어떻게 해결할 것인가에 더욱 집중해야 한다고 말하기도 했다.[1] 수단이 아니라 목표를 더 주시하라는 주문이었다.

2000년대 이후 우리나라는 줄곧 인터넷 IT 강국이라고 자찬했고 세계도 그를 인정했다. 초고속 인터넷 환경은 단연 세계 최고 수준이었다. 그에 기반을 두고 전자상거래와 게임, 콘텐츠 산업이 융성했다. 그러나 그 사이에 외부 컴퓨팅 환경은 모바일 컴퓨팅, 사물인터넷, 클라우드 컴퓨팅, 빅데이터, 공유 플랫폼으로 이미 이행하고 있었다.

하지만 지금 우리나라는 더 이상 IT 강국이 아니다. 2010년대 이후 대부분의 분야에서 10위권 내외 수준을 간신히 유지하고 있다.[2] 강국도 아닐뿐더러 이 새로운 글로벌 산업에서 세계 수준으로 거론되는 기업을 단

---

1 아이뉴스24, 「문제는 PC대수가 아냐. 전자정부 1위에 전하는 일침」, http://news.inews24.com/php/news_view.php?g_menu=020200kg_serial=919566

2 한국경제신문, 「[사설] 한국은 IT강국? 착각이었다」, 2015. 2. 3

하나도 탄생시키지 못했다. 방송통신위원회는 과거 성공을 이룩했을 때 통용됐던 규제 방식에 여전히 사고가 머물러 있다. 그들은 개방과 경쟁 대신에 폐쇄와 특혜를 통해 아무 문제없이 산업을 키울 수 있다고 생각했다. 실상은 아무 문제가 없었던 것이 아니라, 문제를 더 크게 키우고 있었다.

경영자는 사람이다. 본성상 안정, 영원, 불변, 안락을 추구한다(InE p. 38). 변화와 혁신은 사실은 사람 본성에 거스르는 것이다. 모든 파도는 아무리 일어도 결국 스러진 상태로 돌아가고 싶어 한다. 그러나 이내 또 다른 파도에 밀린다. 파도의 숙명은 고요하고 싶어도 잠시도 고요해질 수 없는 것이다.

내부는 항상 안정된 것처럼 보인다. 아무 일도 일어나지 않고 모든 것이 순탄하게 돌아가는 것처럼 보인다. 늘 출근해서 하는 일은 동일하다. 혁신 같은 것은 하지 않아도 아무 문제가 없다. 수금은 원활히 이루어지고 임금과 각종 비용은 별 문제 없이 지불되는 것처럼 보인다.

드러커는 이런 상황에 처한 구성원들이 사실상 '현장 내 은퇴retire on the job'한 것이라고 불렀다(MTRP p. 405). 이 상태에서는 더 이상 도전할 일도, 변화를 꾀할 일도, 조직의 성과에 더 이상 기여할 일도 없다. 만약 회사가 아무 문제없이 잘 돌아가고 있다고 느낀다면, 자신이 혹시 현장 내 은퇴 상태에 빠져 있지는 않은지 반드시 되돌아보아야 한다.

안정과 변화 사이의 피할 수 없는 갈등은 사람들에게 언제나 혼란을 불러일으킨다. 독자들은 드러커의 글에서도 자칫 혼란을 느낄 수 있다. 왜냐하면 그는, 경영자가 노동자에게 심리적 안정감을 주어야 한다는 말과, 조직 내 안정 파괴자의 역할을 해야 한다는 말을 동시에 하고 있기 때문이다(PCS p. 57).

하지만 심리적 안정은 무조건 고용 보장에서 나오는 것이어서는 안 된다. 안정 파괴는 시도 때도 없는 조직 개편이나 인사 이동을 의미하는 것이 아니다. 우리는 이 문제에서 드러커가 무엇을 말하고자 했는지 정확히 이해해야 한다.

지식노동자가 안정감을 느끼는 것은 그가 성과 창출에 기여할 수 있는 기회가 조직에서 지속적으로 부여된다는 믿음이 있을 때에만 가능하다. 급여라는 것도 오직 그런 기회에 바탕을 두어야만 지속될 수 있다는 것을 노동자들은 잘 알고 있다. 한직에 배치된 채 아무런 일도 없이 월급만 받아 가는 노동자가 과연 안정감을 느끼고 있을까? 그는 언제 자신의 자리가 치워질지 몰라 하루하루 불안감에 시달릴 것이다. 혁신 따위를 수행하지 않아도 보장된 자리에서 안정된 급여가 꼬박꼬박 나오는 조직에 오래 근무한 지식노동자는 과연 자신이 안정되어 있다고 보아야 할 것인가? 그는 외부의 변화에 못 이겨 뒤늦게 그 기회가 사라지는 순간 비로소 자신이 안정 속에 있었던 것이 아니라, 거대한 불안 속에 있었다는 사실을 깨닫게 될 것이다. 노동자들은 조직이 구조조정을 단행한 후, 또는 조직이 변화를 추구하는 와중에 자신에게 닥친 이런 불안을 극복하려 해도 훈련이 되어 있지 않기 때문에 어려움을 느낀다. 그래서 그들은 더욱 저항하고 조직은 더욱 불안의 심연으로 떨어진다.

경영자가 안정 파괴자로서 역할을 수행하는 것은 내부의 관행을 늘 외부의 변화에 비추어 봄으로써 내부의 고형화固形化 경향을 부수기 위해서다. 내부는 과연 어떻게 굳어 가는가?

흔히 경영자들은 힘겨운 노력 끝에 내부의 관행이 정착되는 것을 보고 사업이 '자리를 잡아간다'고 여긴다. 전자적자원관리ERP는 정교하게 작동하고, 결재 절차는 명확히 정비되고, 생산 라인은 빈틈없이 돌아간다. 사규는 정비되고, 구성원들의 권한과 책임 소재도 분명해진다. 다 좋다.

이런 관행은 틀림없이 성과를 낳는 데에 크게 기여한다. 그러나 잠시다. 어느 순간 고객들이 바라는 것들은 바뀌어 있다. ERP에는 정작 중요하게 제공되어야 할 정보가 빠져 있는 것이 나타나고, 결재 절차는 변화한 환경에 맞지 않게 둔해지며, 경쟁사는 보다 개선된 라인을 들여서 경쟁력을 키워 놓는다. 사규 조항들 때문에 직원들의 참신한 시도가 방해를 받고, 명확히 구분된 권한 때문에 직원들은 오히려 자신이 맡은 일밖에 모르는 폐쇄적 기능주의에 갇히게 된다. 그런데도 경영자의 눈에 조직이 여전히 잘 돌아가고 있다고 보인다면 이는 심각한 장애다.

창조적 파괴를 말했던 슘페터는 안정 상태가 비정상이고 변화가 오히려 정상이라고 보았다. 그럼에도 사람들이 혁신을 위험하다고 생각하는 이유는, 그것을 돌발적, 일시적, 천재적 현상이라고 간주하기 때문이다. 뒤늦게 위기를 느낀 경영자는 비상 경영을 선포하고 대대적인 정신 무장과 도전 정신을 주문한다. 그러나 조직원들에게는 이런 현상이 크나큰 불안이자 공포다. 왜냐하면 이런 일은 일상이 아니었기 때문이다.

혁신이 하나의 일상 규범으로서, 체계적으로 전개되는 활동이라면 그것은 전혀 특별한 일도 아니며 위험하지도 않다. 오히려 안정된 상태야말로 가장 달성하기 어려울 뿐만 아니라 가장 위험한 상태다(InE pp. 26~29). 모든 것이 순탄하고 안정되어 있다는 것은 자신을 붕괴시킬 외부의 모순이 모습을 감춘 채 이미 지반에 스며들고 있음을 의미하기 때문이다. 오직 깨어 있는 기업가로서 끊임 없이 외부를 주시해야만 이 소리 없는 적의 침투로부터 조직을 지켜 낼 수 있다.

리더의 역할에 대해서도 드러커의 말은 자칫 오해받을 소지가 있다. 어떤 경영자가 조직을 떠나는 순간 조직이 붕괴되기 시작한다면 그는 최악의 리더라고 했다. 그는 독재형 리더였을 가능성이 높다. 이를 문면으로만 해석하면, 마치 조직에 시스템을 잘 구축해 놓아서 그가 떠나도 아무 문제 없이 잘 돌아가도록 해 놓으면 훌륭한 리더라는 말처럼 들린다. 그러나 외부의 변화라는 가혹한 강제력에 이 시스템이 어떻게 반응하도록 설계해 놓았느냐에 따라 그 의미는 크게 갈린다. 그가 단지 내부 운영 절차를 정교하게 확립한 데에만 그쳤다면 부족한 리더다. 그러나 외부 변화에 수시로 반응하면서 내부 정책에 피드백을 가할 수 있는 문화를 구축해 놓았다면 탁월한 리더다.

기업이 최고의 위치에 올라섰을 때 경영자들이 외부에서 이미 불균형이 발생하기 시작했다는 사실을 알아차리기란 정말 어렵다. 더 나아가 경영자 한 사람이 아니라 조직의 모든 구성원들을 감관感官 삼아 외부의 그런 움직임을 내부에 피드백으로 연결시키는 시스템을 구축하기란 더욱 힘들다.

> "날씨가 쾌청하고 수평선에 구름 한 점 없을 때, 바로 그때가 기업이 변화를 수행해야 할 시점이다. 그때 당연히 이렇게 말하는 사람이 있어야 한다, '모든 일이 잘 풀려 가고 있지만, 바로 그 점이 가장 걱정입니다.'"[3]

자신이 구축한 내부와 전통의 포로가 되지 않도록 하기 위해서 경영자는 부단히 외부로 시선을 돌릴 필요가 있다. 내부에서 올라오는 보고서에 시선을 돌리는 것으로는 아무 효과가 없다. 그 정보들은 여전히 내부다. 그곳만 보면 대부분 아무런 문제 없이 돌아가고 있다. 심지어 외부의 시장을 멋진 차트와 촘촘한 통계와 개조식 보고서로 제시하고 있다 해

---

3 P. F. Drucker, 「Keeping U.S. Companies Productive」, Journal of Business Strategy (Winter 1987), p. 15.

도, 그것은 아직 외부가 아니다. 진정으로 외부를 알고 싶다면, 경영자들은 '밖으로 직접 나가서 보아야 한다.'

구스타브 말러는 자신의 오케스트라 단원에게 일 년에 최소 두 번 이상 객석에 앉아 자신의 오케스트라 연주가 어떻게 들리는지 직접 체험해 볼 것을 요구했다. 드러커가 잘 아는 어떤 목사는 일년에 4~5회 정도는 다른 교회에 가서 목회를 듣는다고 했다(MNPO p. 208).

미국의 한 병원용 물품 공급 회사의 경영진은 일 년에 2주 정도 반드시 판매사원 역할을 직접 수행했다. 그들은 고객인 병원의 조달 담당자에게 이렇게 묻곤 했다. "저희 회사 말고 다른 회사 제품을 구입한다면 그 이유가 무엇입니까?" 담당자들은 자기 회사 제품을 홍보하는 데에 별 관심이 없는 이들의 행동을 의아해했다(MC21 p. 131).

아일랜드의 슈퍼마켓 체인 슈퍼퀸SuperQuinn은 다른 체인에 비해 머천다이징이 탁월하다거나 가격이 저렴한 것도 아니었다. 그럼에도 아일랜드 시장에 진출하고 싶어 하는 그 어떤 슈퍼마켓 체인도 그들의 아성을 넘지 못했다. 슈퍼퀸의 본사 경영진은 일주일에 두 번 이상은 반드시 매장에서 카운터 업무를 직접 맡거나 경쟁 매장에 가서 그곳의 종업원과 고객들이 어떻게 말하고 행동하는지 살펴보았다(MC21 p. 130).

삼성전자의 이건희 회장은 취임 초기 선대 임원들을 대동하고 LA 가전제품 매장을 방문해 보도록 시켰다. 그동안 조직 내부에서 별 문제 없이 지내오면서 자신감에 차 있던 임원들은 충격을 받았다. 삼성 제품이 매장에서 소니 등에 비해 잘 보이지도 않는 저 구석진 곳에 위치해 있는 것을 보고 부끄러움을 감출 수 없었다. 이 회장은 그들로 하여금 그 제품들을 하나씩 직접 사서 작동을 시켜 보도록 시켰다. 그러나 제대로 작동을 시키고 다룰 줄 아는 임원은 매우 적었다. 외부를 바라보도록 한 이건

아일랜드의 슈퍼마켓 체인 슈퍼퀸의 본사 경영진은 일주일에 두 번 이상은 반드시 매장에서 카운터 업무를 보거나 경쟁 매장을 찾아 그들의 활동을 유심히 살폈다. 이를 통해 자신들의 지위를 굳건히 다졌다.

희 회장의 이런 조치는 삼성의 내부에만 익숙해져 있던 경영진을 크게 각성시킨 계기가 됐다.

중요한 점은 외부를 느끼는 이런 일이 단지 일회성 사건으로 끝나지 말고 **체계적인 활동으로 조직화되어야** 한다는 것이다. 그래야만 경영자는 숫자와 기록으로만 자신에게 전달되는 혼란스러운 정보 속에서 무엇이 지식인지 올바르게 판단할 수 있다. 사무실과 공장이 평온하게 돌아가고 있다고 해서, 자신에게 올라오는 보고서의 실적 수치에 큰 이상이 없다고 해서, 아무 문제없이 잘 돌아가는 것이 결코 아니다. 하물며, 크고 작은 사고들이 끊이지 않고 직원들의 사기가 저하되면서 이직이 늘어나거나, 보고서상 실적 수치가 추락해 있을 때에는 말할 것도 없다. 경영자들은 그제야 위기가 왔음을 직감한다. 그러나 그때쯤 되면 이미 조직은 회복하기 어려운 단계에 진입해 있는 것이다.

7

회사는 누구의 소유인가

경영권 승계를 둘러싼 여러 관점

우리나라 대중 사이에 반기업 정서를 유발한 대표적인 원인 중 하나가 대기업 창업 일가의 행태다. 그들이 기업을 마치 자신의 재산인 것처럼 여기고 벌이는 행동에 수많은 대중들은 분개한다. 2015년 롯데그룹의 형제간 경영권 분쟁에서 드러난 부자간의 언행들은 추악하다고밖에 표현할 길이 없었다. 형제간 다툼도 추악했지만 그동안 잘 드러나지 않았던 신격호 총괄회장의 인사 전횡과 노욕은 더욱 이해하기 힘들었다. 당시 신격호 롯데그룹 총괄회장은 차남인 신동빈 회장의 투자 손실에 대해 "차남이 아버지의 재산에 마음대로 손해를 입혔으니 횡령이 아니냐"고 말했다는 사실이 알려졌다. 이를 두고 상장기업인 롯데쇼핑을 개인 재산이라고 생각하는 신 총괄회장의 사고방식을 어이없다고 여기는 사람들이 많았다.[1] 그런 문화에서는 모든 것이 회장님의 재산이고 신규 투자는 회장님의 재산을 사용하는 것이 된다. 회장님의 재가 없이 어느 계열사 사장이 감히 돈을 마음대로 갖다 쓸 수 있겠는가?

1996년 삼성그룹의 이건희 회장이 이재용 부회장에게 경영권 승계를 하기 위해 당시 에버랜드 전환사채와 삼성 SDS의 신주인수권부사채를 부적절한 가격으로 아들 이재용 전무에게 배정했다. 이 사건은 그간 쌓아 올린 삼성그룹의 이미지에 먹칠을 했다. 특히 그룹 혁신을 주도해 온 이건희 회장을 존경했던 내외부 인사들에게 커다란 실망을 안겼다. 시민 단체와 일부 법학 교수들은 에버랜드 경영진을 검찰에 고발하기도 했다. 대중의 여론은 회사를 가족 간에 주고받을 수 있는 사유물처럼 여기는 듯한 이런 행동에 일제히 비판의 화살을 날렸다.

그런데 비판의 선두에 서 있던 시민 단체나 학계의 인사들은 대부분 주주 자본주의의 패러다임으로 문제를 바라보았다. 최대 주주와 여타(소액 포함) 주주 사이의 대립이라는 관점에서 사태를 대했다. 그들이 발표한 성명서나 각종 논평에서는 창업 일가 이외의 주주들이 피해를 본다는 사실이 유독 부각됐다.

여론은 대기업의 경영권 승계도 소유권의 관점에서 바라보는 경향이 있다. 대중들은 재벌 2~3세가 단지 창업자 가문에서 태어났다는 이유만으로 별다른 노력 없이 대기업의 지배권을 물려받는 현상을 정의롭지 못하다고 생각한다. 최근 사회 각 영역에서 불거져 나온 금수저, 흙수저론은 그런 불만의 발로였다.

이처럼 사회는 대개 기업 소유권의 구조 자체에 시선이 머물러 있다.

---

1 http://premium.chosun.com/site/data/html_dir/2015/10/15/2015101500384.html?pmletter

막상 경영의 역할과 책임이라는 시각에서 이 문제를 바라보는 논평은 부족했다. 만약 드러커가 한국의 이런 사태들을 바라보았다면, 아마 그는 소유권이 누구에게 있는가의 문제보다 '경영이 사라졌다'는 사실에 초점을 둘 것이다. 그의 시각에서 주주 간 힘겨루기는 자본주의 이후의 사회에서 결코 중요한 문제가 아니다. 물론 그 과정에서 그들이 현행법을 어겼다면, 위법 사항에 대한 처벌로 별도의 제재를 가해야 한다. 이것은 올바른 경영 이전에 주주가 준수해야 할 기본 의무다.

낮은 지분율로 지배권 확보에 골몰하는 창업 일가의 행동도 전혀 이해 못할 바는 아니다. 안정적인 지분율은 안정적인 경영권을 행사할 수 있는 중요한 전제 조건이기 때문이다. 그러나 창업 일가가 부족한 경영 능력을 지배권 확보로 보상받은 채 조직에 기회비용만을 발생시키고 있다면 이런 식의 지배권 확보 투쟁은 결코 용납될 수 없다. 기업은 자원을 보다 생산적으로 사용할 책임이 있는 기구다. 이 책임 때문에 기업은 이사회와 경영진에게 조직에 대한 통제 권한을 맡겼을 뿐이다.

소유권과 통제권의 불일치

아돌프 벌리Adolf Berle와 가디너 민즈Gardiner Means는 저 유명한 『현대 기업과 사적 소유권(1932년)』에서, 자본주의 사회에서 기업의 소유권자와 통제권자 사이에 불일치가 일어나고 있는 현상을 선구적으로 분석했다. 19세기의 기업가들은 대개 소유권자이면서 통제권자였다. 즉, 당시에 경영자 권력의 정당성은 단순히 그가 소유권자라는 사실에서 나왔다(NS p. 339). '내 회사니까 내 회사에 고용된 너희들에게 명령을 내릴 수

아돌프 벌리는 그의 유명한 저서 『현대 기업과 사적 소유권』에서 기업의 소유권자와 통제권자 사이의 불일치를 선구적으로 분석했다.

있다'고 본 것이다. 물론 19세기에도 소유권과 통제권의 분리는 어느 정도 일어나고 있었다. 소유권자들은 그들의 하수인, 소위 매니저를 두고 현장 감독을 맡겼다. 당시에는 매니저가 오늘날처럼 지식의 적용과 성과 창출에 책임을 지는 사람이라는 의미가 아니라, 소유자를 대리해서 직원들을 감시 감독하거나, 지시하는 사람이라는 의미였다. 과거 우리나라에서도 자주 사용했던 지배인이라는 표현에도 그런 흔적이 남아 있다. 여하튼 19세기에 소유권은 여전히 창업자에게 있었지만, 그 통제권의 일부가 매니저에게 조금씩 이양되고 있었다.

20세기에 접어들면서, 특히 미국에서 증권시장이 발전하고, 중산층들이 기업의 주식을 보유할 수 있는 기회가 확대됐다. 동시에 기업의 소유권이 창업자 소수의 수중으로부터 대중으로 확산되기 시작했다. 1950년대 이후 기업의 연금 제도가 확대되면서 지분 분산화는 더욱 진행됐다. 그러면서 대기업들은 창업자 본인이 아닌 전문 경영자들이 최고경영자로서 통제권을 확보하게 되는 현상이 일어났다. 창업가는 통제권자가 아니라,

단지 지분율이 좀 더 높은 투자자의 지위로 물러나게 됐다. 소유자는 투자자로, 경영자는 통제권자로 다른 지위를 차지하게 된 것이다. 여기에서 통제권자들이 단순히 주주로부터 대리 행동을 임명받았다는 이유만으로 그들이 지닌 권력의 정당성을 주장할 수 있을까 하는 문제가 발생했다.

경제학자들은 이런 현실 변화를 주로 본인-대리인 문제principal-agent problem의 시각에서 분석했다. 그들은 주주와 전문 경영인 사이에 이해관계 차이가 있을 때 구조적으로 비효율성이 발생하는 현상을 연구했다.

반면에 드러커는 이런 변화가 단순히 경제적 차원의 문제를 넘어, 거대한 정치적, 사회적 변화를 야기했다는 사실을 강조했다. 그것은 바로 자본의 사적 소유에 기반을 둔 전통적인 의미의 자본주의가 소멸하고 국유화가 아니라 사회화된 기업들이 출현하면서 자본주의 이후의 사회가 등장하게 되었다는 것이다. 이 문제에 대한 그의 생각은 이미 1940년대부터 『산업인의 미래』와 『새로운 사회(1950)』에서 제기된 바 있으나, 훗날 『연금기금 혁명(1976)』에서 보다 구체적으로 정립됐다. 그는 이렇게 정립된 자본주의를 자신의 책에서 연금기금 자본주의pension fund capitalism인 동시에 연금기금 사회주의pension fund socialism라고 명명했다.

사회적 책임은 이미 소유권이 아니라 통제권에 부여됐다

드러커는 연금기금 사회주의 하에서 기업의 성과는 소유권의 변화와 무관하게 오직 올바른 경영을 하는 경영자의 역량에 달려 있다는 사실을 간파했다. 만약 소유권이 성과를 낳는 중요한 요인이라면, 사적 소유, 국가 소유, 공적 소유 여부가 기업의 성과 차이를 낳는 가장 근본적인 원인이 될 것이다. 그러나 드러커는 소유권의 차이 자체가 성과의 차이를 낳는 것이 아니라, 자원을 자유롭게 생산적인 부문으로 이전시키는 능력의 차이가 성과의 차이를 낳는다는 사실을 통찰했다. 자유기업 체제는 바로 이런 자유로운 자원 배분 의사 결정이 보장되기 때문에 성과를 낳을 수 있는 것이며, 중앙 계획 경제는 그런 자유로운 배분과 이동 기능이 정지되어 있기 때문에 저성과 상태로 추락한다. 다시 말해서 중앙 계획 경제에는 관리와 지시만 있지 경영이 없다.

> "경영 활동이 보수를 받는 이유는, 무엇보다도 핵심 자원의 생산성을 경영하는 능력에 있다(PFR p. 117)."

이 문장은 기업의 소유권이 대중에게 분산된, 즉 사회화된 시대에 기업의 성과가 어디에서 나오는지를 핵심적으로 설명한다. 생산성을 재고하는 일은 소유권자가 아니라 통제권자인 경영자에게 의존한다. 왜냐하면 소유권자는 이미 통제권자가 아니기 때문이다. 물론 소유권자 가운데 최대 지분율을 지닌 인물을 중심으로 통제권이 확보되는 것은 가능하다. 그 경우에도 통제권자 지위까지 겸병한 소수 지분 소유권자는 단지 투자자라는 이유로, 즉 수익에 대한 청구권자라는 이유로 그 기업 전체에 대해 통제권을 부여받는 것이 결코 아니다. 그는 조직 전체의 생산성을 향상하기 위한 책임 때문에 통제권을 부여받는 것이다. 이 권한은 단순히 그를 제외한 여타 투자자들의 대리인으로서 지닌 권한 이상의 성격을 지닌다. 그가 부여받은 지위는 고객, 채권자, 종업원, 국가라는 다수의 이해관계자에 대한 책임을 이행하는 자리라는 의미가 있다. 물론 드러커는 이해관계자라는 개념 대신에 사회라는 보다 광범위한 개념을 그 자리에 위치시켰다. 그는 경영자를 단순히 상이한 각각의 이해관계자들의 이익을 충족시키는 역할을 하는 기능인을 넘어, 사회 통합과 지속을 선도하는 주체로서 막대한 권력자이자 도덕적 주체로 바라보았기 때문이다.

사회주의 중앙 계획 시스템에서는 경영 대신에 통제[2]가 보수를 받는다. 보수의 근거는 자본으로 하여금 형편없이 낮은 생산성을 달성했다는 사실에 있다(PFR p. 121). 기업가의 손을 통해 자본이 생산적인 활동으로 자유롭게 이동하지 못하면 생산성이 떨어지는 것은 당연하다. 그러므로 경영은 본질적으로 기업가적이다. 연금기금 사회주의에서 자본이 수많은 피고용자들 사이에 분산됨으로써, 바로 이런 자유로운 이동이 더욱 활발해졌다. 기업은 자본을 유치하려는 경쟁에 더욱 심하게 노출됐다(NS p. 339). 이런 경쟁은 19세기에도 있었지만, 그 빈도와 강도는 다가올 20세기에 비하여 상대적으로 약했다.

때로는 자본이 올바른 경영을 행하지 않는 통제권자의 지위를 순식간에 교체해 버리기도 한다. 증권시장에서 종종 일어나는 적대적 인수나 사모펀드의 경영권 탈취는 그 극단적인 형태 가운데 하나다. 증권시장을 통해 이런 극단적인 형태의 압박이 없더라도 생산성을 높이지 못하는 통제권자는 언제든지 사회로부터 퇴출 압박을 받는다.

그렇다면 통제권자는 기업 소유권이 분산된 사회, 연금기금 사회주의에서 왜 이토록 생산성을 향상시켜야 할 책임을 부여받는 것일까? 우선 사회의 측면에서 보면, 기업의 성과야말로 날로 늘어나는 연금 생활자들의 삶을 뒷바침하는 궁극적인 기반이 되기 때문이다. 오늘날 연금제도를 통해 운영되는 사회보장제도는 실질적으로 기업이 발행하는 채권과 주

---

2 물론 여기에서 통제란 목표와 방향을 설정하는 행동으로서 통제 활동을 의미하는 것이 아니라, 명령과 지시 활동을 의미한다.

식의 상환 및 배당 능력, 가치의 상승, 그리고 기업이 납부하는 세금에 대부분 의존한다는 사실을 상기하자. 기업의 몰락은 단순히 해당 기업 주주의 재산 손실과 노동자의 실직에서 끝나지 않고, 날이 갈수록 인구의 더 많은 비중을 차지하게 되는 노령 연금생활자의 안정적인 삶의 기반을 파괴하는 데에까지 이른다.

하지만 소유권자인 주주보다 통제권자인 경영자의 역할이 강조되어야 할 더 중요한 이유는 기업이 미래를 만들어 가는 능력을 지속적으로 유지하기 위해서다. 연기금의 세력이 커지면서 혁신가보다는 자산관리자가 득세해 왔다. 연기금 투자자들은 기업 경영에 적극적인 역할을 하기보다 기금 증식에 주로 관심이 있기 때문이다. 증권시장이 발달할수록 기업의 장기적 성장보다 단기 실적에 연연하는 주주(소유권자)들의 욕구는 더욱 커진다. 이 과정에서 노동자들의 저축은 미래를 만드는 자본으로서 투입되기보다, 연금생활자들의 소비를 지탱하는 데에 더욱 집중된다. 드러커는 기업 경영자가 현재의 유지와 미래의 창조 사이에 균형을 유지하지 못하면, 연금기금 사회주의는 **기능하는 사회**로서 활력을 점점 잃게 된다고 보았다. 마치 슘페터가 자본주의 발전 과정에서 기업가 과정이 자동화되면서 혁신이 점점 소멸될 가능성을 가장 우려했던 것처럼 말이다(PFR pp. 69~82).

재정도, 소유도, 기술도, 자본도 아니다 경영이 경제를 움직인다

불황이 장기화되는 핵심 원인은 정부의 재정 지출이나 유동성이 부족해서도, 자원 가격이 상승해서도 아니다. 이 모든 것들은 보조적인 원인들이다. 가장 중요한 원인은 사회 전체에서 생산성 향상을 이끄는 혁신 활동이 소비 활동에 비해 미약해지는 데에 있다. 아무리 유동성이 증가해도 대부분이 현재를 유지하는 소비 활동에 투입된다면 불황은 극복되지 않는다. 이 점이 바로 드러커가 주류 거시경제학자들과 근본적인 견해 차이를 보였던 부분이다. 드러커는 이 견해를 이미 1970년대 불황기에 지적했다. 불황이 장기화되는 이유는 사람들의 수명이 연장되고 인구구조가 고령화하면서 자본이 미래가 아니라 과거의 활동으로 점점 더 많이 투입되고 있기 때문이다(PFR p. 123).

우리는 1980년대 이후 세계 경제가 체질적으로 성장하던 시기가 사실은 지식노동자들의 혁신과 생산성 향상이 집중되었던 시기라는 사실을 잘 알고 있다. 흔히 정보통신기술이 이를 주도했다고 말하지만, 사실은 기술 자체가 생산성을 향상시킨 것이 아니다. 그 기술을 이용해서 혁신을 단행하고 고객을 창조한 경영자들이 그 일을 해낸 것이다. 자본이 역량 있는 경영자를 찾아다니는 이유가 바로 여기에 있다. 오늘날 모바일과 데이터를 중심으로 하는 4차 산업혁명도 그렇게 가능했다.

이런 사실을 고려할 때, 기업의 자원을 총체적으로 동원해서 생산성을 증가시켜야 할 경영자의 역할은 더욱 커진다. 자본 형성에 기여하는 저축이 점점 줄어드는 상황에서, 지식노동자의 생산성이 증대되지 않으면 장기적으로 연기금은 고갈될 것이다(PFR p. 117). 지식노동자의 생산성(PFR pp. 119~120)을 증가시키려면, 무엇보다도 올바른 목표를 설정하는 일을 경영자가 실천해야 한다. 그리고 여러 목표 중에서 우선순위가 있는 것과 그렇지 않은 것을 구분해야 한다. 성과를 낳지 않는 사업은 체계적으로 포기하고, 그 자원을 보다 생산적인 영역으로 전환시켜야 한다. 결과는 주기적 피드백을 통해 강화와 포기를 반복해야 한다. 이것은 이미 드러커가 도처에서 강조했던 지식노동자의 성과 창출 방법이다.

사실 육체노동에서조차 이런 생산성 향상 원리가 적용되어야 한다. 과거 테일러는 육체노동자의 과업이 주어진 상태에서 단지 동작들을 분해하고 조직화하는 데에서만 생산성 향상의 원리를 찾았지만, 그것만으로는 육체노동의 생산성 향상 원리를 전부 설명하진 못한다. 단순 육체노동자조차도 자신이 해야 할 과업 자체가 올바른 것인지 선택할 수 있어야 하며, 강점의 강화와 약점의 폐기를 수행할 수 있어야 한다(PFR p. 120).

과거에는 핵심 자원이 자본이었다. 또한 그 자본은 기계를 포함한 유형 자산이 주종을 이루었다. 핵심 자원이 토지나 자본이었을 때 생산성은 노동의 사고로 측정했다. 즉, 노동생산성을 올리는 방법은 고정된 노동에 보다 많은 자본을 부착하는 것이었다. 또는 자본이 고정되어 있다면 노동 투입량을 증대시키는 것이었다(PFR pp. 123~124). 그러나 이런 방식으로는 어느 정도까지는 효과가 있을지 몰라도 생산성 증대는 곧 한계에 봉착한다. 진정한 생산성 향상은 기업이 동원할 수 있는 총체적 자원(지분과 차입금을 포함한 일체의 외부 자본, 내부 창출 자금, 입지, 인력에 대한 교육 투자 등) 투입에서 나온다.[3]

현대 자본주의의 성과 자체가 자본 투입 또는 노동 투입만을 증대시켜 나오지 않았다. 이 모든 성과들은 본질적으로 기업가적인 행동에서 나왔다. 마르크스가 말했던 자본의 자기 증식에 따른 이윤율 하락 경향은 빗나갔다(PFR pp. 120~121).

---

3 20세기 후반 우리나라를 포함한 동아시아의 경제 성장이 자본 투입, 또는 노동 투입을 양적으로 증가시켜 이룩한 성과에 불과했다고 말한 서구의 경제학자들이 일부 있었다. 대표적인 경제학자가 크루그만(Paul Krugman)이었다. 그러나 그들은 우리나라의 교육 투자를 통한 지식노동자의 생산성 향상이 성장에 기여한 부분이 많았다는 점을 간과했다.

경영자가 생산성을 올려야 하는 이유는 단지 주주에게 봉사하기 위해서가 아닌, 사회를 지탱하기 위한 지대한 책임이 있기 때문이다. 주주는 아쉽게도 생산성 향상에 대한 그 어떤 통제권도, 책임도 없다. 그들은 다만 이익에 대한 청구권이 있을 뿐이다.

오늘날 경영자는 '중요한' 존재다. 주주로서 중요한 것이 아니라, 거대한 통제권을 지닌 권력자로서 중요하다. 경영자의 결정은 개인과 기업과 사회 전체에 파장을 미친다. 역사적으로, 단지 경제적 목적 때문에 이렇게 많은 권력이 개인에게 집중된 적은 없었다. 큰 권력에는 큰 책임이 따른다. 주주는 언제든지 자신의 주식을 처분하고 떠날 수 있지만, 사회는 항상 기업과 함께한다. 경영자가 자신의 생산성 향상이라는 사회적 책임을 다하지 못하는 순간 관련된 사회는 고통을 받는다(PoM pp. 386~388). 대량 해고나 공장 폐쇄는 단순히 하나의 경제적 사건으로 끝나는 것이 아니다. 그것은 공포와 불안, 분노와 파괴, 범죄와 테러로 사회를 붕괴하는 데에 이르게 하는 사건이다.

경영은 독자적인 활동으로서 모든 소유권, 지위, 정치권력으로부터 독립되어 있다. 오늘날 경영자가 오너인가 아닌가는 더 이상 중요하지 않다(MTRP ch. 1). 어떤 경우에든 기업은 그 누구의 사유물이 아니며, 경영자는 개인의 재산 관리인이 아니다. 조직은 개인의 수명을 초월하여 영속해야 하고 특정인의 대리인이 아니라 목표와 과업에 기반을 두고 작동해야 한다. 그러므로 목표와 자기통제에 의한 경영이 자리 잡고 있는가가 아니라 소유권이 누구에게 있느냐에만 논란이 집중된다면 그것은 초점을 잃은 것이다.

회사는 가족의 것이 아니다[4]

가족기업은 가족 소유인가? 2014년 대한항공 오너 일가의 땅콩회항 사건으로 온 나라가 시끄러웠다. 공개 기업임에도 불구하고, 마치 창업자의 자녀가 회사를 자신의 사유물처럼 취급하고 직원들을 가문의 시종처럼 대했던 전근대적 행태가 대중의 공분을 자아냈다. 평소에 자유 시장 체제를 혐오하던 사람들은 이를 거리낌 없이 반기업 정서로 연결하기도 했고, 또 어떤 사람들은 족벌 세습 경영의 문제점을 지적하기도 했다.

드러커는 가족이 경영권을 승계하는 행동 자체, 또는 가족의 일원이 기업의 한 자리를 맡아서 일하는 것 자체는 문제 삼지 않았다. 자유기업의 구성원은 창업자의 가족 여부를 막론하고 누구든 공정하게 기업 활동에 참여할 권한이 있기 때문이다. 경영권을 이어받는 가족 구성원이 정당한 절차를 거쳐 그 지위를 부여받고 올바른 가치와 충분한 경영 역량을 갖추고 사업을 성장시킬 수 있다면 문제될 것이 없다.

우리나라를 포함하여 세계 어느 곳에서나 오랜 기간 가문의 이름을 걸고 사업을 성장시켜 온 기업이 한둘이 아니다. 세계 각 지역의 명문 자영업자나 작은 공방의 소기업으로부터 시작해서 글로벌 대기업에 이르기까지 그 이름을 거명하자면 끝이 없을 것이다.

글로벌 대기업인 미국의 청바지 명가 리바이 스트라우스Levi Strauss는 19세기 말부터 오늘날에 이르기까지 창업자의 후손들이 경영권을 이어받고 있다. 유럽 역사에서 금융 재벌의 상징인 로스차일드Rothschild 가문은 200년이 넘도록 철저한 가족 순혈주의로만 경영을 유지해 왔다. 물

4 송경모, 「(송경모의 드러커식 세상 읽기) 흥하는 가족기업, 망하는 가족기업」, 조선일보 Weekly Biz, 2015. 1. 3. 이 칼럼 내용을 수정 보완한 것이다.

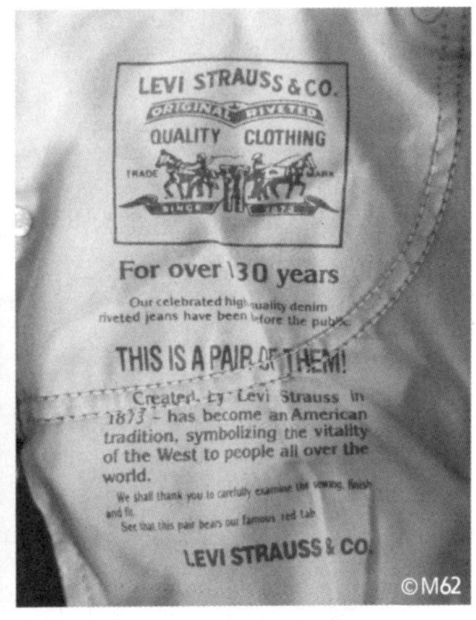

©M62

미국의 청바지 명가 리바이 스트라우스는 19세기부터 오늘날에 이르기까지 창업자의 후손들이 경영권을 이어받고 있지만 여전히 회사를 훌륭히 경영하고 있다. 드러커는 이처럼 유능하기만 하다면 경영자의 가족이 경영권을 승계하는 행동 자체를 문제 삼지 않았다. (왼쪽 사진은 리바이 스트라우스, 오른쪽 사진은 청바지 안쪽에 찍힌 리바이 스트라우스 상표)

론 최근에는 비가족 구성원을 파트너로 받아들이고 있어 변화의 기미는 있다. 반면 150년 역사의 또 다른 금융 권세가權勢家 모건J. P. Morgan 가문은 1943년에 J. P. 모건 2세가 사망하면서 세습은 막을 내리고 전문 경영인 체제가 도입되었다.

정작 문제는 다른 데에 있다. 드러커가 『경영의 실제』와 『매니지먼트』를 비롯한 다수의 저작에서 주장한 바에 따르면, 무능한 오너 일가가 요직을 차지하는 현상이 문제가 되는 이유는

©Mathieu CHAINE

금융 재벌 로스차일드 가문의 문장

단지 그의 무능 때문이 아니다. 더 중요한 이유는 이런 현상이 조직 내 유능한 임직원의 능력을 사장함으로써 사업 성장의 기회를 박탈한다는 데에 있다. 이는 지식노동자의 강점에 의거하여 직무와 권한을 배치해야 한다는 인사 원칙을 정면으로 위배하는 것이다. 더욱 심각한 문제는 그 경우 대개 유능한 인력이 심한 박탈감을 느끼며 회사를 떠난다는 데에 있다. 물론 다 그렇지는 않겠지만, 남아 있는 인력들은 자주 가문의 시종처럼 일하거나 보신주의로 일관하게 된다. 그 과정에서 구성원들이 변화와 혁신을 주도할 동인은 자연스럽게 사라지고 조직은 쇠락의 길로 접어들게 된다.

한 사업을 일궈 낸 선대 창업자에 대한 존경심은 적어도 다른 조건이 같다면 그의 일가친척을 향해서도 비슷하게 작용하는 법이다. 어떤 사람이 오너 가문이라는 이유 하나만으로 사내에서 받는 모든 존중감과 권위는, 그가 스스로 언행을 절제하고 경영 능력을 발휘함으로써 입증하고 유지할 책임이 있다. 만일 그에게 그럴 의사도 능력도 없다면 가문은 그를 기업 내 지위에서 배제함이 옳다.

기업이 목표를 달성하고 성과를 내기 위해 구성원들에게 부여한 모든 역할과 지위는 하나하나가 다 값진 것이다. 이를 두고 가문과 비非가문 누구를 상대로도 편애하거나 차별해서는 안 된다. 오너 일가가 스스로 이 원칙을 어기고 그 권위를 훼손하는 순간 비가족 구성원들 사이에는 좌절감과 냉소주의가 판을 치게 된다.

드러커는 오너 일가가 철저한 인사 원칙을 지키면서 성장시킨 가족 기업 가운데 하나로 듀퐁DuPont을 꼽았다. 듀퐁은 아무리 가문의 일원이라 해도 중요한 경영진의 지위와 권한은 가족과 비가족으로 구성된 위원회에서 공정한 심사를 통과해야만 부여한다는 원칙을 지켰다. 이와 동시에 듀퐁은 외부에서 유능한 경영자와 전문가를 항상 영입하려고 노력했으며 이들을 오너 일가와 결코 차별을 두지 않고 존중했다. 이런 전통 때문에 듀퐁은 1802년 창업 이후 150년 넘게 가족 기업의 전통을 지키면서 성장할 수 있었다(MTRP pp. 725~727). 물론 이런 듀퐁조차도 결국 20세기 후반에는 전문경영인 체제로 전환했다.

공동사회인 가족과 이익사회인 기업은 그 속성상 물과 기름처럼 섞이기 어렵다. 만약 불가피하게 공존해야만 한다면 그 중심은 항상 기업에 두어야 한다. 어떤 형태로든 가족을 중심에 두는 순간 길에서 빗나간 것이다. 만일 가족에 희망이 없다면, 창업자는 가족 승계를 포기하고 경영권을 보다 유능한 주체에 넘기는 것이 옳다. 그것이 그 조직에 몸담은 구성원들의 삶과 조직이 속한 사회 공동체에 기여하는 길이다.

드러커는 1994년에 「월스트리트 저널」에 기고한 글에서 가족과 기업이 동시에 살아남기 위한 조건을 이렇게 요약했다. "기업이 가족을 위해 일하는 것이 아니라 가족이 기업을 위해서 일해야 한다. 기업이 가족을 위해 일하는 순간 가족과 기업 둘 다 살아남지 못할 것이다."[5]

기업은 법적 소유권이 어디에 있느냐와 상관없이 하나의 신탁에 불과하다

어떤 기업이나 초창기에는 주로 핵심 창업 주주가 경영 통제권을 행사한다. 이 단계에서는 주로 그 사람의 역량과 의지로 회사를 성장시켜 나간다. 물론 소수의 직원들도 당연히 함께 기여하지만 역시 창업자의 희

5 Peter F. Drucker, 「How to Save the Family Business」, Wall Street Journal, 1994. 8. 19.

생이 절대적이다. 사업 현장 곳곳에 그의 손길이 닿지 않는 곳이 없다. 지분 구조도 창업자와 그 주변의 친지들이 대부분을 차지하고 있다. 회사가 자신의 소유라고 생각하게 되는 것도 무리가 아니다. 이때에는 목표와 자기통제에 의한 경영의 원리를 도입하지 않더라도, 창업자 개인의 역량만으로도 사업의 목적을 규정하고 혁신을 수행해 나가는 데에 큰 지장이 없다.

그러나 회사가 성장해 가면서 상황은 달라진다. 보다 많은 투자자들이 참여하게 된다. 직원들의 숫자도 늘어나고 사업의 내용도 복잡해지면서 창업자가 직접 경영할 수 있는 영역은 점점 줄어든다. 회사를 자신의 소유물처럼 간주하고 다룰 수 있는 단계는 서서히 막을 내리게 된다. 목표와 자기통제에 의한 경영은 반드시 필요해지고, 필요한 경우 사업 단위마다 분권화를 실시해야 한다. 비록 상장되기 전이라 해도, 이미 회사의 전체 영역은 개인의 통제 범위를 벗어난다. 지분율로 상징되는 개인의 법적 소유권은 이미 낮은 수준으로 떨어져 있다.

헨리 포드는 죽기 전까지 회사가 자신의 소유라고 생각했다. 또한 임직원들을 모두 자신의 하수인이라고 여겼다. 그는 저 유명한 닷지 형제Dodge Brothers와 배당금 분쟁에서 패소한 이후 외부의 금융을 이용하는 것도 기피했고 회사를 철저히 개인(가족) 기업처럼 유지했다. 그는 공정의 획기적인 변화와 기술적 혁신에 힘입어 한 세대의 성공을 이어 나갔지만 현대적 의미의 경영을 조직에 도입하지 못했다. 포드 자동차는 아마 창업자가 더 장수했더라면 틀림없이 망했을 것이다. 그가 죽은 뒤, 약관의 손자 포드 2세가 가업을 이어받았다. 조직은 망가진 상태였고 회사는 몰락할 위기에 처해 있었다. 그는 종업원이 아무리 많아도, 자본이 아무리 풍부해도 경영자가 존재하지 않으면 결코 성과를 낼 수 없다는 사실을 잘 알고 있었다. 그는 경영자는 없고 하수인만 존재했던 조직에, 권한과 책임이 있는 경영자의 자기통제 문화를 도입했다. 또한 급성장한 경쟁사 GM을 벤치마킹하면서 사업 구조를 일신했다(PoM pp. 111~118). 그 결과 포드는 회생했다. 만약 소유권 문제에만 초점을 둔다면, 포드가 왜 회생했는지를 설명할 수 없을 것이다. 아무리 변명하더라도 그것은 여지없는 재벌 가문의 세습 경영, 그것도 서른 살도 안 된 청년에게 금수저를 넘긴 사건이었기 때문이다. 회생의 관건은 소유권이 아니라 올바른 경영에 있었다.

오늘날 우리나라의 많은 기업가들은 기업이 성장할 만큼 성장한 뒤에도, 마치 노년의 포드처럼 회사가 자신의 소유라는 망상에 사로잡힌다. 더구나 상장이라는 특별한 사회화 의식을 거행한 뒤에도 여전히 그런 생각에 빠져 있다면 이는 커다란 착각이다. 후기 자본주의 사회의 기업에서 지분 소유자, 이사회, 경영진은 각각 다른 자격으로 다른 권한 또는 책임을 지면서 자신의 자리에 있다. 그러나 한 사람이 이 세 자리를 다 자신의 통제 하에 두려고 한다면 19세기 이전 시대로 회귀하는 것이다. 그렇게 될 수도 없고 그렇게 되어서도 안 된다.

19세기 중반에 영국에서 주식 회사의 유한 책임 제도가 합법화된 이후 100년의 세월을 거치며 소유와 경영의 분리가 진화하는 과정에서 서구 재벌 기업가들은 과거 폐쇄적인 사고로부터 힘겹게 탈피했다. 우리들은 오늘날 서구의 글로벌 기업에서 창업자의 자녀들이 특혜를 받으며 내부 고속 승진을 하거나, 심지어 별다른 검증 없이 경영진에 합류한다는 이야기를 거의 듣지 못한다. 예를 들어서 월마트의 창업자 샘 월튼은 결코 월마트가 자기 회사라고 생각한 적이 없었고, 자신의 자녀들을 이 회사에서 일하도록 해야겠다는 생각은 더욱 없었다. 자녀들은 모두 자신이 희망하는 분야에서 자신의 직업을 가지고 다른 일을 했다. 맏아들만 회사에서 일하면서 해외 사업을 담당했다. 그것도 내부 직원과 동등한 자격으로 동등한 절차를 거치며 근무를 시켰다. 20세기 전반만 해도 2~3세가 가업을 이어받는 것을 당연하게 생각했던 기업 소유 의식의 DNA가 이젠 바뀐 것이다. 서구의 수많은 글로벌 기업들은 오래전에 바뀐 이런 의식에 바탕을 두고 성장했다.

기업 문화가 서구보다 100년은 뒤진 우리나라도 이제는 좀 탈피할 때가 되지 않았을까? 최근에 불거진 대기업 일가의 소유권 집착 행동들은 마치 불꽃이 스러지기 전의 마지막 저항 같다. 시대가 바뀐 오늘날, 그런 행동들은 단순히 창업자 가문의 추악한 욕심이 문제가 아니다. 올바른 경영을 통해 한국 기업을 적어도 서구의 스탠다드 이상으로 성장시킴으로서 고용을 창출하고 사회의 필요를 충족할 책임을 제대로 수행하느냐 못하냐의 문제다.

> "사업은 사람이 성취하는 것이다. 그리고 사업은 그 법적 소유권이 누구에게 귀속되어 있느냐와 무관하게, 하나의 신탁에 불과하다. 자신이 뭔가 변화하기를 거부하고 있다는 사실을 알아차린 최고경영자라면, 그는 그토록 애정을 가지고 건설해 온 자신의 사업을 질식시키고 무너뜨리고 옥죄게 될 것이라는 사실을 깨닫게 된다. 자신이 지금까지 이룩한 성과들이 지금 자신에게 요구하는 사항들에 대응할 능력이 없다면, 그는 자신과 자신의 회사를 위해서 조용히 옆으로 물러나야 한다(MTRP p. 781)."

누가 신탁했는가? 사회가 했다. 무엇을 하라고 맡겼는가? 고객 창조라는 거대한 목적을 달성하라고 맡긴 것이다. 창업자이든 전문경영자이든 신탁자로서 제대로 책임을 다할 수 없다면 물러나는 것이 도리다.

P E T E R   D R U C K E R

3부

비용 경영

버려야 할 것과 해야 할 것 사이의 혼동

Peter Ferdinand Drucker

PETER DRUCKER

1

비용은 경영하는 것이지 절단하는 것이 아니다

히드라의 머리

수많은 기업들이 수익성이 악화되면 일단 비용을 절감하려 노력한다. 그러나 인건비, 외주비, 소모품비, 여비, 교통비 등을 아무리 쥐어짜 보았자, 억눌렀던 비용은 언제 그랬냐는 듯 다시 부풀어 오른다. 결국 옛날로 다시 돌아간다. 현재 일하고 있는 방식을 그대로 유지하면서 삭감하려 드는 것은 눈가림에 불과하다. 비용 절감은 잠시 눈가림이 아니라 영구적인 비용 절감이 되어야 한다(MF p. 201). 히드라의 머리처럼 다시 솟아날 구석이 없도록 뿌리부터 없애야 한다는 것이다. 그렇게 되려면 하지 않아야 할 활동, 영위할 필요가 없는 사업 자체를 아예 없애거나 일하는 방식을 뿌리부터 재조정하는 것 외에는 도리가 없다.

비용은 경영하는 것이지 절단하는 것이 아니다

비용[1] 경영은 매우 중요하다. 사업의 구성 단위별로 비용이 정확히 측정되어야만 비로소 그 결과를 비교할 수 있고 경제적 성과 달성도를 판단할 수 있기 때문이다. 엔지니어가 비용에 무관심한 채 품질과 디자인만을 최고로 추구한다고 해서 고객이 창조되는 것도, 이익 요건이 달성되는 것도 아니다. 엔지니어의 과업은 주어진 비용 제약 하에서 최대한 결과를 내는 설계안을 발견하거나, 목표로 하는 품질을 달성할 수 있는 가장 효율적인 비용 구조를 찾는 일이어야 한다.[2]

다양한 차종과 복잡한 사업부를 총괄했던 GM의 슬론은 비용 경영에도 탁월했다. GM은 1925년 이후, 생산량 변동이 심하게 일어나는 현장에서 제조 직접비와 다양한 간접비를 생산 단위당 표준화시켜서 분석할 수 있는 관리회계 시스템을 개발했고, 이는 여타 제조 기업의 비용 관리 시스템으로 확산되기도 했다.[3] 오늘날 여러 생산 및 건설 현장에서 원가 절감의 대표적인 방법으로 활용되는 가치공학VE: Value Engineering도 GM이 1940년도에 처음 도입한 것이다.

GM의 슬론 회장은 비용을 단순히 절감한 것이 아니라 경영한 것이다.

---

1 회계에서는 '원가'라는 표현을 사용하지만, 여기에서는 회계의 개념을 포괄한 좀 더 넓은 의미에서 '비용'이라고 통일하기로 한다. 필자처럼 경제학을 전공한 사람들은 원가보다는 '비용'으로부터 더 많은 의미를 발견한다.

2 인류가 생각하는 수많은 고성능 제품들은 대부분 실험실에서 한 번쯤은 만들어졌거나, 엔지니어가 만들 수 있는 구상들을 대개 갖추고 있다. 기업에서 만들지 못해서 안 만드는 것이 아니라, 비용 조건을 달성할 수 없기 때문에 안 만드는 것이다. 성능과 비용 사이에서 늘 고민하는 엔지니어링의 세계에 대해서는 H. 페트로스키의 책 『포크는 왜 네 갈퀴를 달게 되었나』(헨리 페트로스키 지음, 백이호 옮김, 김영사, 2014)을 참조하라.

3 A.Sloan(1963), pp. 143~148. 물론 뒤에서 언급할 ABC처럼 개별 사업 부문 전체의 비용을 파악하는 방법은 아니었다.

GM의 슬론 회장은 비용 경영에도 탁월했다. 그는 단순히 비용을 절감한 것이 아니라, 드러커 식대로 비용을 경영할 줄 아는 인물이었다. 사진은 1937년의 슬론 회장 모습이다.

흔히 management accounting은 '관리회계'라고 번역된다. 사실, '관리'라는 번역어는 management가 지녔던 구시대의 의미를 따르는 것이다. 여기에 따르면 비용은 경영할 대상이 아니라 조작·관리할 대상처럼 보이게 된다. 드러커는 이와 달리 management의 의미를 새롭게 정의했다. 그것은 이질적인 지식들을 적용하여 성과를 내는 행동이며, 동시에 다양한 성과 목표들 사이에 균형을 유지하는 행위다. 슬론은 드러커가 말했던 경영의 철학에 충실했던 인물이었다. 2000년에 르노·닛산 회장으로 취임한 카를로스 곤은 슬론과 반대로 관리의 철학을 충실히 구현했다. 협력 업체의 부품 구매 단가를 대폭 낮추어 적자를 흑자로 순식간에 전환시켰다. 당시 닛산의 협력 업체들은 그를 '절단기'라고 불렀다.

재고 관리Just-In-Time와 린lean 생산 방식으로 비용 경영의 탁월한 모범을 보였던 토요타자동차의 정책은 훗날 과도한 비용 절감 정책으로 변질됐다. 그 결과 2010년에 캠리 등 8종 모델에서 1,000만 대라는 사상 초유의 리콜 사태를 초래하기도 했다. 우리나라의 자동차 회사들도 부품 업체를 향해 단가 인하를 통보하는 것이 연례 행사처럼 되어 있다는 사실은 널리 알려져 있다.

삼성전자는 2015년 이후, 그동안 해외의 선도적인 터치 IC칩 공급 기업들로부터 조달해 오던 스마트폰 핵심 부품을 내부 조달로 전환시켜 왔다. 그동안 완제품의 품질을 담보해 왔던 해외의 첨단 부품 회사들이 삼성전자를 떠나기 시작했다. 삼성전자가 이런 정책을 편 가장 큰 이유는 실적 압박 때문이었다. 비용 절감은 당장 활용할 수 있는 효과적인 수단이다. 세계 프리미엄 폰 시장에서 삼성전자보다 고가에 적은 물량을 판매하는 애플이 왜 전체 수익의 90퍼센트 이상을 가져가는지를 여기서 알 수 있다.[4] 물론 비용 절감 차원에서 조달을 내부화했다는 것 자체는 잘못이 아니다. 내부화시켜서 고객에게 제공하는 가치가 더 탁월해질 수 있다면 내부화가 답일지 모른다. 하지만 대개 그렇게 되기는 힘들다. 거대 기업이 혼자 모든 것을 직접 다 잘할 수는 없기 때문이다.

이런 일들은 국내외 여러 업종에서 대기업은 물론이고, 수많은 중견, 중소기업에서도 항상 일어나고 있다. 저가 제품이나 원료를 사용해서 당장 수지를 맞추고 싶은 유혹은 항상 있다. 그 결과 품질 저하나 안전 감소로 이어지면 고객의 비난이나 이탈이라는 가혹한 보복이 되돌아온다. 비용 절감의 이런 부작용들에 대해서는 수많은 경영 교과서나 매체 논평에서 지적되어 왔고 경영자들도 이를 잘 알고 있다. 그럼에도 경기가 악화

4 김광일 기자, 「추락하는 삼성전자 스스로 혁신 걷어차는 삼성, 생생한 충격의 현장」, 피치원 미디어, http://www.pitchone.co.kr/?p=3913 기자는 삼성전자가 비용 절감에 집착하여 고객 가치를 창출하는 진정한 혁신에서 멀어졌다고 이야기했다. 어떤 면에서 보면 애플의 고가 시장에 접근하기를 거부하는 고객층을 삼성이 흡수하는 형태로 고객 창조가 일어났다. 이것도 혁신의 한 실행 방안이 될 수 있다. 문제는 계속 이어지는 비용 절감의 동기가 고객 창조가 아니라 실적 압박에서 연원했다는 데에 있었다. 기자는 같은 가격대의 제품군에서 이전에 끊임없이 보여 주었던 탁월성을 잃게 될 것이라는 사실에 더욱 우려를 표명했다고 보인다.

되고 수요가 감소하면 그들은 어쩔 수 없이, 즉 살기 위해서 비용 절감을 할 수밖에 없었다.

그러나 경영자들이 막다른 골목에서 자해를 할 수밖에 없는 지경에 이르게 된 것은 혁신을 일상화하지 않았던 기업이 치를 수밖에 없는 혹독한 대가이기도 하다. 언제 어디서나 외부 환경의 변화는 경영자의 의지와 무관하게 냉혹하게 변화한다. 그래서 드러커는 혁신을 가리켜 특별한 사람이, 특별한 시기에, 특별한 방식으로 행하는 것이 아니라, 일상의 규범이 되어야 한다고 강조했던 것이다(InE p. 151). 이것이 규범이 되어 있지 않은 기업은, 언제나 경기가 악화될 때마다 위기에 의한 경영MBC: Management by Crises을 반복하고 비용 절감은 그때마다 단골 메뉴가 될 수밖에 없다.

비용은 반드시 경영해야 하지만, 절감이 곧 경영을 의미하지는 않는다. 비용은 혁신을 통해서 절감해야만 비로소 경영이 된다. 드러커에 따르면 혁신은 항상 두 가지 차원에서 발생한다. 하나는 기존에 자원을 결합하는 방식을 변경하는 데에서 나오는 것이다. 이는 공급 측면의 현상이다. 다른 하나는 고객의 새로운 가치 또는 만족을 창출해 내는 데에서 생기는 것이다. 이는 수요 측면의 현상이다. 진정한 비용 절감은 바로 공급 부문에서 앞과 같은 형식으로 이루어지는 것을 말한다. 예를 들어 제철 산업이 종합 제철 공장에서 미니밀Mini-mill로 이동한 것이 대표적이다. 미니밀은 철광석을 녹이는 용광로가 필요 없이 고철을 녹여 철강 제품을 직접 만들어 내는 공법이다. 이 공법은 최종 제품이 제공하는 만족, 용도, 고객은 같은 반면 보다 적은 비용으로 동일한 수량을 생산해 낼 수 있다. 자원을 결합하는 방식이 달라진 결과다(InE p. 33). 우리는 얼마나 많은 기술 분야에서 수많은 혁신들이 이런 식으로 원가 절감을 이루어 왔는지 잘 알고 있다. 사실 포드가 보편화했던 컨베이어 벨트 시스템도 혁신적인 원가 절감을 이룬 전례 없이 탁월한 사례라고 말할 수 있다. 이런 일은 비단 과학이나 기술 분야에서만 일어나지 않는다. 마케팅, 조달, 인사 등 모든 분야에서 자원을 결합하는 새로운 방식을 창안하면 실질적인 비용 경영 효과를 얻을 수 있다.

이처럼 자원을 새롭게 결합 또는 배분하는 방식을 도입해서가 아니라 단지 비용 절감 자체가 목적이 된 채 강제로 비용을 절감하는 것은 경영이 아니다. 그것은 사지四肢 절단에 불과하다.

비용은 총액이 아니라 배분 상태로 봐야 한다

비용 절감은 재무제표상 이익을 높일 수 있는 가장 손쉬운 방법이자 즉효를 볼 수 있는 매우 강력한 방법이다. 물론 스타트업들이라면 줄일 비용 자체가 없기 때문에 대개 비용 절감을 거론할 상황이 아니다. 하지만 어느 정도 사업이 안정기에 접어들었거나 규모가 일정 수준 이상 성장한 기업들은 이익이 잘 나지 않을 때 비용 절감의 유혹에 빠지기 쉽다. 이때 최고경영자들은 대개 비용을 재무제표 상의 숫자로 이해한다. 총계로는 분명히 재무제표에 비용 항목들이 나타난다. 그러나 정작 그 숫자 너머에 있는 비용의 본질을 이해하는 사람은 드물다.

올바른 비용 경영은 그 총액이 높으냐 높지 않느냐가 아니라 지출해야 할 곳에 제대로 투입되는 비용인가 아닌가를 판단하는 데에서 출발한다. 그러나 대부분의 최고경영자는 투입의 배분 상태보다 그 총액이 먼저 눈에 들어온다. 드러커는 대부분의 사업에서 노력이 얼마나 잘못 투입되고 있는가를 이렇게 표현했다.

> "사업 전체 결과의 90퍼센트는 노력의 첫 10퍼센트에서 발생하고, 비용의 90퍼센트는 나머지 쓸 데 없는 90퍼센트의 노력에서 발생한다(MfR pp. 9~10)."

이는 흔히 알고 있는 소위 80대 20의 법칙, 즉 파레토 원리다. 많은 자원과 노력들이 아무런 결과를 낳지 않는 활동으로 몰려가는 경향이 사회에서는 자연스럽게 발생한다. 사람의 습성상 잘 팔리는 물건에는 영업사원을 추가로 배치하지 않으려 한다. 왜냐하면 이미 잘 팔리고 있기 때문이다. 반면에 잘 안 팔리는 물건에는 영업사원들을 추가로 투입하는 경향이 있다. 왜냐하면 잘 팔리도록 만들고 싶기 때문이다. 약점을 포기하기보다는 어떻게든 보완하려는 것이 사람들의 심리다.

수입 금액과 비용 금액이 마치 닫힌 통로 안에서 계속 순환한다고 생각하는 것은 큰 착각이다. 즉, 수입은 그에 상응하는 비용을 발생시키고, 비용은 투입한 만치 수입에 포함된다고 생각해서는 안 된다.[5] 수입과 상관없는 지점에서 비용은 자꾸 새어 나가는 경향이 있다. 결과를 창출하지 않고 누수되는 비용은 조직 내에 자기도 모르는 사이에 비즈니스가 아니라 비즈-니스busy-ness만을 낳는다(MfR p. 11). 사람들은 늘 바쁘게 뛰어다니지만 그게 정말로 결과를 내는 데에 기여했는가 반문해 보면 그렇지 않은 경우가 더 많다. 팔리지 않는 물건을 유지하느라 드는 각종 지출,

5 회계에서는 이른 바 수익-비용 대응의 원칙이 있다. 모든 수익은 그에 상응하는 비용이 존재한다는 사고다. 그러나 이는 회계에 적용되는 논리일 뿐, 어떤 비용이 성과를 창출하는 데에 기여하는가는 전혀 다른 문제다.

무익한 회의, 불필요한 의전과 행사에 소요되는 노력, 관료적인 서류 작성에 낭비되는 시간 등등 누수되는 비용을 대자면 끝이 없다.

비용은 재무회계 차원의 현상이 아니다

오늘날 CFO들의 과업은 금융기관을 비롯한 여러 외부 투자자를 상대하거나 수금과 비용 지출을 관리 통제하는 일에 집중되고 있다. 극단적으로는 물품을 구입하거나 해외 출장비 하나를 승인받으려 해도 재경 부서의 깐깐한 통제를 거쳐야 한다. 하지만 드러커가 말했던 진정한 비용, 즉 사업의 성과에 대응되는 비용을 경영하는 일은 그들의 일이 아닌 것처럼 인식되고 있다. CFO가 관리하는 자금은 연구 개발이나 교육 활동에 투입되지만, 과연 연구 개발 활동에 그 자금을 포함한 회사의 여러 노력들이 어느 정도가 투입되고 그것이 향후 어떤 성과를 낼 것인지, 어떤 성과를 내왔는지에 대해 아무도 판단하려 들지 않는다. 대개 공무 부서에서 해당 제품이나 공정에 대해 비용 추정을 하기는 하지만, 생산 부문 이외에 유통, 조달, 마케팅, 인사, 기획, 연구 개발 등 사업 전반에 걸친 여러 활동들의 성과 대비 비용을 측정하고 관리하는 일까지 하지는 않는다. 이런 모든 일이 일어나고 있는 이유는 대부분의 사람들이 비용을 재무회계 차원의 현상으로 이해하고 있기 때문이다.

그러나 비용은 단순히 재무나 회계 현상이 아니라 분명히 기업가적 현상이고 혁신 현상이다. 경영자가 이렇게 인식을 바꾸지 않는 한 비용은 언제나 절감의 대상으로만 보일 것이다. 예를 들어서 매출채권이나 재고자산은 재무회계 관점에서만 보면, 사업의 현금 흐름을 악화시키는 일종의 비용으로서 단순한 총량 수치에 불과하다. 그래서 재무 분석가들은 단순히 매출채권이나 재고 자산의 상대적 크기나 회전율만을 보고 사업 경영이 잘 이루어지는지 아닌지를 판단한다. 그러나 이 현상을 혁신의 관점에서 보면 전혀 다른 의미가 드러난다. 외상 거래처나 재고의 구조를 잘 연구하면 자원을 재배치하거나 고객을 창조하는 중요한 실마리를 얻을 수 있다. 고객별로 차등화한 신용 제공 기법을 개발하거나, 판매 전략에 따른 재고 최소화 전략을 개발할 수도 있다. 농기계 할부 금융 판매 기법을 개발하여 고객을 창조한 맥코믹McCormick이나 판매 시점 정보 관리 시스템POS에 기반을 두고 재고를 거의 남기지 않는 혁신적인 개발 및 생산 전략을 도입한 유니클로UNIQLO가 그랬다.

연구 개발비나 교육 훈련비도 마찬가지다. 매출원가나 판매비와 관리비 안에 들어가 있는 숫자로만 보면 투입 대비 혁신 성과, 즉 ROI를 알 수 있는 방법이 전혀 없다. 연구 개발 투자비가 업계 최고라고 자부하는 회사 가운데, 실제로 혁신을 선도하면서 고객을 창출하는 것과는 무관한 사업 행태를 보이는 기업들이 많다. 심지어 연구 개발비는 중소기업의 회계상 이익 수준을 조정하기 위한 수단처럼 인식되고 있기도 하다.

영업 사원들에게 아무리 비용을 들여 교육 훈련을 시킨다 해도 영업 효과가 크게 개선되지 않는다면, 차라리 영업 사원들이 영업 이외의 사소한 업무에 얼마나 많은 시간을 소모하고 있는지를 분석해서 그런 비용을 없애는 것이 더 나을지 모른다. 영업 조직은 파레토 원리가 작용하는 대표적인 영역이다. 최고의 실적을 올리는 소수의 영업 사원들이 매출의 절반 이상을 기여하는 현상을 흔히 발견할 수 있다. 그렇다고 해서 평균 이하의 실적을 올리는 영업 사원들을 전부 해고해서는 안 된다. 그보다는 그들 사이에 숨은 비용 요인을 찾아내어 제거함으로써 그들로 하여금 비용을 보상하는 수준의 성과를 유지할 수 있도록 유도하는 게 낫다.

거래를 분석해야 비용이 보인다

재무제표에는 비용이 잘 보이지 않는다. 엄연히 매출원가나 판매 관리비와 같은 비용 계정이 있는데 무슨 말이냐고 할지 모른다. 그러나 분명히 알아야 한다. 재무제표상의 비용은 회계 기준에 따라 비용으로 계상할 수 있는 항목들을 일률적으로 집계한 것에 불과하다. 드러커가 가리켰던, 성과를 창출하는 데에 기여했거나 낭비된 비용은 전혀 나타나지 않는다. 드러커에게 비용이란, 어떤 결과를 낳기 위해 기울인 노력의 정도를 의미한다. 이렇게 기울인 노력이 거래 활동이다.

거래 활동에서 나오는 비용에는 두 가지가 있다. 먼저 어떤 행동을 하는 데에서 나오는 비용이다. 예를 들어서, 한 건의 프로젝트를 수주하기 위해 그동안 시도했던 여러 제안 횟수 및 거기에 투입된 모든 금전적, 비금전적 노력이 거래 활동이 야기한 비용이다. 거래처 한 곳을 방문하기 위해 소요된 시간, 노력, 지출액 등도 여기에 해당한다. 다음으로는 어떤 행동을 하지 않음으로써 발생하는 비용이 있다. 예를 들어서 운항 중인 비행기의 빈 좌석이 그렇다. 승객이 앉은 좌석만을 떼어서 날아갈 수는 없다. 아무도 앉지 않은 좌석도 함께 날아야 한다. 정차해 있는 차량이 공회전하는 데에서 발생하는 비용도 여기에 해당한다. 이런 것들이 바로 수입과 비용의 순환 과정에서 누수되는 비용이다. 우리는 이렇듯 결과를 창출하지 않고 사라지는 비용을 재무제표상에서는 전혀 발견할 수 없다.

올바르게 비용을 줄이려면 결과를 낳지 않는 거래 활동을 줄이는 데에

캐나다 토론토에 있는 에어비앤비 사무실. 에어비앤비는 유휴 자원을 활용한 공유 경제를 잘 보여 주고 있는 대표적인 기업 가운데 하나다.

서 출발해야 한다. 사업의 내부는 거래 활동으로 가득한 시스템이다. 모든 자원들이 뭔가를 부지런히 하거나, 아무것도 하지 않거나 둘 중의 하나에 반드시 속한다. 지금 당장 사무실이나 공장 안을 들여다보라. 무언가 바삐 돌아가거나, 아니면 아무 움직임도 없이 그대로 있거나 둘 중의 하나일 것이다. 누군가는 바삐 움직이며 결과를 내지만 누군가는 헛된 노력만 기울이고 있다. 조용히 있는 것 같지만 뭔가 계속해서 성과를 내는 설비도 있는 반면에, 아무것도 만들어 내지 못하고 놀고 있는 건물이나 장치들도 있다. 그러나 어느 쪽에 속하든 결과를 내는 활동은 그중에 일부에 불과하다.

최근에 공유 경제가 혁신적인 사업 모델로 등장하고 개방형 혁신open innovation과 집단지성collective intelligence이 기업과 개인을 막론하고 지식 획득의 중요한 원천이 되고 있다. 이런 현상은 무엇을 의미하는가? 이는 기업의 역사가 거래 비용을 절감해 온 역사라는 사실을 반증한다. 에어비앤비나 우버를 보면 아무것도 하지 않고 놀고 있는 자원들, 예컨대 유휴 숙박 공간, 유휴 차량이 발생시키는 비용을 체계적으로 제거하는 시스템이라는 것을 알 수 있다. 필요한 지식들을 온라인 공간에 체계적으로 공개해 놓고 이것을 누구나 쉽게 찾아서 사용할 수 있도록 한 시스템 덕분에 예전에 그런 것들을 찾으려 분주히 돌아다니며 낭비했던 비용들을 획기적으로 줄일 수 있게 되었다.

원래 제도경제학에서 말하는 거래 비용이란, 자원을 보유한 주체끼리 서로 탐색하고 만난 뒤 자원을 교환하고 취득하기까지 일련의 과정에서 발생하는 비용을 의미한다. 로널드 코스Ronald Coase는 기업이 존재하는 이유가 거래 비용을 최소화하기 위해서라고 말했다. 어떤 결과를 내기 위해, 예컨대 빵을 만들거나 집을 짓기 위해 필요한 여러 자원들을 모은 뒤 하나의 조직으로 내부화하면서 기업이 등장했다. 일단 기업에 자원들이 내부화되면 거래 비용은 사라지지만 행정 관리 비용이 발생한다. 관리할 자원의 종류가 늘고 규모가 커질수록 행정 관리 비용은 늘어난다. 모든 자원을 수직계열화한 거대 기업은 행정 관리 비용이 거래 비용을 압도할 것이다. 반면에 기업이 없다면 행정 관리 비용 대신에 오직 거래 비용만이 발생할 것이다.

20세기 후반 정보 통신 기술이 비약적으로 발전하면서 시장 내 거래 비용이 현저히 줄게 되는 효과가 발생했다. 그러면서 거대 단일 기업보다 네트워크화로 연결된 작은 기업들의 비중이 늘고 있다. 자원을 아웃소싱하는 비중도 함께 늘고 있다. 이런 현상이 일어나면서, 이른바 롱테일long tail에 해당하는 소수의 특이 제품이 지니는 의미도 변화하고 있다. 과거에 특이 제품은 거래 비용이 높을 수밖에 없었다. 그 물건 하나를 유지하기 위해 선반의 공간을 배치하고 사람이 움직여야 했기 때문이다.

같은 기간에 그 물건보다 수백 배나 많은 물량이 판매되는 물건에도 어차피 비슷한 수준의 거래 비용이 수반되었을 것이다. 하지만 오늘날 탐색 비용이 감소하면서 전반적으로 시장 내에서 사업의 거래 비용도 감소하는 힘이 작용하고 있다. 하지만 기업 내부에서는 이런 시장의 힘이 작용하지 못한다. 경영자가 의사 결정을 통해 비용을 재배분하기 전에는 말이다.

경영자가 재무 보고서에 나타난 비용의 총액만을 보면, 삐죽삐죽 튀어나온 부분들을 마치 가지치기하듯 잘라 내고 싶은 유혹에 빠지기 쉽다. 그러나 정작 어떤 거래 활동들이 그 이면에 있는지 들여다보지도 않고 비용 절감에 돌입한다면, 드러커의 표현대로, 진단도 하지 않고 수술에 착수하는 돌팔이 의사와 다를 바 없다. 100억 원의 결과를 내는 인원 100명에 대한 인건비와, 50억 원의 결과를 내는 100명의 인건비는 다른 것이다. 경영자는 성과에 기여하지 않는 인건비가 발생하는 지점을 분석한 뒤, 이들이 하는 활동을 포기하고 성과를 낼 수 있는 다른 활동들로 전환시켜야 할 책임이 있다. 이것이 바로 드러커가 말했던 비용을 경영하는 방식이다.

그러나 비용 경영 방식이 해고의 형태를 띨 것이냐, 신사업 개발이나 분사의 형태를 띨 것이냐, 아니면 기존 동일 사업의 성과를 더 내는 방식으로 인력 투입 방식을 조절할 것이냐에 대한 결정은 단순히 경제적 차원의 문제를 넘어선다. 그것은 노동자들의 심리적 안정감이라는 비경제적 요인을 감안한 의사 결정이 되어야 한다.

비용을 증가시켜야 할 일에는 집중적으로 비용을 투입해야 한다

만약 비용을 조금 더 증가시킴으로써 성과가 크게 날 수 있는 부문이 있다면, 그 부문에 비용을 집중적으로 투입해야 한다. 올바른 비용 절감, 진정한 구조조정이란 모든 부문에서 비용을 일률적으로 줄이는 것이 아니다. 만약 최고경영자가 각 사업 부문별로 일괄 5퍼센트씩 연간 관리비를 절감하라는 지시를 내렸다면, 그는 진정한 성과 부문까지 희생시키는 우를 범하고 있을 가능성이 높다. 하지만 이는 흔히 일어나는 일이다. 올바른 비용 절감이란 일괄 감축이 아니다. 진정한 비용 절감은 **성과를 내지 않는 비용 지점을 찾아내서 그 자원과 노력을 보다 성과를 낼 수 있는 지점으로 이동**시키는 것이다.

1997년 외환위기는 우리나라 기업들에게는 참으로 큰 충격이었다. 많은 기업들이 살기 위해서 비용 절감에 돌입했다. 이때 비용 절감은 미국에서 한때 그랬던 것처럼 증권시장이 요구하는 단기 실적을 향상시키기 위해 행했던 무분별한 다운사이징과는 전혀 다른 것이었다. 당장의 생존을 위해 제 살을 베어 내야만 했다. 많은 기업들이 우선 필요해 보이는 생산직과 핵심 기술직은 남겨 두고 판매나 관리직을 감원했다. 중소기업들은 감소한 판매 직원들을 대신해서 사장이 직접 영업에 나서기도 했고 생산직이 평생 안 해 보던 행정 관리 업무를 나누어서 수행하기도 했다. 생산직들은 전에 관리직들이 해 왔던 장부 정리에 매여 정작 자신이 해야 할 일에서 성과가 줄어들었다. 이때 많은 기업들이 판매직과 관리직이 얼마나 그동안 큰일을 해 왔는지 비로소 깨닫게 됐다. 그동안 오버헤드overhead라고 간주됐던 직원들이 얼마나 회사의 원활한 운영에 기여해 왔는지 절실히 느낀 것이다. 하지만 이런 극단적인 상황에 처해 보기 전에는 어떤 활동이 정말로 회사의 성과에 기여하는 일인지, 아닌지를 판단하기란 정말 어렵다.

경영자가 비용의 현실을 직시하려면 비용 기록부터 바라보아서는 안 된다. 반대로 결과 영역을 먼저 바라보아야 한다. 목표하는 결과를 내기 위해 올바로 투입되어야 할 일들에 무엇이 있는지 세심히 파악해야 한다. 그렇게 해서 절감해야 할 비용 영역이 드러난다 해도, 이를 시정하려는 작업은 어렵기 그지없다. 왜냐하면 포기해야 할 비용 부문으로 낙인찍히는 것은 누구나 싫어하기 때문이다. 결국 올바른 비용 절감이라 해도 많은 사람의 반대에 직면하게 된다. 그리고 사람들은 자신에게 일어난 잘못된 현실을 스스로 인정하는 일이 가장 어렵다. 대부분의 사람들은 현실을 외면한 듣기 좋은 말과 칭찬을 희망한다. 그러나 이야말로 가장 위험한 일이다(MfR p. 16). 대부분의 경영자가 가장 하기 힘든 말 가운데 하나가 "내가 틀렸다"는 말이라고 한다. 모든 의사 결정자는 항상 "내가 옳다"는 덫에 빠져 있다(MTRP pp. 474~475).

기업 내부에는 부가가치가 존재하지 않는다

발상을 전환하면 사물의 본질이 늘 새롭게 드러난다. 흔히 기업은 이익을 내야 하는 존재라고 본다. 맞는 말이다. 그런데 기업 자체만을 떼어 놓고 보면 본질적으로 이익 중심점profit center이 아니다. 모든 기업은 비용 중심점cost center이다. 다시 말해서, 기업이라는 존재는 태생적으로 비용을 소모하게끔 되어 있는 존재라는 뜻이다. 만약에 기업에 외부가 없다면 기업을 구성하는 자원들은 언제나 비용만을 발생시킨다. 기업의 노력

하나후다(花札)라고 불리는 일본의 전통 화투를 생산하던 당시의 닌텐도 본사 현판. 콘솔 게임의 강자였던 닌텐도는 한때 변화에 발빠르게 적응하지 못해 큰 곤란을 겪었다.

을 외부의 경제적 결과로 탈바꿈시켜 주는 힘은 외부의 고객에게 있다. 기업 내부에 있다고 생각되는 지식들조차도 사실은 내부의 자원이 아니라 외부로부터 온 자원들이다. 다시 말해서 사회의 자원들이다. 사업이란 외부의 자원들을 외부의 결과로 전환시키는 절차다. 드러커는 경영자가 반드시 직시해야 할 현실 가운데 이것을 첫 번째로 꼽았다(MfR p. 5).

드러커의 이런 지적을 통해 우리는 기업의 실체에 대해 한 가지 중대한 통찰을 얻을 수 있다. 기업은 실체가 없다는 것이다. 기업의 모든 구성 요소들은 기업 바깥의 것이기 때문이다. 잠시 생겼다 사라진다. 이런 서술은 마치 모순 어법처럼 보이기도 하지만, 경영자가 심지어 직원들조차 이 모순을 인지하지 못하면 지금 자신이 몸담은 기업의 현실이 영원할 것 같은 착각에 빠지게 된다. 거대 기업이나 소기업을 막론하고 내부의 직원들이 열심히 일하면서 매출과 이익이 계속 발생하는 모습을 보면, 매우 굳건하고 안정돼 보인다. 그러나 어쩌면 이 모든 것들이 환상일 수 있다.

마치 요술과 같다. 불과 몇 년 전까지만 해도 혁신의 대명사로 칭송받던 회사, 예컨대 닌텐도 같은 회사는 스마트폰 게임이 주류가 되면서 눈

깜짝할 사이에 변화를 거부하는 환자로 전락했다. 콘솔게임에 집중한다는 전략은 게임을 즐기는 외부의 고객들이 어떻게 변화하는가에 대해 눈을 감게 만들었다. 그 사이에도 닌텐도 내부의 인력들은 콘솔 게임기를 개선하기 위해 얼마나 많은 노력을 기울였겠는가? 그 회사는 자연스럽게 비용 중심점의 본모습을 드러냈다. 모두들 닌텐도가 죽었다고 생각했다. 그런데 어느 날 포켓몬 고로 혁신을 부활시켰다. 외부를 다시 발견하는 데 성공한 것이다.

드러커는 기업이, 특히 제조업에서 부가가치를 창출한다는 말도 다시 생각해 보아야 한다고 했다. 기업 스스로 만들어 낼 수 있는 것은 부가비용뿐이다. 오직 외부의 고객만이 가치를 부가시킬 수 있다(MfR 30n).

활동기반원가계산ABC: Activity-Based Costing

제조업은 원재료나 부품이 하나의 연쇄적 흐름을 거치며 완제품으로 변형되어 간다는 특성이 있다. 여기에서 이른바 직접비나 간접비 같은 개념이 발생한다. 전통적인 원가회계cost accounting 방식을 따르면 오늘날 지식 조직에서 비용의 본질을 올바르게 들여다보기 어렵다. 원가회계에서는 완제품의 생산량이나 매출액 비중을 기준으로 간접비를 일률적으로 배분한다. 물론 이 방법이 정확한 배분법은 아니지만, 그래도 과거에 직접비(원재료비, 노무비 등) 비중이 클 때에는 어느 정도 수긍할 수 있는 방법이었다. 그러나 이 방식은 회계 처리 용도로는 맞지만, 사업의 성과에 대응되는 비용을 이해하는 데에는 부적합하다.

드러커는 사업의 성과를 제대로 이해하려면 활동기반원가계산ABC이 더 적절하다고 생각했다. 특히 물리적 제품을 생산하지 않는, 금융, 유통, 병원, 학교, 언론 등 지식과 서비스를 생산하는 사업에서는 ABC가 적절하다(MfR pp. 27~32, MC pp. 111~113). 물론 ABC가 제공하는 정보는 여전히 '숫자'라는 데에 한계가 있다. '숫자'만으로는 의사 결정자가 파악해야 할 현실을 전부 드러내 주지는 않는다.

드러커는 ABC가 기존의 원가회계에 비하여 진일보한 방법임을 인정했지만, 기업 현장은 한동안 원가회계 관행에서 벗어나지 못했다. 우리나라 기업들도 마찬가지였다. 1995년 동양제과는 미국의 컨설팅 회사 마스MARS&Co로부터 초코파이가 효자 상품이 아니라는 보고를 받고 깜짝 놀랐다. ABC에 의해 비용 대비 성과를 계산해 보면, 초코파이 사업 부문의 영업이익률이 전체 평균에도 못 미치는 것으로 나왔다. 그동안 회사에서 그다지 중시하지 않았던 껌, 캔디, 초콜릿 등이 오히려 높은 수익성을 달성해 왔던 것으로 나타났다. ABC 적용 결과 그동안 가장 높은 판매수당을 받아간 영업 사원이 실제로 회사 기여도가 평균 수준이며, 유망하다고 생각해서 판촉비를 집중 투입했던 거래처가 사실은 팔수록 손해라는 사실도 드러났다. 동양제과는 ABC를 도입하면서 비용과 성과에 대한 인식이 달라졌다. 그전처럼 단순히 많이 파는 것이 아니라 그 부문에 투입된 비용에 대비해서 많이 팔 수 있어야 높은 성과라고 인정하게 된 것이다. 영업 사원들은 전산 시스템에서 자신의 영업 활동에 투입된 비용들을 상세히 조회할 수 있게 됐다.[6] ABC를 도입한 이후 그들에게는 올바른 비용 마인드가 자리 잡았다. 회사도 비용을 단순히 절감하는 것이 아니라 경영할 수 있게 됐다.

---

6 『전략적 관리회계』, 김성기·윤성수·이용규 지음, 홍문사, 2015. p. 257

비용은 기업 내부에 국한하지 않는다

더 나아가, 오늘날 경영자의 비용 관념은 기업 내부를 벗어나야 한다. 21세기 글로벌 네트워크 경제에서는 자신의 회사를 포함한 **전체 경제 사슬**entire economic chain의 비용을 알아야 한다. 그 연쇄에서 활동하는 다른 구성원들과 함께 일하면서 전체 비용을 경영하고 성과를 극대화해야 한다(MC21 p. 114). 기업 내부의 비용에만 집착하는 경영자는 후진적이라는 말을 듣는 시대가 올 것이다.

대기업들은 오늘날 수많은 공급사를 거느리고 있다. 이들의 비용을 경영해야지 결코 절단하려고 해서는 안 된다. 드러커는 토요타 등 일본의 계열사가 협력 업체의 비용을 효과적으로 경영하는 사례를 들면서 이 주장을 한 적이 있다(MC21 p. 114). 그러나 드러커가 높게 평가했던 토요타 자동차의 비용 정책은 그의 희망과 달리 훗날 협력사의 비용 절단을 요구하는 형태로 변질됐다. 그 결과 드러커 사후, 2009년에 완성차의 결함에서 촉발된 대규모 리콜 사태가 일어났다. 드러커가 만일 이 사태를 목도했다면, 다양한 목표 사이에서 균형을 잃은 토요타의 실책을 지적했을 것이다.

이 시대는 예전처럼 비용에 마진을 더해서 가격을 책정하는 비용 주도 가격 책정cost-led pricing이 점점 효력을 잃고 있다. 대신에 목표하는 가격에 맞추어 비용을 책정하는price-led costing 시대로 접어들었다. 시어스 로벅이 오래전에 이 개념을 도입했다. 재봉틀 회사였던 일본의 브라더공업은 이 방식으로 미국 중저가 팩스 시장에 성공적으로 진출할 수 있었다. 오늘날 이케아IKEA도 이 방식으로 가구를 생산하면서 전 세계에서 경쟁력을 유지하고 있다. 이들은 한결같이 목표에 의한 경영의 원리에 충실했다.

목표 가격과 그 수준에 맞는 목표 품질이 정해지면, 거기에 적합한 설계 방식을 채택하고 적절한 공급 기업을 모색한다. 중요한 것은 비용을 가격에 맞춘다고 해서 목표로 하는 품질과 성능을 희생하는 일이 결코 없었다는 사실이다.

2

그릇된 인력 구조조정, 사람은 부채도 비용도 아니다

대규모 감원은 불가피한가?

희망 퇴직이 희망 사항이 아니라는 사실쯤은 누구나 알고 있다. 2015년 두산인프라코어는 사무직을 40퍼센트 감원한다는 목표 아래 심지어 신입직원까지 희망퇴직 대상에 포함시켜, 사회에 큰 충격을 안겼다. 그전까지 희망퇴직은 적어도 50대는 되어야 닥치는 일처럼 알았다. 그런데 대중들은 그 사건을 앞으로 40대 희망퇴직은 옛말이고 20~30대 사원까지 그 대상이 될 수 있다는 하나의 신호처럼 받아들였다. 오륙도, 사오정에 이어 삼팔선이라는 신조어까지 등장했다. SNS와 블로그에는 취업을 앞둔 청년층은 물론이고 이미 취업한 젊은 계층의 불안감들이 그대로 표출됐다. 논란이 커지자 그룹 회장이 나서서 신입 사원 희망퇴직은 철회하라고 지시하기도 했지만, 사람들은 믿지 않았다. 언덕 아래로 바위는 이미 밀쳐진

실적 악화에 따른 감원은 글로벌 기업이나 국내 기업이나 예외 없이 일어나는 현상이다. 퀄컴은 2015년 말에 직체 직원의 10퍼센트를 감원하기도 했다. 사진은 샌디에고에 있는 퀄컴 본사.

상태임을 알고 있었기 때문이다.

2014년에 KT그룹은 10퍼센트를, 동부그룹과 현대그룹은 20퍼센트를 감원했다. 이는 우리나라만의 일은 아니다. 실적 악화에 직면한 글로벌 기업도 어쩔 수 없이 감원을 선택해 왔다. 퀄컴은 2015년 말에 직체 직원의 10퍼센트인 3,000명을 감원할 계획을 발표하기도 했다.

어느 기업인들 감원을 좋아서 행하겠는가? 실적 악화는 경영자의 의지로 막아 낼 수 있는 사태가 아니다. 그래서 감원은 결코 희망하지 않는, 불가피한 선택이라는 변명이 늘 성립한다. 그러나 이 말에도 어폐가 있다. 경영자가 실적 악화를 막아 낼 수 없다면 경영자의 존재 이유는 과연 무엇일까? 그 피바람을 일으킨 뒤에도 어째서 경영자는, 특히 오너 경영자는 자리를 굳건히 지키며 그토록 높은 보수를 계속 받아가는 것일까?

이때 경영자가 기껏 행할 수 있는 일이란, 감원의 필요성을 사전에 충분히 납득시키는, 일종의 동의를 구하는 절차를 거치는 일 정도다. 이 정도만 해도 감원 대상자에게 일방적으로 메일이나 문서로 통보해 버리고 끝나는 비인간적인 기업들보다야 낫겠지만, 이미 사태는 벌어졌고 사회적 고통은 피할 길이 없다. 흔히 망가질 대로 망가진 조직에 구원투수로 등판한 CEO에게 감원은 불가피한 1차 관문이 된다. 그러나 과연 그래야만 할까?

드러커의 시각으로 보면, 감원 현상은 세 가지 방향에서 접근할 수 있다.

첫째, 당사자인 지식노동자의 입장에서 실직을 어떻게 인식해야 할 것인가의 문제다.

둘째, 대규모 감원이라는 막다른 골목에 내몰리지 않기 위해서라도, 경영자가 목표와 자기통제에 의한 경영과, 혁신을 일상적인 규범이자 문화로 정착시키는 경영을 실천하는 것이다. 감원이라는 사태를 근본적으로 예방하는 경영이다.

셋째, 마지막으로 경영자의 입장에서 피고용인을 과연 어떤 존재로 인식하고 대해야 할 것인가의 문제다. 먼저 지식노동자의 입장에서 실직을 인식하는 문제를 간단히 설명한 뒤, 본장에서는 이 문제를 좀 더 길게 설명하기로 한다.

실직은 불쾌한 일이지만 초대형 재난은 아니다

노동자의 이동성이 제한되어 있었던 시절에 단순 노동자의 실직은 참으로 커다란 재앙이었다. 영국의 소작농들은 아무리 열심히 일해도 튼튼한 거지에 불과했고, 귀족의 시종들은 상전을 떠나서 다른 곳으로 간다는 것은 생각조차 할 수 없었다. 실직은 곧 사형선고나 마찬가지였다(MTRP ch. 19). 고용주가 공포 경영으로 하인들을 통제할 수 있었던 이유는, 하인들의 입장에서 그 정도의 공포쯤이야 실직 후에 닥쳐 올 재난에 비하여 충분히 견딜 만한 것이었기 때문이다. 노동에 대한 X이론은 바로 이런 현실을 전제로 했다. 그러나 자본주의 이후의 사회post-capitalist society, 지식 사회, 조직 사회에서, 지식노동자에게는 더 이상 공포가 그들을 통제할 수 있는 수단이 되지 못한다. 왜냐하면 지식노동자는 과거와 비교할 수 없을 정도로 이동의 기회가 늘어났기 때문이다. 이런 시대이지만 실직에 대한 두려움은 과장되어 있다. 마치 과거에 자녀의 소아마비에 대해 어머니가 품었던 두려움과 비슷하다(MTRP ch. 22).

만약 실직이 개인에게 거대한 공포와 불안으로 다가온다면 그는 지식노동자로서 자신의 삶을 책임지는 훈련이 부족했음을 솔직히 자인해야 할 것 같다. 물론 이는 그 개인만의 잘못은 아니다. 개인을 단순히 조직의 하수인처럼 대했던 조직의 잘못이 더욱 크다. 그런 조직은 그를 목표와 자기통제의 원리를 따르는 한 명의 경영자로 육성하지 못한 것이다. 그는 오직 조직에서 주어진 일, 시키는 일만을 열심히 했을 것이다. 그래도 본인의 책임은 여전히 남아 있다. 자본주의 이후의 사회에서, 자신이 속한 조직의 외부를 관찰하면서 독립적으로 사업 기회를 찾고 그에 합당한 지식을 개발하거나 제2의 경력을 준비해야 할 책임 말이다.

한 개인의 노동 수명이 조직 수명보다 점점 길어지고 경제의 고高성장이 종막을 고한 시대에, 어느 사회의 노동자라 해도 연금제도만으로는 인생 후반을 감당하기 어렵다. 국가가 노동법으로 고용을 제도적으로 보장한다고 해서 해결될 문제는 더욱 아니다. 고용이 제도적으로 보장된 공사公社에서조차 왜 그토록 노사분규가 빈번한가? 보장된 고용은 오히려 변화와 혁신을 거부하고 생산성을 곤두박질치게 만드는 역할을 하지 않는가? 반면에 제도적으로 고용을 보장하지 않는 혁신 기업에서는 왜 고용 보장을 요구하는 저항이 거의 눈에 띄지 않는가(MTRP ch. 22)?

드러커는 일찍이 지식노동자들에게 조직이 자신의 삶을 평생 책임져 줄 것이라는 기대를 버려야 한다고 말했다. 그리고 제2의 경력을 준비할 책임을 줄곧 역설해 왔다. 어찌 보면 오늘날 은퇴라는 단어는 사라져야 한다. 무의미하기 때문이다. 드러커에 따르면, 일본 기업들은 종신 고용 제도를 통해 제도적으로 공포를 제거하는 데에 어느 정도 성공했다. 우리나라도 산업화 과정에서 일본의 이런 제도를 모방했다. 우리나라의 노동자들은 한동안 회사가 자신의 삶을 책임져 줄 수 있을 것이라고 믿으면서 살았다. 그들은 그렇게 안정감을 형성했다. 하지만 종신 고용에 대한 그 믿음은 1998년 외환위기 때 철저하게 깨졌다.

일본과 같은 식으로 노동자를 평생토록 한 조직에 종속시키면 조직 구성원들은 외부 변화에 둔감해지고 노동조합은 폐쇄주의에 갇힐 수 있다는 단점이 있다. 지식노동자의 이동성을 제약하는 이런 제도는 결코 지속 가능하지 않다는 것이 드러커의 생각이었다(MTRP ch. 19).

경영자가 지식노동자를 이렇듯 한 조직에 평생토록 예속시키는 것도 잘못이지만, 평생을 노예처럼 부리다가 불시에 내보내는 것은 더 큰 죄악이다. 개인이 제2의 경력을 위해 외부를 돌아보며 자기 계발을 할 수 있는 여유를 사치인 것처럼 매도하고, 주말과 휴일에는 사생활까지 포기하며 회사에 충성하도록 하는 문화를 만들어 놓고서, 어느 날 갑자기 어렵다는 이유로 나가 줄 것을 요구한다면 이는 정의롭지 못하다.

반대로, 지식노동자로 하여금 조직에서 최대한 자신의 강점을 발휘하여 기여하도록 하되, 여기에서 더 이상 그런 기회가 생기지 않는다면 자신이 기여할 수 있는 다른 조직을 찾아 언제든지 떠날 수 있도록 허용하는 문화라면, 나가 달라는 요청은 더 이상 그에게 공포도, 불쾌도 아닐 것이다.

필자는 언젠가 링크드인Linked-In의 젊은 한국인 직원이 본사 임원과 면담했던 내용을 올렸던 블로그를 본 적이 있다. 이 글은 지식노동자와 조직 사이의 관계가 어떤 것이어야 하는지를 적시했다고 보인다. 여기 블로거의 양해 하에 그 내용 일부를 옮긴다.

> 나는 링크드인에 3년 가까이 근무를 했다. 링크드인으로 이직을 하고 주위 지인이나 친구들한테 항상 난 이 회사가 정말 좋고 만족스러워서 이곳에 뼈를 묻겠다고 진담 반 농담 반으로 이야기를 자주 하곤 했다. 그러던 어느날 링크드인 부사장께서 싱가포르에 방문을 하셨고, 한국 사업 관련으로 1대1 미팅을 할 기회가 있었다.
>
> "○○, 넌 앞으로 링크드인에서 얼마나 뭘 하면서 있고 싶어?"
>
> "전 이 회사에서 평생 승진하면서 회사와 함께 크고 싶습니다"라고 흐뭇하고 자신감이 넘치는 표정으로 대답을 했다.
>
> "○○, 네가 방금 말한 답변은 우리가 제일 듣기 싫은 말 중 하나고 그런 생각으로 이 회사에 있으면 안 된다. 나도 언젠간 이 회사를 떠나 더 좋고 더 큰일을 하러 갈 거다. 그러니 너도 항상 nextplay(링크드인에서자주 사용하는 용어)를 위해 준비를 하고 떠날 시기가 왔다 싶으면 잘 판단하고 떠나서, 더 큰 임팩트를 줘라."

그는 이 말을 듣고 크게 충격을 받고는 프로페셔널 지식노동자란 어떤 사람이어야 하는가에 대해 다시 생각했다. 동시에 대기업에 입사하고 싶어서 목을 매는 한국의 취업 준비생들이 생각났다. 회사에 뼈를 묻겠다는 생각으로 일하는 우리나라의 수많은 직장인들의 모습도 떠올랐다.

현실에서는 이런 준비조차 되어 있지 않은 지식노동자들이 대다수다.

그들을 대상으로 감원이 도저히 불가피할 때 그들이 재취업을 할 수 있도록 지원하는 정책이 있다면 그나마 낫다. 예를 들어서 에릭슨Ericsson은 전직 컨설팅 회사를 통해 재취업을 지원하는 정책을 실시함으로써 퇴직자의 심리적 불안감을 줄이고 재직자들에게도 심리적 안정감을 줄 수 있었다. 드러커는 재취업 프로그램을 포함한 조직화된 채용 알선은 경영자의 과제이자 의무라고 보았다. 그리고 정밀 렌즈 기업 차이스를 포함한 여러 성공적인 사례를 들었다. 무엇보다도 이는 결코 일시적인 조치여서는 안 되고, 기업의 인사 정책 일환으로서 조직화해야 할 일이라고 말했다(MTRP ch. 22).

이동하거나 독립할 능력이 있는 지식노동자를 제외한 대부분의 노동자에게 일방적인 감원은 그들의 지위 안정성을 크게 위협하는 일이다. 뿐만 아니라 이는 정말로 절감해야 할 비용은 외면한 채 정작 유지해야 할 인력 자원을 폐기하는 어리석음을 범하기 쉽다.

그래서 경영자는 인력 감원에 앞서서 먼저 올바른 비용 경영을 실천해야 한다. 상위의 경영자보다는, 현장에서 일하는 사람이야말로 어느 지점에서 비용이 발생하고 있는지 가장 잘 알고 있다. 경영자는 그들의 지식을 수용함으로써 비용 낭비 요인을 찾아내고 관련된 활동을 재조정하는 것이 가장 효과적인 비용 절감 방법이다. 그리고 비용 경영 차원에서 재조정된 과업에 그들이 집중할 수 있도록 해 주어야 한다(MF p. 201).

그러나 이 모든 비용 경영 및 인력 재배치에 앞서 경영자가 피고용자들을 과연 어떤 존재로 인식하고 대우해야 할 것인가에 대해 올바른 개념을 정립하고 있어야 한다. 다음이 그 이야기다.

경영자가 사람을 대하는 관점

'사람'이라는 존재는 하나의 미스터리다. 우주의 진화 과정에서 사람만큼 그 실상이 밝혀지지 않은 존재도 드물 것이다. 21세기가 되었고 우리는 사람에 대해 꽤 많은 것을 알고 있는듯하지만, 사람의 마음은커녕 몸에 대해서도 우리는 지극히 부분적인 지식만을 지니고 있을 뿐이다. 어쩌면 사람의 전모는 영원히 밝혀지지 않을지도 모른다. 경영자는 이 신비한 존재, 사람을 어떻게 대해야 할 것인가? 다시 말해서, 사람이 지닌 수많은 속성 가운데 어떤 면에 중점을 두고 그와 관계를 맺을 것인가? 경영자가 사람을 대하는 방식은 의사, 정치가, 교사, 학자 등이 사람들 대할 때와는 분명히 다를 것이다. 의사는 치료할 대상으로, 정치가는 다스릴 대상으로, 교사는 가르칠 대상으로, 학자는 연구할 대상으로 사람을 본다.

전통적으로 경영자가 사람을 대하는 관점은 '일손hands'이었다. 드러커는 기업이 일손을 고용한다는 생각에서 빨리 벗어나야 한다고 생각했다. 일손은 단지 사역使役할 대상에 불과하다. 하지만 그가 고용하는 것은 단순히 일손이 아니라 '온전한 사람 하나a whole man'다(PoM ch. 20). 그리고 인간은 일을 통해 성과를 내야 하는 존재이지만 여타 물적 생산 자원과 질적으로 다른 존재다.

드러커는 경영자가 사람을 다음과 같은 두 가지 성격을 지닌 존재로 봐야 한다고 생각했다. 첫째, 사람은 자신의 노동을 **스스로 통제할 수 있는 주체**다. 책임감, 동기 부여, 참여, 만족, 인센티브의 제공, 지위에 대한 인정 등은 사람의 이런 특성에 주안을 둔 것이다. 이런 견해는 사람을 단지 사물이나 사고파는 상품 혹은 활용한 뒤 폐기하는 부품이 아니라, 각자 존엄성을 지닌 주체적인 존재로 바라보는 것이다. 경영자가 사람을 이렇게 볼 때에만, 사람은 기업의 진정한 자산이 될 수 있다. 이때 조직은 상품을 생산하는 역할 외에, 사람을 사람답게 만들어 주는 역할을 하게 된다. 조직은 사람의 생산성을 높이고, 사람의 사회적 지위와 생계 수단을 제공하며, 사람이 성취와 만족을 찾을 수 있도록 하는 공간으로 역할을 한다(MTRP ch. 4).

그러나 사람에 대한 이런 견해, 아니 기대는 현장에서 종종 빗나간다. 경영자들은 조직의 구성원들에게서 목표를 위해 자신을 스스로 통제하는 모습보다 나태하고 탐욕스럽고 타성에 젖은 모습을 더 자주 경험한다. 이는 사람이 다음과 같은 존재이기도 하기 때문이다.

둘째, 사람은 **퇴화하는 존재**다. 드러커는 올바른 경영이 없으면 사람들은 반드시 퇴화의 길을 걷게 된다는 사실을 강조했다. 올바른 경영이 없으면 사람들은 어떻게 퇴화하는가? 다음과 같다.

1) 우선 내부에 시야가 자연스럽게 고착된다. 외부에서 무슨 일들이 일어나는지 알지 못하게 된다. 자신의 시야가 미치는 좁은 범위 안에서 습관적으로 일어나는 일만 경험하면서 시간을 보내게 된다.

2) 지금 나를 포함하여 내 주변에서 일어나고 있는 일에 대해 아무런 반성과 질문을 하지 않는다. 모든 것을 당연하다고 생각한다. 무엇이 올바른 것인지, 무엇이 잘못되었는지 돌이켜 볼 시도조차 하지 않는다.

3) 변화보다는 안정을 추구하게 된다. 자신이 지금 처해 있는 상태가 달라지는 것을 두려워하게 된다. 항상 편안한 상태를 누리고 싶어 한다.

4) 타인의 성과에 기여하기보다는 자신의 욕망만을 추구하려고 한다. 자신이 속한 조직에 무언가를 기여하려 하기보다, 조직 안의 타인들을 이용하여 자신의 이익만을 추구하게 된다.

5) 타인의 강점을 인정하기보다 그들의 약점을 공격한다. 사람들은 틈나는 대로 타인을 끝없이 비난하고 험담한다. 그리고 마음 깊은 곳에서 타인이 항상 내 뜻대로 움직여 주기를 바란다.

만약 어떤 조직이 성과를 내지 못하고 죽어 가고 있다면, 그 이유는 바로 이런 존재의 퇴화한 특성들이 득세했기 때문이다. 인문학 교육은 이 퇴화 현상을 역행시킬 수 있는 강력한 수단 가운데 하나다. 사람들은 어떤 형태로든 그런 교육을 받았기 때문에 그나마 어떤 조직이든 잠시라도 지속될 수 있는 것이다.

이 모든 퇴화 현상들은 올바른 경영이 부재한 지점에서 항상 일어난다. 역으로, 오직 올바른 경영을 통해서 이 퇴화 현상을 막을 수 있다. 드러커는 자연에서는 에너지가 항상 분산하려는 경향이 있는데, 이는 사회 현상에서도 동일하게 나타난다고 말했다. 바로 이 퇴화 현상을 염두에 둔 것이다. 조직이 달성한 그 어떤 탁월성, 즉 선도성leadership도 일시적일 뿐이다. 모든 것은 소멸하고 분산하려는 경향이 있다. 자신도 모르는 사이에 이 퇴화 현상이 조금씩 득세하기 때문이다. 경영자의 일은 사물이 흩어지려 하는 자연 법칙을 거스르는 일이다. 그래서 어렵다. 그러나 해야만 한다(MfR ch. 1).

드러커는 목표와 자기통제에 의한 경영과 강점의 원리에 의한 경영이야말로 조직에서 사람들의 퇴화 현상을 극복할 수 있는 가장 강력한 방식이라고 생각했다. 드러커의 인간관은 그런 면에서 절반은 비관주의였다.

사람이 자산이라는 생각만으로는 충분하지 않다

사람이야말로 최대의 자산이라는 말은 오늘날 경영자들이 흔히 하는 말 가운데 하나다. 그만큼 사람을 존중한다는 의도에서일 것이다. 원래 이는 뉴욕대 회계학자 마이클 쉬프Michael Schiff가 처음 제시한 견해였다. 드러커는 이런 시각에는 충분히 장점이 있으나, 자칫 경영의 중요한 본질을 놓칠 수 있다고 생각했다(MTRP ch. 23).

첫째, 사람은 회계적인 의미에서 '자산'이 될 수 없다. 사람은 어떤 형태로든 재무상태표에 기재될 수 없다. 많은 연구자들이 사람이 창출한 무형자산을 재무상태표에 기재할 수 있는 방안을 연구하고 있으나, 화폐액으로 측정되는 거래만을 취급하는 회계 작업의 기본적인 특성 때문에 별 성과를 보이지 못하고 있다.

사람은 기업이 소유권을 지닌 재산이 아니며, 따라서 취득과 처분의 대상은 더욱 아니다. 사람을 충실하게 '자산'으로 간주하는 경영자는 마치 부동산을 매각하듯 사람을 처분할 수 있다고 생각할지 모른다. 물론 오늘날 스포츠 구단에서는 트레이드라는 형식으로 선수들을 사고팔기도 한다. 그러나 이런 특수한 상황이 오늘날 지식 조직에서 일어날 것이라고 기대하기는 어렵다. 지식노동자는 자신이 더 나은 성과를 창출할 수 있는 곳을 스스로 선택하고 현재 있는 곳을 떠날 수 있어야 한다.

둘째, 사람의 자산수익률ROA을 계측할 방법이 없다. 교육 훈련의 효과를 금액으로 측정할 수 있는가? 이는 많은 교육학자들의 고민이기도 하다. 부분적인 실증들은 있었지만 아직까지 만족할 만한 해답을 찾지는 못하고 있다. 이 주제와 관련하여 경제학자들이 행해 왔던 연구들도 아직 현장의 경영자에게 유용한 정보가 되기는 부족해 보인다.

사람이 자산이라는 것은 매우 좋은 아이디어이지만, 이 아이디어가 결과를 낳도록 하기 위해서는 무엇보다 실무를 올바로 이끌어야 한다. 사람이 자원이라거나 그의 강점을 파악하여 배치해야 한다는 주장이 입 바른 수사법 내지 판에 박힌 금언이어서는 안 된다. 지금도 수많은 경영자들은 사내 훈시에서, 또는 언론 인터뷰에서 "우리 회사는 사람이야말로 최고의 자산"이라고 말하곤 한다. 하지만 정작 조직 내부인치고 이를 진실하게 받아들이는 경우는 많지 않다. 경영자의 말과 행동이 다르기 때문이다. 무엇보다도 실무가 사람을 소모품처럼 다루기 때문이다.

그러나 이 말은 실무가 즐겁고 편안해야 한다는 뜻이 아니다. 모든 실무는 참으로 고된 과정인 것이 맞다. 그 일은 조직 내에 유토피아를 창조하는 일이어서는 안 된다. 조화가 아니라 성과를 지향하게 되면 일은 어느 정도의 고통을 수반할 수밖에 없다.

실무는 정말로 많은 시간을 투입해야 할 중요한 일들, 예컨대 인사 결정이나 성과 의사소통을 단순히 요식적인 절차로 만들어 버리거나 구성원들의 진지한 제안을 대수롭지 않은 걸로 따돌려 버리거나 유능한 사람을 바보로 만들지 않도록 방지하는 것이어야 한다.

실무를 이끄는 핵심 원리는 목표와 자기통제에 의한 경영, 강점의 원리에 의한 경영이다. 즉, 일과 사람에 책임과 성과 목표를 분명히 부여하는 일, 경영자가 사람을 경영자의 목표 달성에 투입되는 자원으로 인식하는 일, 역으로 경영자 역시 사람들에게 자원으로 인식되도록 하는 일, 사람들에게 상향 책임, 상향 기여의 인식을 구축하도로 하는 일, "당신이

하는 일이 조직에서 누가 무엇을 성취하도록 하는 데에 기여하는가?", "이 일을 가능하게 하는 나의 강점은 무엇이며, 직원들의 강점은 무엇인가?"와 같은 근본 질문을 한시도 잊지 않도록 하는 일이 그 중심에 있다.

사람은 부채도 비용도 아니다

1977년에 드러커는 한국을 방문해서 정주영 회장을 만났다. 드러커는 식민지 통치와 전쟁을 거친 산업의 불모지 한국에서 건설과 중공업을 일으킨 정주영 회장의 기업가 정신을 내내 극찬했다. 하지만 대담이 끝날 무렵 드러커는 기업가가 노동자를 경영의 동반자로 인식하지 않는 상태가 계속되면 한국은 성숙한 자본주의 단계로 진입하기 힘들 것이라고 뼈아픈 지적을 했다. 정주영 회장은 재직 당시 스스로 노동자를 동반자로 인식하면서, 그들을 친구처럼 대했다고 자부했다. 노동자들과 씨름도 하고 노래도 함께 불렀다. 하지만 노동자 입장에서는 자신이 정말로 동반자로 대우받고 있다고는 생각하지 않았다. 정주영 회장의 경영 스타일은 해방 이후 개발 경제 시기에 우리나라의 많은 경영자들 사이에서도 크게 다르지 않았다.

이제 드러커의 지식노동자 개념을 이용하여 21세기 경제의 패러다임 변화를 가늠해 보자. 지식노동자는 자신이 보유한 지식을 이용하여 성과를 낸다. 그는 이 과정에서 두뇌를 주로 활용한다는 면에서 육체노동자와 구분된다. 그들은 현대 기업 조직에서 주축을 형성하고 있다. 지식노동자들이 중심인 기업에서 경영자들은 사람이 최대의 자산이라고 말하곤 한다.

그러나 현실에서는 사람이 오히려 부담, 즉 부채처럼 비칠 때가 더 많다. 경영자의 눈에 인건비는, 실적이 좋을 때나 그렇지 않을 때를 막론하고 고정비로 의무적으로 지출해야만 하는 비용이다. 마치 부채와 같은 인건비를 줄여 보고 싶다는 동기에 힘입어, 인력 파견 회사가 등장하기 시작했다. 미국에서 1950년대에 단순 임시직 파견 회사가, 1980년대 후반에 관리직 및 전문가의 파견과 인사행정 업무를 대행하는 전문가 관리 회사가 등장한 이후, 이 방식은 급속히 확산되어 왔다.

드러커는 『하버드 비즈니스 리뷰』의 2002년 기고문에서, 정규직, 비정규직을 막론하고 기업은 지식노동자를 부채가 아닌 자본으로 인식해야 한다고 말했다. 드러커의 관점에서는 기업 입장에서 정규직을 줄이고 비정규직을 늘리려 하거나 반대로 노동자 입장에서 비정규직을 정규직화해야 한다는 주장 어느 쪽도 문제의 본질과는 상관이 없다. 중요한 것은 자본으로서 지식노동자의 생산성을 어떻게 향상시키느냐에 있다.

신성장 산업에서는 기업가 정신만으로도 기업을 성장시킬 수 있다. 새로운 기회 자체가 고객을 만들어 주기 때문이다. 과거 한국 경제의 고도성장기에 그런 일이 가능했다. 반면에 이미 형성된 산업에서는 자본의 생산성을 높여야만 그것이 가능하다. 만약 지금 새로운 기회를 스스로 찾을 길이 잘 안 보인다면, 이미 형성된 산업에서는 지식노동자의 자본생산성을 높이는 수밖에 없다. 그에게 교육, 경험, 도전, 연구 기회를 지속적으로 제공함으로써 생산성을 향상시키고 그가 기업 안에서 자기 성취감을 느낄 수 있도록 해야 한다.

반면에 정규직, 비정규직 여부를 막론하고 기업이 지식노동자를 단순히 기업에 예속된 하수인 내지 수단으로만 간주한다면, 노동자는 결코 자본으로 대접받지 못하고 기간 경과 후 폐기 처분되는 소모품에 불과한 처지가 된다. 노동자의 심리 불안은 바로 여기에서 생기고, 이 때문에 기

『엔트로피』, 『소유의 종말』 등의 저서로 유명한 제레미 리프킨은 일찍이 공유 경제에 기반을 둔 사회적 자본의 증가를 주장했다.

업에 저항한다. 문제는 심리다.

한편, 경제는 자본의 소유 여부가 중요하지 않은 시대로 조금씩 접어들기 시작했다. 제레미 리프킨Jeremy Rifkin이 주장한, 공유 경제에 기반을 둔 사회적 자본의 증가 추세가 이를 의미한다. 이런 상황에서 기업이 자산을 잔뜩 보유하고 있는 것이 앞으로 얼마나 효과가 있겠는가? 드러커는 어떤 기업이든 정규직에 대해서는 물론이고, 정규직 고용 부담 때문에 아웃소싱을 택했다 하더라도 지식노동자의 개발과 육성이라는 본연의 책임이 사라졌다고 생각한다면 큰 잘못이라고 말했다. 지식노동자 스스로도 부단한 학습을 통해 자신의 생존을 유지하고 조직에 기여하는 능력을 개발해 나가야 한다. 그가 자산이어야 한다는 말은 기업의 소유물이기 위해서가 아니라 단지 스스로 생산적인 사람이기 위해서다.

보통 한 분야의 업무 지식이 20년 내외로 수명이 다한다고 본다면, 지식노동자는 인생 중반 즈음에 제2의 경력과 새로운 도전의 기회를 찾아야 한다. 만일 정년을 보장받았다 해도 이미 수명이 다한 지식으로 도전 없는 무력한 조직 생활을 이어간다면, 한 명의 '사람'으로서 무슨 심리적 만족을 느낄 것이며, 성과를 창출해야 할 기업에 무슨 기여를 할 수 있을까?

한편 기업 입장에서도 사람을 수단이나 물건으로 대하지 않으면서 그들의 심리를 이해하고 강점을 활용함으로써 높은 생산성에 도달하도록 만들 의지와 능력을 갖춘 경영자가 절실하다. 오케스트라의 신임 지휘자는 대개 기존 단원을 해고하지 않는다. 그러면서도 한결 완성도 높은 음악을 창조한다(PCS p. 74, MC21 p. 148).

돈으로 사람을 살 수는 없다

경영자가 인간관계에 의한 경영을 배제하는 것만큼이나, 돈에 의한 경영에 지배당하지 않기란 어렵다. 돈을 많이 주면 대부분의 문제가 해결될 것이라는 생각은 뿌리 깊다. 대부분의 경영자들이 생각하는 것과 달리, 드러커는 직원들에 대한 보상을 기업 이익에 연동시키는 제도는 생각만큼 효과가 크지 않다고 생각했다. 드러커는 조직 내 기능과 긴장을 유지하는 방법으로서 돈과 권력을 주된 수단으로 삼아서는 안 된다고 보았다. 전통적으로 돈은 당근, 권력은 채찍이었다. 당근과 채찍의 효과는 잠시 통할 수도 있다. 그러나 조직의 역량을 근본적으로 변화시킬 수는 없다. 당근과 채찍의 효과는 시간이 지나면 마치 마약 효과처럼 원점으로 돌아온다. 경영자는 오히려 돈과 권력을 누르는 대항력으로서 신뢰와 성과가 더욱 작동하도록 해야 한다고 보았다(MTRP ch. 23).

이익공유제profit share는 적어도 이익이 달성되었다는 전제 하에 종업원들에게 충분히 매력적인 제도다. 종업원들은 호황 또는 기타 이유에 의해 회사의 실적이 좋을 때에는 이익공유제의 혜택을 맘껏 누릴 것이다.

매출액 대비 순이익률이 평균적으로 4~5퍼센트 정도에 불과한 상황에서 이익공유제는 소폭의 급여 인상 효과를 분명히 가져다준다. 그러나 이익을 달성하지 못하는 해에는 아무런 의미가 없다. 결국 이익공유제는 경기 변동에 따라 임금의 변동폭을 증가시키는 역할을 하는 정도에 그칠 뿐, 그것 때문에 성과를 창출하려는 종업원들의 열정을 불러일으키는 효과는 크지 않다.

한때, 경영자들은 종업원 지주제가 구성원들에게 동기를 부여할 수 있는 중요한 수단이라고 생각한 적이 있었다. 하지만 드러커는 그렇게 생각하지 않았다. 사실, 종업원 지주제는 소유권과 통제권의 차이, 또는 투자자와 경영자의 차이를 잘 인식하지 못한 상태에서 나온 발상이었다. 드러커는 이 차이를 잘 알고 있었다. 경영자들은 종업원에게 주주로서 권리를 부여하면 마치 자신이 회사의 주인인 것처럼 행동할 것이라고 기대했을지 모른다. 하지만 그것은 오판이었다. 종업원들 입장에서는 자신이 경영자로서 자율적인 역할을 수행할 수 있는 권한을 부여받지 않는 한, 그 얼마 되지 않는 지분은 무의미한 것이다. 종업원은 지분 보유에 따른 이익을 단지 수동적으로 기대할 수 있을 뿐이다. 즉, 이때 종업원은 단지 투자자일 뿐 결코 경영자가 아닌 것이다. 또한 종업원이 자신의 주식 포트폴리오를 자신이 근무하는 회사 지분으로만 채우게 되면, 그는 경제의 불확실성에 전면 노출되게 된다. 종업원이 단지 수동적으로 일을 해야만 하는 상황에서 회사 주식은 자신의 의지와 상관없이 언제 휴지 조각으로 전락할지 모른다. 사실 오늘날 종업원은 다양한 연금 상품을 통해, 그리고 그를 운용하는 기관투자자들을 통해 자신의 포트폴리오를 다변화해 놓았다. 이런 상황에서 종업원 지주제는 큰 의미가 없다.

그렇다면 높은 임금은 어떤 역할을 하는가?(MTRP ch. 34) 드러커는 경영자가 임금의 두 가지 성격을 동시에 이해해야 한다고 강조했다. 지식 노동자에게 지급하는 금전적 보상은 그의 성과에 대한 비용이기도 하지만, 그의 지위를 표현하는 역할을 하기도 한다. 흔히 경영자들은 앞의 사실은 잘 알고 있지만, 뒤의 사실은 잘 인식하지 못한다. 지식노동자가 받는 금전적 보상은 정서적 공정함, 정의, 공평의 심리와 깊이 연결되어 있다. 지식노동자는 사실 그 절대액보다 동료와 비교해서 높은지, 아니면 낮은지에 더욱 관심이 있다. 조직 내에서 아무리 높은 보상을 받아도 기여도가 비슷하다고 생각하는 타인이 월등히 더 높은 보상을 받는다면, 그 사람은 자존감에 깊은 상처를 입는다.

드러커는 성과급은 효과가 있기는 하지만 매우 제한적이라는 사실을 강조했다. 성과급은 매우 조심해서 사용해야 할 수단이다. IBM은 1930년대 대공황기에, 성과급 제도를 시행했던 다른 회사들이 해고를 단행하고 사업이 위축되는 와중에, 고정급을 유지하면서 별다른 해고 없이 불황을 극복했다. 그들은 회사에서 정해 준 생산량의 달성도에 따라 금전적 보상을 정하는 대신, 생산 표준량을 작업자가 감독자와 협의하여 자율적으로 결정하도록 했다. IBM의 경영진은 아무리 미숙련 노동자라 해도 사람마다 능력 차이가 있다는 사실을 인정했던 것이다. 또한 생산 라인에 근무하는 공원들의 의견을 설계에 반영함으로써 신제품, 신시장을 계속 개발했다(PoM ch. 19, MTRP ch. 20). IBM의 이런 정책은 무엇보다도 노동자의 안정감을 유지하면서, 그들의 강점에 기반하여 조직이 최고의 성과를 내도록 조화시킬 수 있었다.

물론 경영자는 무해고 원칙을 고지식하게 받아들여서는 안 된다. 그렇게 되면 자칫 선한 의도의 인본주의 경영으로 끝나고 기업을 위태롭게 만들 수도 있다. 드러커는 IBM이 1970년대에 이르기까지 무해고 원칙을 고지식하게 견지한 것은 잘못이라고 지적했다(MTRP ch. 20). 기업의 크기가 초창기와는 비교할 수 없을 정도로 커졌고, 사업의 모든 가정들이 바뀌었기 때문에 인력 정책도 바뀌어야 했다. 자발적인 퇴사가 없는 한 인력을 유지하면서 강점을 살려 가는 것이 사회 내 존재로서 취할 수 있는 최선이지만, 기업 내부의 여건을 보면 인위적 감원이 필요할 때가 있다. 오히려 그것이 그 인력을 위하는 길이기도 하다. 외부의 세계가 변화하고 그에 따라 생산적일 수 없는 자원을 배치할 곳이 내부에 더 이상 보이지 않을 때에는 그로 하여금 외부에서 그 기회를 찾게 해 주는 것이 그를 위해, 조직을 위해, 사회를 위해 기여하는 길이다.

혁신 기업의 대명사처럼 된 3M은 2008년 금융 위기 이후 다른 대다수의 기업과 마찬가지로 비용 절감이 필요했다. 그러나 일부 감원도 했고 사업부를 축소하기도 했지만, 연구 개발비와 개발 인력은 건드리지 않았다.[1] 3M은 중요한 것과 중요하지 않은 것을 판단할 줄 알았던 것이다.

전적으로 재무 이익 기준으로 보상을 지급하는 행동은 조직에 위해를 가할 수 있다. 특히 일반 노동자가 아니라 임원급에 대한 과도한 스톡옵션 보상은 조직을 두 집단으로 분열시킨다. 대부분의 직원들은 상대적 박탈감을 느낀다. 그런 제도는 구성원들로 하여금 반드시 임원으로 승진해야겠다는 달콤한 꿈을 잠시 불러일으킬지 몰라도, 과연 지금 조직에 기여하는 성과를 내도록 행동을 변화시킬 수 있을지는 의문이다. 스톡옵션 보상을 노리는 임원들은 옵션을 행사할 수 있는 날짜를 기다리며 살지도 모르며, 막상 옵션 행사 후에는 조직에 기여할 동기 자체가 사라져 버릴지도 모른다.

---

1 최현묵 기자, 「'슈퍼을' 3M 잉케 툴린 회장 '꿈의 영업이익률 비결은…'」, 조선일보 Weekly Biz, 2015. 3. 21.

또한 특별한 성과를 올렸다고 판단되는 지식노동자에게 성과급을 지급하는 일은 반드시 필요하지만, 그 수준이 과도하게 되면 오히려 부작용을 일으킨다. 현재의 조직에서 굳이 노동할 동기를 상실할지 모른다(MTRP ch. 19). 실제로 그런 일들은 자주 일어난다. 예를 들어 국내 어떤 연구소에서는 사내에서 개발한 기술 매각 대금 가운데 사전에 약정한 비율에 따라 일인당 수십억 원의 인센티브를 해당 연구원들에게 지급했다. 그 뒤 직원들의 연구 태도가 변했다. 그들은 예전처럼 탐구하려 하지도, 기여하려 하지도 않았다.

단위 부서에서 사업을 영위하면서 실현한 투자수익률ROI은 중요하지만, 이를 조직 전반에 걸쳐 성과급과 과도하게 연결시키는 것은 위험하다. 이는 자칫 미래를 준비하는 일의 사기를 꺾을 가능성이 있다. 어느 조직이나 미래를 대비하는 연구 개발을 하는 부서는 당장 수익이 나지 않는다. 수익 부서의 성과급에만 치중하게 되면 구성원들은 미래에 대비하는, 불확실한 과업을 회피하게 된다(MTRP p. 33).

지위가 높은 경영진일수록 임금이 높은 것은 단순히 경제적 의미 이상의 이유가 있다. 그것은 조직 내에서 높은 지위가 지니는 가치와 인정을 상징하는 것이다. 물론 이는 경영진이 아무런 기여도 없이 단지 자리 때문에 높은 임금을 받아도 된다는 면죄부를 주는 것은 아니다. 경영진은 조직의 생산성을 향상시켜야 한다는 가장 중요한 성과 책임이 있으며, 그 이유 때문에 보상을 받는 것이기 때문이다.

이상의 여러 속성을 다 감안하여 보상 제도를 설계하는 완벽하고 공정한 '과학 공식'을 만들어 내기는 매우 어렵다. 하지만 개인의 안정감을 해치지 않는 정책과 조직의 지속을 위한 변화에 보상을 제공하는 정책 사이에 균형은 필수다. 개인의 안정감만을 중시하다 보면, 유능한 개인의 성과를 무시한 채 공동선common good의 논리에 흐르게 된다. 그렇게 되면 저성과자까지, 성과에 기여하지 않는 사업까지 분에 넘치는 보상을 받게 될 가능성이 크다. 이는 매우 잘못된 것이다. 그렇다고 돈으로 모든 성과를 측정해서 보상하게 되면 조직은 와해된다. 매우 어려운 개념이기는 하지만, 사람에게 일을 시키는 것은 돈도, 강제도 아니다. 목표, 책임, 그리고 성취를 인정받고 싶어 하는 심리다.

목표와 책임을 분명히 알려 주지 않은 죄는 크다

현실에서는 아무리 동기 부여를 해 주고 싶어도 수용이 안 되는 노동자들이 있다. 그런 직원들은 대개 과업은 제대로 수행해 내지도 못하면서 늘 불평으로 가득 차 있다. 성과보다는 복지만을 요구하며, 조직에 대한 기여보다는 늘 개인의 편리만을 생각한다. 이들을 정말 자산으로, 자원으로 봐주고 싶다. 그러나 잘 안 된다. 이들이야말로 완벽한 비용 중심점이다. 우선 드는 생각은 당장 다른 부서로 보내고 싶은 것이다. 그러나 그 어떤 부서도 그런 직원은 받으려 하지 않는다. 그렇다고 해서 당장 해고할 수도 없다. 본인이 퇴사에 동의하지 않는 한, 노동법 상 특별한 경영상의 곤란으로 인정받을 만한 사유가 있지 않는 한, 그것은 불가능하다. 만약에 섣불리 인사 조치를 하면 자신을 약자라고 생각하는 그런 노동자는 대개 법에 호소하기 시작하고 분란이 일어난다. 저명한 경영 교사들이 말한 대로 비전과 성취 동기를 부여하고 열정을 이끌어 내고 싶어도 이런 노동자 앞에서는 효과가 없다. 그렇다고 해서 해고를 능사로 삼는다면 노동자의 심리적 안정성을 크게 훼손할뿐더러, 자칫 남용하다가는 오히려 그들의 숨은 강점들을 사장시킬 위험이 있다. 그렇다면 이런 문제를 해결할 도리가 정말 없는 것일까?

모든 난제는 뿌리를 건드리지 않은 채 잎만 아무리 쳐내 보았자 돌고 또 돈는다. 그가 능력이 없어 보인다거나, 성격이 삐딱하다거나, 행동이 불성실하다거나 하는 것들은 잎사귀에 불과하다. 일 못하는 직원이 지닌 문제의 뿌리는 무엇일까? 그것은 목표와 성과에 대한 책임을 인지하지 못하고 그 자리에 앉아 있다는 것이다. 그러나 그것이 타율에 의한 목표일 때 그는 인지하기는커녕 반발할 것이다. 문제는 불성실하고 무능한 노동자로부터 나왔다기보다는 이런 책임성을 입사할 당시부터 뿌리 깊게 교육시키지 않은 경영자의 잘못이 더 크다. 모든 노동자는 입사하면서 자신의 직무와 지위를 부여받는다. 그런데 대부분 오리엔테이션은 일에서 요구하는 기능 위주로 진행된다. 목표에 의한 경영과 그에 수반하는 자율적 성과 책임을 그 어떤 기능보다 앞세워 교육하는 경우는 그리 많지 않다. 대기업은 그나마 채용과 교육 시스템이 갖추어져 있어서 낫다. 그런 절차를 갖출 여력이 없는 소기업들은 일단 해당 기능을 보유한 사람을 뽑으면 외견상 경력 등에 큰 문제가 없을 때 곧바로 출근하도록 한 뒤 일을 맡긴다. 예를 들어서 디자이너, 시설 관리자, 지점 판매원, 전산 인력 등, 특정한 기능을 수행해야 하는 노동자를 뽑을 때, 기업들은 그가 어떤 일을 하고 어떤 시설/장비, 어떤 인력과 함께 어떤 산출물을 내야 하는지를 당연히 설명한다. 그러나 그런 설명은 기능에 치중할 뿐 목표와 책임을 강조하지는 않는다. 그에게 어떤 성과 책임이 있는지를 강하게 교육하는 곳은 드물다.

설령 오리엔테이션에서 그런 교육이 이루어졌다 해도, 재직 기간 내내 이 원리를 끝없이 반복해서 인지시키는 조직은 더 드물다. 조직이 철저하게 목표와 성과와 책임의 원리로 움직이고 있다는 사실을 노동자에게 체감시켜 주지 못하면 결국 실패한다. 책임을 인지하지 못하는 노동자는 대개 자신의 권리와 복지만을 요구하고, 성과 부재를 오직 조직 탓, 상사 탓, 부하 탓으로 돌리게 된다. 목표에 의한 경영은 실종된다.

오히려 채용 결정 당시부터 업무 기능 보유 여부를 확인하는 것보다 성과 책임을 중시하는 조직 문화를 수용할 의사와 능력이 있는지 점검하는 일을 더욱 우선순위로 두어야 할지 모른다. 대개 출신 학교 또는 업무 경력만을 위주로 판단하거나, 경영자의 특수 관계인을 별다른 검증 없이 입사시키는 경우에 이런 문제는 반드시 불거진다. 누군가를 해고할 수도, 안 할 수도 없는 상황은 꼭 온다.

"책임은 대단히 혹독한 주인이다(MTRP p. 302)."

일을 시키는 것은 상사가 아니다. 그것은 책임이다. 누구나 부하에게 또는 상사에게 책임을 요구하려면 본인이 힘겹게 자신의 책임을 먼저 다 해야 한다. 가장 준엄한 상사는 호통 치는 상사가 아니라 자신의 책임을 다하는 상사다. 가장 경외스러운 부하는 능력 있는 부하가 아니라 자신의 책임을 남김없이 다하는 부하다. 조직 구성원 누구 한 사람이라도 이 인식이 실종되면, 아무리 목표를 설정하고 동기를 부여하고 자원을 지원하고 교육 훈련을 시켜도 모든 노력이 수포로 돌아간다.

올바른 자리가 성과를 만든다

성과를 내지 못하는 구성원들이 조직 곳곳에 자리를 잡는 순간 조직의 사기는 저하된다. 이들은 타인의 성과를 파괴하는 독소와 같다.

물론 드러커는 일부 '양심직consciousness job'은 성과와 무관하게 최소한의 수준에서 허용될 수 있다고 생각했다. 조직에 장기간 근무하면서 큰 기여를 했거나, 조직에 긍정적인 역할을 하는 어떤 상징성을 지니거나 도덕적 전범으로서 지위를 부여받은 인물들이 그렇다. 이런 소수의 사람들을 제외한 모든 사람들은 성과에 기여하는 존재로 조직에 자리 잡고 있어야만 한다.

사람들이 성과를 내지 못하는 이유는 대부분 그가 무능해서가 아니라, 자리를 잘못 잡았기 때문일 가능성이 크다는 것이 드러커의 생각이었다. 경영자는 노동자가 있어야 할 자리, 즉 그가 강점을 발휘할 수 있는 자리를 찾아 목표를 달성하는 성과인effective performer이 되도록 할 책임이 있다. 그래야만 경영자를 포함한 모든 지식노동자들이 승진과 보직에 대한 강박관념에서 자유로울 수 있다. 보직을 맡아서 성과를 내지 못하는 사람들은 항상 있다. 리더로서 강점이 없는 사람에게 리더의 자리를 맡겨 보았자 본인에게도 고통이고 조직에도 손실이다. 그런 사람은 전혀 다른 영역에서 자신의 탁월한 성과를 이룩할 수 있다.

만약 음악 작곡 회사라는 것이 있다고 가정한다면, 베토벤 같은 사람이 나이가 한참 들어도 관리자로 승진을 못 했다거나 임원이 못 됐다고 해서 그를 무능한 지식노동자로 매도할 수 있겠는가? 그 분야에서 누구보다 뛰어난 식견과 기술을 지닌 60세, 70세 증권 애널리스트, 프로그래머, 또는 도서 편집자를 아직까지 우리나라 조직에서 수용하기 어려워하는 이유는 바로 강점의 원리에 의한 경영 대신에, 인간관계와 권력에 의한 경영 사상에 젖어 있기 때문이다. 물론 우리나라에도 예외적인 조직들은 있다. 일부 금융회사나 소프트웨어 기업에서는 강점에 의한 경영의 원리를 구현하면서, 지식노동자가 성과를 낼 수만 있다면 나이, 성, 배경 등을 따지지 않는다. 그러나 정말 일부에 불과하다.

단지 시키는 대로 열심히 일하게만 하고 잘라선 안 된다

우리나라의 많은 기업들은 성과 평가를 인력 구조조정의 수단으로 사용한다. 삼성, LG, SK와 같은 거대 그룹사는 물론이고 수많은 중소기업에 이르기까지 그렇다. 최하위 평가자들은 구조조정 대상이 된다. 하지만 낮은 평가를 받은 사람은 그 결과를 잘 승복하려 하지 않는다. 나는 열심히 일했고 충분히 기여했다고 생각하는데 회사가 그것을 몰라준다는 것이다. 아니 회사가 몰라준다기보다는, 성과 평가가 상사의 개인적 편향에 좌우된다고 생각한다.

가능성은 두 가지다. 첫째, 애초부터 성과 목표에 대해서 평가자나 피평가자 사이에 합의가 전혀 없었을 가능성이 크다. 수량 목표는 그렇다 치더라도, 수량화하기 힘든 질적 항목, 예컨대 '팀 내 정보 공유 기여도' 같은 항목에 대해서는 어떻게 해야 그 성과가 우수하게 달성되는 것인지 정작 평가자나 피평가자 누구도 제대로 알기 어렵다. 이런 항목에 대해서는 평가 시점에 평가자가 피평가자에 대한 호감에 따라 또는 상부의 의도에 맞추어 평가하게 된다. 수량 성과 항목도 예컨대 '부서당 연간 비용 절감율'처럼 터무니없는 것들도 문제가 되지만, 그보다는 도대체 어떻게 해야 높은 성과를 올리는 것인지 아무런 공감이 없는 항목들이 가장 문제를 야기한다. 이런 항목들에 대해서 성과 평가 지침서의 정의만 가지고는 해석이 명확치 않은 경우가 많다.

그렇다면 성과 평가를 하라는 것인가, 하지 말라는 것인가? 문제의 초점은 '평가'에 있는 것이 아니라, 충실한 중간 **피드백**에 있다. 상사는 연말 인사고과 철에 임박해서 폭풍처럼 평가표를 작성해서 중앙 인사 부서에 제출하는 것으로 자기 할 일이 끝났다고 생각해서는 안 된다. 상사로서 부하 직원에게 원하는 것이 무엇인지 그전에 수시로 신호를 줘야 한다. 그리고 부하 직원이 핵심 평가 항목을 주지하고 늘 자신의 행동 방향을 거기에 맞출 수 있도록 계기를 마련해 주어야 한다. 어떤 행동, 예컨대 외부 연구소의 긴요한 보고서를 자발적으로 요약해서 팀원들과 공유하고 부서 업무에 응용할 수 있는 방안은 모색했다면 상사는 그 행동이 '팀 내 정보 공유 기여'에 합당하다는 피드백 메시지를 팀 구성원 모두에게 보내야 한다. 만약에 부하들이 그런 자발성을 보이지 않는다면 상사는 그런 기회를 부하들보다 먼저 생각해서 제공해 주는 것도 좋다. 상사는 궁극적으로 **부하가 성과를 올리도록 기여하는 데에 책임이 있는** 사람이지 결코 부하의 성과를 측정하는 권한만을 부여받은 사람이 아니다.

이런 피드백이 축적되다 보면, 부서원들은 상사가 추구하는 방향이 어떤 것인지 비로소 알게 되고 모든 행동을 거기에 맞추게 된다. 이것이 바로 목표의 힘이다. 그렇게 했는데도 성과가 부진하다면 그 부하는 자기가 무엇이 부족했는지 스스로 알게 된다. 이것이 평가의 진정한 취지다. 상사로부터 그런 적극적 피드백이 없다면 부하들은 부서가 추구하는 방향이 무엇인지, 그리고 어떤 수준인지 전혀 감을 잡지 못한 채 단지 '열심히' 일만 하게 된다. 그래서 마지막에는 '열심히 일한 당신 떠나라'는 웃지 못할 상황으로 이른다.

3

올바른 포기가 추진보다 앞서야 한다

포기 당하는 사람들의 공포와 불안

포기[1]는 언제나 어려운 결정이다. 생산 라인 축소, 사업 매각, 관련 직군 폐지, 급거 단행하는 인력 구조조정만큼이나 직원들의 반발을 산다. 사업 폐쇄로 실직 상태로 몰리는 것이 아니라 고용을 승계하겠다고 공언해도 반발은 반드시 일어난다. 삼성그룹이 방위산업과 화학 계열사 4곳을 한화그룹에 매각했을 때 직원들은 강력히 반발했다. 직원들은 매각 철회를 요구하며 노조 설립 절차를 밟기 시작했다. 삼성 측에서는 위로

1 abandonment는 '포기' 또는 '폐기' 등으로 번역할 수 있다. 이재규 총장을 비롯한 여러 번역서에서는 '폐기'라는 단어를 많이 사용했다. 폐기는 쓸모 없는 것을 버린다는 느낌이 강하지지만, 포기는 어떤 의도, 희망, 행동을 거둔다는 의미가 더 강하다. 자신의 고집을 내려놓는다는 어감이 있다. 폐기는 대상이 사라지는 데에, 포기는 주체가 마음을 바꾸는 데에 무게가 실린 단어라고 생각한다. 사실 abandon은 두 가지 의미를 다 포함하고 있지만, 본서에서는 주로 '포기'를 사용했고, 문맥상 필요한 경우에 한해 '폐기'를 사용했다.

금을 지급함으로써 분란을 잠재우겠다는 계획을 발표하기도 했다.

지식노동자들은 대주주가 바뀌는 데에 당연히 불안감을 느낀다. 조직 내 자신의 직책이 보전될 것인지, 자신에게 제공되는 급여와 복리가 줄어들지는 않을지에 대한 예상이 대주주 변동으로부터 크게 영향을 받기 때문이다. 그러나 지식노동자의 이런 우려는 기우에 불과하다. 지식노동자들이 정말로 고민해야 할 사항은 새로운 지배 구조 하에서 자신이 더 나은 성과를 내도록 역할과 책임이 어떻게 재배치될 것이냐에 있다. 그것만이 사업은 물론이고 자신의 지위와 기여가 지속될 수 있는 유일한 원천이기 때문이다. 그러나 노동자들의 생각은 대개 그런 데까지 미치지 못한다. 그들은 경영자인 적이 없었고, 경영자로 대우받은 적도 없었다. 삼성에서 그랬다면 한화그룹에 가서도 역시 그럴 것이다. 심리상 그들이 변화를 거부하는 것도 당연하다.

노동자들 자신보다 오히려 노동조합이 거부에 앞장섰다. 2001년에 두산중공업은 과거에 경쟁력이 취약한 일부 생산 간접 부문에 대해 소사장 제도를 실시한 적이 있었다. 일종의 사업 구조조정 일환으로 수행하는 것이었고, 노동자 입장에서는 독립된 경영자로 활동할 수 있는 기회가 주어진 것이었다. 한 걸음 더 나아가서 독립한 소사장이 만약 두산중공업에만 의지하는 협력 기업처럼 행동한다면 이는 사실상 경영자로 독립한 것이 아니다. 반대로 그가 혁신을 통해 두산중공업 이외에 새로운 고객을 창조하는 기회를 찾을 수 있다면 비로소 경영자로 첫걸음을 내딛는 것이다. 그러나 사람들은 예속된 상태에서 풀려나 갑자기 더 큰 자유의 상태로 내던져졌을 때 두려움을 느낀다. 아마 그래서였을 것이다. 노동조합은 자신의 세력을 약화시키고 노동자의 생존권을 박탈하려는 시도라면서 강력히 저항했다.

매각이나 분사는 포기의 여러 형태 가운데 비교적 충격이 적은 것임에도 그 변화조차 이처럼 반발을 산다. 이는 기본적으로 노동자 지위의 안정감에 영향을 미치기 때문이다. 지식노동자 스스로 자신의 자리에서 경영자라는 인식으로 전환하지 못한다면, 언제든지 이런 갈등은 되살아난다.

오늘도 수많은 제품과 서비스가 사업 목록에서 사라지고, 매장에서 하루가 다르게 수많은 상품들이 철수하고 있다. 이들은 단순히 지배 구조를 변동시키는 포기가 아니라, 아예 사업을 세상에서 사라지게 하는 포기다. 그럼에도 오히려 반발이 적다. 왜 그런가? 이는 지식노동자들의 안정감에 대한 기대를 훼손하지 않았기 때문이다. 그들로 하여금 자연스럽게 직무를 전환하면서 자신의 일을 이어 나갈 수 있도록 했기 때문이다. 만약 경영자가 사업 포기를 마찰 없이 실천하고 싶다면 이 안정감의 문제를 무리 없이 해결하는 데에 많은 노력을 집중해야 한다.

혁신을 하려면 먼저 포기가 정기적이고 체계적으로 이루어져야 한다

드러커의 저작에서 '안정stability'의 역할을 읽어 내기는 쉽지 않다. 이 개념은 그의 저서 전편에 견고하게 깔려 있지만, 특별히 부각되지 않고 여러 문장과 어구에 숨어 있기 때문이다. 그래서인지, 독자들은 드러커의 말에서 주로 혁신, 변화, 성과 등을 우선 연상한다. 드러커가 말한 '체계적 포기'도 그렇다. 포기는 창조와 정반대편에 있다. 생성하고 건축하는 것이 아니라 파괴하고 제거하는 것이기 때문이다. 포기는 사람들에게 큰 충격이다. 이미 있던 것들이 사라져 버리는 데 두려움을 느끼지 않을 수 없다. 사람들의 느낌은 대개 포기에 집중된다. 그러나 체계적이라는 말에 주목하지 않는다. 드러커가 특별히 체계적이라는 표현을 쓴 이유는 포기가 가져오는 단절의 충격을 피하면서 영속과 안정을 구현하려는 특별한 의도 때문이다. 그의 혁신, 비용 경영, 포기, 고용의 사상을 읽어 보면 항상 연속과 변화를 양립시키려는 노력을 엿볼 수 있다.

포기의 철학은 잭 웰치가 성공적으로 구현했다고 알려져 있다. 그가 GE에 부임한 후 한 일은 신사업을 기획하는 일이 아니었다. 그는 포기에 먼저 착수했다. 탁월하게 잘할 수 있는 사업이 아니면 모두 중단했다. 그리고 구성원들을 그들의 강점에 따라 재배치했다. 그는 변화를 기함과 동시에 안정을 유지할 수 있었다.

잭 웰치와 달리, 포기의 가르침을 잘못 해석하면 오히려 조직에 충격과 위해만을 가하고 끝날 수 있다. 예를 들어서 증권회사 실적이 악화되면 경영자의 눈에 리서치 센터가 마치 비용 중심점처럼 보일 수 있다. 리서치 센터의 성과가 무엇인가에 대한 깊은 고민 없이 인건비 규모가 먼저 눈에 들어온다. 실제로 많은 증권사들이 그런 동기로 불황기마다 리서치 센터를 대상으로 감원을 실시했다.

전략보다 사람에 드는 비용이 앞선 상태에서 포기가 이루어져서는 안 된다. 드러커가 말한 포기란 고객 창조에 기여하지 않는 '일'을 포기하라는 것이지 '사람'을 줄이라는 뜻이 아니었다.

살이 찌는 것은 쉽지만 감량은 몇 배 어려운 것처럼, 조직도 신사업을 도입하려는 동기는 늘 넘쳐나지만 이미 하고 있는 사업을 제거하려는 시도는 잘 일어나지 않는다. 부서 신설은 의욕에 차 추진하지만, 폐지는 누구 하나 먼저 나서 이야기조차 하기 힘들다. 세상이 바뀌었어도 낡은 법규는 쌓여 산을 이루고 사람들은 불필요한 일에 여전히 매달려 있다. 내

일이 사람을 활용하는 것이 아니라, 이미 지나간 어제가 자원들을 집어삼키고 있다. 드러커는 아무런 성과 없는 일에 매달려 있는 경영의 현실을, 의학계의 다음과 같은 격언을 들어 비유했다.

> "세상에서 시체의 악취를 처리하는 일만큼 힘든 일이 없다. 동시에 이만큼 아무런 결실이 없는 일도 찾기 힘들다(InE p. 152)."

드러커는 혁신이 진정 매력적인 활동이 되려면, 무엇보다도 먼저 포기를 체계적으로 실천할 것을 주문했다. 도끼를 들고 달려드는 인력 구조조정처럼, 기업 실적이 악화될 때마다 한 번씩 몰아치는 것이 아니라, 포기를 정기적인 활동으로 정착시켜야 한다는 뜻이다. 적어도 3년에 한 번쯤은 모든 제품, 모든 공정, 모든 기술, 모든 시장, 모든 채널, 직원들의 모든 활동을 총체적으로 점검해서 포기 여부를 결정해야 한다(InE p. 151).

그러나 대부분 기업에서 포기는 결코 체계적인 활동이 아니다. 포기가 비체계적으로, 즉흥적으로, 불시에 이루어질 때, 사람들은 충격을 받는다. 노동조합은 저항한다. 포기는 합리적인 행동이며 오히려 노동자의 안정에 기여하는 역할을 한다는 사실을 그들은 받아들이지 못한다. 더 나아가서 노동조합이 합리적인 변화를 거부하고 경영자를 적으로만 대한다면, 노동조합은 사실 노동자들에게 큰 죄를 짓는 것이다. 기업의 지속은 오직 변화를 통해서만 가능하고 노동자의 지위는 그때에만 보장받을 수 있기 때문이다.

어쩌면 이런 사태는 노동자의 책임 못지않게 정작 경영자의 책임일 가능성이 높다. 경영자가 명분으로는 노동자를 동반자라고 부르면서 행동은 전혀 그렇지 않았을 가능성이 높기 때문이다. 이때 노동자들은 포기를 자신을 지속시키는 수단이 아니라 자신의 지위를 앗아가는 결정으로 받아들인다.

포기 여부에 대해 결정을 내리는 기준은 후술할 원점 기반 감사zero-based audit다. 이 기준은 다음과 같은 질문에 대한 대답이 "아니오"라면 포기하라는 원칙이다. "만약 **지금** 무無의 상태에서 이 제품, 이 시장, 이 유통 채널 등을 새로 도입하라면 하겠는가?"

이 질문에 대답하려면, 먼저 기존의 사업들을 면밀히 분석하고 진단하는 절차가 필요하다. 드러커는 그 절차로 사업 X선 투시business X-ray를 제안했다(InE pp. 153~155).

사업 X선 투시Business X-ray

드러커는 사업 X선 투시를 『결과를 만드는 경영(1964)』에서 처음 제안했다(MfR pp. 38~67). 그리고 『혁신과 기업가 정신(1985)』에서 다시 한 번 강조했다(InE pp. 153~155). 오늘날 전략 경영 분야에서는 비록 익숙한 내용들일지도 모르지만, 포기의 차원에서 다시 한 번 음미해 보는 것은 충분히 가치가 있다. 지속과 포기의 의사 결정을 위해 대상 사업의 성격을 판별하는 기준은 크게 다음의 다섯 가지다.

1. 매출액 사업별 매출액은 쉽게 집계할 수 있다. 이는 단지 1차 구분을 위한 수치에 불과하다. 대개 경영자들이나 재무분석가들의 시선은, 특별히 별도의 주의를 기울이지 않으면, 여기에 머물고 끝나기 쉽다.

2. 현재 리더십 지위 리더십은 선도력이다. 하지만 이 리더십은 시장점유율을 말하는 것이 아니다. 1등 사업은 결코 시장점유율 1등을 의미하지 않는다. 대신에 시장과 고객의 **진정한 욕구** 가운데 하나를 탁월하게 충족시키고 있는가를 의미한다. 말하자면, 리더십이란 고객으로 하여금 다른 모든 상품을 다 제치고 이 상품을 선택하고 대금을 지불할 용의가 있도록 만드는 능력이다. 이 기준으로 보면 독점기업이 반드시 리더십을 확보하고 있다고는 말하기 어렵다. 왜냐하면 비교할 다른 상품 자체가 없기 때문이다. 또한 리더십은 결코 크기의 문제가 아니다. 그것은 탁월성의 문제다. 그러나 리더십이 단지 품질이나 성능의 우수성을 뜻하지 않는다는 사실에 주의하자. 고객이 구매하는 가치가 과연 어디에 있는가에 초점을 두고 리더십을 판단해야 한다. 그것은 유지보수 능력일 수도, 심리적 기대일 수도, 가격의 저렴한 느낌일 수도, 보완 상품의 효용일 수도 있다. 그 욕구와 가치의 영역은 실로 무한하지만, 상품은 일종의 총체성이 되어 고객에게 다가간다. 품질이나 성능으로만 보자면 롤스로이스보다 더 훌륭한 자동차가 많다. 고객들이 다른 모든 차 대신에 롤스로이스를 구매하는 이유는, 고객의 사회적 지위를 드러내 주는 가치에서 그 어떤 차도 롤스로이스를 따라올 수 없기 때문이다. 롤스로이스의 리더십은 이런 데 있었다. 월마트를 찾는 사람들은 다른 어떤 소매점에서도 발견하기 어려웠던, 품질 대비 저렴함이라는 가치에 매혹당했다. 이것이 월마트의 리더십이었다.

물론, 그 어떤 리더십도 시간이 지나면 반드시 소멸한다. 새로운 리더십을 계속 창출해 내지 못하면 그 기업은 도태한다. 고객의 진정한 가치는 어느 새 다른 곳으로 이동해 있고, 기존의 리더십으로는 결코 그 새로운 기대에 부응하지 못하기 때문이다. 이때 새로운 리더십을 지닌 누군가가 반드시 출현한다. 아이패드 최초 모델이 출시됐을 때 사용자 경험UX은 매우 탁월했지만, 고객의 기대는 잠깐 사이에 상승해 버렸다. 만약 아이패드가 지금 예전 수준의 UX로 시장에 나온다면 사실상 고물로 간주될 것이다.

경영자는 각 사업의 리더십 지위를 '1)현재 리더십을 갖추고 있음, 2)평범하여 자칫 고객으로부터 외면당할 수 있음, 3)리더십이 전혀 없음, 4)앞으로 리더십을 갖출 것으로 예상됨'처럼 여러 등급으로 나누어 평가한다. 그러고 나서 폐기할 사업과 육성할 사업을 결정한다. 당연히 과거의 리더십 지위는 지금 내리는 의사결정과 아무런 상관이 없다.

3. 단기 리더십 전망 현 상태에 뭔가 변화를 주면 리더십이 상승할 것인가, 아무 변화도 일어나지 않을 것인가, 아니면 쇠퇴할 일만 남아 있는가를 판단한다. 또한 아무 추가적인 조치 없이 현 상태 그대로 놓아두면 역시 어떤 변화가 일어날 것인가를 판단한다.

4. 투입 인력의 규모와 자질 각 사업별로 투입 인력의 수와 그 자질을 평가한다. 투입 인력은 경영진, 기술진, 영업/서비스진, 기타 지원 인력진 등으로 나눌 수 있다. 자질은 매우 탁월, 탁월, 양호, 보통, 미흡, 매우 미흡 등으로 나눈다. 여기에 해당하지 않는 특수한 특성은 얼마든지 추가로 고려할 수 있다.

자질이란 그의 경력이나 실적 자체보다, 그가 지닌 강점과 그 사업에 필요한 지식에 의거하여 판단해야 한다. 이는 그 사업에 정말로 필요한 지식과 강점을 지닌 인력이 투입되고 있는지, 아니면 있어야 할 자리가 아닌 곳에 그 사람이 투입되어 있는 것인지 판단하는 중요한 근거가 된다.

5. 자금 투입 비중 지식과 더불어 자금이야말로 사업의 희소한 자원이다.[2] 자금은 그 사업에 필요한 고정 자본과 인건비, 운전 자본, 판매 촉진 비용 지출에 투입된다. 고정 자본이나 인건비에 비하여, 운전 자본 등은 보다 손쉽게 재배분할 수 있는, 다시 말해서 경영 가능한 성격의 것이다. 일정 기간(연간 등) 중 매출액 대비 운전 자본 및 판매 촉진 비용 소요액의 백분율을 계산해야 한다. 드러커는 대개 이런 항목에서 아무런 성과를 낳지 않는 비용이 발생할 가능성이 높다고 보았다. 자금이 그리 잘못 배분되기 쉽다는 말이다.

특정 활동에 필요한 우수 인력은 항상 희소하다. 그만큼 자금도 희소하다. 1달러가 어디에 투입되느냐에 따라 추가로 창출할 수 있는 성과가 전혀 달라질 수 있다. 아무리 문제 삼지 않고 오랜 세월 유지해 왔던 영업비, 재고 자산, 매출 채권을 한 번 상세히 들여다보라. 그곳에 분명히 낭비가 있을 것이다. 이런 내용은 앞의 거래 활동 분석에서 설명했듯이 재무제표에는 전혀 나타나지 않는다.

경영자는 이 다섯 가지 기준에 따른 평가 결과를 표로 종합한 뒤 각 사업을 다음과 같은 열한 가지 범주 중 하나로 분류할 수 있다.[3] 각 사업의 성격에 의거하여 지속과 포기 여부를 판단해야 한다. 물론 이 판단은 매출액의 크기로부터 영향을 받지 않아야 하며, 철저하게 원점 기반 감사

2 흔히 자본을 희소한 자원이라고 생각하지만, 결코 그렇지 않다는 것이 드러커의 입장이었다. 자본은, 즉 초기 고정 자본, 투자용 자금은 상대적으로 풍부하다. 정말로 희소한 자원은 성과를 창출하는 인력이다. 강점이 있는 인력들이 어느 자리에 배치되어 있느냐에 따라 사업의 결과는 너무나 차이가 나게 되지만, 대부분의 경영자들은 그저 무난한 인력으로 배치를 마치고 만족한다(MC21 p. 121).

3 이하 열한 가지의 사업 종류에 대한 설명은 『사업타당성 평가실무』(송경모 지음, 2013)의 부록 pp. 952~954에 수록되었던 부분을 일부 편집하여 다시 수록한 것이다.

의 원칙에 따라야 한다. 사업 X선 투시의 목적은 핵심 자원, 즉 인력과 자금을 현재 상태보다 더 생산적인 지점으로 이동시키자는 데에 있지, 결코 사업의 포기 자체에 있지 않다는 점을 잊지 말자(MfR ch. 4).

1. 현재의 주력 사업Today's Breadwinner

현재 회사의 주요 수익원이다. 외형과 이익 규모가 여러 사업 중에서 가장 크다. 고객 규모가 지속적으로 성장하여 왔고 현재 시장의 성숙기에 진입하기 직전 단계에 와 있다. 일단 계속 수행한다. 대개 이 사업에 가장 많은 인력과 자금이 배치되어 있을 가능성이 높다. 아마 가장 우수한 인력들이 그곳에 집중되어 있을 것이다. 그러나 이 모든 상태는 대부분 과배분일 가능성 역시 높다. 왜냐하면, 현재의 주력 사업은 이미 어제의 사업으로 바뀌어 있기 때문이다. 그것은 이미 과거의 제품일 가능성이 높고 과거에 통했던 리더십이 지금은 통하지 않을 수 있다.

2. 미래의 주력 사업Tomorrow's Breadwinner

이미 시장도 형성되어 있고, 상품성도 검증되었다. 다만 현재의 주력 사업에 비하여 규모가 작다. 대신 이익률은 높다. 현재 시장의 성장 초기 또는 중기 단계에 위치하고 있다. 사업이 잘 진행되고 있기 때문에, 추가 지원의 필요성을 느끼지 못한다. 회사의 핵심 인력은 이곳보다는 다른 곳, 현재의 주력 사업이나 주로 성과가 잘 나지 않는 문제 사업부에 집중되어 있을 가능성이 높다. 이것은 분명히 오배분이다. 이 사업은 당연히 조직의 입장에서 추가적인 노력과 비용을 더 투입해야 할 부분이다. 별 문제 없이 운영되는 사업이라 생각하고 방치하다가는, 자칫 미래의 기회를 스스로 차단하는 결과를 낳을 수 있다.

3. 생산적인 특수 제품(상품)Productive Specialties

자체 이익 규모는 크지 않거나 심지어 손실이 나고 있기는 하지만, 현재 또는 미래의 주력 사업에서 기업이 리더십을 유지하는 데에 핵심적으로 기여하고 있다. 계속 수행한다.

4. 개발 중인 제품Development Products

현재 기획 또는 개발이 진행 중에 있으며 아직 매출이 발생하지 않은 상태다. 계속 수행 여부는 미래의 고객 창출 가능성에 대한 판단과 현금흐름 추정을 통해 판단해야 한다. 여기에 과도한 인력이 배분되어 있어서는 안 된다. 또한, 이 제품은 제10항 경영자의 집착 투자로 수행되서는 결코 안 된다.

5. 실패 사업Failures

비용을 보상할 만한 적정 수준의 고객 창출에 실패한 사업이다. 향후 고객이 확대될 가능성도 사실상 거의 없는 것으로 드러났다. 즉시 중단해야 한다. 그러나 중단으로 끝내는 것 이상으로, 경영자는 이 예상치 않은 실패로부터 혁신의 기회를 발견할 줄 알아야 한다. 포드는 에드셀Edsel 모델의 대실패로부터 자신의 고객 파악에 착오가 있었음을 발견했다. 그 후 GM을 벤치마킹해서 기존에 싼 차와 비싼 차, 성능이 좋은 차와 그렇지 않은 차로 차종을 구분하던 방식을 버리고, 라이프스타일에 초점을 맞추어 신차종을 개발하는 방식으로 이행할 수 있었다. 그 결과 후속 모델 썬더버드thunderbird는 크게 성공했다.

6. 과거의 주력 사업Yesterday's Breadwinner

외형은 현재의 주력 사업이나 미래의 주력 사업 못지 않게, 또는 그 이상으로 크지만, 고객은 이미 감소 추세를 보이기 시작했다. 손실 규모도 계속 확대되는 사업이다. 시장은 쇠퇴기에 처해 있다. 현재 많은 인력과 자원이 배치되어 있지만 투입한 비용만치 생산성을 올리지는 못한다. 이 경우 즉시 중단해야 한다. 인력과 자원은 현재의 주력 사업, 미래의 주력 사업, 또는 생산적인 특수 제품 사업, 개선이 필요한 유망 사업에 재배치하는 방안을 적극적으로 검토해야 한다.

7. 개선이 필요한 유망 사업Repair Jobs

현재 고객 창출도 잘 이루어지지 않고 이익도 미미하지만, 제품 속성이나 공정, 마케팅 측면에서 적절한 개선 또는 혁신이 이루어지기만 하면 대규모로 고객을 창출할 잠재력이 있는 사업이다. 개선 또는 자원 재배치 후 리더십을 확보할 가능성을 피드백하면서 확대 수행한다.

8. 필수적이지 않은 특수 제품(상품)Unnecessary Specialties

고객이 존재하기는 하지만, 취급 규모가 너무 작은 사업이다. 대개 특수 고객에 대한 맞춤형 제품 또는 상품 사업이 여기에 해당한다. 비용 특성, 리더십 달성 가능성, 주력 사업의 성과 창출에 대한 기여도 등을 종합적으로 판단하여 계속 수행 여부를 결정한다.

9. 주변 특수 제품(상품)Unjustified Specialties

본 제품의 부속물, 끼워팔기 제품(상품), 부속 서비스로서 본 제품의 선도적 지위나 경쟁력을 유지하는 데에 별 기여하는 바가 없음에도 불구하고, 계속 자원이 투입되고 있는 상품이다. 대부분 관련 인력과 자원에 대한 비용만 발생시키고 성과 창출에 기여하는 바가 별로 없다. 즉시 중단한다.

10. 경영자의 집착 투자Investments in managerial ego

사업 소유주 또는 최고경영자가 자신의 개인적인 기호에 따라 진행하거나 사운社運을 걸고 수행 중인 사업이 주로 여기에 해당한다. 시장을 잘못 읽고 고객 창출 가능성이 희박하다는 사실이 점점 드러나고 있음에도 불구하고 경영자의 아집 때문에 인력과 자원이 계속 여기에 투입된다. 시장에서도 경고음이 들리고 내부 직원들도 의구심을 갖는다. 당장에 중단해야 함에도 불구하고 좀처럼 중단되지 않고 급기야 조직의 존립에 치명적인 영향을 미치게 된다.

11. 무관심 사업Cinderellas(Sleepers)

조직으로부터 아무런 관심을 받지 못한 채 극소수의 인력과 자원만이 투입된 상태에서 수행되고 있는 사업이다. 종종 무한한 고객 창조 잠재력을 지니고 있음에도 불구하고 경영자를 포함하여 아무도 그런 사실을 파악하지 못하고 있다. 조직에 신데렐라형 사업이 있지 않은지 경영자는 늘 관심을 지녀야 하며, 만약에 그 잠재력을 파악했다면 즉시 자원을 재배치하여 확대 수행하도록 해야 한다.

원점 기반 감사Zero-Based Audit

드러커는 원점 기반 감사를 매 3년 정도에 걸쳐서 시행하라고 권고했다. 물론 그가 제시한 3년이라는 시기는 하나의 권고안일 뿐, 사업별로 제품의 수명 주기에 따라 그 시기는 조정될 수 있을 것이다. 경영자들은 모든 제품, 서비스, 기술, 시장, 유통 채널을 시험대 위에 올려놓고 낱낱이 비추어 봐야 한다.

이 가운데에서 경영자들의 주의가 소홀해질 수 있는 부분은 바로 유통 채널이다. 오늘날 과거 어느 때보다 유통 채널이 다양화되고 급속히 변화하고 있다. 경영자는 구시대처럼 제조와 유통을 별도의 분리된 활동으로 보는 견해에서 탈피해야 한다. 오프라인 도매상, 백화점, 할인점, 홈쇼핑, 온라인 모바일 쇼핑몰 같은 유통 사업체들을 유통 채널로 국한시켜서는 안 된다. 이제 제조와 유통의 구분은 사라지고 있다. 고객의 모든 소비 활동을 유통 채널로 봐야 한다. 오늘날 고객들은 과거와 달리 여가, 보건, 교육 등 삶의 질 향상과 자아 성취에 기여하는 활동에 점점 더 많은 시간을 보내고 있다. 앞으로도 이 추세는 멈추지 않을 것이다. 산업과 업종의 구분을 탈피하여 서비스 업종에서 새로운 융합 비즈니스를 만드는 일이야말로 기존 유통 채널을 대체할 새로운 유통 채널을 찾는 일이 될 것이다. 예를 들어서 출판사는 수십 년 동안 익숙해져 왔던 서적 유통 채널에서 벗어나, 병원이나 골프장, 레저 시설을 새로운 유통 채널로 전환시킬 수 있는 방법을 구상할 수 있을 것이다. 1950년대에 텔레비전이 보급될 때 책 읽는 인구가 줄 것이라고 출판업계는 우려했다. 그러나 예상과는 달리 서점이 아니라 대형 소매 유통점에서 책을 판매하는 현상이 일어나면서 도서 판매량이 오히려 급증했다(InE p. 53).

원점 기반 감사를 실시할 때 주의해야 할 사항 하나는, 외부 컨설턴트한테 용역을 맡기는 식으로 신사업을 찾지 말라는 것이다(MF p. 342). "만약 우리가 이 일을 원점에서 새로 시작한다면 이 사업을 다시 시작할 것인가? 다시 시작한다면 과연 지금 하는 방식대로 할 것인가? 더 나은 방식은 없을까? 만약 새로 사업을 시작한다면 우리가 이미 지닌 강점에 기반을 두고 어떤 사업을 할 것인가?" 모든 기본 질문은 경영자 스스로, 그리고 일하는 지식노동자 스스로가 던지게 해야 한다. 지식노동자들이 스스로 외부를 볼 수 있도록 하고, 결과에 대해 피드백을 할 수 있도록 하는 것이 경영자의 일이다. 이런 기본적인 과업에 대해서조차 틈만 나면 외부의 컨설팅 회사를 찾는다면, 경영자로서 책임을 방기하는 것이다. 컨설팅 회사는 회사가 보유하고 있지 못한 지식이나 숙련이 필요할 때 제한적으로 사용하는 선에서 그쳐야 한다.

포기하는 습관은 시간 경영으로부터 출발해야 한다

수년에 한 번씩 사업을 포기하는 거대한 결정을 내리는 것보다 더 중요한 일이 있다. 그것은 바로 일상에서 시간을 낭비하는 불필요한 일들을 폐기하는 것이다. 경영자는 정말로 중요한 일에 시간을 쏟고 있는가? 아니면 할 필요가 없는 일들에 시간을 버리고 있는가?

드러커는 최고경영자들에게 자신이 어떤 일에 시간을 사용하고 있는지 몇 달간 기록해 볼 것을 권유했다. 몇 달 뒤 자신의 시간 사용 기록을 들여다본 최고경영자들은 놀라지 않을 수 없었다. 그들은 외부 인사 접견이나 각종 의전 행사 참여에 너무나 많은 시간을 쏟고 있었다는 사실을 발견했다. 그러면서 정작 사업 기회에 영향을 미칠 수 있는 외부의 정보들을 수집하거나 조직 내 의사소통에 기울이는 시간이 거의 없다는 사실에 또 한 번 놀랐다.

드러커는 특히 대부분 기업에서 인사 결정에 쏟는 시간이 너무나 적은 현실을 개탄했다. 인사에 쏟는 시간은 그 어떤 것을 포기해서라도 최대한 얻어내야 한다. '기업은 사람'이라고 늘 말하면서, 정작 사람을 이해하는 데에 거의 시간을 쓰지 않는다는 것은 말이 되지 않는다.

토요타자동차의 딜러 회사로서 13년 연속 고객 만족도 1위를 달성한 넷츠토요타난고쿠는 직원 한 명을 선발하기 위해 30시간 정도를 투자한다. 보통 한 번 만날 때 5시간 정도 대화를 하고 이를 3개월에 걸쳐 6번 실시한다. 먼저 회사는 자신이 무엇을 하는 회사이며, 어떤 목적과 가치하에 일하는지를 충분히 설명한다. 이때 최고경영자 한 사람만이 설명하는 것이 아니라 회사의 직원들이 돌아가면서 이야기를 해 준다. 이 과정을 통해서 회사는 지원자가 회사의 목적과 가치에 부합하는 인물인가를 충분히 파악할 시간을 가질 수 있다. 지원자와 이토록 오랜 시간 대화하는 것은 지원자 자신을 위한 것이기도 하다. 왜냐하면 이 회사가 과연 자신에게 최선의 직장인가 아닌가를 지원자가 스스로 생각할 시간을 만들어 주기 때문이다. 대개 뭔가 자신이 이 회사에 맞지 않는다고 생각한 지원자는 몇 번의 면담 후에는 출석을 하지 않는다. 결국 끝까지 면담을 마친 지원자에게 필기시험 기회가 주어진다. 함께 일하는 사람이 서로를 이해하는 과정은 이렇게 입사 최초 시점부터 이루어져야 한다.[4]

채용뿐만 아니라, 승진이나 이동 인사에서도 경영자들은 대상자들과 많은 시간을 들여서 소통해야 한다. 필자가 직간접적으로 경험한 대부분의 회사들은 놀라울 정도로 간단한 면담 끝에 이런 결정을 내렸다. 아주 드물기는 하지만, 당사자와 면담조차 없는 경우도 있었다. 인사부에서

---

4 『회사의 목적은 이익이 아니다』, 요코타 히데키 지음, 임해성 옮김, 트로이목마, 2016. pp. 65~68

그룹웨어에 일방적으로 고지해 버리는 것으로 끝나기도 한다. 이것은 사람 경영이 아니다. 일종의 공작품 조립이나 다를 바 없다.

경영자들은 왜 이렇게 인사 결정에 투입하는 시간을 내지 못하는가? 첫째는 그 시간이 정말로 중요한 시간이라는 것을 몰라서 그렇기도 하겠지만, 무엇보다도 중요하지 않은 일들이 시간을 점유하고 있기 때문이다. 한 사람의 자리와 과업을 결정하는 일을 가장 중요한 과업으로 여기는 기업 문화가 형성되어 있다면, 서로의 직무에 대해 상호 이해하고 그 사람의 강점과 약점, 그동안의 성과와 앞으로의 기대 같은 것들을 제대로 파악하기 위해 자주, 오랜 시간 소통하는 일은 지극히 자연스러울 것이다. 그러나 아쉽게도 그런 일은 잘 일어나지 않는다. 인사에 대한 각종 불만과 희망 사항은 사적인 술자리에서나 봇물처럼 터져 나왔다가 정작 업무 현장에서는 쏙 들어가 버린다.

또한 최고경영자는 외부의 변화를 이해하는 데에 보다 많은 시간을 들이는 데에도 인색하다. 외부에 시간을 투입해야 한다는 말은 각종 사교 행사에 부지런히 모습을 드러내라는 뜻과 다르다. 물론 그런 모임에서 중요한 정보를 얻을 기회가 전혀 없는 것은 아니다. 그러나 무엇보다도 고객 현장, 공급사 현장, 인접 산업 또는 얼핏 무관해 보이는 듯하지만 중요한 기회가 있을 수 있는 산업에서 벌어지는 일들을 좀 더 생생히 알기 위해, 현장 탐색에 많은 시간을 쏟아야만 한다는 뜻이다. 출판된 통계 숫자나 책을 통해서 파악하는 외부 현실도 어느 정도는 도움이 된다. 그러나 여기에는 분명히 큰 제약 또는 왜곡이 있을 수 있다. 그러므로 현장에서 직접 보고 듣고 느끼는 것만 못하다. 외부를 올바르게 이해하기 위해서는 이성의 좌뇌와 감성의 우뇌를 동시에 가동해야만 한다.

외부에 투여하는 시간의 중요성은 비단 최고경영자만이 아니라, 임원들이나 중간관리자, 심지어 실무자에게도 마찬가지다. 그들이 일하는 영역 외부에서 어떤 일들이 일어나고 있는지 늘 촉각을 곤두세우고 그 정보가 언제든지 기업 내부에 수용될 수 있는 문화를 만들어야 한다. 물론 말단 실무자는 아무래도 내부에 주력하는 비중이 높을지 모른다. 그러나 그 역시 자신의 업무에서 외부에 무슨 일이 일어나고 있는지 주의를 놓아서는 안 된다. 상위 경영자로 갈수록 외부에 주의를 기울이는 비중은 점점 높아져야 한다. 특히 최고경영자야말로 내부의 문제보다 외부의 변화에 더욱 주목해야 한다.

지식노동자들로 하여금 오직 조직 내부에 목을 매고 갇혀 있도록 해야 그들이 다른 데 신경 쓰지 않고 열심히 일할 것이라는 착각에서 벗어나야 한다. 오히려 그들에게 외부와 교류하면서 사업 첩보 요원으로 활동할 수 있는 기회를 더 제공하도록 해야 한다. 다만 언제든지 그 결과에 대한 피드백은 필요하다.

3M이 글로벌 히트 상품 스카치테이프를 개발하게 된 동기가 그런 경로를 통해서 나왔다는 사실을 상기하자. 만약 당시에 완성차 회사에 사포를 납품하러 갔던 영업 사원이, 차체를 두 가지 색으로 도장하는 용도로 쓰였던 아교접착지에 대해 공원들이 내놓던 불평불만을 그냥 남의 일로 치부하고 넘어 갔다면 어떻게 됐을까? 만약 그랬다면 3M은 그냥 공장용 소모품을 제조하는 일개 지역 중소기업으로 끝났을 것이다. 하지만 이 외부의 사건은 그대로 회사에 보고됐다. 그 결과 3M은 그동안 사포를 만들면서 축적한 접착제 기술의 강점을 발휘하여 스카치테이프라는 전혀 새로운 사업 기회를 창출하는 데에 성공했다.

4

최고경영자의 초고액 연봉은 사회에 알면서도 해를 끼치는 행위다

경영자는 경제인[1] 이상의 존재여야 한다

단도직입적으로 말하자면, 최고경영자의 수십억 원에 달하는 천문학적 연봉과 온갖 특전 수취는 사회를 향해 '알면서도 해를 끼치는' 행위다. 드러커는 기업의 사회적 책임의 제1원리로 '알면서도 해를 끼치지 말라'는 전문가 윤리를 제시했다. 최고경영자는 자신의 이런 행동이 경제적으로 정당하다고 합리화할지 몰라도, 사회의 지도적 전문가 계층으로서 그 기본 윤리를 출발부터 위배하는 것이다(MTRP ch. 28).

1 초창기에 법철학과 사회사상 연구로 출발했던 드러커는, 최초의 대중적인 저서 『경제인의 종말(1939)』에서 경제인의 허구적 신화, 기계론, 조작주의에 희생된 사회가 어떻게 대중의 절망이라는 자양분을 먹으면서 히틀러와 무솔리니의 전체주의를 낳았는가를 분석했다. 전체주의에 희생당하는 개인의 자유와 평등이라는 주제는 훗날 드러커의 평생을 관통하는 경영 사상의 모태가 된다. 이 깊은 사상적 흐름에 대해서는 별도의 인문학적 논의가 필요하나, 본서에서는 생략한다.

비상식적일 정도의 고액 연봉은 단순히 금액의 문제가 아니다. 사회 내 존재로서 기업 경영자가 지니는 권력, 그리고 책임과 깊이 연관되어 있다. 정당성과 도덕성을 갖추지 못한 권력은 반드시 거센 저항에 직면한다. 아무리 실정법에 저촉되지 않고 자신에게 부여된 정당한 권한으로 행사한 일이라 해도 사회는 그보다 더 높은 차원의 기준으로 권력의 옳고 그름을 판정한다. 이 시대 최고의 권력자인 경영자는 자신이 단순히 경제인이 아니라는 사실을 자각해야 한다. 그는 자본주의 이후의 세계에서 실질적인 최고의 권력자이자 사회의 지도 계층이라는 사실을 망각해서는 안 된다.

대부분의 기업가들은 스스로를 경제인이라고 규정한다. 우리는 한국 사회를 주도하는 사업가들의 단체가 '전국경제인연합회'라는 이름을 달고 있다는 사실을 잘 알고 있다. 그 이름 여하를 떠나 적어도 드러커의 관점에서 사업가가 자신을 '경제인'으로만 국한해서 정의하는 것은 대단히 부적절한 일이다. 그는 사업가가 경제인의 단계를 넘어 경영자가 될 것을 주문했다. 경영자와 경제인은 동격이 아니다. 드러커가 말하는 경영자는 단순히 사업을 통해 재화를 생산하고 사회에 공급하면서 그 대가로 경제적 이익을 남기는 사람 이상의 존재다.

사회 통합의 주체인 경영자

최고경영자의 고액 연봉과 각종 특전을 이야기하면서, 이 문제를 단순히 경제 문제로만 보아서는 안 되는 이유는 여기에 개인의 권력과 사회 통합이라는 깊은 주제가 개입되어 있기 때문이다. 드러커는 오늘날 경영자는 세계가 19세기 이전에 종교, 국가, 정치가 세계를 지배하던 시절에 그랬던 것처럼 단순히 일단의 한 무리로서 경제인의 지위만을 누리던 시절은 끝났다고 보았다. 눈을 들어 주위를 둘러보라. 우리의 아버지, 어머니, 형제자매, 친구들, 오늘날 대부분의 사람들의 삶을 지배하는 것은 이른바 '회사' 생활이다. 물론 회사 이외에 다른 조직들, 예컨대 학교, 병원, 종교 단체, 정부, 기타 비영리 단체들도 있지만, 대부분 이 사회에서 회사가 창출하는 경제적 가치를 기반으로 운영되고 있다. 지금은 과거처럼 시종이나 노예를 향해 생사여탈권을 지닌 권력자로서 왕도 귀족도 없다. 다만 회사 안에서, 시종 같은 사람, 노예 같은 사람, 왕 같은 사람, 귀족 같은 사람들이 있을 뿐이다. 오늘날 경영자는 새로운 권력, 더구나 가장 거대한 권력이다. 그들의 힘은 사실상 정치권력을 능가한지 오래다. 형식상으로는 경제 권력이 정치 권력의 밑에 있는 것 같지만, 오히려 정치권력이 경제 권력에 종속되어 있다.

경제학의 단순 논법에 충실한 이론가가 경영자의 고액 연봉은 경영자 개인의 한계생산성을 반영한 것이니 아무런 문제가 없다고 논평하거나, 최고경영자 본인이 아무런 부끄러움이나 책임도 느끼지 못한 상태에서 수단과 방법을 가리지 않고 자신 몫을 챙겨 가는 데에만 연연하다면, 그들은 중요한 초점, 즉 단순히 경제인의 차원을 넘어선 사회 내 존재로서 경영자의 책임을 보지 못하고 있는 것이다. 드러커는 사회를 보는 시선으로부터 출발해서 경제를 보았지 결코 경제의 시야에 갇혀 사회를 보지 않았다. 다만, 드러커가 그의 모든 저작에서 지속적으로 언급했던 '사회'의 개념은 여러 개인의 보장된 자유들이 공통으로 지행해야 할 목적 또는 개인의 자유에 바탕을 둔 질서라라는 뜻으로 사용되었다. 결코 개인을 통제하고 계획하는 의미의 사회가 아니었다.

어느 사회에서나 노동자는 최고경영자의 과도하게 높은 연봉을 마음 깊이 혐오한다. 사장은 얼마 받는데 나는 이것밖에 못 받는다는 무의식적 비교가 형성되어 있다. 평소에는 잘 드러나지 않는다. 그러나 어떤 계기가 생기면 그들의 불만은 분출된다. 1949년에 미국 자동차 노조가 포드자동차 수준으로 높은 임금을 받겠다고 요구하고 나섰을 때, 그들은 포드자동차 노동자의 임금과는 아무런 상관도 없는 GM의 윌슨 사장이 받는 50만 달러의 연봉을 거론하고 나섰다. 같은 해 US Steel 노동자들은 자신의 근무 조건이나 임금과는 아무런 상관이 없는, 사장에게 평생 보장된 연금 혜택을 문제 삼고 나섰다(NS p. 92).

도대체 무엇이 문제인가? 사실 노동자들의 적개심은 경제적인 동기에 있는 것이 아니다. 단순히 질투하는 것만도 아니다. 그들은 평등한 사회에 대한 약속이 깨지고 있다는 느낌을 받기 때문에 분노하는 것이다.

그들은 사실 자신을 고용한 자본가가 진정 어디에 있는지도 알지 못한다. 연금기금 사회주의에서 이 보이지 않는 자본가는 옆집에 사는 연금 생활자 노인일 수도, 멀거나 가까운 친구일 수도, 그들 자신처럼 이름 모를 수많은 급여 생활자일 수도 있다. 물론 일부 중소기업의 창업자 가운데 자본가라 할 만한 사람들은 있다. 그러나 많지는 않다. 많은 소기업과 자영업 사장들은 대부분 자본가가 아니다.

경영자는 자신이 받는 천문학적 급여가, 자신이 아니면 아무도 못 해냈을 성과를 자신 때문에 해낼 수 있었다는 사실에 근거를 둔다고 주장한다. 즉 고액 연봉은 자신의 능력이 기여한 경제적 몫에 대한 정당한 대가이며 오히려 지금 받는 급여로도 충분치 않다고 주장한다. 하지만 어불성설이다. 그렇다면 소중한 생명을 살리는 의사나 소방관은 왜 그렇게 받지를 못하는가?

혹은 경영자들은 초고액연봉이 사업가로서 위험을 무릅쓰고 성과를 낸 데에 대한 대가라고도 말한다. 정말로 그런 몫이라면 굳이 급여와 복리후생비가 아니라 배당금이나 보유 지분의 가치 상승으로 얼마든지 보상받는 길이 있다. 돌이켜 생각해 보자. 전문경영자의 지위는 특별한 하자가 없는 한 권한과 보수에 대해 보장을 받고 들어가는, 매우 안전한 자리다. 결코 전 재산을 날릴 위험한 자리는 아니다. 그들이 그토록 안전하게, 높은 금액을 받아 가는 것에 대해 대중은 결코 정의롭다고 생각하지 않는다.

탐욕스러운 자본가 내지 경영자는 사적 소유를 허용하는 자본주의에서 필연적으로 나타날 수밖에 없는 문제라는 시각도 터무니 없는 것이다. 드러커에 따르면 구 소련의 국영기업 최고경영자들은 미국의 최고경영자에 비하여 오히려 훨씬 높은 보수를 받았다. 그 모든 것을 돈이 아니라 넓은 집, 자동차, 특별 휴가, 특별 상품 교환권, 가구, 자녀 교육 특권 등, 셀 수 없을 정도의 다양한 형태로 받았다(NS p. 94). 많이 본 풍경이 아닌가? 우리나라에서도 종종 공기업 경영진의 비상식적일 정도로 높은 급여와 온갖 혜택이 드러나 대중의 지탄을 받는다. 저 안전한 자리에서 굳이 경영이랄 것도 없이 주어진 시장에서 주어진 일만을 하면서 수금을 해 가는 사람이 저토록 높은 급여를 받고, 또 그런 자리를 정치의 힘으로 돌아가면서 한 번씩 누리고 가는 것이 허용되는 이 사회는, 현장에서 하루하루를 불확실성과 싸우면서 사업의 지속을 위해 분투하는 중소기업 창업가들의 눈에는 절대 정의롭게 보일 리 없다.

일은 무엇으로 보상받아야 하는가?

도대체 왜 최고경영자들은 그토록 터무니 없을 정도로 높은 급여를 합법적으로 뽑아 가면서, 그것을 자신의 능력이라고 착각하고, 이를 당연하다고 생각하는 것일까? 이를 제지하지 못하는 이사회 역시 최고경영자가 사회적 책임에 역행하는 일을 방관하는 것은 아닌가? 그 돈이 만약 자기가 출자해서 진실로 사업 성과를 내는 데에 투입되어야 할 돈이라고 느낀다면 그렇게 쉽게 빼낼 생각조차 할 수 있겠는가? 그럴 리는 없다. 최고경영자의 시야에 주주는 분산되어 잘 보이지 않고 현장의 수많은 권한은 오로지 자기에게 집중되어 있다. 합법의 테두리 내에서 가능한 모든 수단을 동원해서 자신의 몫을 챙겨 가도 경제인으로서 자신은 정당한 행동을 했다고 생각할지 모른다.

높은 연봉에 대한 또 하나의 변명은, 대중에 노출되는 연봉은 세전稅前 기준이므로 누진소득세가 적용된 뒤 세후 소득으로는 큰 차이가 없다는 항변이다. 세법이 대중의 편견을 낳게 하는 요인인 것은 사실이지만, 경영자는 주어진 세법 체계 내에서 대중의 분열을 야기하는 데에 대한 사회적 책임을 분명히 인식해야 한다. 이 책임을 무시하면 결국 화살은 경영자 스스로에게 돌아온다(MTRP ch. 28). 기업의 존폐는 최고경영자가 정하는 것이 아니라 사회가 정하는 것이기 때문이다.

자본의 사적 소유를 철폐했다는 사회주의권에서나 사적 소유가 인정된 자본주의권에서나 왜 높은 자리가 그토록 높은 급여를 받아 가는 일을 당연하다고 여기는 것일까? 드러커가 보기에 그것은 피라미드형 위계구조상 필연적으로 발생하는 문제였다(NS p. 94). 사원보다 대리가, 대리보다 과장이, 과장보다 차장이, 차장보다 부장이, 부장보다 임원이, 일반 임원보다 사장이, 그러니까 더 많은 권한과 책임이 있는 자리일수록 더 많이 받아야 한다는 것이 일반의 통념이었기 때문이다. 대부분 사람들은 이를 상식이라고 생각할지 모른다. 하지만 상식이 상식적이지 않을 수 있음을 되돌아보게 하는 것이 드러커의 역할이었다.

첫째, 과거에 지식이 중심적인 생산요소가 아니었을 때에는 하급직일수록 지시받은 대로 일해야만 했다. 아래로 내려갈수록 자율적으로 판단하고 결정할 수 있는 영역은 제한받았다. 그러나 높은 자리일수록 그렇지 않았다. 그 자리에는 권력이 있었고 그 권력은 자신이 발휘할 수 있는 힘만큼 많은 것을 챙겨 갈 수 있었다.

그러나 지식이 중심적인 생산요소로 부상한 지금 상황은 전혀 달라졌다. 대체하기 힘든 핵심 지식을 보유한 직원은 직위 고하와 무관하게 높은 급여를 받는 일이 흔히 있다. 오늘날 스타 플레이어가 구단주보다 높은 금액을 받는 데 대하여 이상하게 생각하는 사람은 거의 없다.

하지만 여기에서 다시 생각해 보자. 지위를 통째로 무시하고 100퍼센트 능력과 기여만으로 화폐 보수의 크기를 정한다면 과연 옳을까? 드러커의 관점에서는 그것도 잘못이다. 만약 철저한 경제적 논리에만 입각해서 보상 체계를 설계했다면 그것은 잘못된 방식의 보상이다. 왜냐하면 인력에 지급하는 보상은 성과에 수반하는 비용이기도 하지만, 동시에 그 사람의 사회적 지위를 표현하는 수단이기도 하기 때문이다. 조직에서 높은 지위의 경영진에게 보다 많은 돈으로 보상하는 일은 단순히 경제적 의미 이상의 역할이 있다. 그것은 조직 내에서 그가 지니는 가치 또는 단순히 업무 능력만으로 표현하기 어려운 조직 질서를 유지하는 일종의 권위를 표현하는 것이다.

물론 이런 높은 지위의 사람이 이만한 가치와 권위를 인정받으려면 그에 상응하는 진실성을 지니고 있어야 함은 물론이다. 최고경영자 본인은 고액 연봉에, 보너스에, 스톡옵션까지 받아 가면서 단지 주주에게 잘 보이기 위해 무분별하게 다운사이징을 행한다면, 조직 내에서 진실성은 고사하고 얼마나 추악한 행동으로 비칠 것인가?

종합하자면, 어떤 경우에든 지위에 따른 사회적 의미를 지니는 보상은 능력에 기반을 둔 보상과 반드시 균형을 맞출 필요가 있다. 드러커는 그런 면에서 일본의 연공서열제에 따른 임금 체계가 젊고 능력 있는 인력에 대해 동기를 박탈하는 부작용이 있다는 점을 인정했다(MTRP ch. 34). 그는 경영자가 임금 보상 체계를 설계할 때 어느 한 논리에 치우치지 않고 전체를 보고 판단할 줄 아는 능력을 중시했다. 요는 경영진의 급여가 조직 내, 더 나아가서 사회의 전반적인 기풍에 얼마나 영향을 미치는지 판단할 줄 아는 경영자의 능력에 있다(NS p. 95).

둘째, 지식노동자들은 결코 돈만으로 동기 부여를 받지 않는다.[2] 이른바 성과급 제도는 물질적 보상이 지식노동자에게 동기 부여가 될 수 있다는 믿음에 기초를 두고 있다. 물론 성과급은 어느 정도까지는 효과가 있다. 그러나 모든 당근에는 임계점이 있다. 임계점을 넘은 과도한 성과급은 오히려 조직을 파괴한다. 또한 일에 대한 물질적 보상은 마치 마약과 같아서 갈수록 더 많이 주지 않으면 효과가 줄어드는 부작용이 있다. 그만큼 전례 없이 탁월한 기여를 한 연구자나 누구나 인정할 만한 성과를 올린 세일즈맨 등에 대해서는 충분한 보상을 제공하되 매우 조심스럽

---

2 대부분 지식노동자들이 그렇듯 드러커 자신도 경제적 동기만으로 자신의 행동을 선택하지는 않았다. 예를 들어서 『경제인의 종말』 저자로 유명해진 이후 드러커는 「타임(Time)」과 「라이프(Life)」 지의 종신 직원으로 와 달라는 헨리 루스(Henry Luce)의 후한 제의를 거절했다. 그가 고액 연봉과 각종 특전을 포기한 이유는 루스의 높은 콧대에 맞추다 보면 자신의 지적 독립성이 크게 훼손될 것이라고 생각했기 때문이다(AB pp. 223~224).

게 사용해야 한다. 드러커는 이런 균형을 유지하기 위한 하나의 제안으로서, 회사 스스로 세후 소득 기준으로 일정한 범위, 예컨대 조직 내 최하급 연봉과 최상급 연봉 사이에 1:10의 범위를 넘지 않는 선에서 지침을 정할 필요가 있다고 말하기도 했다(MTRP p. 372).

과도한 물질적 보상은 일하는 사람들을 두 집단으로 분열시키는 작용을 한다. 임원들에 대한 주식매수청구권, 일명 스톡옵션이나 특정한 성과를 낳은 직원에 대해 비정상적일 정도로 높은 보상이 돌아갔을 경우, 일반 직원들은 자신을 패배자로 인식하고 자괴감을 느낀다. 그들은 일을 하겠다는 생각보다 저항과 태업으로 일관할지 모른다(MTRP ch. 19). 또한 돈으로 막대한 보상을 받은 사람들은 지속적으로 성과를 창출하기 위해 전보다 더 적극적으로 소통하거나 기여하지도 않을 것이다. 오히려 그들은 언제라도 회사를 떠날 생각을 할 가능성이 높다.

지식노동자들은 자신이 조직 내에서 다른 모든 구성원들과 동등한 자격으로, 동등한 기회를 부여받으면서 성과 창출에 기여하고 있다고 느낄 때 가장 동기를 부여받는다. 이것이 노동자들이 느끼는 진정한 공정성이고 정의다. 그들이 물질적 보상의 절대 액수를 문제 삼기보다 동료나 상사, 또는 부하와 급여 차이를 주로 비교하면서 불만을 터뜨리는 이유가 여기에 있다. 또한 혼자였을 때에는 도저히 상상도 할 수 없었던 탁월한 성과를, 역시 탁월한 동료들과 함께 소통하면서 자율적으로 성취해 나갈 때 자신이 진정으로 '일'을 하고 있다고 느낀다. 노동자는 거기에서 비로소 '나'의 존엄함을 깨닫는 것이다.

PETER DRUCKER

5

모든 것을 숫자로 말할 수는 없다

숫자에 밝다는 것

탁월한 경영자는 숫자에 밝아야 한다고 흔히 말한다. 수많은 경영 현상이 숫자로 표현되기 때문이다. 보고서에 들어간 수치 오류를 기가 막히게 잡아내는 경영자들은 대단히 유능해 보인다. 더구나 경영자가 공인회계사 출신 정도가 되면 피해 갈 수가 없다. 맞다. 경영자는 숫자를 잘 읽을 줄 알아야 한다. 그러나 이는 숫자 계산을 능수능란하게 할 줄 알아야 함을 의미하지는 않는다. 드러커의 관점에서 보면 경영자가 숫자의 장벽을 넘어서야 함을 의미한다. 숫자의 함정에 빠지지 말라는 것이다.

기업 활동의 수많은 결과들은 대부분 숫자로 표현할 수 있다. 불량률, 공정 진행률, 가입 회원 수, 보유 특허 수, 이직률, 주가…… 사업마다, 회사마다 아무리 세분화해도 끝이 없을 정도로 많은 종류의 숫자들이 있다. 재무제표 상의 숫자들은 그 수많은 결과 수치 중 한 종류에 불과하다. 그럼에도 대부분의 사람들은 결산 재무제표를 기업 활동의 최종 성적표로 간주하는 데에 익숙하다. 이는 경제적 결과를 기업의 유일한 결과이자 최종 목적으로 간주하려는 오랜 습성 때문이다.

로버트 캐플란Robert Kaplan과 데이비드 노턴David Norton의 균형성과표BSC: Balanced Score Card는 기업의 성과를 재무적 관점, 고객 관점, 내부 프로세스 관점, 학습 및 성장 관점의 네 가지 차원에서 균형 있게 달성할 것을 요구함으로써 이런 불균형을 타개하고자 했다. 물론 균형성과표 이전에 드러커의 목표와 자기통제에 의한 경영 사상이 먼저 있었다. 그에 따르면 기업은 복수 영역의 목표를 균형 있게 추구하면서 결과를 내야 한다. 그리고 이 모든 활동의 궁극적인 목적은 이익 극대화가 아니라, 고객 창조로 귀결되어야 한다. 고객 창조에 기여하는 여러 활동과 목표 사이에 균형을 잡으려는 이런 노력에도 아직도 수많은 사람들은 대부분 재무제표를 통해서 기업을 바라본다.

대중들은 기업의 화려한 재무적 수치가 그 기업의 경제적 성과와 탁월성을 표현한다고 생각하는 경향이 있다. 하지만 증권가의 탁월한 애널리스트들은 재무제표 몇 장에 나타난 숫자가 얼마나 허술한 것인지 잘 알고 있다. 기업의 실상을 제대로 알려면 재무제표에 표현된 수치 이외에 얼마나 많은 추가 정보를 입수해야 하는지 모른다. 그래 봤자 공개 정보든 비공개 정보든 아무리 추가로 얻어 낸다 해도 한결같이 단편 정보들에 불과하다. 그래서 탁월한 재무분석가는, 마치 벽에 걸린 그림 한 점의 상태를 보고 사건의 전후 관계를 추론해 내는 탐정에 비견할 만한 추리력을 지녀야 한다.

회계상 이익이 높게 나타났다고 해서 그 기업 전체 성과는커녕 경제적

2012년 세계가전전시회에 참가한 모뉴엘과 자회사 잘만테크의 부스. 빌 게이츠가 주목할 만한 회사로도 꼽았던 모뉴엘은 2014년 법정관리를 신청하면서 3조 원 이상의 사기 대출을 받은 것이 밝혀졌다.

성과조차 제대로 달성했다고 단언할 수 없다. 흑자도산의 메커니즘을 잘 이해하는 사람이라면 막대한 이익 뒤에서 자금난이 어떻게 발생할 수 있는지 읽을 줄 안다. 19세기에 유럽에서 주식회사 제도가 등장한 이래 서구와 우리나라를 막론하고 이런 일은 셀 수 없을 정도로 많이 일어났다. 아무리 회계 제도와 감사 시스템이 발전해도 이를 피할 수 없었다. 기업의 생존과 지속을 결정짓는 요인은 재무를 포함한 어떤 거대한 전체의 문제이기 때문이다.

이와 관련된 예는 너무나 많지만 그중 하나만 들어보자. 2014년에 법정관리에 진입한 모뉴엘은 바로 전해까지만 해도 매출액 1조 원에 영업이익 1,000억 원을 달성했다. 매출액은 2008년 739억 원에서 2012년에 8,251억 원으로 초고속 성장했다. 매년 미국 라스베이거스에서 열렸던 세계가전전시회CES에서 혁신상을 잇따라 수상하기도 했다. 빌 게이츠는 지난 2007년 CES 기조연설에서 모뉴엘을 미래에 주목할 만한 회사로 지목한 적도 있었다.

어쩌면 내부의 경영진들은 실상을 알고 있었을지도 모른다. 만약 의도적으로 장부를 분식한 것이 아니었다면, 그 숫자의 의미를 못 읽어 낸 투자자들만 자탄할 일이다. 하지만 내부의 경영진조차 숫자의 이면에 감추어진 실상을 잘 모르고 있었다면, 무능한 경영자라고밖에 말할 수 없다.

창업자 2세가 운영하는 어떤 해운사가 있었다. 해운 경기가 좋을 때에는 별 문제가 없었다. 그런데 해운 시황이 악화되면서 자금난에 시달리게 되었다. 최고경영자는 새로 영입한 최고재무책임자에게, 분명히 손익계산서로 작년에 이익이 났다고 보고받았는데 왜 이렇게 돈이 없는 것인지 이해가 안 간다고 말했다. CFO는 재무제표 상의 수치와 실제 자금 순환의 관계를 잘 이해하지 못하는 최고경영자를 더 이해할 수 없었다.

숫자의 착시는 단지 재무 영역에만 있는 것이 아니다. 생산, 판매, 연구개발, A/S 등 사업 활동의 각 영역에서 대개 숫자는 실상을 뒤에다 감추면서 다가온다. 고객 불만 접수 비율을 단순히 숫자로만 파악해선 안 된다. 가령 매월 평균 100건 내외가 접수되다가 50건으로 줄었다고 해서 고객 만족도가 증가하고 있다고 섣불리 판단하는 것은 대단히 위험한 일이다. 그 50건 안에 향후 중대한 제품 결함이나 사업 지속에 치명적일 수 있는 요소가 담겨 있을지도 모르기 때문이다. 드러커는 GM의 예를 들었다. 랄프 네이더Ralph Nader가 GM에 항의 서한을 보내 왔을 때, GM은 그를 단순히 수많은 불만 고객 중 한 명 정도로 취급했다. 그래서 여타 불만 고객을 대하는 것과 똑같은 방식으로 대했다. 그러나 레이더의 주장이 나중에 거대한 시민운동으로 확산됐을 때에야(FS pp. 104~105) GM은 자신

들의 판단이 잘못됐음을 깨달았다.[1]

경영진이 모든 것을 한두 가지의 숫자로만 말하려 하는 순간, 그 숫자를 낳은 진짜 구조는 뒤로 사라진다. 사실 경영자가 정확한 숫자를 들이대면 실무자는 아무런 할 말이 없다. 그 누구도 기록된 결과로서 숫자 자체를 부정할 수는 없기 때문이다. 그 숫자가 달성되지 않은 이유를 아무리 설명해도 그것은 상위 경영자에게 변명으로밖에 들리지 않을 것이다. 그러나 사업을 하나의 전체로 볼 줄 아는 경영자라면, 결과를 창출하는 과정에서 과연 어떤 지식이 필요한지, 자신의 강점과 약점이 무엇인지, 그 숫자와 함께 볼 것이다.

어떤 신설 방문판매 회사에 부임한 지역 영업 본부장 한 명이 경영자에게 호기롭게 모든 것을 숫자로 말하겠다고 했다. 물론 그는 결과를 보여 주겠다는 의지를 그렇게 표현했을 것이다. 그러나 6개월 뒤 그가 장담했던 숫자는 달성되지 않았다. 최고경영자는 실적 부진을 이유로 그를 해고했다. 숫자로 보여 주겠다고 스스로 말했기 때문에 그도 할 말이 없었다. 사장은 내부 직원을 새 본부장으로 임명했다. 그러나 역시 6개월, 1년이 지나도 크게 달라지는 것이 없었다. 다시 본부장을 교체했지만 변함이 없었다. 사업은 성장하지 못하고 손실은 누적되어 갔다. 수년 뒤 회사는 헐값에 경쟁사에 매각되고 말았다. 사장은 강점을 갖춘 영업 사원을 선발하는 단계에서 이미 실패한 것이다. 일단 업계의 경력만 있으면 크게 문제 삼지 않고 채용하고 생산성 있는 영업사원을 육성하는 방법에는 관심을 기울이지 않았다. 사장이 할 수 있는 일은 숫자로 나타난 실적 점검과 압력뿐이었다. 그 역시 그가 그토록 중시하던 숫자에 당하고 만 셈이다.

---

1 『피터 드러커: 현대 경영의 정신』, p. 487

숫자의 장벽을 넘어라

공부가 깊은 통계학자들은 통계가 얼마나 사실을 왜곡할 수 있는지에 대해 잘 알고 있다. 물론 통계는 실제로 일어난 일에 대해 일말의 진실을 알려 준다. 하지만 거기에 담을 수 있는 정보는 지극히 제한되어 있다.[2] 대중들은 어떤 사태의 전모를 알기 위해 겉으로 드러난 숫자 배후의 구조를 깊이 분석해 보려는 노력을 기울이려고 하지 않는다. 대중들은 그 일을 직접 경영할 책임이 없기 때문이다. 그러나 조직의 성과에 책임을 지닌 경영자는 단순히 수치만으로 의사 결정을 해서는 안 된다. 어떤 대상을 제대로 안다는 것은 숫자의 장벽을 넘어서는 일이다.

> "무언가를 **알기** 위해서는, 그 중요한 사항을 진짜로 이해하기 위해서는, 적어도 그 대상을 열여섯 가지의 서로 다른 각도에서 바라보아야만 한다. 사람들이 어떤 대상을 제대로 인지하는 데에는 시간이 많이 걸리며, 그것을 순식간에 이해할 수 있도록 해 주는 묘책은 없다. 뭔가를 이해하는 데에는 상당히 오랜 시간이 필요하다. 오늘날 경영자들은 늘 시간이 없기 때문에 대상을 진실로 이해하는 데에 필요한 시간을 내지 못한다. 그들은 숫자로 표현된 대상들과 온종일 씨름하느라 바쁘다—그 대상이란 단지 컴퓨터에 집어넣을 수 있는 것들에 불과하다(TMS p. 165)."

---

2 하루가 멀다 하고 발표되는 온갖 거시경제나 사회 통계들도 이런 문제에서 자유롭지 못하다. 통계 숫자를 통해 모든 대상에 순위가 매겨지고, 지수는 모든 사태의 복잡한 결과들을 한 가지 숫자로 집약해서 표현한다. 1인당 GDP, 물가지수, 실업률, 국가경쟁력 순위, 국가 간 혁신 순위 등등. 이 모든 종류의 대푯값이나 지수들은 개별 주체들이 처한 사태의 실상을 표현하기에는 터무니 없이 부족하다. 모든 경영 의사 결정은 개별 주체가 처한 구체적인 상황을 전제로 이루어져야만 결과에 이를 수 있지만, 통계에 의거한 채 환경을 판단하면 의사 결정이 잘못된 방향으로 이루어질 가능성이 높다. 거시 지표로부터 생기는 이런 종류의 착시 현상에 대한 드러커의 견해는 AD ch. 7 Beyond the "New Economics"를 참조하라.

경영자는 구성원의 지식, 강점, 성과를 파악하기 위해 최소 5시간 정도의 대화를 해야 할 상황에서 컴퓨터로 처리된 성과 평가표에 기록된 숫자만으로 약 10분 정도면 모든 파악이 끝났다고 생각한다. 그러나 여기에서 끝나면 그는 완벽하게 숫자의 장벽에 갇히게 된다. 컴퓨터는 경영자로 하여금 정작 중요한 일에 보다 많은 시간을 할애할 수 있도록 도와주는 수단이어야 한다. 보다 많은 시간을 숫자로 표현하기 힘든 요소들을 느끼고 판단하는 데에 투여해야 한다. 그들과 만나서 보고 들어야 한다.

하위 부서에서 정기적으로 올라오는 각종 운영 및 실적에 관한 수치, 보고서나 각종 매체를 통해 전달되는 외부 환경에 대한 수치에 대해서도 마찬가지다. 물론 여기에도 우선순위가 있을 것이다. 서류 또는 컴퓨터 화면상의 정보로 파악하고 끝나도 되는 수치와, 현장 경험과 소통에 보다 많은 시간을 투입할 필요가 있는 수치를 구분해야 한다. 그래야만 경영자는 한정된 시간을 보다 올바른 정보에 접근하는 자원으로 활용할 수 있다.

인구 통계는 잠재적 고객 집단이 어떻게 변화하고 있는가를 알려 주는 중요한 신호다. 더 나아가 '이미 일어난 미래'를 알려 주기도 한다. 1950년대 베이비부머의 집중과 그 이후 출생률 감소 추이를 알려 주는 통계는 1970년대 대학생 수가 급증할 것을 알려 주는 명백한 신호였다. 동시에 초등학생 수는 줄어들 것을 알려 주는 역할도 했다. 그러나 많은 경영자들이 마치 현재의 모습이 미래에도 그대로 이어질 것처럼 생각하는 타성이 있다.

시어스 로벅의 로버트 우드Robert Wood 사장은 침대 머리맡에 성경과 미국통계연감을 두고 늘 이를 펼쳐 보는 습관이 있었다고 한다. 그는 도심과 교외 지역의 인구 변화 추세를 보고 매장의 입지를 변화시켰다. 연령별, 성별, 지역별, 계층별, 소득별 등등 다양한 차원에서 인구 추이를 분석하는 일은 오늘날 마케팅에서 고객 세분화를 수행하는 중요한 수단이 되어 있다.

그러나 통계가 알려 주는 정보는 결국 전체의 한 부분에 불과하다. 시어스 로벅의 후대 경영자들은 인구 통계를 통해 고객 변화의 방향성을 읽었지만, 그것만으로는 충분하지 않다는 사실도 잘 알고 있었다. 남미의 도시가 수치상 성장하고 있다는 것은 통계를 통해 분명히 알려져 있었지만, 시어스 로벅이 진출할 시장으로서 어떤 고객 창출 가능성이 있는가에 대해서는 전혀 알려 주지 못했다. 경영진은 남미의 주요 도시로 직접 가서 그들의 사는 모습을 충분히 관찰하고 체험한 뒤에야 남미 시장 진출을 결정했다(InE ch. 5).

활동을 통제하는 수단으로서 숫자의 속성

최고경영자로부터 중간관리자, 실무자에 이르기까지 대부분의 사람들은 하루 중 많은 시간을 숫자에 의거해서 그들의 행동을 통제한다. 우리는 여기에서 드러커가 통제 정보controls와 통제control의 역할을 구분하고 있다는 점에 주목할 필요가 있다(MTRP pp. 494~505).

통제 정보란 측정된 결과인 반면에 통제는 방향을 설정하는 행동이다. 둘 사이에는 매우 큰 차이가 있다. 경영의 결과를 낳는 동력은 이 중에서 후자다. 통제는 목적을 바라보는 행동이지만 통제 정보는 단지 그를 돕는 수단으로 남는다. 통제는 미래와 기대의 영역에 속하지만, 통제 정보는 과거와 기록의 영역에 속한다. 이런 본질적인 차이가 있기 때문에, 통제 정보를 통제 자체로 착각하면 큰 혼선이 발생한다.

로봇이나 기계라면 입력된 통제 정보로 곧바로 자신을 통제할 수 있다. 로봇은 한 시점에 내재한 정보만 가지고도 다음에 어떤 동작을 수행해서 어떤 정보를 낳을지 스스로 결정할 수 있기 때문이다. 그러나 사람은 물론이고, 어떤 조직이나 사회라 하더라도 한 시점에 주어진 통제 정보에 의거해서 다음에 어떤 통제를 가해야 할지 결정하는 일은 별개의 과업이 된다. 만약에 이런 별도 과업이 없이도 통제 활동이 스스로 결정될 수 있다면, 굳이 경영자라는 존재가 필요하지 않을 것이다.

예를 들어서, 최근 수년간 회계상 이익이 감소 추세에 있다는 사실이 통제 정보로서 분명히 관찰되었다고 하자. 그렇다면 조직은 이 정보에 의거하여 어떤 통제 활동을 수행해야 하는가? 예컨대 비용을 절감해야 한다고 단번에 결정을 내려야 하는가? 설령 비용 절감이 유일한 방향이라 해도, 어떤 부문에서 어떤 항목을 대상으로 어떤 방식으로 비용을 절감할 것인가? 이 결정은 숫자를 넘어 사려와 판단을 요하는 전혀 다른 과업이 된다. 마찬가지로 매출이 감소하고 있다고 해서 곧 가격 인하를 통해 고객을 확보하라는 식의 통제 활동으로 돌입할 수는 없다. 이처럼 사업마다 처한 현실에 따라 수없이 많은 종류의 통제 활동이 가능하다.

흔히 사람들은 통제 정보야말로 객관적이고 중립적이라고 생각한다. 그러나 드러커는 결코 그렇지 않다고 생각했다. 모든 통제 정보는 그 정보를 생산하는 사람의 의도나 설계 방식, 필요에 의해 자주 왜곡된다고 보았다. 그런 의미에서 통제 정보는 오히려 주관적이고 편파적이다. 오직 숫자만이 객관적 진리라고 믿는 사람들은 대개 이 사실을 보지 못한다. 어떤 분야의 전문가라 하더라도 자신의 분야에서 다루는 표면상의 숫자와 그 이면의 지시 대상을 균형 있게 파악하는 수준에 이르려면 참으로 오랜 기간의 경험이 필요하다.[3]

예를 들어서 재무제표에 감가상각비를 계상하는 데에는 반드시 그 의도가 있다. 그 취지는 사업에 투입된 자산의 생산성을 오랜 시간에 걸쳐 연속적으로 발생하는 현상으로 파악하자는 것이다. 그러나 막상 그 자산이 실제 생산에 기여하는 정도를 수치로 정확히 계측할 수 있는 방법이 존재하지 않기 때문에 정액법이나 정률법과 같은 임시방편을 사용할 뿐이다. 이렇게 산출된 숫자 정보는 기업의 각종 수익성과 재무 상태를 표현하는 숫자에 영향을 미친다. 숙달된 재무 분석가는 그 숫자와 이면의 지시 대상을 비교적 정확히 바라볼 줄 아는 사람이다. 이런 시야가 없으면 모든 숫자들은 신호가 아니라 잡음에 불과한 것이 되어 버린다. 그런 의미에서 사업을 구성하는 통제 정보를 경제적으로 설계하는 일은 매우 중요하다. 그러지 못하면 경영자는 수없이 많은 잡음에 이끌려 길을 잃고 말 것이다. 드러커는 사소하거나 중요하지 않은 것들은 차라리 통제 정보에 포함시키지 말 것을 권유했다. 통제 정보는 보다 적은 노력, 소수의 정보, 적은 자원을 들여서 관리되어야 한다.

다음으로 통제 정보는 사업의 중요한 결과에 영향을 미치는 정보들로 구성되어야 한다. 대개 그런 정보는 조직의 내부가 아니라 외부에 있다. 경영자는 내부에서 올라오는 산더미 같은 정보에 눈이 멀기도 하지만, 정작 외부의 중요한 정보에 대해서는 심각한 정보 부족에 직면해 있는 경우가 많다. 예를 들어서 해외에서 조업하고 있는 지사의 내부 실적을 아무리 전사적자원관리를 통해 잘 들여다보고 있다고 해도, 해당 국가의 민감한 정치 상황 변화에 대한 정보가 통제 정보의 우선순위에 포함되어

---

3 언어학, 또는 기호학에서는 기표와 기의의 차이를 매우 중시한다. 바로 이런 점이 사람 사이에 의사소통의 어려움을 낳는 중요한 요인이 되고 있다. 이는 숫자와 그 지시 대상에 대해서도 마찬가지다.

있지 않으면 안 될 것이다. 드러커는 이런 성격의 통제 정보 구축 시스템을 '외부에 대한 종합적 감관'이라고 표현했다.

통제 정보는 측정할 수 있는 대상에 한정된 것일 뿐 측정할 수 없는 대상에 대한 정보는 원칙적으로 제공하지 않는다. 경영자는 통제 정보에 결코 나타나지 않는, 그러나 통제 활동에 반드시 필요한 지식을 놓치지 말아야 한다. 예를 들어 유능한 직원들이 회사 문화에 염증을 느끼고 있는 상태는 통제 정보로 명확히 측정하기가 곤란하다. 그러나 경영자가 조금만 주의를 기울이면 누구나 그 사실을 알 수 있다.

통제 정보는 그 성격에 따라 적용하는 시간 단위를 달리 가져가야 한다. 많은 경영자들이 실시간으로 정보가 제공되는 것이 최선이라고 생각하는 경향이 있다. 그러나 그 목적에 따라 실시간으로 반드시 측정해야 할 정보와 긴 시간 주기로 측정해야 할 정보는 다르게 취급해야 한다. 식음료 보관 창고나 안전사고를 유발할 수 있는 공정의 온습도 등은 실시간으로 측정하고 관리해야 한다. 재고 관리는 그보다는 빈도가 덜하겠지만 사업의 특성에 따라 비교적 짧은 기간마다 정보가 측정, 관리되어야 할 것이다. R&D 부서의 성과는 매일 측정해서 관리하려고 달려들면 오히려 부작용만 늘어날 것이다. 긴 호흡이 필요한 R&D 조직을 영업이나 생산 조직 다루듯 경영하게 되면, 그 조직은 아무런 혁신 결과도 창출하지 못하고 비용만 낭비하고 끝날 가능성이 높다.

목표와 자기통제에 의한 경영은 방향을 설정하는 행동, 즉 통제 활동이 핵심이다. 이 과정에서 상이한 지위에 있는 지식노동자들에게 주어지는 별도의 통제 정보들은 그가 통제 활동을 수행할 수 있도록 하는 중요한 수단이 된다. 자기통제란 어떤 지식노동자든 자신이 책임을 지고 있는 과업의 통제 정보를 접하는 순간, 내가 무엇을 해야 할지 스스로 알 수 있도록 하려는 것이다. 그런 의미에서 모든 통제 정보는 성과 평가 수단이라기보다는 피드백 수단이다.

진정한 경영은 숫자 이상의 것이다. 현실을 통한 검증이다.

경영을 과학으로 보자는 견해는 2차 세계 대전 이후에 태동했다. 경영과학Management Science은 그렇게 태어났다. 그전까지 단순히 추측, 통찰, 신념에 의거하여 수행해 왔던 경영 행동을 보다 증거, 사실, 논리에 입각하여 수행하는 활동으로 바꾸자는 취지가 작용했다. 수량으로 전환된 변수들의 논리적 관계야말로 경영 현상을 이해하는 가장 중요한 틀이었다. 그래서 수량화하기가 용이한 기능들, 예를 들어서 생산 관리나 재무 관리 분야가 경영과학의 중추가 되었다. 한편 수량화하기 쉽지 않은 분야, 예컨대 마케팅, 인사, 조직, 전략 분야에서도 컴퓨터를 이용한 다양한 분석 기법들이 이미 보편화되어 있다.

드러커는 경영과학의 필요성을 결코 부인하지 않았다. 다만 그는 컴퓨터가 수단이었던 것처럼 경영과학도 수단일 뿐이라고 생각했다. 그는 경영자와 경영과학 사이의 관계는 의사와 혈액학 사이의 관계, 또는 의사와 박테리아학 사이의 관계와 같다고 표현했다(MTRP ch. 40). 이는 앞절에서 말했던 통제 활동과 통제 정보 사이의 관계와도 비슷하다. 의사가 올바르게 진료하기 위해서는, 반드시 질병과 인체의 기본 원리에 대한 과학적 지식을 보유하고 있어야 한다. 그러나 그런 지식 자체가 성공적인 진료 결과를 낳는 것은 아니다. 진료 성과는 의사가 보유한 또 다른 지식과 능력에 의존한다.

사람들은 흔히 수량화된 변수로 엄밀하고 논리적인 결론을 도출하는 과정을 과학이라고 생각하지만, 과학적이라는 것은 수량화 자체와 동의어가 아니다. 과학이란, 세계 또는 우주에 대하여 합리적인 증거를 통해 수용할 만한 명제를 도출하는 과정이다. 이때 수량 분석이 유용하게 활용될 수 있을 뿐이다. 크게 나누어 보면, 과학은 명제를 입증하기 위해 통계적 가설 검정 방법을 택하거나, 공리와 가정으로부터 출발하는 연역적 추론의 방식을 택한다. 그렇다면, 경영은 어떻게 해야 진정으로 과학이 될 수 있을까?

이 문제는 두 가지 차원에서 생각할 수 있다. 첫 번째는 경영 자체를 과학의 본래 정신에 맞는 활동으로서 수행하는 차원이다. 첫 번째는 경영을 일종의 검증 행위로 본다. 경영자가 내리는 모든 의사 결정의 옳고 그름을 오직 현실을 통해서만 검증하도록 한다면, 이야말로 진정 과학 정신에 부합하는 것이다. 과학자가 주장하는 어떤 가설은 오직 현실의 데이터에 의거해서 통계적으로 검정될 때에만 인정받는다. 경영자가 내린 의사 결정도 그렇게 검정되어야 한다.

드러커는 효과적인 의사 결정자는 구성원들이 이견을 자꾸 드러내도록 함으로써 개인마다 지니고 있는 여러 가설들이 현실에서 여러 기준으로 검증되도록 유도해야 한다고 말했다(MTRP ch. 37). 바로 이런 절차야말로 끝없는 반증을 통해 진실에 근접해 가는 과학 정신을 구현한 것이다. 드러커의 기본 사상에 의거하여, 경영을 과학으로 구현하는 절차를 나름대로 해석하자면 다음과 같다.

앞의 1단계 검정 절차를 거쳐 의사 결정자가 최종적으로 채택한 정책은 다시 현실의 거대한 2단계 검정을 거쳐야 한다. 정책이 처음 의도했던 결과에 근사하게 도달했을 때. 이 정책은 비로소 검정을 통과했다고 말할 수 있다. 동시에 옳았던 것으로 판명난다. 이 검정을 통과하지 못한 의사 결정은 결국 틀렸다고 판정받는다.

물론 현실이 수행하는 이 가혹한 검정은, 과학자들이 실험실에서 또는 데이터 분석으로 수행하는 가설 검정과는 전혀 다른 차원의 복잡성을 지니고 있다. 현실이 한 정책에 들이대는 데이터의 구조는 그 정책이 감당하기에는 너무나 복잡하고 방대하다. 그래서 대부분의 정책은 이 검정을 통과하지 못할 가능성이 높다. 이 때문에 주기적인 피드백이 반드시 필요하다. 피드백은 한 가지 정책이 현실의 검정을 통과할 가능성을 보다 높이기 위해 그 내용을 조금씩 수정해 가는 절차다. 옳다고 믿었던 명제를 실제로 올바른 것으로 자리 잡도록 하기 위한 최선의 대응 방안인 것이다. 그런 의미에서 경영자야말로 최고의 과학자인지도 모른다.

두 번째는 경영과학의 방법들을 수단으로 활용하는 차원이다. 드러커는 경영과학의 기법들이 기여할 수 있는 문제와 그렇지 않은 문제를 분명히 구별해야 한다고 생각했다(MTRP ch. 40). 필자는 경영과학과 의사 결정 사이의 관계는 앞에서 말했던 통제 정보와 통제 사이의 관계와 같다고 생각한다. 중요한 것은 해야 할 일을 정하는 활동이지, 그 결정을 내리는 데 참고할 정보 자체가 아니다.

경영과학이 기여할 수 있는 문제들은 여러 가지가 있으나, 대개 통념이나 관습보다 엄밀한 수량 분석이 더 나은 방법을 알려 주는 경우가 대표적이다. 이 경우 데이터 과학Data Science이 큰 역할을 할 수 있다. 예를 들어 거래 업체의 신용도 평가는 거래의 부실화 데이터를 통계적으로 분석함으로써 가능하다. 이를 통해 보다 명확한 거래 기준을 수립할 수 있고, 대손 위험을 보다 줄일 수 있다. 오늘날 데이터 과학의 발달된 기법들은 기업 내부 및 외부의 온갖 혼란스럽고 방대한 데이터로부터 사업 기회에 기여하는 소수의 중요한 정보들을, 그리고 데이터 현상 이면의 패턴과 윤곽들을 읽어 내는 데에 많은 도움을 줄 것이다. 많은 경영자들이 어려움을 겪는 위험 관리, 위험에 대한 대응 정책도 그 한 가지 영역이 될 것이다. 과거에는 오직 소수의 천재적인 통찰력을 지닌 사람들만이 직관을 통해 그 패턴과 윤곽을 파악할 수 있었다. 그러나 정보 분석 기술이 지금 같은 추세로 발전하게 되면, 보다 많은 경영자가 이런 통찰을 보다 체계적인 방식으로 교육받고 습득할 수 있을 것이라고 전망할 수 있다(TMS pp. 187~188).[4]

경영자는 경영과학의 도움을 받되 경영과학 자체가 수행할 수 없는 일은 경영자가 의사 결정으로 해결해야 한다. 경영자는 경영과학자에게 정보를 얻을 수는 있어도 해법을 구해서는 안 된다. 경영과학자는 단지 과거에 대한 분석 정보들을, 또는 그에 따른 여러 대안들을 제시할 수 있을 뿐이다. 선택은 오직 경영자만이 할 수 있다. 만일 경영과학자가 선택하는 과업까지 맡는다면 그는 경영과학자에 그치지 않고 이미 경영자의 역할을 맡은 것이나 다름없다. 경영자가 경영과학자와 다른 점은 성과에 책임을 진다는 사실에 있다(MTRP p. 515).

숫자 자체는 가치도 현실도 아니다. 그러나 숫자에서 가치와 현실을 읽어 내는 능력은 오로지 경영자에게 고유한 것이다. 이 독해력이 바로 경영자의 창조 능력이다.

위대한 과학자를 탄생시키는 동력이 숫자를 계산하는 뛰어난 능력에 있는 것이 아니라 "왜 이런 현상이 일어나는 것일까?", "이 문제를 어떻

4 필자는 그런 의미에서 미래에 로봇이 전문가나 기능인을 사라지게 할지는 몰라도 경영자의 존재는 더욱 강화시켜 줄 것이라고 생각한다. 미래 경영자의 위상은 오늘날과 같은 지식노동자의 차원을 넘어서, 지식 창조자, 규칙 창조자로서 활동이 더욱 부각될 것이다. 지식 창조자로서 성과를 내는 경영자가 되지 못하면, 일자리를 얻기는 점점 더 어려워질 것이다.

게 해야 풀 수 있을까?"와 같은 강력한 질문에 있듯이, 탁월한 경영자를 이끄는 힘은 숫자로 사람을 평가하거나 실적을 압박하는 습관이 아니라 "우리의 사업은 과연 무엇인가?", "우리의 고객은 누구인가?"를 비롯한 근본 질문에 있다. 이 해답을 끝없이 추구해야만 경영자나 과학자는 숫자를 거쳐 숫자 너머로 갈 수 있다.

PETER DRUCKER

4부

비전 경영

내일을 준비하는 경영자가 빠지기 쉬운 착각들

Peter Ferdinand Drucker

PETER DRUCKER

1

중소기업은 약자가 아니다

중소기업을 약자로 봐서는 안 되는 이유

중소기업은 약자로 취급받아서는 안 된다. 그럼에도 중소기업에는 약자 최면이 있는 것 같다. 그런 상념에 빠져 중소기업을 바라보는 사회와 대기업도 문제지만, 무엇보다도 이런 시각은 중소기업 자신을 위해서도 바람직하지 않다. 이 사회가 이런 잘못된 생각에서 벗어나지 못하는 한 중소기업은 늘 보호받아야 할 유약한 아동으로, 대기업은 항상 양보해야 할 성인으로 강요당할 것이다. 이 둘은 계급으로 나뉠 성격의 것도 아니다. 이런 프레임으로 두 존재를 바라보면, 두 곳 모두 올바른 경영이 결코 자리 잡을 수 없다.

가끔씩 사석에서 이렇게 말하는 경영자들을 본다. "대기업이 되니 중소기업 시절에 받았던 혜택이 다 끊기고 각종 부담이 갑절로 늘어나는데 누가 기업을 성장시키려 하겠나?" 필자가 보기에 이것은 유아적 사고다. 이들은 드러커가 말했던 '크기'에 대한 올바른 관점과 기업의 '책임'에 대한 진지한 고민이 부족한 것 같다.

정말 어느 날 갑자기 기업의 매출이 크게 성장해 버리면, 은행에 납입하는 이자가 뛰어오르고, 그동안 중소기업이었기 때문에 보이지 않게 누렸던 많은 혜택이 갑자기 사라진다. 경영자 입장에선 큰 충격이다. 당연히 그런 말이 나올 수 있다. 하지만 혜택이 전보다 줄어들어 회사 경영이 힘들어진다면, 그것은 단순히 변화 때문에 오는 충격일 수도 있지만 역으로 말하면, 이전까지는 혜택 때문에 기업을 유지할 수 있었다는 말이 된다. 만약 혜택이 사라지는 것을 받아들일 수 없다면, 크기를 더 이상 키우지 말고 그냥 강소기업으로 경쟁력을 유지하면 될 것이다. 지금까지 혜택은 그대로 누리면서 크기까지 동시에 키우고 싶다고 바란다면 이율배반이다.

우리 사회는 왜 이렇게 대기업을 상대로 적진을 형성해서 한풀이를 하려는 것일까? 말로는 대기업을 동경하면서 막상 대기업이 되라 하면 중소기업들은 이전까지 누려 왔던 금융기관 대출 조건이나 가종 세제 상의 혜택, 그리고 정부의 온갖 중소기업 지원 자금의 수혜 요건들이 사라지게 되니 멈칫하게 된다.

한편 우리나라에서 크다고 분류되는 기업들은 세계 수준으로 보면 정말로 그 크기에 합당한 역할을 하고 있을까? 크기로만 보자면 삼성전자나 LG전자, 현대기아자동차 외에 정말로 크다고 할 만한 기업은 없다. 대부분 우리나라에서 크다고 하는 기업들이 글로벌 시장에서 발휘하는 힘은 크게 주목받지 못하고 있다. 오히려 잘 알려지지 않은 우리나라 중기업들이 세계 시장에서 히든 챔피언으로 활약하고 있다.

우리나라 사람들이 대기업에 대해 지닌 인식은 다분히 정서적이다. 커서 부럽기도 하지만 크기 때문에 싫은 것이다. 나의 작음은 그들의 큼과 비교된다. 그래서 큰 기업은 항상 눈에 띄고 그들의 일거수일투족은 감시 대상이 된다.

이런 왜곡된 인상은 대중 사이에서 반기업 정서로까지 이어졌다. 반기업 정서는 소기업보다 주로 대기업을 대상으로 한다. 반면에 소기업은 약자 프레임 뒤에 숨어 있기에, 사회는 대개 그들의 사회적 책임에 대해서는 무관심하다. 대기업 소유주 2세가 물의를 일으키면 언론과 여론은 살벌할 정도로 분노를 퍼붓는다. 하지만 잘 알려지지 않은 소기업 오너 2세가 그런 일을 일으키면 늘 일어나는 사건 사고 가운데 하나에 불과하다고 생각한다. 그러나 크기를 기준으로 생긴 이런 편견은 분명히 잘못된 것이다.

사람들은 흔히 대기업은 강하다고 생각하지만 의외로 허약한 면이 있다. 대기업은 그 크기 때문에 복잡할 수밖에 없고, 복잡하기 때문에 그만큼 경영이 제대로 이루어지기 어렵다. 정보 관리 시스템과 의사소통 문화가 웬만큼 잘 갖추어져 있지 않으면 조직은 이내 혈류 장애 증상을 겪는다.

대기업일수록 비대한 간접비 때문에 사업에 큰 비용 압박을 받는다. 또한 뭔가를 포기하고 싶어도 이미 구축된 공고한 시스템 때문에 무엇 하나 섣불리 포기하기도 어렵다. 부풀려진 눈덩이처럼 밀려서 한없이 갈 수밖에 없는 것, 이것이 막연히 크기만 한 상태가 빠지는 함정이다. 큰 조직은 이 함정에서 벗어나기 위해 연방 분권화, 팀제, 네트워크 조직 등 보다 유연한 조직 운영 구조를 추구해 왔다. 중앙 집중형 위계 조직은 일정한 크기 이내에서만 작동하기 때문이다.

그런 면에서 소기업들은, 만약 그들만의 탁월성을 지니고 있다면, 대기업에 비하여 얼마나 자유로운지 모른다.

우리는 크기에 가려 기업 경영의 실상을 제대로 보지 못해서는 안 된다. 왜 그런지 드러커의 관점에서 하나씩 살펴보자.

대기업과 소기업은 대체 관계가 아니라 보완 관계다

대기업이 소기업을 죽인다든가 대기업이 소기업을 삼켜 버린다는 생각은 망상에 불과하다.

> "수백 년 동안 우리는 소기업들이 거대 기업들에게 모두 잡아먹혀 사라질 것이라는 저명한 권위자들의 말을 들어왔다. 역시 수백 년 동안 이런 생각이 난센스라는 사실도 증명됐다(MTRP p. 648)."

자유 시장에서 경제력이 소수의 대기업에 날로 집중될 것이라는 우려는 아무런 근거가 없다. 숫자로 보나 그 중요성으로 보나 소기업은 언제나 대기업과 대등하게 자신의 자리를 지켜 왔다.

사람들은 흔히 거대 기업이라고 하면 초국적 기업을 연상한다. 그러나 막상 초국적 기업 중에서 거대 기업은 소수에 불과하다. 그 시장에서도 중소기업이 대다수를 차지한다. 우리나라에도 그런 기업들이 많다.

소기업은 대기업과 대체 관계에 있는 것이 아니라 보완 관계, 공존 관계에 있다. 대기업은 소기업, 심지어 중견기업이 없으면 생존할 수 없다. 그리고 소기업이나 중견기업도 대기업에 의존한다. 산업 내 기나긴 사업 사슬은 어떤 한 대기업이 그 사슬을 독점하는 것을 불가능하게 한다. 거대기업 GM, 포드, 토요타, 현대기아차를 자동차 회사라고 부르는 사람은 없다. 그들은 완성차 회사라 불린다. 수많은 중소 부품 회사들과 유통 회사, 금융사들이 그들과 공존하면서 고객에게 가치를 전달하는 데 참여한다. 마찬가지로 중소기업들만으로는 가치 사슬이 이루어지지 못한다. 서로 다른 규모의 기업들은 서로 의존해야 한다(MTRP p. 649).

소기업일수록 전략이 더 필요하다

흔히 소기업은 대기업과 달리 특별히 전략 경영이 필요 없다고 생각하기 쉽다. 단순히 입출금을 관리하고 장부 정리를 하면서 운영하기만 하면 된다고 생각한다. 하지만 전략의 유무는 사업체의 크기와 전혀 상관이 없다. 모든 규모의 기업, 심지어 소상공인과 개인 사업자에게까지 전략은 반드시 필요하다. 작은 기업은 작은 기업대로 생태적 틈새를 발견해야만 생존할 수 있다. 체커캡Checker Cab이라는 자동차 회사는 오직 택시 생산에만 집중했고 1년에 4천 대만 생산했다. 하지만 그보다 8배나 규모가 큰 아메리칸모터스보다 시장에서 더 리더십을 유지했다(MTRP pp. 649~650).

우리나라 골목마다 흔히 보이는 부동산 중개사무소는 별다른 전략이 필요 없이 그저 오는 고객만을 상대로 영업하면 된다고 생각할지 모른다. 대부분의 자영업체들이 이런 식으로 평범함의 덫에 빠진 채 시간을 보낸다. 드러커는 미국 소도시의 어느 부동산 중개업체를 예로 들었다. 그곳은 교육도시로서 대학교가 밀집해 있었다. 그는 신규 임용되는 교수들의 전입이 잦다는 사실에 착안해 신규로 부임하는 교수들의 명단을 미리 확보하여 사전에 마케팅함으로써 1년에 500~1천 건의 계약 실적을 올렸다. 이는 그 지역 경쟁 부동산 중개사무소에 비하여 3배나 높은 수치였다(MTRP p. 650).

우리는 주변에 흔히 보이는 음식점은 물론이고, 커피 전문점, 치킨집, 문구점, 미용실, 제과점, 철물점, 주유소, 기타 온갖 잡화점과 소규모 상점에서도 전략과 체계적인 경영이 필요하다. 그러나 대부분 이 사실을 놓치고 있다. 체계적인 경영은 어느 정도 규모와 조직을 갖춘 큰 기업에서나 필요한 것이라고 사람들은 생각한다. 그러나 고객 창조와 혁신, 강점과 탁월성의 원리는 사업체의 크기를 가리지 않는다.

어떤 마을에서 정원과 잔디 관리 용품을 판매하는 상점은 자신의 핵심 활동이 주민에게 물건을 판매하는 것이 아니라, 주민들이 자신의 정원을 바라보면서 무슨 생각을 하고 어떤 행동을 하는지 파악하는 데에 있다는 사실을 놓치기 쉽다(MTRP p. 651).

사업의 결과가 내부에 있지 않고 항상 외부에 있다는 드러커의 핵심 명제는 대기업이나 소기업을 막론하고 동일하게 적용되어야 한다. 소기업 경영자일수록 장부상 숫자에 의존하지 말고 외부에서 일어나는 일에 더욱 주의를 기울여야 한다. 외부란 이미 내 고객이 되어 있는 대상은 물론이고, 내 고객이 아닌 대상, 즉 비非고객, 나와 무관해 보이는 타 사업에서 일어나는 일들이나 그 고객들, 내 사업에 영향을 미칠 수 있는 정치, 사회, 문화, 기술상의 변화를 모두 포함한다. 드러커는 외부에서 기회를 포착하는 활동은 너무나 명백한 활동임에도 불구하고, 이를 놓친 채 시야가 내부 종업원과 내방 고객에만 머물러 있는 소규모 사업자가 대부분이라고 지적했다.

그런 의미에서 대기업이 '골목 상권'이나 '재래시장'을 말살시킨다는 주장도, 사업의 책임과 결과가 아니라 사회의 정서에 중심을 둔 발상이다. 물론 드러커는 '골목 상권'에 해당하는 표현을 사용하지는 않았다. 단지 '소규모 사업'이라는 표현 속에 지역의 상점이나 서비스 업소들을 함께 예로 들었다(MTRP pp. 649~654).

고객은 가치를 얻기 위해 그 결과를 제공하는 주체가 개인사업자인지, 법인 사업자인지를 가리지 않는다. 문제는 개인 사업자가 경영 마인드로 사업에 임하느냐 아니냐의 문제이지, 법인 사업자, 특히 대기업이 그들의 영역을 빼앗느냐 아니냐에 있지 않다. 만약 개인 사업자들이 체계적인 경영을 실시할 여력도 의지도 없다면, 누군가는 그들에게 경영 마인드를 일깨워 주도록 교육하고 컨설팅을 제공할 수도 있다. 공적 영역으로부터 재정 지원을 이끌어 낼 수도 있다.

지역개발위원회가 서귀 매일 시장, 동문 재래시장 등 제주도의 전통시장을 활성화시키기 위해 재정 지원과 컨설팅을 제공한 적이 있었다. 나날이 고객의 수준이 높아지고 대형 마트가 시장을 점점 잠식해 오고 있는 상황에서, 스스로 변화하지 않고서는 전통 시장 상인들이 도저히 살아남을 수 없다는 인식 하에 추진된 사업이었다. 사업의 미션은 '생존'이었다. 침침한 조명, 미비된 주차 시설, 불결한 위생, 불편한 쇼핑 동선, 예전 같으면 당연하게 받아들였을 이 모든 것들을, 외부의 변화하는 유통 환경을 고려하여 일신하려고 노력했다.[1] 그 실험은 아직 진행 중이다. 그들은 이렇게 질문했다. "왜 고객들이 전통 시장으로 오지 않는가", "보다 많은 사람을 전통 시장으로 오게 하려면 무엇을 해야 하는가?" 이 질문을 통해 지역 상인들은 익숙했던 과거와 결별하고 새로운 변화를 수용

1 뿌브아르경제연구소, 2010 지역 개발 우수 사례 20선: 피터 드러커의 CAIRA: NPO경영성과지표, 2011.

할 수 있었다.

한편, 탁월한 개인 사업자는 배우지 않고서도 사업의 목적이 이익이 아니라 고객 창조에 있다는 원리를 이미 체득하고 있다. 우리나라 최초의 골프용품 샵인 서울골프상회의 문명선 사장은 이렇게 말했다.

> "이윤보다는 고객에게 필요한 클럽인지 충분히 설명한 뒤 판매한다. 또 '브랜드는 생각하지 말고 시행착오를 겪더라도 중고 클럽으로 하다 골프를 어느 정도 알게 되면 그때 가서 새 클럽을 구입하라'고 권한 게 많은 단골을 확보한 비결이다."[2]

문명선 사장은 골프를 치는 사람들의 심리를 읽고 그들이 골프에서 좋은 결과를 낼 수 있도록 돕는 것이 고객 창조의 본질임을 잘 알고 있었다. 외부는 사장이 어느 곳에 있든 고객과 비고객의 마음을 읽으려고 노력할 때에만 파악이 가능하다. 문명선 사장은 특별히 샵의 외형을 확대하려 하지도 않았다. 그에게 중요한 것은 크기가 아니라 사업이 만들어 낸 결과요, 가치였다. 샵은 작았지만 인물은 거대했다.

소기업이 동경할 대상은 크기가 아니라 탁월성과 집중이다

크기 여부가 강약을 구분하지는 않는다. 만약 커야만 사업다운 것이라고 생각하는 경영자가 있다면 그는 기업의 성과를 탁월성에서 찾고 있지

2 파이낸셜 뉴스, 2016. 3. 8. http://news.zum.com/articles/29225372?c=05

않을 가능성이 높다. 그런 경영자는 단지 평범함만으로, 그리고 인간관계와 열정만으로 사업의 결과를 낼 수 있다고 생각할지 모른다. 그러나 고객을 상대로 탁월성의 가치를 구현할 수 없다면, 그는 대개 평범함에만 그칠 것이다. 그리고 그가 그토록 동경해 마지않는 '크기'의 달성조차 요원할 것이다.

한편 소기업일수록 고유한 통제 시스템, 정보 시스템이 부족하다. 자원과 자금도 항상 모자란다. 그러므로 정말로 결과를 낳는 영역에 자원이 투입되고 있는지를 분명히 알아야 한다. 매일 작성하는 회계 장부만으로는 그것을 알 수 없다. 조직 내 핵심 인력이 이미 저질러진 '문제'를 해결하려고 분주한지, 아니면 정말로 '결과'를 낳기 위해 일하고 있는지 파악하기 위해 의식적으로 주의를 기울여야 한다.

> "크다는 말이 스태프, 절차, 사람들이 풍부하다는 뜻이라면, 소기업이 큰 경영을 수행할 여력은 없다. 대신에 소기업은 일급의 경영이 필요하다. 소기업은 대개 최고경영진이 정교하게 갖추어져 있지 않으므로 최고경영진의 일을 정확하게 구성할 필요가 있다(MTRP p. 654)."

대기업은 소기업이 해야 할 일을 직접 해서는 경쟁력이 없다

모든 사업은 커질수록 그 모든 구성 요소들을 직접 생산하거나 관리하는 일이 어려워진다. 그럴수록 체계적인 경영이 더욱 필요하다. 중앙 집중형 대신에 분권화 경영이 등장한 이유도 여기에 있다. 기업의 크기가 일정 수준을 넘어서면 자원은 내부화보다 외부화에 더욱 의존해야 할 상황이 온다. 내부화는 로널드 코스의 기업 이론에 근거를 둔다. 누군가가 사업에 필요한 모든 자원들을 시장에서 그때그때마다 구매한다면 거래 비용이 급속히 늘어날 것이다. 이를 최소화하기 위해, 필요한 자원들을 기업 내부에 계약 관계로 동원해 놓는 것이 훨씬 효율적이다.

모든 기업들은 크기에 상관없이 자신의 사업 목적에 맞추어 내부화와 외부화를 병행한다. 대기업은 이미 그런 형태가 진행된 지 오래고, 벤처 기업들도 어느 정도는 외부화에 의존한다. 모든 기업은 기나긴 사업 사슬 가운데 단지 한 지점에만 자리 잡을 수 있기 때문이다. 그 지점 바깥 부분은 한결같이 외부화할 대상이다.

외부화가 극단적으로 나타난 한 형태가 최근 일고 있는 개방형 혁신이다. 여기에서는 연구 개발 인력과 각종 자원을 내부에 조직화하지 않는다. 대신 외부의 소기업이 개발한 결과를 라이선싱하거나 그 사업을 M&A하는 형태를 취한다. 물론 내부화와 외부화는 각각 장단점이 있다. 내부화는 기업의 고유한 목표에 맞게 연구 개발의 방향, 규모, 시기를 조정할 수 있다는 장점이 있지만, 개발로부터 사업화에 이르는 과정의 불확실성 때문에 모든 실패 위험을 조직이 부담해야 한다는 단점이 있다. 반면에 외부화는 어느 정도 검증된 연구 개발 성과를 골라서 채택할 수 있다는 장점이 있지만, 올바른 대상을 탐색하는 데에 많은 비용이 들고 직접 그들을 통제하는 데에 제약이 있다.

최근 핀테크fin tech, 빅데이터big data, 블록체인block chain 등이 사업의 노하우know-how와 노웨어know-where, 노왓knwo-what 수준을 획기적으로 끌어올릴 수 있는 보편 기술로 각광을 받고 있다. 그러나 대기업들이 직접 이 기술을 내부화 방식으로 개발하는 것은 큰 효과가 없다. 이미 시장에서는 대기업이 이런 추세에 시선을 돌리기도 전에 작은 기업들이 지식을 축적해 놓기 시작했다. 대기업이 뒤늦게 자체 연구원을 가동해서 개발에 착수한다 해도 이 분야 지식에서 리더십을 확보하기는 어렵다.

이와 관련해서 드러커는 도처에서 다음과 같이 강조했다. 지식노동자들은 그냥 하는 것보다 잘하는 것이 중요하지만, 단순히 잘하는 것만으로는 충분하지 않고 탁월히 잘해야 한다. 이는 거꾸로 말하면, 자기가 탁월히 잘할 수 없는 일은 시작조차 하지 않는 것이 현명하다는 메시지다.

모든 사업은 수많은 지식들의 기나긴 연쇄의 총체다. 그래서 이 연쇄의 각 지점마다 가장 강점이 있는 작은 자원을 정렬시키는 것이 기업의 역할이다. 이렇게 내부화와 외부화는 조화를 이루어야 한다. 참여자가 크거나 작다는 것은 여기에 아무런 상관이 없다. 단지 누가 강점이 있는 지식을 보유하고 있느냐만이 영향을 미친다.

KT나 LG CNS는 이를 잘 알고 있었다. 그들이 최근에 내놓은 핀테크 앱과 블록체인 서비스는 한결같이 국내 벤처기업들로부터 조달한 것이다. 대기업들은 그 지점에서는 강점이 없었기 때문이다.

여전히 이용자들은 대기업에서 나온 서비스가 얼마나 많은 소기업들의 기여로 탄생했는지를 알지 못한다. 사실 고객들은 그런 사실을 알 필요도 없다. 고객들은 기업이 내부에서 무엇을 했으며 얼마나 노력을 기울였는지에 대해서는 아무런 관심이 없다(MfR p. 97). 고객들은 단지 자신에게 발생한 가치에 대해서만 관심이 있다.

대신에 대기업은 지식 연쇄의 다른 지점에서 강점이 있다. 그들은 방대한 고객 집단과 치밀한 유통망이 있고, 고객을 신뢰시킬 수 있는 브랜드가 있다. 그리고 벤처기업 혼자서는 도저히 할 수 없는, 보완 지식들을 찾아서 서비스에 결합시키는 능력이 있다. 이것이 그들의 강점이다.

사람들은 마이크로소프트, 구글, 페이스북, 이케아, 3M 등을 초거대 기

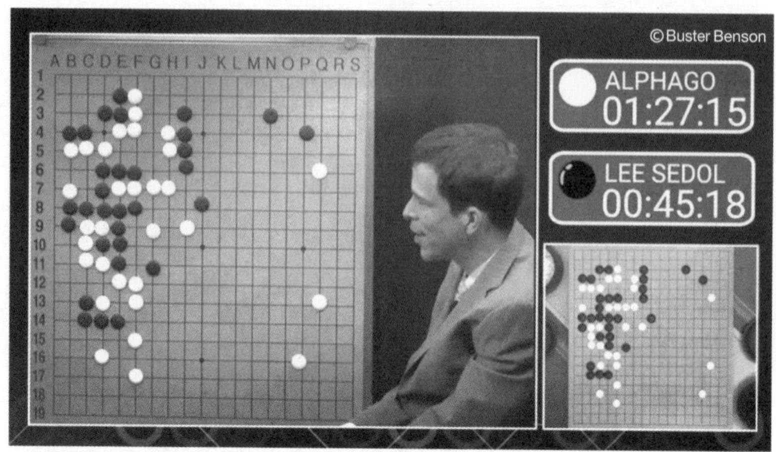

구글은 인정받은 지식 개발자들을 목표와 자기통제에 의한 경영 원리에 입각해서 내부에 배치했다. 그렇게 구글에 인수된 대표적인 기업 가운데 하나가 딥마인드이다. 딥마인드가 개발한 바둑 로봇 알파고는 이세돌과의 바둑 대결에서 예상을 깨고 4대 1로 승리를 거두었다. 이처럼 놀라운 결과는 자기통제의 원리에 따라 성장한 결과 덕분이었다.

업이라고 생각한다. 하지만 이들은 과거에 수직형 조직으로 철저하게 중앙 통제되었던 단위 사업체로서 크다고 보기는 어렵다. 이 기업들은 마이크로소프트, 구글, 페이스북이라는 이름을 공유하는 수많은 지식들의 거대한 모임일 뿐이다.

전 세계인들이 이용하는 마이크로소프트의 대다수 소프트웨어와 서비스는, 거의 소기업들의 지식을 인수해서 나왔다. 마이크로소프트가 전체로서 방향을 설정하고 인수된 각 부분들이 자기통제를 하면서 탄생한 것들이다. 만약 독자가 파워포인트를 사용하고 있다면, 그는 이 소프트웨어가 벤처기업 포어쏘트의 지식이 부분으로 참여한 뒤 자기통제의 원리에 따라 재탄생한 결과로 나온 것임을 알아야 한다.

구글의 모든 서비스는 이미 외부에서 가장 탁월성을 인정받은 지식 개발자들을 목표와 자기통제에 의한 경영의 원리로 내부에 배치한 결과다.

바둑 로봇 알파고는 2011년 옥스퍼드 대학에서 창업한 벤처기업 딥마인드DeepMind를 구글이 2014년에 인수한 결과다.

대기업을 통해서 나오는 듯한 이 모든 지식들은 연구 개발, 생산, 조달, 유통 모든 면에서 작은 기업들의 무수한 참여를 통해 형성된 것이다. 만약 이케아의 가구를 샀다면 그런 식으로 내부의 지식과 외부 지식들이 통합된 결과를 사는 것이다. 3M의 제품을 늘 이용하고 있다 해도 마찬가지다.

초거대 기업이 거대해 '보이는' 표면상의 이유는 총 매출이 수십조 원이라든지, 전체 인력이 수만 명이라든지 하는 숫자 때문이다. 그러나 숫자 자체는 팩트가 아니다. 삼성전자가 수조 원의 영업이익이 났다고 언론에 보도돼도 사람들은 그 뒤에 어떤 팩트들이 있었는지 전혀 모른다. 아니 경영자 본인들도 알기 어렵다. 지식 연쇄 과정에서 외부의 작은 지식들을 얼마나 이용했는지, 그런 지식을 제공한 소기업들에게 과연 책임 있는 대가를 지불하면서 결과를 내왔는지 알지 못한다. 부분 사업 단위 간 자율과 소통 속에서 이루어진 것인지, 아니면 강제와 추진에 의한 경영으로 이루어진 것인지, 공급 기업들을 착취하면서 이룬 것인지, 아니면 그들을 육성하면서 만든 것인지 알지 못한다. 대중들은 단지 대기업이 그 일을 해냈다고만 생각한다. 그리고 한국이 세계에 내놓을 만한 대기업이 있다는 사실에 무한한 자긍심을 느낀다.

SK가 벤처기업 싸이월드를 인수할 때만 해도, 사회는 여전히 크기의 관점에서 문제를 바라봤다. 대기업이 인수했으니 이제는 더 크게 성장할 일만 남았다고 생각했다. 그러나 SK가 크다는 것은 싸이월드 서비스의 성장에 아무런 기여도 하지 못했다. 결과는 나오지 않았다. 그러고서도 우리나라는 왜 페이스북 같은 서비스가 안 나오느냐고 한탄하는 말만 늘었다.

KT가 동영상 검색 전문 기업인 엔써즈를 인수했을 때에도 사회는 마찬가지 반응을 보였다. 이 사회는 벤처의 성공을 주식공개상장IPO 아니면 기껏 '큰' 기업에 고배수로 인수되는 것 정도로 바라보았다. 어떤 사업이든 체계적인 경영을 통해 고객 창조라는 결과에 이르기까지 경솔하게 '대박'이라는 표현을 사용해서는 안 된다. 엔써즈의 경우에도 결과는 마찬가지였다. 인수한 기업이 막연히 크다는 것은 아무런 의미가 없었다. 오히려 해가 됐다. 작은 기업의 지식이 지닌 어마어마한 강점은, 큰 기업에서 경영이 실종되면서 아무런 가치도 창출하지 못하고 위축됐다.

"대기업은 원칙적으로 작은 벤처기업이 해야 할 일을 직접 하려 들어서는 안 된다. 대기업이 벤처 사업에 직접 관여하려 하다가는, 설령 성공 가능성이 높은 벤처조차도 중견 규모로 성장하지 못하고 주저앉을 것이다. 소기업들은 대기업의 높은 간접비를 도저히 충당할 수 없고 형식적인 관리 절차들, 직무 기술과 행정, 그 스태프들, 또는 형식적인 기획과 예산 절차를 감당할 수 없다.

또한 대기업들은 소규모 벤처기업들이 일하는 방식에 대한 '감'이 없다. 대기업이 벤처기업을 제대로 이해할 것 같지는 않으며, 그 결과 잘못된 의사 결정을 내리게 된다(MTRP p. 661)."

이케아, 3M, 구글, 마이크로소프트는 단순히 크기만 한 기업이 아니다. 그들은 수많은 작은 지식들은 존중하는 하나의 큰 지식이었다. 전체의 목표와 부분의 목표를 조화시키면서 모든 작은 부분들이 자기통제에 의한 경영을 실천할 수 있도록 유도할 수 있었기 때문에, 비로소 이들은 큰 지식이 될 수 있었다. 동시에 엄격한 성과 평가를 통해 지식들의 궤도 이탈을 막을 수 있었다.

그들을 숫자로만 보고 크다고 여기는 환상에서 벗어나 그들이 외부의 작은 지식들로부터 어떻게 거대한 성과를 만들어 내는지 제대로 보지 못하면, 우리는 큰 기업이 작은 기업들을 지배하거나 침탈하는 존재라는 생각에서 영원히 벗어나지 못할 것이다.

대기업이 소규모 벤처기업을 인수하는 목적은 자신의 사업 목표에 비추어 부족한 지식 연쇄의 한 지점을 채우려는 데에 있다. 그런데 그 뒤 대부분의 대기업은 벤처 지식의 강점이 발휘되도록 하는 것보다 자신의 굳건한 행정 관리와 의사 결정 시스템에 그 지식들을 편입시키고 싶어 한다. 엄격한 근태 점검, 비용 지출 결의, 기획안 승인, 회의 문화, 성과 평가 시스템, 이 모든 것들을 대기업 내부에서는 체계적이라고 생각할지 몰라도, 외부에서 들어온 벤처기업의 눈에는 전혀 그렇지 않을 수 있다. 그들의 눈에는 오히려 그런 제도들이 벤처기업이 대기업의 목적에 기여할 수 있는 온갖 강점을 다 사라지게 하는 요소로 비칠 것이다.

일단 소기업이 대기업의 우산 아래 들어왔다면, 대기업은 소기업을 상대로 목표와 자기통제의 의한 경영을 하고 있는지, 아니면 강제와 지시에 의한 경영을 하고 있는지 늘 자기 점검을 해야 한다. 그 결과는 당장 나타나지 않는다. 직원들은 일하는 것처럼 보이고 결과 보고서는 계속 올라오기 때문이다. 그러나 진정한 결과는 오직 시간이 흐른 다음에야 나타난다. 작은 기업이 아무리 큰 기업에 기여하고 싶어도 큰 기업의 문화가 작은 기업을 파괴하는 결과로 끝날 가능성은 얼마든지 있다. 그래서 드러커는 대기업이 벤처기업과 합작 법인을 설립하거나 인수합병을 했을 경우, 큰 기업의 관리 조직과 작은 기업의 혁신 조직을 섞어 버리는 어리석음을 범해서는 안 된다고 주의를 주었던 것이다(InE p. 175).

듀퐁은 나일론 특허를 소기업들에게 라이센싱하고 그들이 새로운 시장을 직접 개척하도록 했다. 그 결과 다양한 고객이 창조되면서 다른 경쟁사들의 추격을 따돌릴 수 있었다. 사진은 사우스캐롤라이나 주의 캠던에 위치한 듀퐁의 올론 공장 모습이다.

소기업들에게 기회를 주고 스스로 고객 창조를 할 수 있도록 하는 것은 대기업의 고객 창조로도 연결된다. 만일 대기업이 모든 것을 직접 다하려고 해 보았자, 내부의 한정된 지식만으로는 고객 창조에 한계가 있다.

듀퐁은 자신의 나일론 특허를 자신만이 활용하려고 하지 않았다. 오히려 많은 소기업들에게 라이선싱하고 그들이 새로운 시장을 직접 창조하도록 했다. 원래 의류용 섬유로만 알려져 있던 나일론은 타이어 코드지를 비롯한 다양한 용도의 시장을 개척하게 됐다. 그 결과 1950년대에 경쟁사들이 합성섬유 신기술을 개발하면서 위협을 가해 왔을 때에도 듀퐁의 기술은 시장을 잠식당하지 않고 계속 성장할 수 있었다(MTRP p. 106).

작은 기업들은 협업을 통해, 또는 신시장 창출을 통해 큰 기업에 기여하기도 하지만, 반대로 큰 기업을 한순간에 몰락시키기도 한다. 물론 소기업이 직접 대기업을 몰락시키지는 않는다. 아무도 눈치채지 못하는 사이 중견기업으로 성장한 후, 또는 자신의 지식을 다른 대기업을 통해 성장시킨 후, 이를 통해서 영원해 보였던 독점기업의 아성을 순식간에 무너뜨리곤 한다.

미국 아칸소 주의 작은 도시에서 잡화점 프랜차이즈 점장 생활을 했던 샘 월튼은 점포를 확장하면서 1989년에 오클라호마 주 경계의 작은 도시에서 월튼스할인점을 개장했다. 시어스 같은 전통의 유통업 강자들은 이 이름도 없는 시골의 작은 가게가 훗날 월마트로 성장하여 자신의 시장 지위를 위협하게 될 줄은 꿈에도 생각하지 못했을 것이다.

이처럼 작은 기업은 결코 약한 존재도, 무시할 만한 존재도 아니다. 자기는 크다는 이유로, 이름 모를 작은 기업을 하대하는 심리가 팽배하지 않았다면 삼성전자처럼 2004년에 안드로이드의 앤디 루빈이 자기 발로, 그것도 청바지 차림으로 찾아왔을 때 다음과 같은 경멸적 태도는 나오지 않았을 것이다.

> "당신 회사는 직원이 딱 8명이군요. 나는 그런 대단치 않은 일 하나에 2천 명이나 투입하고 있는데."[3]

외국 기업이라 못 미더워 그랬던 것일까? 여하튼 루빈은 자신의 8명을 거론한 이 말이 결코 칭찬이 아니었다는 사실을 잘 알고 있었다. 물론 삼성전자가 만약 그 당시 안드로이드와 협업했다고 가정해도 지금 구글이 이룩한 것처럼 성과를 낼 수 있었을지는 알 수 없다.

지금도 우리나라의 수많은 작은 기업들이 대기업을 찾아가 자신의 사

---

3 Steven Levy, In the Plex: How Google Thinks, Works, and Shapes Our Lives, Simon & Shuster, 2011. p.214

업을 설명하고 협업할 것을 제안한다. 그러나 대부분은 무시당할 것이다. 물론 그런 제안 중에는 형편없는 것들도 많다. 하지만 당장은 하찮아 보이는 것이라도, 거기에서 숨은 가치를 발견하고 결과를 만들어 내는 경영 능력은 전혀 다른 것이다. 기회는 항상 잘 보이지 않는 곳에 작은 모습으로 숨어 있다. 커져 있는 상태로 오면 이미 늦은 것인지도 모른다.

크기는 기업을 나누는 편의상 기준은 될 수 있어도 결코 결과를 낳는 능력을 가르는 기준은 아님을 명심해야 한다.

소기업을 대기업의 노예로 만들지 말라

중소기업은 약자가 아니며, 약자여서도 안 된다. 그러나 많은 대기업들이 과거의 잘못된 이익관과 성과 관념에 사로잡힌 채 중소기업들을 약자로 전락시키고 있다. 생산 요소의 외부화를 그릇된 방식으로 추진하면서 이런 일이 일어나고 있다. 외부화의 본질은 생산 공유production sharing다. 최근 공유 경제가 주목받고 있다. 우버나 에어비앤비는 차량이나 숙박 공간 같은 자원을 외부화에 주로 의존하면서 고객을 창출한다. 하지만 공유 경제는 오래전부터 있었던 생산 요소의 외부화가 이름만 바꾸어 재등장한 것에 불과하다. 공유 경제는 혁명이 아니라 경제사에서 이미 자연스럽게 진행되어 왔던 현상이다.

다만 최근 공유 경제는 과거의 생산 공유와 두 가지 면에서 성격이 달라졌다.

첫째, 과거의 생산 공유는 주로 인구 구조 변화에서 유래했다. 이는 선진국에서 화이트칼라 노동자가 급증하고 블루칼라 노동자들이 줄어든 현상과 깊은 관련이 있다. 선진국 대기업들은 블루칼라 노동력을 확보하기 위해 생산 기지를 해외로 이전하거나, OEM 형식으로 해외 기업, 주로 동남아시아 기업에 하청을 발주했다.[4] 그러나 오늘날 공유 경제는 블루칼라 노동자가 부족해서가 아니라, 부족한 지식과 정보를 획득하기 위해서다.

둘째, 과거의 생산 공유는 사업 사슬상 유형의 물품을 조달하기 위한 것이 목적이었다. 그러나 오늘날 공유 경제는 점점 무형의 지식과 정보를 공유하려는 방향으로 이루어지고 있다. 즉, 노하우know-how나 노웨어know-where를 확보하는 데 초점을 둔다. 과거에는 노왓know-what의 단계였지만 거기에서도 노know보다는 왓what에 중점이 있었다. 즉, 과거에는 어떤 유형의 부품을 조달해야 하는가가 더 중요했고 누구로부터 그것을 조달해야 하는가는 덜 중요했다.

정보의 개방과 공유, 그리고 수평적 네트워크의 확대를 통해 외부화가 차곡차곡 진행되면서 기업들은 비용을 줄이는 방식보다는 고객 창조를 통해서라야 성과를 낼 수 있는 환경이 되고 있다. 이 변화를 외면한 채, 구시대의 수직적 하청 개념으로 중소기업들의 몫을 줄여서 자신의 이익을 간신히 유지하는 관행이 계속된다면 앞으로 대기업의 성과는 점점 더 기대하기 어려워질 것이다.

우리에게 익숙한 모든 제조업과 건설업은 이미 수백 년 전부터 생산 공유를 실현하고 있었다. 그 전통은 오늘날까지 이어져 왔다. 자동차, 가전제품, 통신기기, 생활용품, 레저용품, 주택 등등. 하청 또는 하도급은 수직적 의사소통이 지배하던 시절의 생산 공유를 지칭하는 용어였다. 20세기 초반 미국 디트로이트 일대는 자동차 부품 하청 업체들로 가득

---

4 CWE ch. 32 The Rise of Production Sharing, pp. 181~186.

했다. 우리나라의 수원, 창원, 구미, 안산 등도 다 비슷한 풍경이다. 또한 전국 각지의 주요 도시에는 건설 하도급 기업들로 가득하다. 어느 날부터인가 하청 업체, 하도급 업체라는 표현이 사라지고 공급 기업, 또는 협력 업체라는 단어가 주로 사용되기 시작했지만, 수직적 종속 관계라는 본질은 크게 달라지지 않았다. 이처럼 대기업이 소규모 공급 기업들을 수직적인 지배와 종속 관계에 묶어 두면서 속칭 '갑질'이 사회 문제로 등장했고 동반 성장론이 대두했다.

대기업은 위험 관리 차원에서 한 품목에 대하여 2개 정도의 협력 업체들을 이용한다. 이를 통해 대기업은 협력 기업을 서로 경쟁시키면서 납품 단가 협상력에서 우위를 차지한다. 협력 업체 입장에서도 한 고객사에만 의존하면 위험이 크기 때문에 고객사를 다변화하고 싶어 한다. 그런데 이런 다변화가 종종 고객 기업에 의해 제약을 당하는 경우가 있다. 대기업 입장에서는 기술 유출 때문에 못하게 한다고 이유를 대지만 큰 설득력이 없다.

또한 많은 대기업들이 협력 업체에 지급하는 단가를 통제해서 자신의 비용 절감을 끝없이 추구했다. 이런 현상은 적어도 드러커의 관점에서 보면, 대기업들이 고객 창조가 아니라 저임금·저비용을 통해 이익을 낼 수 있다는 사고, 그리고 그런 방식으로 이익을 내면 기업의 목적을 다한 것이라는 사고에서 나왔다. 이것이 드러커가 그토록 비판했던 경제인의 사고다.

삼성전자나 현대자동차는 조직의 성과를 내기 위해 사업 단위별 자율보다 중앙의 통제에 더 비중을 둔 기업이다. 이 방식은 1990년대 이후 강력한 추진력에 힘입어 놀라운 이익 실적을 냈다. 하지만 그들은 이 과정에서 국내 부품 회사 또는 임가공 회사를 상대로 납품 단가 인하를 전가의 보도처럼 휘둘렀다. 단가 인하 외에도 납품받은 부품을 일방적으로 폐기 처리하고 대금 지급을 미루기도 했다. 이렇게 해서 대기업의 이익은 분명히 증가했고 경영자들은 성과를 달성했다고 인정받았다. 외국에서도 비용 절감에 탁월한 경영자를 영웅시하는 문화가 있었다. 닛산의 카를로스 곤이 그랬다. 그들은 성과의 원천을 외부에서 찾기보다 내부에서 찾는 데에 익숙한 사람들이었다. 토요타가 부품 공급 기업 간 경쟁을 통해 원가 절감을 추구하면서 결국 대량 리콜 사태를 맞은 것도 성과의 본질을 잘못된 곳에서 잡은 탓이다.

드러커는 이처럼 이익과 비용에 대한 잘못된 인식이야말로 기업이 올바른 성과를 내지 못하고 사회적 책임을 다하지 못하게 하는 가장 큰 원인이라고 생각했다. 이들은 공급 기업에 대한 강제와 지시에 의한 성과 달성을 목표와 자기통제에 의한 경영인 줄로 착각한 경영자들이다.

우리나라 SI System Integration 산업에 고착된 하청, 재하청, 재재하청의 연속 구조도 제조업이나 건설업의 낡고 그릇된 성과 관념을 판박이처럼 따라한 것이다. 대기업인 SI 원청 기업들은 여전히 성과를 낳는 원천이 고객 창조에 있는 것이 아니라, 비용을 줄이는 데에 있다고 생각한다. 이들은 고객 가치라는 성과 목표를 위해 자신의 강점과 외부 기업들의 강점을 어떻게 통합할까보다는 외주를 관리하기만 하면 성과가 나올 것이라는 생각에 취해 있다. 하청 기업 역시 그런 생각에 재하청한다. 결국 이 연쇄 과정의 말단에서 일을 맡는 작은 개발 기업들에게 사업의 전체 목표 같은 것은 보이지 않는다. 그들은 단지 지시받은 대로 일하게 되고 그에 따른 경제적 보수를 받는 것만으로 자신의 할 일을 다했다고 생각하게 된다. 원청기업 입장에서 강점에 바탕을 둔 외부화의 취지는 완전히 사라지고 목표에 의한 경영은 찾아볼 수조차 없게 된다.

원인은 최상위에서 발주자가 그릇된 성과 관념에 사로잡혀 있다는 사실까지 거슬러 올라간다. 발주자는 시스템 구축을 통해 도달하고자 하는 결과를 내기 위해 어떻게 내부의 강점들과 외부 지식들의 강점을 통합할 것인가를 생각하기보다, 저렴한 비용으로 외주를 관리하면서 납기를 맞추는 것을 성과로 인식하는 경향이 있다. 제안 요청서RFP는 제안자에게 모든 것을 다 해낼 것을 요구한다. 물론 납기도 중요하고 비용 효율성도 중요하다. 하지만 무엇보다도 프로젝트가 창출하는 결과가 무엇인가를 유일한 기준으로 삼아 비용이나 납기는 거기에 맞게 조정되어야 한다. 그러나 우리나라에서 대부분 IT 프로젝트는 이 원리와 반대로 간다. 일단 비용은 낮추어야 하고 납기는 최대한 빨라야 한다. 목표에 의한 경영은 요원하다. 여기 동원된 수많은 사람들이 분주하게 열심히 일했음에도 불구하고, 모든 노력들이 따로 놀게 되고 개발자의 강점은 발휘되지 않으며 프로젝트는 엉망으로 마무리되는 경향이 있다.

하청, 재하청을 맡은 개발 기업들은 자신의 강점을 살려 전체의 목표에 기여하기는커녕, 할 수 없는 일까지 무조건 해 놓으라는 지시대로 따라 일해야만 된다. 일례를 들자면 작은 기업의 소프트웨어 엔니지어들은 현장에서 육성되는 것이 아니라 하루하루 소모당하고 있다. 그들은 과업 추진 중 봉착한 난제를 보다 창의적으로 해결하기 위해 연구하고 도전하고 성취하는 경험을 하기보다는, 작동할 수 있는 수준의 구조와 최소한의 요구 성능만을 맞춰 놓고 자족한다. 그래서 우리나라는 표면상으로는 SI 대기업들이 방대한 실적을 쌓은 것처럼 보여도, 여전히 소프트웨어 후진국의 단계를 벗어나지 못하고 있다.

드러커의 관점에서 다시 말하자면, 대기업들은 작은 기업과 그 안의 지식노동자들을 경제 생태계에서 자신과 협업하는 강자로 키우지 못한 채 저항조차 할 수 없는 약자로 전락시키고 만았으며, 이 모든 현상이 이익과 비용에 대한 대기업 경영자들의 뿌리 깊은 오해에서 나왔다.

민간 기업뿐만이 아니다. 공공 기관에서도 이런 일은 늘 일어난다. 우리나라의 지상파 방송사들은 2000년대 이후 정보통신기술ICT 기반 콘텐츠 소비 환경이 급변하면서 적자에 시달리기 시작했다. 그러면서 외주사를 통해 일방적으로 비용 절감에 들어갔다. 방송사는 외주사에게 표준 제작비조차도 지급 못하고, 그 결과 외주사는 스태프에 법정 최저 임금조차 줄 수 없는 상황이 되었다.

21세기에 접어든 오늘도 우리나라의 일부 대형 백화점이나 할인점은 공급 기업에게 각종 명목으로 과도한 입점 수수료를 수취해 가고 있다. 그 정도가 과하여 많은 납품 기업들은 성장은커녕 지속에도 어려움을 겪고 있다. 대형 유통기업들은 어떤 수를 써서라도 자신의 마진을 최대한 실현하기만 하면 기업으로서 자신의 목표를 달성한 것이라고 생각한다. 그들은 자유 시장에서 이익을 실현한다는 경제적 목적 이외에 사회 통합과 이해관계자들 간 조화라는 사회적 책임, 더 나아가 정치적 책임이 있음(CoC pp. 251~253)을 망각한 것이다. 더구나 그 경제적 이익조차도 올바른 비용 경영을 통해서가 아니라, 즉 성과를 낳지 않는 활동이나 사업에 투입되는 비용을 포기하는 방식이 아니라, 일괄 삭감 방식으로 접근하고 있다.

드러커는 『매니지먼트』에서 영국의 막스앤스펜서가 목표와 자기통제에 의한 경영을 성공적으로 실천한 과정을 상세히 소개했다. 막스앤스펜서는 기본 전략 목표, 마케팅 목표, 혁신 목표, 핵심 자원(생산성) 목표, 사회적 책임 목표, 그리고 이익 요건의 여러 영역별로 복수 과업 목표들을 설정하고 이들을 균형 있게 달성했다. 그 가운데 사회적 책임 목표에 포함되는 것이 바로 공급 기업을 대상으로 하는 목표였다. 막스앤스펜서는 공급 기업들이 성공하도록 도와야만 그들이 막스앤스펜서의 공급 기업으로 계속 남기를 희망할 것이라는 사실을 잘 알고 있었다. 그래서 공급 기업이 막스앤스펜서와 거래하는 과정에서 착취당하지 않도록 하는 데에 모든 노력을 기울였다. 그들은 18세기 영국에서 유행하던 착취형 조달 관행에서 탈피하여 유통 기업과 공급 기업 사이의 새로운 상생 모델을 최초로 제시했다.

드러커의 『기업의 개념』은 그의 관심 대상이 산업 사회에서 개별 기업으로 좁혀진 이후 등장한 최초의 저서였다. 그는 당대 일류 기업 중 하나였던 제너럴모터스에 출근하면서 그 기업 문화를 관찰하고 분석했다. 그 책의 4장은 GM이 소사업자 파트너와 형성한 관계를 분석하는 데 특별히 할애했다. 대상은 자동차 딜러였다. 그들은 우리나라에서도 흔히 보이는 자동차 대리점, 카센터, 프랜차이즈 음식점, 커피 전문점, 편의점과 같은 성격의 소규모 사업자들이었다. 드러커는 GM과 딜러간 관계에 대하여 다음과 같이 논평했다.

> "그런 갈등은 현대 산업 사회에서 대기업과 소기업 사이의 모든 갈등이 그렇듯이 사회적으로 위험하다. 그러나 그런 일은 제조 기업 본사에도 대단히 악영향을 미친다. 훌륭하고 충성도 높은 딜러 조직이야말로 훌륭한 제품만큼이나 자동차 회사의 성공에 관하여 중요한 역할을 한다. 훌륭한 딜러를 얻는다는 일은 매우 어렵다. (중략) GM이 딜러를 대하는 정책이야말로 딜러를 위한 것이기에 앞서 GM 자신이 보다 조직화되고 성공적이며 안정적인 제조 기업으로 유지되기 위한 목적에 기여하는 것이어야 한다(CoC p. 103)."

GM은 영업부서 관리자들이 딜러에 불이익을 가하는 행동이 발생하지 않도록, 특히 일방적인 계약 해지나 계약 갱신 거부와 같은 불합리한 사태가 발생하지 않도록 계약 관리 절차와 소구 제도 등 여러 분야에서 규정을 정비했다. 대기업 앞에서 약자일 수밖에 없는 딜러들에게 그들이 항상 존중받고 있다는 느낌과 회사의 정책에 대한 신뢰감을 부여하는 일이 급선무였다. 딜러 입장에서 신차 판매 실적에 대한 압박 때문에 중고차 판매를 포기하여 발생하는 손실이 커지지 않도록 특별히 배려했다. GM 본사 입장에서는 중고차 대신 신차 판매가 많아질수록 이익이겠지만, 중고차 판매는 딜러가 독립 사업자로서 GM에 의존하지 않고 자신의 사업을 경영할 수 있는 유일한 출구라는 사실을 인정했다. GM은 오히려 딜러를 통해 파악한 중고차 시장 동향을 바탕으로 신차 출시 전략을 수립하는 데에 도움을 받기도 했다. 딜러 협의회Dealer Council로부터 차량에 대한 기술적 문제부터 고객 반응, 기타 다양한 요구사항을 받고 함께 개선책을 토의했다. 모터스 홀딩Motors Holding이라는 투자 금융 사업부를 설립하여 딜러들에게 운영 자금을 지원하기도 했다. 이런 여러 정책을 통해 딜러와 GM 본사는 잠재적인 갈등을 미연에 방지하고 서로 이익의 조화를 이룰 수 있었다(CoC pp. 103~114).

사실상, 목표와 자기통제에 의한 경영은 원래 경영의 범위를 한 기업 내부로만 한정하지 않는다. 드러커는 '경영의 대상이 법적으로 한정되어 있다'는 종래의 사업 가정은 착각이라고 분명히 말했다. 1920~1930년대에 일본 기업은 부품 공급사들을 계열 관계로 편입시켜 완성차의 기획, 개발, 비용 통제 등을 함께 수행했다. GM도 초창기에 여러 부품 공급사를 인수하여 GM의 우산 안에 두었다. 1960년대에는 일본 기업들이 앞서 언급한 막스앤스펜서의 방식을 따라 공급 기업을 관리했다. 이들은 이런 방식으로 자신의 공급 기업을 파트너로 육성해 가면서 자신의 성과를 한껏 올릴 수 있었다. 이 모든 현상은 경영의 대상이 한 기업에 국한된 것이 아니라 경제적 연쇄의 전체 과정을 포괄해야 한다는 사실을 의미한다. 대기업이 목표와 자기통제에 의한 경영으로 성과를 창출하도록 독려해야 할 대상은 그 대기업 내부에 한정되지 않는다. 사업 연쇄의 모든 과정에 참여하는 소기업들도 그 대상이 되어야 한다(PCS pp. 31~34). 소기업들은 결코 대기업의 비용이 아닌 것이다.

PETER DRUCKER

2

비상경영, 그럼 언제는 상시였는가?

기업들은 위기에 대응하지 않는다. 위기에 밀려간다

어떤 기업도 위기를 원하지는 않는다. 하지만 위기는 언제나 자신의 뜻과 무관하게 닥쳐온다. 초기 창업 기업은 사실상 매일이 위기와 다를 바 없다. 그들은 성공을 바라기는커녕 죽지 않고 살아남는 것조차 버겁다. 창업 후 소위 '죽음의 계곡'을 가까스로 넘기고 사업이 어느 정도 안정화된 기업은 일단 위기를 벗어났다고 안도한다. 그 뒤 중견기업이나 대기업 수준이 되면 위기란 그리 큰 문제가 아닐지도 모른다. 왜냐하면 고비용의 임원들을 내보내는 비교적 손쉬운 수단이 있기 때문이다. 더구나 그 자리를 채울 후보는 항상 대기하고 있다. 한때 M&A를 통한 변신의 성공 사례로 통했던 대기업 두산인프라코어는 최근 100여 명의 임원 가운데 30명을 정리했다.[1] 자연 퇴출이 아니라 강제 감원이었다. 정도의 차이만 있을 뿐 해마다 연말 인사철이 되면 대다수의 대기업에서 연례행사처럼 일어나는 일이다. 실적이 악화되면 조직을 축소하면 된다. 이것은 매우 자연스러운, 어찌 보면 교과서적인 알고리즘이다.

> "한국 기업에서는 이익이 하락하거나 사상 최대 손실을 냈을 때 임원진이 집단 사의를 표명하는 것이 업계 관행이나 마찬가지다. (중략) 한국에만 있는 독특한 관행이다. 문화 차이일 수도 있다. 하지만 합리적인 것 같진 않다."[2]

불황기에 대기업들이 태연하게 대규모 임원 감축에 나서도 우리 사회는 아무도 이를 이상하게 생각하지 않는다. 임원들은 노조에 가입되어 있지도 않기 때문에 저항할 힘도 없다. 어쩌면 최상층의 경영자는 이렇게 하는 것을 조직의 건전한 신진대사라고 생각하는지도 모르겠다. 그러나 최상층 경영자 특히 오너 경영자는 임원들을 내보내기 전에 먼저 생각해 보아야 할 점이 있다. "과연 조직 전체에 걸쳐 혁신을 일상으로 실천하는 문화를 만들었는가? 임원들을 하수인이 아니라 진정 책임 있는 경영자로서 대우해 주었는가?"

만약 그 대답이 '아니오'라면, 회사 실적이 악화되었다고 최상층 경영자가 임원들을 대거 해임하는 것은 알면서도 사회에 해악을 끼치는 범죄에 가까운 행동이다. 임원들이 적극 참여해서 수행한 혁신도 없었고 그들이 단 한 번도 조직에서 책임 있는 경영자로 인정받지 못했다면, 그들은 스스로 결정을 내릴 권한도 능력도 없이 대개 최상층 경영자의 지시

1 http://news.chosun.com/site/data/html_dir/2015/09/23/2015092300417.html
2 http://kr.wsj.com/posts/2015/09/24/저성장-위기의-한국-사라지는-기업-임원들

만을 충실히 따랐을 것이다. 만약 그랬다면, 그는 새로운 기회나 새로운 방식을 적극적으로 자신의 업무에 도입할 동기도 없이 늘 하던 일을 그대로 해 왔을 것이다. 그게 사실이라면, 그 임원은 아무 잘못이 없다. 왜냐하면 잘못을 저지를 기회조차 주어지지 않았기 때문이다. 그런데 어느 날 갑자기 최상층에서 회사를 그만두라는 언질이 온다. 그는 자신이 무엇을 잘못했는지도 모르면서 회사를 나와야 한다.[3] 위기는 이렇게 얼떨결에 넘어가고 최상층 경영자는 여전히 꿋꿋하게 남아 있게 된다. 이것이 대기업이 흔히 위기에 대처하는 정석이다.

그래서 그런지, 우리나라 상당수 대기업의 고참 관리자 사이에는 이상한 심리가 있다. 많은 부장들이 임원으로 승진하지 않고 끝까지 버티려고 한다. 그들 사이에서 임원은 언제든지 해고당할 수 있는 '임시 직원'으로 간주된다. 참으로 병적인 문화다. 그들은 경영자가 되기를 포기하고 영원히 하수인으로 남는 쪽을 선택한 것이다. 그들을 이렇게 만든 사람은 누구일까? 그들 자신일까? 아니면 조직 최상층의 경영자일까?

위기의 희생양이 되는 대상은 비단 임원만이 아니다. 일반 직원들, 협력 업체 임직원, 그리고 이 모든 이들의 가족이 동시에 당한다. 하지만 경직된 경영으로 위기를 초래한 장본인인 최상층 경영자는 대부분 희생당하지 않는다. 그들은 오히려 구조조정 성공으로 조직을 정상화시켰다고 칭송받는다. 이것은 뭔가 정의롭지 못하다.

소기업 창업가는 대기업 오너 일가와는 입장이 좀 다르다. 그들은 절체절명의 순간이 되면, 개인 재산을 털거나 돈을 빌려서라도 직원들의

---

3 앞의 기사에서 나왔던 인터뷰 내용을 다시 인용한다. "CEO는 내가 뭘 잘못했는지조차 말해주지 않았다. 그냥 회사가 어렵다고만 했다." 쌍용자동차에서 25년간 근무해 잔뼈가 굵은 A씨가 해고당하면서 들은 말이다. 그는 서울에서 남쪽으로 400킬로미터 떨어진 고향에 양고기 꼬치구이집을 내고 요즘엔 양갈비 요리를 하면서 살고 있다고 한다.

임금을 지급한다. 물론 무책임한 임금 체불로 끝나는 파렴치한도 있지만, 적어도 상당수 진지한 소기업 오너들은 직원과 그 가족들의 고통을 나의 고통으로 생각할 줄 안다.

이런 경우에는 기업이 위기에 대한 올바른 개념을 갖추고 이에 대응하지 못하면, 그들은 사회의 중추이자 지배적 권력으로서 공동체의 혼란과 분열을 막을 책임을 외면하는 것이다. 1997년과 2008년 금융 위기를 가장 가까이에서 겪어 본 사람들은 속수무책으로 당할 수밖에 없었던 위기가 몰고 온 사회적 고통이 얼마나 컸던지를 잘 알 것이다. 적어도 정상적으로 작동하는 사회를 원한다면, 위기가 성장의 자양분이라느니 비 온 뒤에 땅이 굳는다느니 같은 한가한 소리는 하지 말아야 한다.

위기는 세상의 모든 합리성을 파괴한다

위기에도 단계가 있다. 작은 위험 징후들이 보이기 시작하는 단계부터, 침몰이 기정사실화된 상태에 이르기까지 그 강도는 천차만별이다. 부실기업의 징후라고 흔히 알려진 것들, 예컨대 매출채권이나 단기차입금의 비중이 비정상적으로 증가하고 있다거나 크고 작은 안전사고들이 자꾸 발생한다거나 하는 것들은 비교적 작은 징후들이다. 그러다가 매출이 줄거나 손실 규모가 늘고 고정 고객이나 거래선들이 갑자기 많이 떨어져 나가거나 종업원들이 이탈하기 시작하는 것은 좀 더 큰 징후들이다. 그러나 아직 체감하기는 어렵다. 그러다가 막상 부도 처리되고 나서야 이해관계자들은 진짜 위기를 체감한다. 사실 부도나 법정관리가 현실화되기 전까지 그럴 가능성을 눈치채고 대비할 수 있는 사람은 그리 많지 않다.

막상 위기가 현실화됐을 때 특히 시장 지위가 높았던 기업이 몰락할 상태에 처했을 때, 사회가 겪는 고통은 상상을 초월한다. 시장 변화에 대응하지 못하고 위기에 처한 중견기업 팬택은 2014년에 법정관리에 들어갈 상황이 됐다. 단순히 본사 임직원들의 일자리가 없어지느냐 마느냐의 문제가 아니었다. 수많은 협력 업체들이 나서서 이동통신사에게 자신의 단말기를 구매해 달라고 읍소했고, 그것이 통하지 않자 기업의 의사 결정에 대해 아무런 권한도 없는 대통령에게까지 호소했다. 그러나 아무 소용이 없었다. 세계는 냉혹하게 축소 모드로 들어갔다. 기업의 위기는 단순히 기업의 문제가 아니라 사회의 문제다.

위기에 처한 기업들은 노사가 서로 희생하면서 책임 정신으로 회사를 살릴 방안을 찾기도 하지만, 많은 경우 개인의 권리만을 추구하는 아귀다툼의 장이 되기도 한다. 도저히 수용될 수 없는 비합리적인 요구가 등장하기도 한다. 방금 말했던 협력 업체들의 요구도 사실은 그런 성격의 것이다. 그 어떤 출구도 보이지 않을 때 사람들은 실현 불가능한 것인 줄 알면서도 외치게 된다. 즉, 기적을 바라게 되는 것이다. 위기는 세상의 모든 합리성을 파괴한다.

위기는 반드시 온다

물론 그 누구도 위기를 피할 수는 없고, 그때마다 위기에 대한 만병통치약이 존재하는 것도 아니다. 위기에 처해 분투하는 경영자들의 노력도 폄하해서는 안 된다. 그들인들 위기를 극복하고 순탄한 경영을 회복하고 싶지 않겠는가? 사회는 기계가 아니므로 우리의 의도나 계획대로 완벽히 작동하는 것을 기대해서는 안 되지만, 적어도 우리가 원하는 방향으로 조금은 더 가깝게 만들 필요는 있다. 그리고 만들 수 있다. 이것이 바로 드러커가 말했던 '견딜 만한 사회'다.

현장의 사업가들치고 계획으로 사업을 이끌어 갈 수 있다고 믿는 사람은 없다. 그런 믿음은 드러커의 표현으로는, 세계를 기계로 보는 데카르트식의 사고다. 경영 이론가 중에는 모든 사업이 어차피 계획에서 벗어나게 되므로 모든 계획은 무의미하며 임기응변만이 가장 효과적이라는 극단적인 주장도 있다. 특히 최근처럼 경영 환경이 하루가 다르게 급변하는 상황에서는 그런 주장이 솔깃하게 들리기도 한다. 그러나 임기응변 전략으로는 정작 위기에 닥쳐서 아무런 힘도 발휘할 수 없다.

위기를 예방하는 가장 효과적인 계획은 무계획도, 중앙 기구의 큰 계획도 아닌, 자율적 수행 단위들의 작은 계획들이다(LT pp. 53~58). 그러나 이 작은 계획들은 반드시 MBO의 원리 아래 통합되어야 하며, 피드백의 원리를 통해 지속적으로 수정되어야 한다. 그 수정의 방향을 제시하는 북극성은 "우리의 고객은 누구인가?"라는 질문에 있다.

MBC(위기에 의한 경영), MBD(밀어붙임에 의한 경영)는 경영이 아니다

우리나라의 존경받을 기업인 가운데 한 명으로 꼽히는 동원그룹 김재철 회장은 위기에 대해서 이렇게 말했다.

"본업을 버리는 자는 망하고 본업만 하는 자도 망합니다. 또 평균 풍속

보다 순간 풍속은 훨씬 빠릅니다. 1톤을 견뎌야 한다면 5톤을 견딜 수 있게 배를 만들어야 합니다. 회사 역시 미리 위기를 준비해야지, 위기가 왔을 때는 이미 늦습니다."[4]

모든 위기의 원인은 외부의 예측 불가능성에서 연원한다. 이는 김재철 회장이 예측할 수 없는 바다의 풍랑을 평생 겪으면서 얻은 지혜이기도 하다. 하지만 무엇보다도 이미 형성된 강점에 바탕을 두고 차근차근 사업 영역을 확장함으로써 위기에 항시 대응할 수 있도록 했던 그의 전략은 무분별한 다각화로 위기를 자초한 여타 대기업과 분명히 대비된다. 김재철 회장이야말로 드러커가 말했던 강점에 기반하면서 사업의 동일성을 유지하는 다각화를 실천한 인물이다. 이런 기업에 특별히 비상 경영이라는 말은 대단히 어색할 것이다. 왜냐하면 사업은 항상 위기에 대응하고 있어야 한다는 의미에서 언제나 비상이기 때문이다. 사업에 상시常時란 없다.

드러커는 많은 기업들이 막상 위기에 닥쳤을 때 행하는 경영 방식을 '위기에 의한 경영MBC: Management by Crisis'이라고 표현했다(PoM pp. 127~128, MTRP pp. 437~438). MBC는 '목표에 의한 경영MBO'의 대척점에 있다. MBC의 전형적인 수단은 비용 절감과 인력 감축이다. 이미 늦었기 때문에 그렇게라도 하지 않으면, 경영자는 자신이 일을 했다는 그 어떤 표시도 남길 수 없기 때문이다. 그마나 좀 더 나은 게 실적 강제다. 부하들에게 무조건 할당량을 채워 내라고 강요한다. 이것을 드러커는 '밀어붙임에 의한 경영MBD: Manangment by Drive'이라고 불렀다. 경영자는 이것을

4 『김재철 평전: 파도를 헤쳐온 삶과 사업 이야기』, 공병호 지음, 21세기북스, 2016. p. 375.

목표에 의한 경영이라고 착각할 수도 있다. 다행히 MBC나 MBD는 당장의 경제적 성과를 적어도 수치상으로는 향상시킨다. 경영자는 이 숫자를 보고 성과를 냈다고 안도할 것이다. 단기 성과는 누구나 만들어 낼 수 있다. 하지만 단기 성과가 지속과 성장에 기여하는 장기 성과에 역행할 때 문제가 된다.

모든 위기는 현재와 미래를 동시에 살지 못하는 데에서 나온다

드러커는 이익을 미래를 만드는 비용으로 인식했다. 이익이란 현재의 의도와는 상관없이 도래하는 미래의 위기를 포괄하는 비용이다. 이 사실은 위기의 본질이 어디에 있는가를 암시한다. 위기의 본질은 바로 시간 균형의 깨짐에 있다. 기업 문화는 두 가지 유형의 노력이 긴장감 속에서 균형을 이루어야만 한다. 하나는 현재의 사업을 유지하고 개선하는 관리자형이고, 또 다른 하나는 지금과 전혀 다른 새로운 미래를 만들고 싶어 하는 기업가형이다. 그러나 이 두 가지 유형 사이에는 항상 갈등이 존재한다. 현재 이익이 나고 있는 사업은 조직을 지속하고 있는 에너지이므로 중시해야 하고, 거기에 기여하는 사람들에게 충분한 보상이 돌아가야 한다. 그러나 현재 성과를 내고 있는 모든 지식들은 이미 낡은 것이 되고 있다. 그래서 새로운 지식으로 계속 미래를 만들어 가야 한다. 미래를 만드는 작업은 지금 당장에는 성과를 낳는 모습이 전혀 보이지 않는다. 그저 비용만 소요되는 것처럼 보인다. 이 때문에 사람들은 미래를 만드는 활동을 현재를 만드는 활동만큼 긴요하게 생각하지 않는다. 그렇다고 오로지 미래를 만드는 활동에만 치우칠 경우, 경영자는 현재의 조직을 지속시키는 책임을 외면하게 된다. 창업 벤처기업들은 대부분의 활동을 미래를 만드는 활동으로 채우고 있는 경우가 많다. 신기술, 신사업이 아니라 구사업을 병행하면서 벤처기업을 운영하는 경영자는 그리 많지 않다. 그래서 대부분의 벤처기업들이 이른바 '죽음의 계곡'을 경험한다. 즉, 현금 부족 때문에 사업화에 실패하고 그토록 꿈꾸었던 결과에는 전혀 이르지 못한다. 펀딩funding의 문은 바늘구멍보다 좁다. 창업 벤처기업의 일상이 위기일 수밖에 없는 이유는 여기에 있다.

카카오의 김범수 대표는 과거 인터넷 기반의 게임 포털 벤처를 창업했을 때 여느 벤처가 그렇듯 미래를 만드는 활동만을 수행했다. 그러나 사업이 본격적으로 진행되기도 전에 자본 잠식 상태에 빠졌다. 이 역시 스타트업에서 흔히 볼 수 있는 풍경이다. 급여가 체불되고 직원들은 퇴사했다. 창업 멤버 두 명만 덩그러니 남은 상태에서 그는 현재를 위한 활동을 수행하지 못했던 자신의 잘못을 깨달았다. 그래서 PC방 사업을 시작했다. 덕분에 전략적으로도 서버와 인터넷 비용을 절약할 수 있었다.

경영자가 이 양극단 중 어느 한쪽에 치우쳐 있을 때 위기는 반드시 발생한다. 한때 RCA의 한 최고경영자는 미래의 제품에만 관심을 기울이고 현재를 경영하는 데에는 무관심했다. 이 최고경영자는 해임되고 다음번에는 정반대 유형, 즉 단지 현재의 문제에만 관심을 기울이고 미래를 생각하지 않는 최고경영자가 뒤를 이었다. 그 역시 변화에 대응하지 못한 채 위기를 초래하여 해임되고 말았다.

드러커가 생각하는 건강한 기업 문화는 이미 정착된 과정들을 문제없이 운영하는 데에 기여하는 임원과, 아직 성과를 내지는 못하지만 새로운 과정을 만들어 내는 데에 기여하는 임원 사이에 균형이 이루어져야만 나올 수 있다. 그들 사이에 서로 냉소하거나 질시하는 일이 있어서는 안 된다. 기존에 성과를 내던 사업들은 자신의 사업을 유지하기 위해 어쩔 수 없이 행해야 하는 작은 개선들을 미래를 위한 혁신이라고 과대평가할지도 모른다. 그러면서 미래를 만드는 여타 부서의 활동을 비현실적이라거나 돈 안 되는 사업이라는 식으로 폄하할 수도 있다. 위기를 방지할 책임을 이해하는 경영자라면, 조직 내에서 이런 식의 시선이나 언행이 발붙이지 못하도록 해야 한다. 각 부분이 모두 정당한 기여를 하고 있음을 모두 공유하도록 의사소통에 보다 많은 노력을 기울여야 한다.

드러커는 이 두 가지 형태의 노력에 투입되는 예산을 운영 예산과 미래 예산으로 구분했다(MTGC ch. 2). 운영 예산은 기존 사업의 유지에 소요되는 예산이다. 운영 예산은 호황기에는 늘어나고 불황기에는 줄어드는 것이 보통이다. 미래 예산은 미래의 신상품, 신서비스, 신운영 방식을 탐색하고 개발하는 데에 지출하는 예산이다. 안타깝게도 미래 예산은 대개 불황기에 경영자들의 감축 대상 1순위가 된다.

드러커는 경기와 상관없이 운영 예산과 미래 예산의 비중을 일정하게 유지해야 한다고 강조했다. 물론 이 두 가지 노력에 대한 보상 방식에 정해진 공식이 있는 것은 아니다. 50대 50이나 80대 20 등 특정 지침을 규정할 수는 없다. 그러나 드러커가 기업 전체 예산의 약 10~12퍼센트 내외에서 미래 예산을 운용할 것을 권고한 적은 있다(MTGC p. 23).[5]

여기서 잠시 혼동을 피하기 위해 한마디만 덧붙이자. 미래 예산을 R&D 예산과 동일시하면 안 된다. R&D 예산은 미래 예산이 취할 수 있

---

5 물론 왜 10~12퍼센트인가에 대해 드러커가 객관적인 근거를 제시한 내용은 필자가 아직 발견하지 못했다. 다만, 통상적으로 금융시장에서 위험 프리미엄이 가산된 자본비용이 그 정도 수준에서 형성되고 있다는 점을 고려하면 어느 정도는 납득이 가는 수치이다.

는 여러 형태 가운데 하나에 불과하다. 기업의 전 부서에 걸쳐 이루어지는 여러 활동에 대해서 굳이 R&D 비용으로 분류되지 않더라도, 미래 예산이 두루 투입될 수 있다. 그들의 일상적인 제안, 외부의 기회 발견을 위한 의식적인 노력, 학습과 탈학습을 위한 모든 노력이 그 대상이 된다.

기업이 불황기를 타개하는 방법은 결코 인력 감축이나 비용 절감처럼 즉흥적인 방법이 아니라 평소에 탐색해 두었던 미래의 기회를 상품으로 실현하는 데에서 찾아야 한다. 경기 변동에 따라 찬물, 더운물에 반응하듯 이루어지는 일관성 없는 미래 예산 감축이야말로 경영자로서 책임을 방기하는 일이다.

모든 탁월성은 위기에 봉착한다

탁월성이야말로 성과를 창조하는 동력이지만, 동시에 위기를 잉태하는 주범이기도 하다. 먼저 탁월성의 의미를 오판하고 시작하는 사업은 출발부터 주저앉는다. 어떤 보험대리점 창업가는 어느 날 우사인 볼트의 경기를 보면서 '저것이다'라고 무릎을 쳤다. 그는 아무도 따라올 수 없을 정도로 앞서가야 한다고 생각했다. 그래야만 이 경쟁에서 살아남을 수 있었다. 이 관점은 적어도 말로는 옳았다. 하지만 그는 단지 업계 최대 규모가 되는 것을, 즉 양을 확장시키는 것을 탁월성이라고 착각했다. 사람을 뽑고 지점을 마구 늘려 갔지만, 제대로 성과를 내는 곳은 드물었다.

어떤 작은 회사의 창업자에게 어떤 일을 하는지 물은 적이 있었다. 그러자 그는 이렇게 답했다. "돈 되는 것은 다 합니다." 약간은 농담조였지만 사실 그는 아무것도 탁월하게 잘할 수 있는 사업이 없음을 자인한 것이다. 결국 그 사람은 이 사업, 저 사업 손을 대다가 몇 년 뒤 문을 닫았다.

성공한 기업들은 항상 자신만의 강점에 기반을 두고 탁월성을 구현했기 때문에 성공할 수 있었다. IBM이 지금과 달리 하드웨어에 주력하던 시절 주된 활동은 컴퓨터 시스템을 기업 고객에 판매하는 일이었다. 당시 IBM의 탁월성은 고객사들이 필요로 하는 정보 수요가 무엇인지 고객사보다 더 잘 알 수 있도록 훈련받은 영업 사원들에 있었다. 전기 제품 연구 개발에 탁월성이 있었던, 즉 기술력에 누구보다 강점이 있었던 GE도 IBM을 이길 자신이 있다고 생각하고 컴퓨터 사업에 뛰어들었지만 실패했다. 서비스 마스터Service Master는 단순히 청소 용역 인력들을 모집하고 관리하는 일이 아니라 비숙련 직원들을 교육해서 유능한 직원으로 탈바꿈시키는 프로그램에 탁월성이 있었다.

모든 성공한 기업들은 소수의 활동 영역에서 이처럼 자신만의 탁월성을 갖추고 있었다. 그 어떤 기업도 모든 활동에서 두루 탁월해질 수는 없다.

사진은 1985년 노키아에서 출시했던 모비라 시티맨 450의 모습으로 오늘날 스마트폰에 비하면 투박하기 그지없지만 당시로서는 최첨단 제품 중 하나였다. 휴대 전화의 강자였던 노키아는 1998년부터 13년간 휴대 전화 시장점유율 세계 1위를 차지하기도 했다. 하지만 지금은 마이크로소프트사에 휴대 전화 사업부를 매각하고 네트워크 분야를 중심으로 사업을 재편했다. 애플이 부상하기 전에 노키아 역시 변화를 추구했다. 하지만 새로운 시장이 요구한 강점을 갖추지 못했던 노키아는 결국 몰락하고 말았다.

급격한 고객 감소로 법정관리에 들어간 팬택은 이미 자신의 스마트폰 제품에 수많은 개선을 수행했고 신기능을 부가했었다. 회사는 비록 혁신자라기보다는 모방자로서 스마트폰 사업에 뛰어들었지만, 연구 개발을 통해 위기를 언제든지 헤쳐 나갈 수 있다고 믿었다. 이는 우리나라 기업만의 현상은 아니다. 노키아 역시 그랬다. 노키아도 애플의 충격이 오기 전에 이미 스마트폰을 만들고 있었다. 그들인들 혁신하고 싶지 않았을까? 그러나 그들이 추구했던 변화는 기존 사업의 프레임 안에서 이루어지는 개선에 불과했다. 애플처럼 새로운 미래를 만드는 작업이 되지는 못했다. 노키아가 과거 그들의 성공을 가능하게 해 주었던 강점, 즉 비용 절감 능력은 새로이 등장한 시장에서 더 이상 강점으로 작용하지 못했다. 새로운 시장에서 요구한 강점은 사용자의 감성과 콘텐츠 시장을 장악하는 능력이었던 것이다.

대우조선해양을 비롯하여, 국내, 아니 세계 굴지의 우리나라 조선사가 해양 플랜트 수주 후 제대로 된 공사를 하지 못하면서 공기를 연장하고 클레임을 당하면서 입었던 손실은 무엇을 의미하는가? 이는 어쩌면 과거에 통했던 정주영 회장 식의 도전 정신도 이제는 폐기되어야 할 시점이 왔음을 의미한다. 특수한 분야에서 독보적인 지식 기업들의 역량은 상상 이상으로 탁월하다. 아니 탁월해야 한다. 이 차이를 이해 못한 채 '할 수 있다'고 덤비는 태도는, 드러커가 말했던 것처럼 사업에 필요한 강점이 무엇인지 모르는 상태에서 결코 잘 해낼 수 없는 일, 즉 올바르지 않은 일에 덤벼드는 것과 같다. 우리나라 경영자들은 그동안 많이 넓어졌지만 이제는 좀 더 깊어질 때가 됐다.

고객이 추구하는 가치는 기업이 생각하는 가치와 전혀 다른 곳에 있다. 몰락하는 기업으로부터 자주 접하는 자탄들은 대개 이런 것이다. "다른 것은 몰라도 기술력 하나는 탁월했다", "우리는 항상 최초였다. 그러나 세상이 우리를 알아주지 않았다" 등등.

드러커는 그 어떤 탁월성이라 해도 오히려 위기를 낳는 주범이 될 수 있다고 말했다. 왜냐하면 시간이 지나면 그 어떤 탁월한 지식도 어쩔 수 없이 진부한 지식이 돼 버리고 말기 때문이다. 더구나 한때 탁월했던 지식은 임직원들을 부지불식간에 자만에 빠지게 하고 속칭 '듣보잡'에 대한 무시, 즉 NIH Not Invented Here 태도가 팽배하게 된다. 수년 전 샤오미의 성장세가 심상치 않다는 것을 모두 우려할 때, 삼성의 간부들은 샤오미 같은 기술력 없는 기업은 신경도 안 쓴다며 무시했다.[6]

스타트업이 대기업을 위기로 빠뜨리고 침몰시킬 수 있는 힘은, 이미 이룩한 것들을 버려야 할 부담이 없는 상태에서 항상 새로운 미래를 겨냥할 수 있다는 데에서 나온다. 미래를 잘 만들지 못하는 데에서 오는 대기업의 위기는 대부분 현재 이룩한 것들을 버리기가 너무나 힘들기 때문이다. 그들의 촘촘한 매뉴얼, 확고한 업무 방식, 고착된 설비, 이 모든 것들이 완벽히 짜여 있다는 것은 축복이 아니라 오히려 저주다. 지식노동자들이 아무리 이로부터 벗어나고자 해도 이 견고한 관행은 거대한 중력이 되어 그들을 끌어내린다.

이 모든 추락을 막는 유일한 방법은 끊임없이 질문하는 것이다. "우리의 고객은 누구인가?" 이는 불변의 한 가지 정답이 결코 있을 수 없는 질문이다. 해답은 매순간 조금씩 달라진다. 그래서 홀연 '듣보잡'이 나타났을 때, 무관해 보이는 산업에서 새로운 현상이 나타났을 때, 또는 고객이 전과 다른 반응을 보일 때, 주기적으로 그 질문을 돌이키는 것 외에 다른

---

6 지해범, 「[동서남북] 중국을 짝퉁의 나라로 얕본 대가」, chosun.com 2015. 11. 3.

길이 있을 수가 없다. 기업의 경쟁력이 사라지기 전에 이 질문을 한시도 잊지 않으면서 미래 예산을 지속적으로 가동해 놓지 않으면, 현재 예산만으로 돈을 잘 벌어들이는 모든 사업은 어느 날 갑자기 그 기업의 묘비명을 가득 채우는 목록이 되고 말 것이다. 그런 의미에서 삼성전자가 한때 최고의 실적을 달성했다고 안팎에서 자부심으로 가득 차 있을 때, 창사 이래 최고의 위기라는 경고를 던졌던 이건희 회장의 눈은 탁월했다.

위기 시에는 평소의 MBO보다 지도자의 질실성과 그에 대한 신뢰가 더 큰 역할을 한다

경영자가 현재 활동과 미래 활동 사이에 균형을 유지함으로써 아무리 위기에 대응한다 하더라도 반드시 한 번 이상은 위기가 온다. 일단 위기에 봉착하게 되면, 정상기에 수행하던 목표와 자기통제에 의한 경영은 통하지 않는다. 왜냐하면 모든 목표 체계와 사람마다 부여된 과업들이 급격히 달라져야 하기 때문이다.

위기에 대한 대응 능력은 평소 조직에 체화된 의사 결정의 방식과 깊은 연관이 있다. 평상시에 목표와 자기통제에 의한 경영에 충실한 기업은 조직 내에서 누가 어떤 수준의 결정을 내려야 하는가가 이미 잘 정립되어 있다. 반면에 위기시에는 전결 규정[7] 어디에도 그 결정에 대한 사항

7 대부분 회사에는 전결 규정이 있다. 어떤 업무에 대한 책임과 결과가 미치는 영향의 범위에 따라 낮은 직급과 높은 직급에서 결정할 수 있는 사항들이 일목요연하게 나뉘어져 있다. 예를 들어서 구매 품목 자체를 변경하는 일은 구매 가격을 바꾸는 일보다 더 높은 권한에 속하는 일이다. 업무용 차량의 배차 우선순위를 결정하는 일은 실무자의 권한에 속하지만, 성과급 지급 방식을 결정하는 일은 대부분 조직 최상층의 권한에 속한다.

이 규정되어 있지 않거나 그 규정과 무관하게 특단의 의사 결정을 내려야 한다. 그때 누군가 신뢰할 만한 한 사람이 위기를 극복하기 위한 중대한 의사 결정을 주도해야 한다. 이 결정은 침몰 위험에 처한 배의 선장이 내리는 결정과 같다. 위기 시에는 평소에 작동하던 매뉴얼이 무의미하다. 만일 대응 지침이 마련되어 있다면 그것은 아직 위기가 아니라, 평상시에 일어나는 반복적인 변화에 불과할 것이다.

이때 누가 그 선장의 역할을 맡을 것인가에 대해 미리 조직의 모든 사람이 알고 있어야 한다. 그렇지 않을 경우 대혼란이 일어난다. 위기 시에 조직의 생존 가능성은 바로 그런 사람에게 부여된 의문의 여지가 없는 권위에 달려 있다(MTRP p. 272). 그 권위는 평소에는 결과를 창출하는 능력과 진실성에서 온다. 그리고 권위가 있을 때에만 사람들은 그에게 한 사람으로서 신뢰를 보낼 수 있다.

평소에 목표와 자기통제에 의한 경영이 실천되고 있지 않았다면, 막상 위기가 닥치면 그 한 사람이 누구인지 잘 보이지 않는다. 왜냐하면 모든 구성원들이 조직 전체와 단절된 채 개인에게 부과된 일만을 관행적으로 해 왔기 때문이다. 몹시 위험한 상황에서는 그 한 사람을 찾기 위해 위원회를 소집할 시간조차 충분하지 않다. 누군가 차라리 그릇된 결정이라도 우선 내리는 것이 어떤 결정도 하지 못하고 있는 것보다 나은 상황일 수도 있다.

3

고객 창조만큼 불가사의한 위업은 없다

익숙하면서도 분명치 않은 개념, 고객 창조

드러커의 고객 창조는 이미 많은 경영자에게 잘 알려져 있다. (주)우아한형제들은 2014년 중순 경에 배달의 민족 바로 결제 서비스의 수수료를 0퍼센트로 인하하겠다고 공표했다. 그때 수수료 인하 정책을 발표하면서 내건 표어가 드러커의 것이었다. "기업의 목적은 이윤 창출이 아니라 고객 창출이다."[1]

배달의 민족 서비스는 배달 안내 전단지를 대체하는 앱을 통해서 기존의 배달 경로에 변화를 일으켰다. 전단지는 오랜 세월 음식점의 변함없는 배달 서비스 홍보 수단이었다. 그리고 실제 배달 주문은 대개 전화를

1 송경모, 「배달의 민족에서 배우는 피터 드러커의 지혜」, 테크엠, 2016년 1월호에서 한 번 소개했던 내용이다.

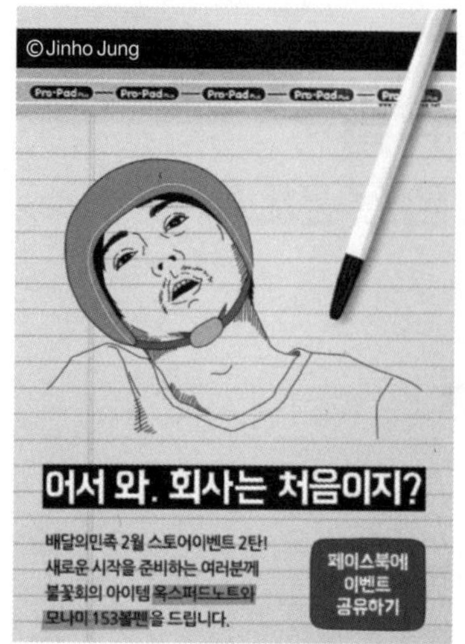

㈜우아한형제들은 스마트폰이 보급된 상황에서 기존의 전단지 위주의 배달 서비스를 앱 위주의 서비스로 바꿈으로써 고객 창조에 성공했다. 사진은 ㈜우아한형제들에서 벌인 이벤트 광고 페이지.

통해 이루어졌다. 그러나 스마트폰이 도래하면서 상황이 달라졌다. 배달 홍보, 주문, 결제까지 모든 서비스가 스마트폰 앱을 통해 가능하게 되었다. 배달의 민족 앱은 그중에서도 선두를 차지했다.

배달의 민족은 이 사업을 통해서 분명히 고객을 창조했다. 지불 고객들(배달 제공 음식점 등)은 분명히 이 서비스를 이용하면서 돈을 지불할 만큼 충분한 가치를 느꼈기 때문이다. 또한 배달 서비스를 이용하는 소비자들은 분명히 전에 비하여 한층 넓어진 선택 폭과 풍부한 배달 관련 정보를 이용해 그동안 체험하지 못했던 것들을 경험할 수 있었다. 그 밖에도 음식을 신선한 상태로 정기 배달하는 서비스인 배민프레시나 배달이 잘 안 되는 음식을 배달 대행 해주는 배민라이더스 같은 다양한 서비스로 전례 없이 새로운 체험 영역을 개척해 나가고 있다. 이런 모든 현상들은 드러커가 말했던 고객 창조에 정확히 부합한다. 그들은 숨어 있는 고객 욕구를 발견하고 생성시켰기 때문이다. 1930년대 미국의 시어스 로벅이 통신 판매용 우편 카탈로그를 선보이면서 그동안 숨어 있던 교외 농민들의 구매 기회와 체험 영역을 확대시키면서 성장한 것과 같다(PoM p. 28).

그러나 자칫 오해가 있을 수 있는 부분은 무無 수수료 정책이다. 고객인 가맹 업소를 위해 고심 끝에 내린 결론이라는 명분을 내세웠지만 그 본질은 가격 경쟁을 통해 진입 장벽을 설정하는 전형적인 전략이다. 0퍼센트의 수수료는 경쟁 기업이 진입하는 상황에서 일단 고객 이탈을 막고 나아가 더 많은 고객을 확보하는 효과적인 수단이 될 수는 있다.

일단 충분히 많은 고객을 확보한 뒤 수수료 이외의 수익 모델로 승부를 볼 수 있다면, 그리고 그 모델에서 또 다른 고객 욕구를 발견할 수 있다면, 그 역시 훌륭한 고객 창조가 될 것이다. 그러나 (주)우아한형제의 경영진이 단지 고객을 위한다는 일종의 도의적 명분으로 그런 정책을 취하는 데에 그쳤다면 그것은 결코 고객 창조가 될 수 없다. 사실 (주)우아한형제들은 초창기에 생각보다 높은 배달 수수료[2] 때문에 오히려 대중들로부터 눈총을 받기도 했는데, 아마 이런 외부 비판에 대응해서 기업 이미지를 보다 선한 방향으로 개선하고 싶은 동기가 작용했을지도 모른다.

전통적인 마케팅 수단으로서 가격 인하를 통해 고객에게 만족을 주는 행동이 좁은 의미로는 고객 창조의 한 형태가 될 수도 있다. 그러나 너무나 당연한 말이지만 고객 창조의 수단치고는 경영자로서는 정말 피하고 싶은, 진부하면서도 가장 용이하고, 당장은 효과적이지만 가장 자기 파괴적인 수단이다. 만약 가격을 통해 이룩한 진정한 고객 창조의 전형을 알고 싶다면 할부금융이나 리스 제도를 살펴보면 된다. 지금은 일상화되었지만 이 제도를 처음 도입했을 당시만 해도 획기적이었다. 실제로 고객이

---

2 2014년 5월 평균 9.5퍼센트에 달했다고 알려져 있다. http://it.donga.com/21948/

지불한 모든 금액을 냉정히 다 따져 보면 전혀 싸지 않다는 것을 알게 되지만, 고객은 특정 금액을 일시에 지불하면서 물건을 사들일 때보다 훨씬 만족스럽게 이 서비스를 이용했다. 1840년대에 맥코믹McCormik 농기계사는 농부들에게 일시불 능력이 없다는 것을 알고 3년 할부 정책을 처음 도입했다(InE p. 248). 1920년대에 뉴욕의 메시 백화점도 고가품을 판매할 때 이 제도를 도입해서 고객을 창조했다. 그들은 은행과 협조하여 체계적인 연구를 통해 이 제도를 선보였다. 그 결과 고객들은 제품의 효용을 누리는 시간과 비용을 지불하는 시간 사이에서 종전과 다른, 전혀 새로운 방식의 체험이 가능해졌다. 새로운 만족, 새로운 체험, 그리고 그에 수반하는 충분히 높은 지불 의사를 이끌어 냈다는 면에서 이들의 가격 정책은 분명 고객 창조였다. 그러나 그런 새로운 체험 공간의 개발 없이 단지 이미 출시된 상품의 판매량을 증가시키기 위해서, 또는 경쟁사를 고사시키기 위해 가격을 내리는 행동이라면 어떻게 고객 창조라 말할 수 있을까?

드러커가 이야기했던 고객 창조의 사례들은 무수히 많다. 그중에서도 예로부터 판매사원들 사이에 우스갯소리로 전해져 내려오던, 에스키모에게 냉장고를 팔 줄 알아야 한다는 말처럼 핵심을 찌르는 것도 없다. 그 추운 곳에 무슨 냉장고가 필요하단 말인가? 하지만 정작 에스키모에게 냉장고가 절실한 이유는 따로 있다. 혹한에 음식을 얼게 하지 않고 적절히 신선한 온도에서 보존해야겠다는 욕구가 그것이다(PoM p. 40). 그래서 냉장고는 에스키모한테 더욱 필요한 상품일지도 모른다. 어떤 기업이 이글루 밖에서나 안에서나 이런 적절한 장치를 찾을 수밖에 없던 에스키모의 욕구를 새로 발견해 냈다면 바로 고객 창조의 시발점이 되는 것이다.

예전에는 대부분의 사람들이 빙수를 여름에만 먹는 음식이라고 생각했다. 제과점은 겨울만 되면 빙수 기계를 유휴 상태로 쟁여 두곤 했다. 하

설빙은 한겨울에도 차가운 맛을 찾는 새로운 욕구를 발견하고 이를 고객 창조로 연결시키는 데 성공했다. 특히 전혀 다른 방식으로 얼음을 만들어 빙질을 개선하고 새로운 드레싱을 개발하는 한편 서비스 공간을 세련화해서 젊은 층의 욕구를 만족시켰다.

지만 설빙은 한겨울에 차가운 맛을 찾는 새로운 욕구를 발견했다. 그러나 단순히 예전 같은 품질의 빙수로는 그런 욕구를 충족시키기에 부족했다. 설빙은 전혀 다른 방식으로 얼음을 만들어 빙질을 개선했다. 동시에 새로운 드레싱을 개발하고 서비스 공간을 세련화함으로써 그동안 드러나지 않았던 한겨울에 빙수를 찾는 욕구를 끄집어냈다.

고객 수를 늘리는 것이 반드시 고객 창조는 아니다

고객 창조를 도대체 어떻게 이해할 것인가? 적어도 사업을 하는 사람치고 이 말을 모를 사람은 없다. 그러나 너무나 자명해 보이는 말일수록 정작 그 속뜻은 잊은 채 지내기 쉽다. 너무 당연하게 보이니 고민할 필요가 없기 때문이다. 더욱이 마케팅 수업에서 못이 박히도록 그 말을 들었다면 이미 '고객'이라는 말을 너무 잘 안다고 자부하기 쉽다.

밥솥 사업의 선도 기업인 쿠쿠전자의 구본학 대표는 미국 유학을 마치고 현지에서 회계사로 일하던 중 1996년에 귀국했다. 그는 부친이 운영하던 성광전기(현 쿠쿠밥솥)가 경영난에 처하면서 경영에 참여하기 시작했다. 구본학 대표는 도대체 밥솥을 둘러싼 고객의 바람이 무엇인지를 탐구하는 데 모든 조직의 역량을 기울였다. 밥물의 높이를 맞추기 위해 주부들이 기울이는 노력, 시간이 지나 밥이 탈지도 모른다는 불안감, 압력 밥솥에서 김이 빠져 나가는 소리 때문에 아기가 깜짝 놀란다는 불만…… 그것뿐만이 아니라고 여겼다. 구 대표는 이 모든 것을 조금이라도 더 알아내고 그것을 마케팅, 판매, 연구 개발, 광고 등 모든 사업 조직의 일에 반영하는 데 심혈을 기울였다.

도대체 우리는 밥을 짓는 행위를 중심으로 그 전후좌우에 걸쳐 얼마나 많은 바람과 심리가 작용하는지 모른다. 쿠쿠가 그토록 오랜 시간을 알아내 왔지만 아직도 우리는 다 알지 못한다. 더욱이 세계가 변하면서 계속 새로운 욕구가 생겨난다. 정작 당사자인 주부조차도 막연히 느끼기는 하지만 명확히 알지 못할 수도 있다. 그토록 탁월했던 쿠쿠전자조차 이처럼 미세하게 변화하는 욕구와 심리를 잠시라도 놓치게 되면, 그리고 이를 반영해 제품을 내놓는 과정에서 탁월해지지 못하면, 다시 예전의 성광전기, 아니 마마전기나 대웅전기처럼 몰락하게 될지도 모른다.

구 대표는 소비자가 중심이라는 말을 우리가 얼마나 모를 수 있는가에 대해 이렇게 말했다. "참 흔하게 하는 말인데 머리로 이해하는 것과 가슴으로 이해하는 것이 정말 다르다."[3] 그는 이미 회계사로 일하면서 경영 현장을 누구보다 많이 접했고 학교에서나 사회에서나 고객이라는 말을 숱하게 들었을 것이다. 즉, 그때까지는 머리로 아는 것이었다. 그러나 그가 고객이 무엇인지 가슴으로 알게 된 것은 쓰러져 가는 성광전기를 살려내기 위해 미친 듯이 고객들의 가슴으로 깊이 파고들어간 이후였다.

하지만 모든 경영자가 이렇게 고객 창조를 이해하고 실천하는 것은 아니다. 불행하게도 종종 고객 창조를 다음과 같이 받아들이는 경영자들이 있다.

첫째, 고객 창조를 단순히 고객 수가 '늘어나는' 것으로 보는 경영자이다. 아니 그보다는 '늘리는' 것이라고 표현해야 맞을 것이다. 경영자들은 스스로에게나 주주들에게 항상 실적을 보여야 한다. 그들에게 실적 증가란 고객 수가 증가하는 것이다. 그래서 목표 고객 수를 달성하는 일은 언제나 조직의 당면한 목표다. 일간, 주간, 또는 월간 단위로 임원이나 직원들이 목표에 얼마나 근접했는지 확인하고 독려하는 일은 경영자 또는 중간관리자의 흔한 일상이 되었다. 그렇게 실적 차트 상의 위치가 높아지는 모습을 보면서 자신이 고객 창조를 실천하고 있다고 착각한다.

고객 수가 늘어나는 현상은 오직 진정한 혁신의 원리에 따라 이루어진 경우에만 고객 창조로 인정받을 수 있다. 이미 있는 제품, 이미 일하는 방식, 이미 정해진 틀의 서비스에 아무런 의미 있는 변화 없이 고객 수가 늘어났다면 단순히 우연이나 행운에 의한 것이거나, 압박에 의한 것이거나, 편법이나 불법에 의한 것이어서, 결코 고객 창조가 아닐뿐더러 지속될 수도 없다. 이런 현상은 고객 창조가 아니다. 필자는 차라리 '고객 팽창'이라고 부르고 싶다.

다만 우연이나 행운이라고 할 만한 계기로 이런 일이 일어났다면, 이

---

3 「쿠쿠밥솥 CEO, 노는 개발자들 해고 안 한 건…」, 이도은 기자, 중앙일보, 2012. 2. 18., http://news.joins.com/article/7402234

사건은 예상하지 않았던 사건(InE pp. 37~56)으로부터 진정한 혁신의 단초를 찾아내라는 반가운 신호다. 이 신호의 의미를 깊이 인지한 경영자와 그렇지 않고 지나치는 경영자의 운명은 이어지는 고객 창조 성과에서 현저하게 갈린다.

둘째, 고객 창조를 다각화와 같은 의미로 보는 경우이다. 다각화가 사업 영역 확대를 통해 새로운 고객을 만드는 것이라면, 적어도 표면적으로는 고객 창조가 맞다. 하지만 단지 관행대로 구색을 갖추기 위해서나 신성장 산업으로 포장된 유행에 편승하거나 소유 경영자의 선호를 따르는 백화점식 다각화는 결코 고객 창조가 아니다. 진정한 혁신의 원리에 기반을 두고 자신이 탁월하게 잘할 수 있는 영역에 집중하는 다각화라야 한다.

어떤 종류의 사업이라 해도 그 분야에서 필요한 독특하면서도 미묘한 지식이 있다. 자신이 지닌 지식의 한계를 무시한 다각화는 고객을 창조하는 일이 아니다.

> "당신이 모든 것을 알 수는 없다. 당신은 오직 당신이 아는 것만을 안다. (…) 다각화는 오직 당신이 정보를 지니고 있을 때에만 작동한다(MNS p. 49)."

경영자의 이상주의와 따로 노는 고객들

셋째, 고객 창조를 이상적 신념으로 접근하는 경영자다. 경영자가 확신에 차서 추구하는 고객 창조 정책은 양날의 검과 같다. 어떻게 실천하느냐에 따라 천사와 악마 사이에서 순식간에 돌변할 수 있다. 진지한 경영자는 "우리의 사업은 무엇인가?", "우리의 사업은 무엇이 될(또는 되어야 할) 것인가?"에 대해 절박하게 고민한다. 그러다가, 그는 어떤 멋지고 이상적인 그림을 그리게 된다. 그러나 이것만으로는 아직 충분하지 않다. 올바른 목표는 올바른 방식을 통해, 즉 체계적인 경영을 통해 결과를 낼 때에만 비로소 의미를 지니게 되기 때문이다. 얼핏 합리적으로 보이는 목표를 내세우는 경영자의 개혁과 고객 창조 노력이 실패하는 지점이 여기다.

국내 A증권사의 K 사장은 누구보다도 고객을 위한 경영의 의미를 잘 알고 있었다. 그는 부임 후 여러 혁신적인 조치를 추진했다. 리테일 영업이 회전율 중심이 아니라 수익률 중심으로 가야 한다고 생각하고 그쪽으로 방향을 잡았다. 거래 잔고 규모에 따라 수수료를 차등 부과하는 정책도 시행했다. 모든 것이 고객 지향 경영 철학에 부합했다. 그러나 이런 기본적인 조치들에 대해서조차 증권 업계에서는 무모하다고 비판했다.

그가 취한 여러 혁신적인 정책 중에서도 내부 직원들로부터 큰 반발을 산 것이 하나 있었다. 리서치 센터가 매수 의견 일색으로 보고서를 내는 불합리한 관행을 바로잡자는 정책이 그것이었다. 원칙적으로 리서치 센터가 어떤 기업 주식에 대해 적절한 분석 끝에 가치 하락 가능성을 인지하고 매도 의견을 낸다면, 고객들에게는 지극히 바람직한 일일 것이다. 이는 이론상으로는 리테일 고객들의 알 권리를 충족시켜 주기 때문이다. 그럼에도 현장의 영업 부서에서는 거세게 반발했다. 왜 그런 것일까?

우선 증권사 금융 상품의 큰 고객 가운데 대기업이 많다. 매도 의견이 나가면 법인 영업 담당자들이 곤혹스러워진다. 또한 기업 금융 담당 부서는 그 기업을 상대하기 힘들어진다. 전형적인 이해 상충이다. 게다가 개인 고객들은 이유 여하를 불문하고 주가 하락을 싫어한다. 영업점은 공포와 불안에 떠는 개인 고객들로부터 심지어 협박과 욕지거리를 듣기까지 한다. 우리나라 증권사는 개인 고객 위주의 리테일 영업 수익에 크게 의존한다. 증권사 리서치 센터는 수익 부서가 아니며 부서를 유지하는 비용은 타 부서의 영업 수익에서 나온다. 그러니, 리서치 센터가 매도 의견을 내는 것을 영업 부서에서 얼마나 싫어했겠는가?

이런 현상은 합리보다 정서가 지배하는 시장을 상대로 하기 때문에 어쩔 수 없이 일어나는 일이다. 증권사 입장에서는 거래 상대가 성숙하지 않은 시장이요 무지한 고객처럼 보일지 몰라도, 시장 참여자들은 나름의 불가피한 행동 기준을 따르는 것이다. 불행하게도 이 시장의 고객은 흔히 생각하는 의미에서 합리적이지는 않았다. 더구나 법인 영업이나 기업금융 부서와 이해 상충 문제까지 겹치면 리테일 고객을 위한다는 리서치 센터의 서비스가 정작 회사 차원에서는 고객을 위한 것이 아니게 될 가능성이 있었다.

그는 낙후한 증권 사업 경영 방식에 변화를 일으키기 위해 실로 다양한 조치를 도입했다. 대부분 합리적으로 보였고 잘만 정착한다면 업계의 모범이 될 수도 있는 의미 있는 시도였다. 그러나 시장에는 도저히 합리만으로는 해결이 되지 않는 기묘한 심리와 기대 작용이 있는 법이다. 매도 의견 보고서에 대한 그의 정책은 바로 그런 미묘한 영역을 건드렸다. 그도 이 속성을 잘 알고 있었다. 그러나 올바른 일이라면 자신을 둘러싼 불만이 있더라도 추진해야 한다는 것이 그의 생각이었다. 그의 철학은 적어도 '올바른 일'을 '올바르게' 해야 한다는 드러커의 철학에 비추어 볼 때에도 분명히 옳았다. 증권업계 종사자들도 대부분 K 사장의 정책이 원칙적으로는 올바르다는 사실을 부정하지 않았다. 그러나 그들은 그 일이 과연 '올바른 방식'으로 추진되었는가에 대해서는 회의적이었다. 대개 투자자들은 이익을 내고 싶다는 희망으로 증권사를 찾는다. 그들이 매도 의견 자체를 싫어하는 것은 아니다. 다만 손실을 보는 상황이 끔찍한 것이다. 고객은 흔히 이렇게 생각한다. '어떻게 해야 여기에서 이익은 고사하고 최소한 손실이라도 모면할 수 있을까?' 이때 예를 들어서 증권사가 단순히 매도 의견을 내는 데에 그치는 것이 아니라, 어떤 풋옵션[4]을 포함하여 대안으로 포트폴리오 구성 같은 것을 제시해 줄 수 있다면 상황은 달라질 수도 있다. 물론 증권사가 점쟁이는 아니다. 하지만 고객은 뭔가 방어막을 찾고 싶어 한다. 이런 식으로 병행 전략들이 함께 진행된다면 올바른 일은 올바른 방식으로 처리되고 고객 창조가 이루어질 수도 있을지 모른다. 고객의 보이지 않았던 욕구를 함께 드러내면서 충족시켜 줄 수 있기 때문이다.

원칙상 아무리 올바른 정책이라 해도 그 목적을 달성하기 위해 수반되어야 할 여러 조건과 행동들이 제대로 병행되지 않으면 결국 실패한다. 대개 한두 가지 신념으로 가득 찬 경영자들은 모든 좋은 의도에도 불구하고 올바른 방식을 도입하지 못함으로써 결과 달성에 실패하는 경우가 많다. 마약 직원들이 불만이 있다면, 그것은 올바르지 않은 일 자체에 대한 불만일 수도 있지만, 올바른 일이 올바르지 않은 방식으로 처리되는 것에 대한 불만일 가능성도 있다.

어떤 경우에 이런 일이 발생할까? 우선 떠오르는 상황들은 이렇다. 직원들이 소모적인 잡무에서 헤어나지 못하거나 다른 중요한 업무에 매진하고 있는 상황에서 일을 부가시키거나, 강점이 전혀 없는 영역의 일임에도 다른 기업들이 하는 것을 보고 우리는 왜 못하느냐면서 무조건 따라하

4 파생 금융 상품의 일종으로서 기초 자산을 미리 지정한 가격에 매도할 권리를 의미하며, 이 권리의 보유자는 기초 자산의 가격이 하락하면 이익을 보게 된다.

거나, 목적을 달성하는 데에 필요한 기능이나 자원이 전혀 제공되지 않은 상태에서 일방적으로 목표를 부과하거나, 외부 환경이 아직 이 일을 수용할 단계가 되지 않았음에도 무리하게 강행하는 것이다. 이런 경우, 아무리 고객 창조를 위해 올바른 명분을 지닌 일이라 해도 결국 실패한다.

고객은 단순히 외부에 주어져 있는 현상인가, 아니면 기업이 만들어 가야 할 대상인가? 그러나 이 둘은 동시에 발생하는 현상이다. 흔히 고객 지향의 사고에 따르면 고객의 요구를 주어진 것으로 가정하고 고객에게 맞추어야 한다. 하지만 이 말은 반은 맞고 반은 틀리다. 고객들은 종종 도저히 받아들일 수 없는 비합리적인 요구를 하기도 한다. 하지만 고객의 이런 요구는 액면 그대로 받아들일 대상이 아니라 고객의 진정한 요구를 드러내는 하나의 신호에 불과하다. 그러므로 이렇게 물어보아야 한다. "고객의 행동 가운데 내게 전혀 터무니없어 보이는 것은 무엇인가? 그렇다면 내가 아직 보지 못하는 고객의 어떤 현실이 거기 숨어 있다는 뜻일까?(MfR p. 107)"

기업과 고객은 서로 바라보는 합리성 기준이 다를 수 있다. 기업이 생각하는 합리성에 맞추어 고객을 바꾸려 들 것인가? 고객이 생각하는 합리성에 기업을 맞출 것인가? 어려운 질문이다. 대개 앞의 질문에 대해서는 고객 지향적인 태도가 아니라고 생각하기 쉽다. 그래서 고객에게 맞추지 않으면 고객을 잃을 것이라고 생각한다. 물론 고객을 금방 바꿀 수는 없다. 그러나 고객을 설득하는 전략을 연구하고 실제로 이를 달성할 수는 있다. 이런 형태의 고객 창조는 물론 어려운 일이지만 그렇기 때문에 위업일 수 있다. 그러므로 기업이 고객의 요구에 단지 맞추기만 하는 단계를 넘어서, 고객으로부터 새로운 현실을 읽어 낸 뒤 구체화된 서비스를 다시 고객에게 제시하는 일이야말로 가장 수준 높은 고객 창조 가운데 하나가 된다.

드러커는 이런 예를 들었다(이하 사례는 MfR pp. 108~109). 어떤 발전기 제조사가 발전회사에 납품을 해 오고 있었다. 발전회사는 주문할 때마다 자신들이 생각하는 맞춤형 설계를 제시했고 그에 맞추어 제작, 납품할 것을 요구했다. 또한 발주 비용을 낮추기 위해 금리가 낮을 때 주문량을 집중시켰다. 이것이 발전회사가 생각하는 합리성이었다. 그러나 제조사가 생각하는 합리성 기준은 달랐다. 제조사는 수시 맞춤형 제작보다는 표준화 설계가 더 합리적이라고 생각했다. 왜냐하면 주요 구성 부분 설계를 표준화하여 대량 생산해 놓음으로써 설계 및 제작 비용을 훨씬 낮출 수 있었기 때문이다. 또한 발전회사가 주문량을 특정 시기로 집중시키면 그 납기를 맞추기 위해 무리하게 공정을 진행하다가 불량률이 증가하는 문제가 항상 발생했다. 그러나 을이었던 제조사는 갑인 발전회사의 요구를 들어줄 수밖에 없었다.

제조사는 발전회사를 상대로 표준화를 통한 비용 절감 가능성을 호소하기 시작했다. 일종의 교육 캠페인이었다. 지속적으로 노력한 끝에 발전회사는 제조사의 주장을 이해하기 시작했다. 다음으로 제조사는 발전기 구매 자금의 금리 구조를 분석한 뒤 발전회사가 금리 비용을 최소화할 수 있는 금융 상품을 설계하여 제시했다. 결국 발전회사는 제조사의 제안을 받아들였다.

규제를 활용한 고객 창조

고객의 비합리성을 자신의 이점으로 전환시키는 이런 행동은 정부의 규제를 대할 때에도 통한다. 대개 규제는 기업의 의사와 무관하게 고객과 시장의 범위를 외부(=정부)에서 규정해 버리는 것이다. 규제는 금지 품목, 금지 행위, 의무 이행 등의 형태로 나타난다. 그래서 자유기업은 늘 규제에 불만을 품는다. 고객 창조에 제약을 당한다고 생각하기 때문이다. 하지만 탁월한 기업이라면 규제를 '당하는' 입장에 서서는 안 된다. 모든 규제를 철폐해야 한다는 식의 단순한 자유기업 논리만 가지고는 고객 창조 문제를 제대로 볼 수 없다. 기업은 사회의 필요를 충족하기 위해 존재하는 기구라는 사실을 항상 명심하자. 규제는 어떤 형태로든 사회가 무엇을 필요로 하는지 암시하는 하나의 신호와 같은 것이다. 표면적으로는 기업을 옥죄는 손길처럼 보이지만 사실은 기업에게 기회를 알려 주는 눈짓이다. 만약에 규제로부터 사회가 과연 무엇을 바라는지 신호를 읽어 냈다면 기업은 스스로 그 목적에 맞는 규제를 자청해야 한다. 이런 점이 드러커의 남다른 통찰이었다.

1940년대 후반에서 1950년대 초반에 이르는 시기에 포드 자동차는 안전벨트를 장착한 자동차를 선보였다. 안전 문제에 대해 일종의 선견이 있었다. 그러나 안전벨트를 불편하게 여겼던 고객들은 이 차를 외면했다. 판매가 저조하자 회사는 이 차의 생산을 중단했다. 그러나 시간이 흐르면서 자동차 사고가 누적되자 대중들의 태도는 돌변했다. 자동차 회사들은 '죽음의 상인'이라고 비난받기 시작했다. 이후 정부는 일종의 벌칙 성격으로 안전벨트 의무 장착 법안을 도입했다(MTRP p. 329).

이는 경영자들이 어느 날 갑자기 예상치 않았던 규제에 '당하게' 되는 전형적인 과정이다. 경영자가 생산하는 모든 재화는 사회의 어떤 필요를 충족시키기 위한 의도로 탄생했지만, 반드시 어딘가는 악惡재화의 성격을 지니고 있다. 기업이 스스로 그 문제를 해결하는 노력을 보이지 않아도 당분간 판매는 순조롭고 고객도 별 이의를 제기하지 않는다. 그러나 언젠가는 큰 사고가 터진다. 고객은 어느 날 갑자기 불만을 표출하고 정부의 손을 통해 기업을 압박하게 된다.

규제가 없는 상태가 최선이라는 믿음이나 별다른 규제가 도입되지 않을 것이라는 믿음은 순진한 것이다. 오히려 사회가 언젠가 요구하게 될 필요가 있는 가치라면, '올바른 규제가 제정되도록' 먼저 시도함으로써 사회의 필요를 충족시키는 존재로서 기업의 사명을 다할 필요가 있다.

만약 자동차 회사가 판매가 저조한 안전벨트 차량의 생산을 중단하는 대신, 아직 안전 문제에 눈뜨지 못한 대중을 상대로 안전벨트의 필요성을 교육·홍보하고 업계와 관련된 생산 표준을 제정하는 데에 노력을 기울였다면, 훗날 그토록 대중의 지탄을 받고 정부의 강도 높은 규제를 당하는 일은 피할 수 있었을 것이다.

비단 정부만이 그런 규제를 가하는 것이 아니다. 소비자 운동 단체를 비롯한 각종 비영리 조직은 비록 법령은 아니지만 그들의 언어와 행동으로 보이지 않는 규제를 시도한다. 드러커에 따르면 랄프 네이더를 불만에 가득 찬 괴짜라고만 간주했던 미국의 자동차 회사들은 핵심을 완전히 놓친 것이다. 소비자 운동가들을 적으로 간주하는 어리석음을 범하면 안 된다. 오히려 그들은 고객 창조의 기회를 알려 주는 일종의 신호와 같다.

고객 창조는 개념이나 원리상으로는 단순하다. 하지만 그 실천이 어려운 이유는 복잡 미묘한 고객 심리 문제를 역시 복잡다단한 조직 체계를 통해 다루어야 하기 때문이다. 이쯤에서 드러커가 고객 창조의 특성에 대해 언급한 몇 가지 중요한 사항들을 마지막으로 정리해 보자.

기업의 목적으로서 고객 창조

드러커가 『경영의 실제』에서 최초로 선언한 유명한 문장을 다시 한 번 음미해 보자. "기업의 목적은 고객을 창조하는 것이다(PoM p. 37, MfR p. 91)." 그는 고객 창조야말로 "기업의 목적에 대한 단 하나의 타당한 규정"이라고 했다(PoM p. 37).

그런데 여기에서 드러커는 단 하나라고 했다. 왜 그랬을까? 기업의 목표는 여러 개일 수 있다. 하지만 목적은 단 하나다. '목적'을 뜻하는 영어 purpose는 사람의 행동을 줄곧 이끄는 어떤 예상되는 결과의 상태를 의미한다. 사람은 여러 행동을 취할 수 있지만 한결같이 어떤 하나의 purpose로부터 벗어나면 안 된다.[5] 반면에 '목표'를 뜻하는 objective는 도달하고자 하는 어떤 구체적인 지점을 말한다. 목적은 수많은 행동의 와중에 그 행동들을 통일적으로 지배하는 상위의 철학 또는 지도 원리다. 따라서 추상적이다. 그러나 목표는 보다 구체화된 도달 상태를 의미한다. 그러므로 보다 구체적이다. 기업이 수행하는 모든 활동, 예를 들어 마케팅, 판매, 생산, 조달, 연구 개발, 재무, 전산, 행정 등등 여러 목표들을 추구하는 이 활동들은 한결같이 어떤 한 가지 원리에 지배당해야 하고 봉사해야 하며 눈길이 거기에서 벗어나서는 안 된다. 이 한 가지 원리가 바로 단 하나의 목적으로서 '고객 창조'가 행하는 역할이다.

그렇다면 이익 달성은 무엇인가? 그것은 기업이 수행하는 수많은 활동, 그중에서도 지극히 중요한 하나의 활동이며 결코 목적이 아니다. 드러커가 바라본 순서를 필자가 해석하면 이렇다. 이익 달성을 위해서 고

5 물론 드러커는 purpose와 같은 의미로 cause, rationale 등으로 표현을 바꾸어 사용하기도 했다(PoM p. 35).

객을 창조하는 것이 아니라 고객을 창조하기 위해서 이익을 달성해야 한다. 드러커는 이를 가리켜 이익은 사업의 중요한 결과, 필요, 필수 요건, 제약이라고 볼 수는 있어도, 결코 목적으로 보아서는 안 되며, 심지어 목표가 되어서도 안 된다고 표현했다(PoM p. 35, MTRP p. 114).

이제 '창조'의 성격을 살펴보자. 시장은 신, 자연, 또는 경제의 작용력이 창조한 것이 아니며 궁극적으로 사업하는 사람이 창조한 것이다. 사회가 원하는 모든 것들은 적어도 사업하는 사람business person[6]이 움직이기 전까지는 단지 이론적인 것, 잠재된 것, 상상하는 것에 불과하다. 오직 사업하는 사람이 행동을 일으킬 때에만, 이 죽어 있던 것들은 비로소 생생한 수요로 살아난다(PoM p. 37). 이것이 창조다. 비유컨대 신이 흙으로 빚은 사람에 숨을 불어넣어 주었을 때 한 뭉치 흙덩어리가 비로소 생명을 지닌 사람으로 일어설 수 있었던 것과 같다. 고객 창조는 이토록 신성한 행동이다.

사회의 필요을 사업으로 탈바꿈시키는 매개는 사업가지만, 사업의 본질이 무엇인가를 결정하는 힘은 결코 사업가 자신이 아니라 고객에게 있다. 왜냐하면 오직 고객만이 지불 의사를 실현함으로써 한낱 사물을 비로소 재화로 탈바꿈시킬 권한과 능력을 지니고 있기 때문이다(PoM p. 37). 경영의 대상이 되기 전에는 그저 무가치하게 굴러다니던 돌들은 경영자의 손길을 만남으로써 비로소 건축 재료로 자신의 가치를 드러낸다. 고객은 단지 막연한 필요 속에 있었지만, 사업가의 행동을 통해 그 필요는 비

---

6 드러커는 businessmen이라는 표현을 썼다. 드러커가 『경영의 실제』를 출판한 1950년대만 해도 아직 성차별 언어에 대한 사회적 인식이 형성되지 않은 시기였고 대부분의 작가들이 그렇게 표현했다. 그래서 다소 어색해하는 독자가 있을지 모르지만, business person이라는 표현으로 인용했다. 한편 business person을 사업가로 읽느냐, 사업하는 사람으로 읽느냐에 따라 '사람'의 역할이 부각되는 정도가 달라진다고 생각한다. 필자는 그래서 잠시 사업하는 사람이라고 표현했다. 본문의 다른 부분에서도 사업가와 사업하는 사람을 섞어서 사용했다.

로소 형상을 갖추게 된다. 그 결과 고객은 기꺼이 돈을 지불하는 것이다.

고객의 불가사의함, 중층성, 냉혹성

고객 창조에 앞서서 경영자가 자신이 손길을 내밀 고객에 대해 반드시 알아야 할 것들이 있다.

첫째, 고객은 경영자가 생각하는 합리성의 영역에서 자주 벗어나 있다(MfR p. 96). 여기에 고객 창조의 어려움이 있다. 특히 혁신 상품을 도입할 때 이런 문제에 직면하기 쉽다. 경영자가 새로 개발한 상품이 더할 나위 없이 합리적이고 우수한 것임에도 고객들은 이를 쉽사리 채택하지 않는 경우가 많다. 또한 불합리한 시스템이라도 한 번 제도로 고착되면 웬만해서는 바뀌지 않는다. 예를 들어 한글이나 독일어처럼 소리 나는 대로 쓸 수 있게끔 어문 규칙이 제정되었지만 영어는 철자와 발음이 일치하지 않는 불합리한 상태를 그대로 유지하고 있다. 그럼에도 전 세계에서 사실상 공용어로서 지위를 누리고 있다(InE p. 128). 벤처기업은 각고의 노력 끝에 개발한 제품에 시장이 폭발적인 반응을 보일 것이라고 꿈꾸지만, 그런 일은 잘 일어나지 않는다. 그렇다면 합리적이고 좋은 것을 놓아두고 여전히 형편없는 것을 사용하는 고객들은 불합리하다는 말인가? 그렇지 않다. 세상에 비합리적인 고객은 없다(MfR p. 96). 언뜻 이해되지 않는 고객의 행동에는 여전히 개발자나 경영자의 시야로도 결코 파악할 수 없는 또 다른 이유가 분명히 있다. 오히려 고객들은 광고 마케팅 전문가보다도 훨씬 영리하다(InE p. 246). 그들을 비난하거나 무시하는 것은 고객 창조를 위한 적절한 태도가 아니다. 경영자들은 자신이 설정한 합리성의 덫에 빠지지 말아야 한다.

둘째, 고객은 중층적이다(MfR pp. 98~100). 모든 상품은 필연적으로 가치 사슬상 어느 한 지점을 공략하게 되어 있다. 원재료, 부품 소재 단계로부터 시작해서 완제품이 나와서 유통 회사와 중간 소비자 등을 거쳐 최종 소비자에 이르기까지 가능한 고객은 수없이 많은 단계에 걸쳐 산재한다. 예를 들어서 환자가 먹는 의약품의 고객은 환자 자신인가, 병원인가, 약국인가, 유통상인가? 아동용 잡지의 고객은 실제로 이용하는 아동인가, 아니면 학부모인가? 컴퓨터용 CPU의 고객은 PC 조립 회사인가, 최종 이용자인가? 또한 철강 제품처럼 용도가 다양한 소재의 고객은 누구인가? 자동차 회사인가, 조선사인가, 아니면 그 자동차나 배를 이용하는 운전자나 운항선사인가? 이때 틀에 박힌 사고로, 돈을 지불하는 주체가 고객이고 상품을 사용하는 주체가 소비자라는 식으로 구분하는 것은 아무런 의미가 없다. 드러커는 '누가 지불하는가?'가 아니라 '누가 구매를 결정하는가?'가 고객을 정의하는 핵심이라고 말했다. 여기서 결정은 의사 결정이 아니라, 구매가 발생하도록 하는 결정적인 역할을 하는 주체가 누구냐 하는 것이다.

현대 마케팅 이론은 시장 세분화나 목표 고객 설정 같은 개념으로 정교화되어 있다. 이런 방법론은 매우 세련된 것이지만 여전히 지불 주체에 초점을 두고 있다. 드러커는 그런 기술적인 절차에 앞서, 상품의 구매자에 초점을 두지 말고 구매되는 공간에 초점을 두고 고객customer, 시장market, 최종사용자end-users의 세 가지 차원을 동시에 고려해서, 과연 어느 지점에 구매를 결정짓는 중요한 요인이 존재하는가를 파악해서 역량을 집중할 것을 주문했다(MfR p. 100).

자전거 부품 제조사인 시마노 자전거가 미국 시장에 처음 진출했을 때 자신에 대한 지불 고객인 자전거 제조사를 접촉하는 대신, 대형 마트의 MD를 접촉한 일은 유명하다. 일본처럼 특정 제조사의 대리점 방식이 아니라 대형 마트에서 여러 종류의 자전거가 판매되는 시장 특성을 간파한 것이다. 시마노는 자신의 부품이 왜 미국산 부품에 비해 우수한가를 마트 측에 홍보했다. 그 결과 마트는 제조사에 시마노 부품을 채택해 줄 것을 요구하기 시작했다.

셋째, 고객은 어떤 한 기업이나 상품을 결코 중요하게 바라보지 않는다(MfR pp. 97~99). 경영자들은 늘 고군분투한다. 그러나 그 노력의 억만분의 1도 고객은 알아주지 않는다. 고객 입장에서 어떤 상품이라도, 또는 그 상품을 만드는 회사라 해도, 결국은 하찮은 것이다. 기업과 경영자는 자신의 자긍심을 가져야 하지만 대체로 고객의 안중에 그런 것은 잘 보이지 않는다(MfR p. 97). 기업은 세상의 중심에 자신이 제공하는 상품이 있(어야 하)지만, 고객이 경험하는 세상의 중심에는 그런 것이 없다. 고객 창조는 이런 불일치를 극복하고 고객의 중심에 자신의 상품을 앉히는 일이 되니, 위대한 일이 아닐 수 없다.

넷째, 고객은 유형물이 아니라 만족을 추구한다(MfR pp. 94~96). 생산자는 항상 자신이 제공하는 상품의 물리적 특성이나 구조의 우수성을 먼저 지각한다. 이런 색, 이런 형태, 이런 기능, 이런 구조 등등. 그러나 고객이 구입하는 만족은 결코 이런 물리적 특성에 갇혀 있지 않다. 그래서 고객 창조는 실로 어렵다. 생산자는 절대로 이 만족 자체를 직접 생산해서 제공할 수 없다. 생산자가 제공하는 것은 단지 이 만족을 일깨우는 수단일 뿐이다(MfR p. 94). 우리는 나이키와 닌텐도라는 전혀 다른 물리적 제품이 고객의 동일한 만족, 그러니까 인도어와 아웃도어 활동 사이의 배분을 놓고 힘겨루기를 했다는 사실을 잘 알고 있다. 캐딜락은 벤츠의 고급 차종과 경쟁하는 것이 아니라, 밍크코트, 보석, 호화 휴가와 같은 다양한 형태의 만족과 경쟁한다(MfR p. 95). 만족이라는 것은 도대체 형체도 없고 보이지도 들리지도 않는다. 그렇기에 고객 창조는 마치 마술과도 같은 것이다. 경영자의 손을 통해 형체 있는 물건으로부터 형체 없는 상태를 순식간에 불러내기 때문이다.

다섯째. 비非고객non-customer으로부터 고객을 찾아야 한다. 비고객이란 아직 드러나지 않은 모든 욕구를 의미한다. 만족이 존재한다는 것은 어딘가에 비非만족이 존재한다는 것을 의미한다. 비만족은 이미 어떤 만족을 체험한 그 사람 안에 다른 형태로 숨어 있을 수도 있고, 기존 고객과 전혀 상관이 없는 집단에 내재해 있을 수도 있다. 앞에서 예로 들었듯이 한겨울에 빙수를 찾지 않는 사람들은 기존 빙수 판매자들에게는 비고객이었고, 복싱 연습은 남자들만의 것이라고 여기며 외면했던 여성들은 기존 체육관 입장에서는 비고객이었다. 그런 의미에서 모든 고객 창조는 바로 비고객의 발견으로부터 출발한다. 그런데 전통적인 시장조사는 물론이고 빅데이터 시대에 정교하게 이루어지는 고객 심리 분석조차도, 사실은 비고객에 초점을 두지 않고 있다. 그런 의미에서 고객 만족이라는 구호는 오히려 고객 창조의 가장 중요한 계기를 놓치고 있다. 백화점들이 자신을 찾는 고객, 관심 있어 하는 고객만을 대상으로 아무리 데이터 분석을 해도 거기에서 비고객의 정보는 드러나지 않는다.

고객 창조는 혁신의 가장 중요한 영역이다. 고객 창조의 원리는 혁신의 원리에서 완성된다. 다음 장에서 이에 대해서 살펴보자.

4

개혁하지 말고 혁신하라

혁신 지수 1위?

2016년초 블룸버그 혁신 지수Bloomberg Innovation Index에서 우리나라가 종합 1위를, 그것도 3년 연속 1위를 했다는 보도는 큰 의미가 없다.[1] 블룸버그는 '아이디어의 세계에서 한국이 왕'이라는 기사 표제까지 뽑았다고 한다.[2] 그러나 뛰어난 아이디어가 아무리 넘쳐 난다 해도 정작 체계적인 경영을 통해 고객 창조라는 결과로 이어지기 전까지는 모두 무의미하다는 드러커의 말을 떠올리면, 이런 표제는 마치 조롱처럼 들리기도 한다. 단순

1 http://www.bloomberg.com/graphics/2015-innovative-countries/ ; 기획재정부 보도자료, "2016 블룸버그 혁신지수: 3년 연속 한국 세계 1위", 2016. 1. 20.

2 SBS뉴스, "세계 혁신 1위는 한국… 미·중·일 제쳤다." 2016. 1. 20. http://news.sbs.co.kr/news/endPage.do?news_id=N1003372801

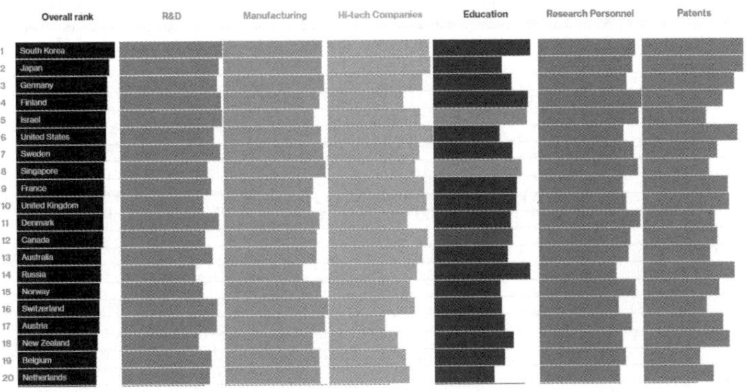

블룸버그 홈페이지에서 캡처한 혁신 지수 결과. 1위 자리에 대한민국이 보인다.
이어서 일본,독일 순으로 혁신 지수가 높게 나타나 있다.

히 특허의 수가 많다는 것, 연구 개발 투자가 많다는 것, 연구진 숫자가 많다는 것, 첨단 기술 기업 숫자가 많다는 것만으로는 아무런 의미가 없다. 그것 자체는 혁신이 아니다. 거기에 결과는 없고 단지 노력이 많았다는 것, 돈을 많이 들였다는 것, 활동이 활발했다는 것만을 의미하기 때문이다.

그나마 제조업 부가가치가 높다는 것은 자긍심을 가질 만한 일이지만, 어찌 보면 몰락하는 왕가의 휘장을 보는 느낌이다. 지금은 제조업이라는 개념 자체가 무색해지면서 모든 선도 기업들이 제조, 유통, 서비스 개념 구분 없이 지식 조직으로 바뀌어 가는 시대다. 블룸버그가 매긴 성적표는 그저 담담히 받아들일 정도의 일화는 될지 몰라도, 자만할 일은 결코 아니다. 빅데이터, 검색, 전기차, 핀테크, 드론, 사물인터넷 등 신산업이라고 일컬어지는 분야에서, 글로벌 강자로 간주될 만한 우리나라 신흥기업을 5개 안쪽이라도 채울 수 있었다면, 혁신 1위라는 발표에 고개를 끄덕일 수 있었을지 모른다. MIT 대학에서 선정하는 글로벌 50대 혁신

기업 명단에 우리나라는 2014년에 삼성전자(4위)와 LG전자(46위) 단 두 개만 이름을 올렸을 뿐이다.[3]

물론 초점을 대기업에 두는 것은 옳지 않다. 글로벌 틈새시장을 선도하는 소수의 히든 챔피언들이 분명히 있다. 하지만 더 많아지고 보다 탁월해져야 한다. 예컨대 이미 대기업화된 벤처의 총아 네이버는 국내에서 탁월한 성과를 올리고 있을지 몰라도, 글로벌 시장의 강자로 부상하기에는 아직 갈 길이 멀다.

지긋지긋한 혁신 타령

혁신은 지겹다. 도대체 혁신 이야기가 없는 곳이 없다. 그래서인지, 어떤 경영자라도 조직에서 혁신을 외치는 순간 직원들 사이에서는 거부 반응부터 나온다. "또 혁신이야?" 도대체 왜 혁신이 이렇게 거북하고 지리한 현상이 되었을까? 그 이야기부터 먼저 해야겠다. 다소 극단적인 상황이기는 하지만, 필자가 직간접으로 경험한 대부분의 상황은 대개 이렇게 흐른다.

신임 최고경영자가 부임한다. 그는 유사한 성격을 지닌 조직에 근무하기는 했지만, 이 사업에 정통하지는 않다. 외국에 유학 갔다 온 창업주의 2세일 수도 있다. 어쨌든 이사회는 조직에 신선한 바람을 불러일으킬 수 있다는 기대 하에 그를 CEO로 선임한다. 선임된 CEO는 먼저 임원들을 물갈이한다. 각종 수단을 동원하여 그들의 과거 전력, 성과 등을 빌미 삼

3 http://www2.technologyreview.com/tr50/2014/ 이 내용은 이미 국내 언론에도 상당수 보고된 바 있다.

아 물러나게 할 수도 있다. 그리고 자신의 지인들을 새로운 임원으로 대거 영입한다. 이들은 한결같이 최고경영자의 혁신 전략을 실천하는 전위대원으로 임무를 부여받는다. 물론 그들이 이 회사의 일이나 업무 특성을 잘 알고 있느냐 아니냐는 별로 중요하지 않다. 그들은 이어서 대규모 조직 개편에 들어간다.

그런 다음 취임 초기에 당장 성과를 보여 줄 수 있는 큰 건을 찾는다. 여기에 M&A만큼 좋은 수단이 없다. 어찌어찌 물밑 협상을 통해 경쟁 업체나 유관 업체를 인수 또는 합병해서 덩치를 키운다. 매출은 순식간에 몇 배로 뛰어오른다. 이익 규모도 획기적으로 증가한다. 대형 M&A뿐만 아니라, 작은 벤처 기업들도 심심찮게 인수한다. 그들을 인수한 뒤 잘 육성한다면 문제가 없겠지만 대개 실패한다. 신중한 전략 검토 없이 최고경영자 개인의 일시적인 선호로 이루어지는 경우가 많기 때문이다. 때로는 그렇게 인수하는 작은 회사들 중에서 정체가 불분명한 곳들도 꽤 있

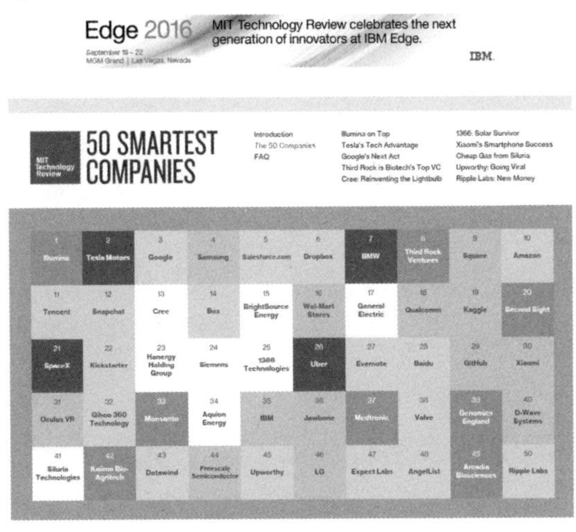

MIT 대학 선정 혁신 기업을 공지한 페이지를 캡처한 이미지다.
4위 자리에 삼성, 46위에 LG가 위치해 있는 게 보인다.

다. 이때 이업종간 또는 유사 업종 간 시너지 효과를 기대한다거나 종합 서비스 회사로 도약한다는 구호는 항상 따라다닌다. 언론은 이를 대서특필해 준다. 대형 일간지나 전문지에 최고경영자의 전면 인터뷰 기사는 꼭 한 번씩 나온다. 그리고 혁신 전도사라는 영예로운 칭호가 붙어 다닌다.

또 빠지지 않는 것이 대형 컨설팅 회사에 용역을 의뢰하는 일이다. 특히 이름 있는 글로벌 컨설팅 회사들은 단골이다. 이들은 사업을 면밀히 분석한 뒤 CEO의 입맛에 맞는 혁신 전략, M&A전략을 수립해 준다. 컨설팅은 전략뿐만 아니라, 전산 시스템 개선 등 기술적인 분야에서도 자주 일어난다. 회사는 컨설팅 용역비를 아까워하지 않고 이 과정에서 가끔은 특정 업체를 선정하거나, 교묘하게 일감을 몰아주기도 한다.

신사업을 많이 추진하는 것을 혁신으로 알고, 기획실에 신사업 개발을 속속 지시한다. 그렇게 등장한 신사업은 기존 사업의 인력들을 갑자기 차출해 간 신설 부서에서 추진되거나, 기존 사업 부서에 겸직시킨다. 재임 기간 중에 실적을 보여야 하기 때문에, 매주 또는 매월 회의 때마다 실적을 독촉한다. 신사업이라는 것이 그렇게 빨리 실적이 날 수 없다는 것을 잘 아는 실무자들은 애가 탄다. 신사업인만큼 미처 몰랐던 문제도 수시로 발생한다. 최초의 기대에 대비하여 중간 결과를 피드백할 충분한 시간도 필요하다. 그러나 상부에서는 그런 것은 아랑곳하지 않는다. 왜 성과가 안 나오느냐고 독촉한다. 조직 전체가 상당 기간 혁신 피로 증후군에 시달린다. 그러다가 CEO는 어느 날 임기가 다하여 물러난다. 신임 CEO가 부임하고 다시 똑같은 과정이 반복된다.

다소 극단적으로 묘사했는지도 모른다. 하지만 정도의 차이는 있어도 어느 조직이든 혁신을 급격히 추진하는 과정에서 이 중 한두 가지 현상쯤은 경험해 본 적이 있을 것이다. 어느 조직이나 신임 대표나 기관장은 대개 의욕과 포부 속에서 일을 시작한다. 그것이 선한 의도였든, 아니면 사욕이 섞인 시도였든 간에 어쨌든 혁신을 부르짖는다. 혁신은 좋은 것이다. 그러나 대부분은 좋은 성과로 끝나기보다는 갈등과 혼란만을 남겨놓고 끝난다. 왜 그럴까?

혁신은 평범한 일상이자 규범이어야 한다

개혁은 혁신이 아니다. 적어도 드러커의 생각으로는 그렇다. 왜냐하면 개혁은 특별한 시기에 특별한 이유로 특별한 사람들이 중심이 되어 행하는 것이지만, 혁신은 조직의 일상적인 규범으로, 모든 직원들이 참여함으로써 이루어지는 행동이기 때문이다. 이 둘은 전혀 다른 것이다. 드러커는 대부분의 사람들이 혁신에 대해 지니고 있는 선입관들을 전면 부정했다. 드러커의 의도는 사람들의 혁신관을 비판하려는 것이 아니라, 그가 생각하는 이상적인 혁신의 모습을 말하고 싶어 했던 것이다. 왜냐하면 그는 혁신은 누구나 체계적인 노력을 통해 달성할 수 있는 것이어야 한다고 생각했기 때문이다.

먼저 그가 생각하는 혁신의 모습이 대부분의 사람들이 생각한 혁신과 무엇이 다른지 하나씩 살펴보자.

첫째, '혁신은 위험하다'란 통념이다. 아니다. 혁신은 위험하지 않다. 나아가 혁신이 위험한 행동이어서는 안 된다. 혁신이 위험한 것이라면 그것은 도박에 불과하다. 혁신은 체계적으로 학습하고 실천함으로써 결과를 낼 수 있는 것이어야 한다. 그래야만 경영의 대상이 될 수 있다. 혁신을 위험한 것이라고 생각하는 이유는 혁신을 체계적으로 수행하지 않고 행운에 결과를 맡겼기 때문이다.

우리는 혁신 기업가는 위험을 감수하는 유형의 인물이라고 흔히 배웠다. 이 말은 반은 맞고 반은 틀리다. 혁신을 하지 않고 현재 상태에 머물러 있는 것이 가장 위험한 행동이다. 또한 원래 이 세상에 위험하지 않은 행동은 없다. 드러커가 만났던 수많은 혁신 경영자들은 오히려 가장 보수적인 사람들이었다. 그들은 실패를 최소화하기 위해 최대한 기회를 분석하고 가능한 정보를 수집하고 철저하게 준비하는 모습을 보였다. 결코, 유행에 휩쓸려 새로운 사업에 뛰어들거나 무모한 도박으로 혁신을 수행하는 사람들이 아니었다(InE p. 139).

흔히 혁신의 성공률은 30퍼센트 내외로 매우 낮다고 알려져 있다.[4] 그만큼 위험하다고 생각한다. 하지만 잘 알려진 혁신 기업들, 예컨대 프록터앤드갬블이나 3M 같은 회사들은 어떻게 해서 월등하게 높은 성공률을 지속적으로 보일 수 있었을까? 그들은 기대한 바와 결과로 나타난 바를 지속적으로 비교 평가하면서 피드백을 수행했기 때문에 그런 일이 가능했다(CWE p. 12). 드러커는 여러 혁신 기업들의 행동을 관찰한 결과 혁신을 체계적으로 수행하면 결코 위험하지 않다는 사실을 발견했다.

둘째, '혁신은 뛰어난 아이디어다'란 통념이다. 이 역시 아니다. 혁신은 일work이다. 일을 통해서 구체적인 결과를 내는 것이어야 비로소 혁신이라고 말할 수 있다. 아이디어는 누구나 낼 수 있다. 그보다는 성실, 끈기, 몰입이 관건이다. 일을 통해 결과를 내지 못하면, 그 어떤 재능, 천재성, 지식도 무의미하다(InE p. 138). 레오나르도 다빈치는 잠수함, 헬리콥터, 비행기에 이르기까지 수많은 아이디어를 남겼지만, 그 어떤 결과도 남기

4 신사업과 성공, 지속, 실패의 통계에 대해서는『사업타당성 평가실무』, 송경모 지음, pp. 46~50을 참조하라.

지 못했다(InE p. 133). 이 아이디어를 결과로 만들어 낸 것은 훗날 수많은 사람들의 '일'이었다.

셋째, '혁신은 이례적이다. 기적적이다'란 통념이다. 물론 이 역시 틀렸다. 혁신은 일상적이며 하나의 규범이 되어야 한다. 혁신이 나날이 반복하는 관행까지 될 필요는 없을지 몰라도, 일상에서 언제든지 실천할 수 있는 행동으로 준비되어 있어야 한다(InE p. 151). 우리가 혁신을 이례적이고 기적적인 것으로 여기는 이유는, 그 결과가 나온 뒤의 상태만을 보기 때문이다. 성공한 결과는 언제나 찬란하고 장대하다. 하지만 이 결과가 있기까지 조직의 구성원들은 일상에서 기회를 발견했고, 오랜 기간에 걸쳐 개선 방안을 연구했으며, 피드백을 통해 보다 나은 상태로 결과를 조금씩 다듬어 왔다. 정작 그곳에 이르기까지 일상의 모습들은 사람들의 눈에 잘 보이지 않는다.

남들이 이루어 놓은 화려한 혁신의 결과를 단지 전해 들은 사람들이, 즉 스스로 조직의 일상에서 혁신을 실천해서 성공시켜 본 적이 없는 사람들이, 혁신을 지시하면 당장 결과가 나올 것처럼 생각한다. 그래서 조직 구성원들에게 당장 새로운 것을 찾고 생각을 바꾸고 구습에서 벗어나라고 강요한다. 그러나 그것은 혁신이 아니라 개혁을 시도하는 것에 불과하다.

넷째, '혁신은 타고난 사람들, 천재들이 하는 것이다'란 통념이다. 혁신은 평범한 사람들도 학습할 수 있고 훈련할 수 있다(InE p. 133). 혁신의 기회는 신이 천재들에게 영감을 내려주어 만들어지는 것이 아니다. 드러커는 혁신의 기회를 발견할 수 있는 일곱 가지 원천을 제시했다. 그리고 혁신을 성공시키기 위해 해야 할 일과 하지 말아야 할 일들을 말했다. 누구나 이 혁신의 원천과 실행 방법을 숙지하고 실천하면 결과를 얻을 수 있다.

다섯째, '혁신은 전혀 새로운 것을 만드는 행동이다'란 통념이다. 새롭다는 말의 의미는 상황에 따라 다르게 받아들일 수 있다. 혁신이라는 단어에 이미 새롭다는 뜻이 들어가 있다. 그러나 역사상 위대한 혁신은 대부분 이미 있는 것들에 기반을 두고 이루어졌다. 무無에서 유有가 갑자기 창조되는 법은 없다.

이것은 정도의 문제다. 고객에게 너무 새로운 것은 오히려 수용되지 않는다. 또는 이미 형성되어 있는 사회, 문화, 기술 기반에 비추어 너무 새로운 것 역시 수용되지 않는다. 지나치게 새로운 것은 오히려 결과를 낳기 힘들다. 이미 있는 것들에 기반을 두되, 숨어 있던 욕구를 새로 드러내거나, 막혀 있는 부분에 변형을 주거나, 누락된 부분을 채워 넣는 형태로 이루어진 혁신이라야 비교적 용이하게 결과를 낳는다.

여섯째, '혁신은 내부에서 일으키는 변화다'란 통념이다. 오히려 혁신은 철저하게 외부에 맞추어 내부가 따라가야 하는 일이다. 대개 의욕에 넘치는 최고경영자들은 조직 내부를 변화시키는 것을 혁신이라고 생각한다. 조직을 개편하고, 업무 서식을 변경하고, 전산 시스템을 새로 도입하고, 새로운 제도를 도입하고, 정신 개조 캠페인을 추진한다. 외부 컨설팅 회사를 고용하여 조직 문화 혁신안을 만들게 하고, 그들의 보고서대로 따라 하면 혁신이 성공할 것이라고 생각한다. 하지만 컨설팅 회사는 드러커가 말했던 외부가 아니다. 이런 시도들은 대부분 결과를 낳지 못한다. 오히려 직원들 사이에 무익한 추가 업무만 잔뜩 늘려 놓고 끝난다. 그렇게 내부 개조에 주력했던 최고경영자가 떠나고 나면 모든 상황은 원점으로 되돌아간다. 후임 최고경영자가 부임하면 똑같은 일이 또 반복된다.

외부에서 기회를 발견하고 이를 내부의 일에 피드백시키는 습관을 조직에 정착시키지 않고서는, 내부만을 변화시키려는 그 어떤 시도도 무위에 그치고 만다. 사실, 외부에 대한 이해는 비단 혁신의 문제에 국한되지 않는다. 그것은 기업의 지속 자체를 결정짓는 제1요건이다.

일곱째, '혁신은 기업 규모, 업종 영역, 경력과 관련이 있다'는 통념이다. 사람들은 흔히 대기업은 관료적이고, 벤처기업은 혁신적이라고 생각한다. 그러나 혁신은 기업 규모와는 아무 관련이 없다. 한때 슘페터는 대기업이 혁신에 보다 유리하다고 말하기도 했지만, 반드시 그런 것도 아니다. 벤처기업은 당장의 생존에 어려움을 겪는 경우가 많기 때문에 혁신에 투자할 여력이 부족한 경우가 많지만 이 역시 항상 그런 것은 아니다.

업종 영역과 관련해서 혁신은 특정한 분야 예컨대 전자, 정보 통신, 의약 같은 첨단 분야에서만 일어나는 일도 아니다. 이상하게도 많은 사람들이 일부 전통 산업에 대해서 혁신과 어울리지 않는다는 선입견을 가지고 있다. 하지만 이는 아무런 근거가 없다. 필자는 예전에 어떤 인문계 교수가 토목에 무슨 기술이 필요하며 혁신이 필요하느냐고 비아냥대는 말을 들은 적이 있다. 그는 기술 혁신이 반도체, 통신, 전자 같은 부분에서나 일어나는 일로 알고 있었다. 그가 토목에 대해 지니고 있는 인상은 흙과 모래, 트럭과 중장비에 파묻혀 육체노동자들이 단순 노동을 하고 있는 장면이 전부였다. 하지만 혁신은 사람이 종사하는 모든 분야에서 다 가능하다. 심지어 동네 분식집에서도 혁신은 가능하다. 학교 앞 분식집 사장조차도 중고생들의 마음을 읽고 변화를 줄 능력이 없으면 도태당한다.

마찬가지로 혁신은 영리를 추구하는 기업에서나 필요한 현상이 아니다. 혁신은 학교, 병원, 종교 시설, 장학 법인, 시민 단체 등 비영리 목적의 모든 조직에서도 수행해야 할 과업이다. 오늘날 대학의 최고경영자 과정, 야간 대학원, 방송통신대학, 병원의 연합 개원 등, 익숙한 사업 방식들이 전부 혁신의 산물이었다는 사실을 알아야 한다(InE p. 24).

공무원이나 학자 출신은 혁신할 능력이 없다는, 심지어 사업에 서투를 것이라는 생각도 근거 없는 편견이다. 외부를 이해하고 기회를 찾는 습관은 그가 어떤 직업 출신이냐를 가리지 않는다. 사업가 출신이라고 해서 혁신을 잘할 것이라고 믿어서도 안 된다. 평생 어떤 분야에서 사업체를 운영했던 사람조차도 혁신하는 습관과는 담을 쌓고 살아온 사람들이 많다. 그런 사업가들은 대개 평범한 실적을 내면서 간신히 유지를 해 온 정도이거나, 더 성장할 수 있는 기회를 외면하고 살아왔을 수 있다.

여덟째, '혁신은 과학기술을 대상으로 행하는 것이다'라는 통념이 있다. 하지만 혁신은 조직이 결과를 낳는 모든 지식, 모든 방식, 모든 활동에서 일어나는 일이다. 만약 혁신이 과학 기술의 문제라면 그것은 R&D 부서의 과업에 그칠 것이다. 혁신은 마케팅, 조달, 생산, 판매, 자금, 인사, 교육 훈련, 전산 등 사업의 모든 기능 영역에서 일어나는 현상이어야 한다. 예컨대 새로운 대금 지불 방식의 도입, 질적으로 전혀 다른 차원의 유통 채널 개척, 수금 절차의 변화 등도 다 혁신의 대상이다.

드러커는 안정과 변화를 대립하거나 모순되는 두 상태로 보지 않았다. 오히려 공존하고 상호 기여해야 하는 상태로 봤다. 그는 경영자가 안정 파괴자로서 역할을 해야 한다는 사실을 강조했지만, 역설적이게도 이런 주장은 조직을 안정적으로 지속시켜야 할 막중한 책임에서 나온 것이다. '체계적 기업가 정신(InE ch. 1)'이라는 표현도 그런 의도에서 나왔다. 좀 더 부연하자면 혁신은 체계적이고, 조직화되어 있으며, 목적이 분명하고, 경영해야 할 활동이다(InE pp. 34~35).

포기에 대해서도 '체계적 포기'라고 칭했던 사실을 상기하자. 드러커는 포기가 불안하고 두려운 것이라는 인상을 체계적이라는 표현을 통해 지워 버리려 했다. 마찬가지로 기업가 정신이 모험적이고 위대하고 특별한 것이라는 통념을 '체계적'이라는 표현으로 부수어 버리려 했다. 혁신이 누구나 현장에서 학습할 수 있고 실천할 수 있는 것이라면, 그것은 더 이상 모험적이고 특별한 일이 아니다. 그런 의미에서 그는 기업가 정신의 인상에 대해 세이Jean-Baptiste Say와 슘페터가 구축해 놓은 전통을 극복했다. 말하자면 그는 혁신을 통해 모든 조직 구성원을, 아니 사회 구성원들을 평등의 대열로 이끌어 들이고 싶어 했다.

우리나라의 언론을 포함하여, 많은 사업가들조차 해외의 스타 혁신가들을 항상 예찬한다. 최근 스타는 스티브 잡스, 엘론 머스크, 마크 주커버그 등이었다. 사람들은 그들이 뭔가 유전적으로 특별한 것이 있다거나 범인이 도달할 수 없는 고유한 능력을 지니고 있다고 생각한다. 심지어 최근에 알파고로 인공지능 열풍을 일으킨 데미스 허사비스 같은 인물에 대해서도 사람들은 그의 천재성에 주로 경탄한다. 물론 청소년 시절에 체스 신동에 개임 개발 사업화 경력, 그리고 젊은 나이에 여러 분야에서 학위를 취득한 그의 모습은 천재라는 칭호를 듣기에 부족하지 않다. 그러나 그가 잠시 보여 주었던 최근의 성과는 한 명의 천재가 아니라 거대한 조직이 이룩한 것이다. 그가 이끌던 작은 벤처 딥마인드는 구글이라는 조직의 우산 아래 들어간 뒤 목표와 자기통제에 의한 경영을 통해 비로소 자신이 꿈꿔 오던 성과들을 차근차근 낼 수 있었다.

우리들은 그들을 예찬하는 동시에 스스로를 향해서는 습관적으로 한탄한다. 왜 우리나라에는 스티브 잡스, 마크 주커버그, 엘론 머스크 같은 인물이 없느냐고.[5] 해외의 스타급 혁신가의 영웅담이 한 차례씩 돌고 나

5 이런 현상을 볼 때마다 필자는 한 세기 전에 도산 안창호 선생이, 왜 우리나라에는 훌륭한 지도자가 없느냐고 한탄만 하지 말고 스스로 지도자가 되기 위해 공부하고 실천하라고 했던 말이 꼭 생각난다.

면 의례히, 창조성을 키울 수 없는 교육 시스템을 비판하는 명사들의 논평이 줄을 잇는다. 동시에 정부는 인물 키우기 프로젝트에 돌입하고 한국형 산업 육성 계획을 수립한다. 이런 시도들이 나쁘다는 것은 아니다. 문제는 그토록 부산을 떠는 만치 정말로 의도했던 결과가 나오느냐에 있다. 드러커가 그토록 강조했던 '결과' 말이다.

우리나라 청소년들 사이에도 그만한 수준의 잠재성을 지닌 천재들은 즐비하다. 심지어 기업 안에도, 모든 조직 안에도 아이디어와 능력과 의지를 지닌 직원과 연구원들로 가득하다. 그러나 이들은 체계적인 혁신, 다시 말해서 마치 일상이자 규범으로서 혁신에 참여할 기회를 대부분 차단당한 채 산다. 저 수많은 지식노동자들이 스스로를 혁신의 주체로 규정하지 못하고 단지 조직의 하수인, 기껏해야 피고용인으로 생각하면서 하루하루를 보낸다. 최고경영진과 중간관리자도 혁신에 필요한 지식과 능력이 현장의 지식노동자들에게 다 갖추어져 있다는 사실을 잊는다. 그들은 '내가 옳다' ,'내가 해 봐서 다 안다'는 생각으로 그들의 제안을 가볍게 무시해 버린다. 설령 그런 제안을 받아들였다 해도, 그로부터 결과를 만들어 내기까지 조직의 무거운 관행들이 쳐 놓는 온갖 장벽에 막혀 사업은 흐지부지된다.

혁신은 궁극적으로 경영자의 책임이자 과업이다. 정부가 나서서 그 결과를 만들어 낼 수도 없고, 학교가 맞춤형 혁신가를 제조해서 공급할 능력은 더욱 없다. 경제평론가 사이에서 삼성전자가 무너지면 나라가 망한다느니 하는 식의 호들갑도 참으로 부끄러운 일이다. '삼성전자 따위야' 하는 무서운 아이들이 도처에 넘쳐나도 부족할 판에 그들을 조직 내에서 키워 내기 위해 아무런 실천도 하지 않았던 경영자들, 심지어 그런 실천에 일말의 기여조차 하지 못했던 지식인들의 논평은 참으로 무책임하다. 본서의 중소기업에 대한 장에서도 설명했듯이, 벤처기업들을 키우기보다 죽이기에 여념 없는 대기업의 의사 결정자들은 한국에서도 스타급 혁신가가 나와야 한다는 허언을 일삼을 자격이 없다. 그들은 외부는커녕 내부에서조차 그런 혁신가들을 키울 의도가 없어 보인다. 수년 전 한국 최대의 SNS 서비스 벤처기업이나 동영상 검색 서비스 신기술로 각광받던 벤처기업이 대기업에 인수된 뒤, 오히려 혁신은 말살당하고 아무런 결과도 내지 못한 채 파양당하도록 했던 일에 대기업 경영자들은 분명히 책임이 있다.

이런 일이 반복되는 한, 우리는 해외 혁신가들의 위업만 찬탄하면서 시간을 보내다가 변방의 경제 군소국으로 전락하고 말지도 모른다.

드러커가 말한 일곱 가지 혁신 원천

혁신을 일상이자 규범으로 정착시키려면, 혁신의 원천이 어디에 있는지를 아는 일로부터 출발해야 한다. 이 원천을 분명히 인지한 다음에는 혁신의 실행 지침들을 숙지해야 한다. 먼저 드러커는 혁신에 일곱 가지 원천이 있다고 말했다(InE pp. 37~132).

1. 예상치 않은 사건

이는 경영자나 기획자의 의도와 전혀 달리, 고객 또는 시장에서 나타나는 현상을 말한다. 이 현상은 혁신의 기회를 알려 주는 신호다. 대개 이런 현상은 그리 크게 기대하지 않았던 상품에 대한 반응, 제품의 특성 중 그리 중시하지 않았던 것에 대한 반응, 제품의 원래 용도와 전혀 다른 용도로 사용되는 것, 우연히 드러난 제품의 또 다른 속성 등이다.

드러커는 많은 예를 들었지만 대표적인 것으로 1950년대 뉴욕의 대형 백화점에서 있었던 가전제품 매출 급증 현상을 이야기했다. 당시 1위 매이시Macy's 백화점은 이를 비정상적인 현상으로 여기고 아무런 조치를 취하지 않았지만, 4위 기업 블루밍데일스Bloomingdales는 고객에 변화가 일고 있다는 것을 인지하고 매장 구조와 판매 전략을 가전제품 중심으로 재편했다. 그 결과 블루밍데일은 단숨에 2위로 상승했다.

이런 사례는 또 있다. 스위스의 어떤 제약회사가 개발한 항생제에 대해 수의사들은 우연히 동물에 매우 잘 듣는다는 사실을 발견했다. 개발사는 그 약이 사람이 아니라 동물에 쓰인다는 사실에 큰 거부감을 느꼈다. 그러나 우연히 이 사실을 알게 된 스위스의 작은 회사가 실시권을 인수해서 크게 성공했다. 그 결과 까다로운 식약청 절차를 피하면서 저비용으로 사업을 전개할 수 있었다.

이 원천의 장점은 어느 분야, 어느 시장에서나 항상 존재하는 현상이라는 것이다. 특별히 시장 분석 비용을 지출하지 않고도 누구나 이 원천에 대한 정보를 얻을 수 있다는 장점이 있다. 또한 이것은 일곱 가지 원천 중에서 가장 안전한 방법이다. 그러나 많은 회사들이 이 기회를 놓치고 있는 이유는 다음의 두 가지 때문이다.

첫째, 보고 체계의 문제다. 현장 직원들은 고객 사이에서 일어나는 수많은 문의, 불평, 칭찬 등을 항상 접한다. 그러나 이런 내용들에 대해서 의례히 있는 일이라 생각하고 그냥 넘어 간다. 대수롭지 않은 것으로 흘려 버리거나 축소하는 것이다. 예상하지 않았던 현상은 비단 고객 사이에서만 일어나는 것이 아니다. 경쟁사의 움직임, 공정에서 일어나는 현상, 인접 산업의 예상치 않았던 사건 등, 다양한 지점에서 발생한다.

흔한 회의 문화도 한 이유가 된다. 대부분의 회의는 강점보다 약점에 집중하고, 성취보다 문제점을 부각하려 한다. 주로 목표 대비 실적 달성도를 체크하거나, 실적이 잘 안 나오는 사업을 추궁한다. 반대로 성과가 잘 나오는 사업을 집중적으로 분석하고, 그 성과를 확대하는 방안을 논의하는 자리는 찾기 힘들다. 기껏 간단한 공치사로 끝나고 만다. 숨어 있는 강점을 키워서 노력 대비 성과를 더 낳을 수 있는 기회인데도 말이다.

물론 회의 중에 이런 예상치 못한 현상을 다루는 일은 절대로 형식적이거나 관료적인 반응이 되어서는 안 된다. 그냥 잘했다고 박수치는 일로 끝나서는 안 된다. 여기에는 진지한 의사소통과 고된 실무가 반드시 수반되어야 한다. 이를 이끄는 가장 강력할 질문은 이것이다. "이 예상치 못했던 현상에서 우리 회사는 어떤 결과를 만들어 낼 수 있을까?", "그 결과를 현실로 이루려면 무엇을 해야 하는가?"

예컨대 세탁기 제조사에 어느 날부터인가 세탁기 고장 신고가 유독 대학교 기숙사에서 많이 접수된다면 대부분의 회사는 일단 원인을 알아볼 것이다. 거기까지는 누구나 할 수 있다. 그런데 그 원인이 학생들이 부주의하게도 옷 대신에 신발을 빨아서 생긴 문제임을 알았다면 어떻게 반응할까? 아마 많은 회사들이 사용법을 준수하지 않은 고객의 책임으로 돌릴 것이다. 그러나 예상치 않은 사건에서 혁신의 기회를 찾는 기업이라면 다르게 행동할 것이다. 대학교 기숙사에서 신발을 빨고 싶어 하는 욕구를 발견하고, 그 즉시 아무 고장 없이 신발까지 잘 빨리는 세탁기를 개발하려 들 것이다. 중국의 하이얼 전자가 바로 그렇게 했다. 이렇게 또 하나의 고객이, 시장이 창조된 것이다.

둘째, 최고경영자의 아집이다. 한 분야에서 성공한 최고경영자는 그동안 자신의 경험에 의거하여 습득한 진실이 있다. 이 진실과 어긋나는 현상은 잘 인정하려 들지 않는다. 특히 자신의 확고한 신념과 가정 하에 추진한 프로젝트가 예상과 달리 실패할 경우에 그렇다. 예상치 못한 실패는 회사가 미처 인지하지 못한 시장 변화를 알려 주는 신호인데도 불구하고, 그는 끝까지 잘될 거라고 믿고 일을 추진한다.

예상하지 못한 사건은 혁신의 모든 원천 가운데 가장 중요하면서도, 다른 모든 원천과도 간접적으로 연결되어 있다. 이어서 설명할 불일치, 절차상 필요, 시장과 산업 구조, 인구 구조, 지각의 변화, 신지식과 같은 여타 원천들은 의식적으로 탐구해야 접근할 수 있지만, 예상치 못한 사건을 통해 그 원천을 스스로 보여 주는 경우도 매우 많기 때문이다. 예를 들어서, 고객들이 보내오는 불만 사항들은 본질상 불일치에 해당하는 경우가 많다. 고객들이 제품에서 기대하는 이상적인 상태와 현실에서 제공되는 상태가 다르다는 데에서 오는 불만인 것이다.

대개 커다란 발견은 우연히 온다. 어떤 경우에든 혁신 기회를 발견하기 위한 의식적인 노력과, 우연한 사건이 알려주는 기회, 이 두 가지 중에 어떤 것도 소홀히 해서는 안 된다.

2. 불일치

불일치는 '마땅히 그래야 하는 현실'과 '실제의 현실' 사이에 차이가 있는 지점을 말한다. 말하자면 인지된 고객과 실제 고객 사이의 차이를 말한다.

에드워드 존스 증권사는 월스트리트 증권사의 자산 관리 서비스가 미국 동부 지역 중산층 이상의 고객에 집중되어 있는 현실에서 불일치를 발견했다. 중서부의 농민들은 그런 서비스를 받고 싶어 했지만 현실은 그렇지 않았기 때문이다. 에드워드 존스 증권사는 고객의 재산을 증식시켜 주겠다는 목표가 아니라 농민들의 재산을 평생 동안 관리해 주겠다는 목표로 혁신적인 증권업 모델을 도입했다.

항만 하역 작업은 과거에 늘 트럭 기사들의 불만이 가득한 곳이었다. 왜냐하면 트럭에 짐을 싣고 와서 짐을 내린 뒤 앞의 짐들이 하역될 때까지 트럭이 대기하고 있어야 했기 때문이다. 이 불일치를 해결하기 위해 개발된 것이 바로 컨테이너 박스다. 트럭은 정해진 장소에 짐만 내려놓고 돌아가면 됐다.

고객들이 늘상 '이랬으면 좋겠다', '이것은 정말 불편하다'라는 식으로 말하는 내용에 불일치 지점에 대한 신호가 담겨 있다. 하지만 현장에서 고객을 접하는 지식노동자가 자신의 자리에서 책임 있는 경영자로 행동하지 않을 때, 고객들의 이 모든 반응은 기회로 전환되지 못한 채 무의미하게 사라진다. 자신을 피종업원으로만 규정하는 직원들(판매 사원 등)

혁신의 결과물은 우리 실생활에 의외로 가까운 곳에 있다. 항만에 쌓여 있는 컨테이너 박스 또한 단순한 상자에 불과해 보이지만 트럭 기사들의 불만을 잠재우고 항만 하역 작업의 효율을 높인 혁신의 산물이다.

은 단지 할당받은 과업(판매 목표량 달성)만 수행하면 월급값을 다했다고 생각할 것이기 때문이다. 이런 조직에서 경영진에게 불일치 정보가 제대로 전달되고 분석될 것이라고 기대하기는 힘들다. 최고경영자가 이따금씩 현장을 시찰한다고 해서 이 정보가 포착될 리는 만무하다. 현장을 방문한 CEO에게 관례적인 의전과 형식적인 현황 브리핑 자료 속에 진실은 항상 묻힐 것이다. 그런 의미에서 경영자가 전 직원으로 하여금 혁신의 일상화 요원으로 참여하도록 만들기 위해서는, 목표와 자기통제에 의한 경영이 자리 잡게 해야 한다. 이를 통해 모든 지식노동자가 자신의 자리에서 조직의 전체 목표를 위해 기여하는 존재로 스스로를 인식하도록 만들어야 한다.

3. 절차상의 필요

필요는 발명의 어머니라는 격언도 있지만, 필요야말로 혁신의 모태다. 절차상의 필요란 가치 창출을 위한 기나긴 활동의 연쇄 과정에 걸쳐 빠져 있는 고리 또는 취약한 지점에서 발생한다.

세상의 모든 상품, 모든 서비스를 살펴보면 반드시 고객의 셀 수 없이 많은 종류의 동작과 욕구가 연결되어 있다. 예를 들어서 온라인 교육 서비스에 대해서 살펴보면, 고객은 자신이 배우고 싶어 하는 지식이 과연 무엇인가를 정의하는 고민부터 시작해서, 콘텐츠 품질 비교, 가격 비교, 의사 결정, 가입, 선택, 가격 지불, 수강, 수강 후 관리, 공유, 배운 지식의 응용에 이르기까지 수많은 부분 동작과 욕구들이 개입한다. 각각의 영역 안으로 들어가면 더욱 세분화된 동작과 욕구들이 존재한다. 이 중 분명히 어느 지점엔가 장애와 불편, 개선해야 할 점들은 항상 존재한다. 이 기나긴 연쇄 과정상 한 지점은 혁신을 통해 언제든지 생략, 연결, 대체, 융합될 수 있다. 그러나 대부분 기존에 일하던 방식에 익숙해져 있는 지식 노동자들은 현재의 방식이 진리인 것처럼 착각한 상태에서 나날을 보내게 된다. 그동안 우리나라에서는 고객들이 온라인 구매를 하면서 대금 결제 절차에서 늘 불편을 느꼈다. 그러나 이에 대해서조차, 핀테크 기업들이 전혀 새로운 방식을 제시하기 전까지는, 은행이나 신용카드사들 심지어 불편해 했던 고객 본인들마저 당연한 것으로 여기며 살았다.

절차상의 필요에 의한 혁신에서 주의해야 할 점에는 두 가지가 있다.

첫째, 그 지점에서 정말로 필요한 변화인지, 해결책을 찾았어도 사람들이 과연 수용할 수 있는 방식인지 재고해야 한다. 절차상의 필요는 혁신에 대한 저항이 가장 자주 일어나는 지점이기도 하다. 대개 거대한 프로세스의 한 부분은 여타 부분과 연결된 상태에서 관행처럼 굳어져 있기 때문이다. 만약에 고객이 수용하기 어려워한다면, 수용할 수 있도록 고객을 서서히 변화시키는 기간이 필요하다. 아마존은 서점 방문 구매에 익숙해 있던 고객들을 온라인 구매로 서서히 이동시키기 위해, 주요 내용을 무료로 열람할 수 있도록 하는 기능으로부터 출발해서, 간편한 결제 과정, 독자의 리뷰 기능, 도서 추천 시스템을 강화했다. 그러나 여기에는 매우 치밀한 전략이 있어야 할 뿐만 아니라 상당히 오랜 기간이 걸리기도 한다.

우리나라의 어떤 공인회계사는 감사 업무를 실시하는 과정에서 채권 채무 조회를 우편으로 수행하는 방식이 너무나 많은 시간을 소모한다는 사실에 늘 불만이 많았다. 업무 절차상 이 지점은 반드시 개선해야 할 대상이라고 생각했다. 그래서 공인인증서를 기반으로 전자 조회를 할 수 있는 서비스를 개발했다. 그러나 도장이 찍힌 종이철에 익숙해 있던 회계사들은 전자 파일로 감사 증빙 문서를 남기는 방식에 상당히 거부감을

느꼈다. 회계사들의 인식이 바뀌는 데에는 실로 오랜 시간이 걸렸다.[6]

둘째, 핵심 해결책을 찾기 위해 특수한 전문 지식이나 제도적 지원이 뒷받침되어야 할 경우가 많다. 단순히 아이디어로 해결할 문제가 아니라, 충분한 공학적 지식을 응용해야 하거나 법적 제약이 풀려야만 하는 경우다. 우리나라의 핀테크 기업이 초기에 고전을 면치 못한 지점이 바로 금융 법규가 가하는 온갖 제약에 있었다. 이런 제약을 풀기 위해 핀테크 전문 벤처들이 여론을 형성하고 민원을 넣는 막대한 노력을 기울였다. 그 결과 그들이 추진했던, 절차상의 필요에 의거한 혁신이 조금씩 성과를 내기 시작했다.

4. 시장과 산업 구조

현재 산업의 독점 또는 경쟁 구조에 혁신의 기회가 숨어 있기도 하다. 현재 시장의 주 참여자들이 형성한 풍경은 결코 영원하지 않으며, 언젠가는 변한다. 핵심은 이 변화를 남들이 수행하도록 놓아두는 것이 아니라 내가 이끌어 내는 데에 있다.

먼저 현재 시장에 막강한 독점 기업이 하나 존재한다고 하자. 이 독점 기업은 결코 모든 고객의 모든 욕구를 충족해 주지는 못한다. 최대의 마진을 뽑아낼 수 있는 일부 고객층에만 집중하고 있거나, 열악한 품질에 대해서 별달리 개선할 생각 없이 사업을 영위하고 있거나, 주력 고객 외에 여타 고객층들을 외면하고 있을 가능성이 높다.

시장이 독점 기업에 의해 지배당하고 있다는 것은 스타트업에게는 천금 같은 기회다. 독점 기업들은 이미 고객들의 욕구를 수면 위로 끌어올

---

6 「어느 회계사의 외로운 싸움… 창조경제의 세 가지 난관」, 박정엽 기자, 조선비즈, 2015. 12. 17.

렸고 충분한 시장을 형성해 놓았기 때문이다. 이때 스타트업은 새로운 상품에 대한 시장을 힘겹게 창조해야 할 번거로움을 거치지 않고 이미 형성된 시장에서 어느 지점을 공격할지만 생각하면 된다. 이는 그 독점 기업과 직접 경쟁하겠다는 생각보다는, 독점기업의 서비스가 아직 미치지 못하는 곳, 독점기업의 강점이 존재하지 않는 곳을 찾아서 공략하겠다는 생각으로 임해야 한다.

제록스가 세계 복사기 시장을 석권하고 있을 때, 일본의 복사기 회사들은 제록스의 서비스가 잘 닿지 않는 소규모 사업자들을 집중 공략했다. 일본 회사들은 제록스가 내세웠던 값비싸면서도 우수한 복사 성능보다 소규모 사업자들이 바라는 저가의 단순한 기능에 집중함으로써 혁신에 성공했다(InE p. 230).

반대로, 독점 대신에 신산업에 수많은 경쟁 기업들이 난립하고 있는 상태라고 하자. 이때 새로운 상품에 대한 고객들의 욕구는 아직 유형화되지도 않았고 과연 누가 특별히 탁월한 경쟁력을 보유하고 있는지도 분명하지 않다. 이때 필요한 혁신은 단순하면서도 소수의 강점에 집중하는 전략으로 출발해야 한다. 한 기업이 여러 특성들을 모조리 구현하려 하거나, 모든 것을 다 잘하려고 해서는 안 된다. 복잡한 혁신은 통하지 않는다. 폭스바겐의 1960년대 글로벌화 혁신 전략은 전 세계 모든 시장의 모든 요구를 다 맞추겠다는 식으로 추진되면서 실패했다(InE p. 87). 자신만의 강점에 기반을 두고 작은 영역에서 성공한 뒤 점진적으로 새로운 사업 기회를 추가해 가야 한다. 1960년대까지만 해도 무명의 자동차 회사였던 BMW는 젊은 전문가 층을 위한 차, 포르셰는 스포츠카의 강점으로 고객을 창조하면서 글로벌 메이커로 성장했다(InE p. 80).

독점과 경쟁 구조뿐만 아니라, 시장 규모가 과거에 비해 2배 이상 성장했을 때, 이종 산업간에 융합 상품이 등장했을 때, 거기에는 기존의 방식과는 전혀 다른 방식으로 사업을 수행해야 할 영역이 탄생한다. 과거의 방식을 포기할 당위성이 생기는 것이다. 거기에는 과거의 욕구와 다른 새로운 욕구가 등장할 준비가 되어 있다.

어느 시대에나 양적 팽창은 반드시 그에 수반하는 질적인 변화 기회를 동반한다. 2차 세계 대전 이전에 미술품 수집은 상류층의 전유물이었다. 그러나 전후 예술품 수집이 급격하게 확산되면서 자연스럽게 예술품 보험 상품이 등장했다(InE p. 84). 어느 산업에서나 시장의 크기가 급격히 증가할 때, 단순히 크기가 증가하고 있다고만 바라보아서는 안 된다. 거기에는 질적인 틈새가 반드시 발생한다.

융합은 오늘날 산업 분야를 가리지 않고 유행처럼 일어나는 현상이 됐다. 그러나 융합은 산업화 역사에서 항상 있었던 일이다. 오늘날 컴퓨터야말로 계산기와 타자기, 수리논리학과 반도체 공학처럼 전혀 이질적인 지식이 융합해서 등장한 대표적인 산물이다. 비행기 역시 글라이더와 자동차 엔진이라는 전혀 다른 공학 분야가 결합해서 탄생한 것이다.

대개 서로 다른 분야의 기술이 융합해서 새로운 제품을 탄생시켰을 때, 그 용도는 아직 충분히 드러나지 않은 상태다. 그러다가, 누군가는 새로운 용도를 발견한다. 융합의 산물이었던 컴퓨터가 처음 개발되었을 때에도 사람들은 그것이 과학자들의 계산용이라고만 생각했을 뿐, 회사의 급여 처리용으로 더 나아가 비즈니스 업무용으로 사용될 것이라고는 예상하지 못했다. 하지만 IBM이 그렇게 새로운 용도를 발견했던 것이다. 새로운 용도는 혁신의 무한한 기회를 제공한다. 다만, 여기에는 그 무한한 기회만큼이나 커다란 불확실성이 존재한다는 사실도 잊어선 안 된다. 융합으로부터 결과로 하나의 안정적인 산업을 형성하는 데에는 기나긴 세월과 노력이 필요하다. 뒤에 설명할 신지식에 원천을 둔 혁신이 그런 것처럼 말이다.

5. 인구 구조

인구 구조의 변화는 드러커가 말했던, 이미 일어난 미래의 대표적인 사례다. 어느 연령, 어느 성, 어느 직업, 어떤 사람들이 언제, 어디로, 어떻게 이동하는가를 보면 시장이 어떻게 변화할지가 보인다. 출생률, 이주율, 입학률, 합격률 등 각종 통계에 이런 정보가 담겨 있다. 그러나 통계는 여전히 숫자라는 맹점을 지니고 있다. 통계는 시장의 변화하는 현실을 전부 보여 주지는 않는다. 그저 시장을 이해하는 출발점에 불과하다. 경영자는 관련된 현장을 직접 찾고 실제 사람들이 무엇을 원하는지, 어떤 현상이 일어나고 있는지 보고 듣고 느껴야 한다.

신발 체인점 멜빌Melville은 베이비붐 출생 통계를 보고 1960년대에 10대 인구가 크게 증가할 것을 예견하고, 10대 마케팅에 노력을 집중하여 성공했다. 미국의 페이스 대학과 골든게이트 대학은 1970년대에 대학생 수가 증가할 것에 대비하여 조직을 정비하고 성공적으로 학사 과정을 운영했다(InE pp. 93~95).

오늘날에는 과거에 비해 통계 접근성이 참으로 향상됐다. 온라인이나 모바일 경로로 때와 장소를 가리지 않고 용이하게 그 정보에 접근할 수 있다. 비단 인구 통계만이 아니라, 사업과 관련된 여러 영역의 활동 통계도 한층 구비됐다. 하지만 통계가 방대해진 만큼 그로부터 유용한 정보를 입수해 내는 능력은 따라가지 못하고 있다. 데이터 잡음과 오독誤讀은 차라리 없느니만 못하다. 드러커가 생존해 있을 당시에는 아직 데이터 과학이 그다지 각광받지 못했었다. 그러나 이는 앞으로 경영자가 혁신의 기회를 탐색하는 데에 매우 유용한 도구가 될 것이다. 물론 여기에도 숫자라는 함정은 여전히 있지만, 데이터를 활용할 줄 아는 능력은 최고경영자의 중요한 능력이 될 것이다.

6. 지각의 변화

동일한 현상도 다르게 인식하면 전혀 다른 종류의 활동, 다른 성격의 욕구가 된다. 예를 들어서 먹는 행위도 관점에 따라 전혀 다른 행위가 된다. 편의점, 맥도날드, KFC의 음식이 제공하는 가치는 말 그대로 먹는 데에 중점을 두지만, 고급 레스토랑이나 요리 산업이 제공하는 가치는 단순히 먹는 것 이상의 심리와 감각을 중시한다(InE p. 100). 동일한 산업에서도 지각의 변화를 이용하여 얼마든지 혁신을 수행할 기회가 있다.

또한 사람이 자신을 또는 타인을 어떤 존재로 규정하느냐는 것도 지각의 문제다. 예를 들어서 자신을 중산층이라고 생각하느냐, 그렇지 않느냐, 중산층으로서 자신의 삶에 대해 어떤 기대를 가지고 있느냐에 따라 그의 소비 행동은 달라질 것이다. 1950년대에 브리태니커 백과사전은 중산층의 심리가 자녀 교육에 충분한 노력을 기울일 능력과 의지에 있다는 사실을 인지하고, 그들을 집중 공략했다. 씨티은행Citibank은 금융업이 남성의 전유물이라는 사고에 의문을 제기했다. 20세기 후반에 대학의 우등 졸업생 가운데 여성의 비율이 점점 늘어나는 현상을 읽었다. 여성 취업을 바라보는 사회의 시각과 여성 자신의 직업관도 달라지고 있었다. 씨티은행은 이 기회를 포착했다. 여성 대졸자를 대거 채용하여 그들의 글로벌 사업 전략을 추진했다(InE pp. 105~106).

사실 지각은 사람의 내면 현상이기 때문에, 숫자나 문자로 표현하기가 대단히 어렵다. 지각이란 통계를 뛰어넘은 그 무엇이다. 그만큼 미묘하고 혁신의 기회로서도 불확실성이 큰 편이다.

7. 신지식

과학과 기술 분야에서 등장한 신지식을 원천으로 하는 혁신은 성공하면 그 결실이 참으로 크다. 하지만 성공 가능성을 예측하기 어렵고 경영하기도 힘든 혁신이다. 그 가장 큰 이유는 새로운 지식이 현실에서 수용 가능한 형태로 결함들이 충분히 보완되고 안정화되기까지 상당히 오랜 시간이 걸리기 때문이다.

우리는 어느 날 세상에 갑자기 많아진 신제품이나 신기능들이, 사실은 수십 년 전에 이미 구현된 것이라는 사실을 잘 알지 못한다. 그 기술들이 이미 오래전에 한정된 영역에서 적용되고 있었다는 사실을 알고 놀란다. 터치스크린은 1960년대에 GM의 자동차 패널에 적용된 모델이 나오기도 했지만, 한동안 극히 제한된 산업 현장에서만 쓰였다. 이후 성능이 개선되면서 닌텐도 게임기와 애플의 스마트폰을 거치면서 대중에게 확산되기까지 참으로 오랜 시간이 걸렸다.[7] 애플이 돌풍을 몰고 왔던 혁신 제품 스마트폰은 결코 신지식에 의거한 것이 아니라 대부분은 구지식을 결합하고 응용한 것에 불과했다. 다만 애플은 고객의 새로운 욕구를 충족시키는 새로운 방식을 거기에 도입했을 뿐이다.

거꾸로 생각하면 지금 과학 전문지에 게재된 새로운 연구 결과나 연구소에서 개발한 전혀 새로운 기술은 충분한 시장을 형성하기까지 30년 내외의 시간이 걸린다고 말할 수 있다. 탄소나노튜브에 대한 최신 논문이 아무리 주목을 받아도 현장에서 충분히 응용된 제품으로 구현되기까지

7 이와 관련된 내용에 대해서는 『자연에서 배우는 청색기술』, 이인식·송경모 외 지음, 김영사, 2013, 3-3 「청색기술의 사업화를 위한 조건」 pp. 293~307을 참조하라.

는 매우 긴 시간이 걸린다. 토마스 쿤이 말한 것처럼 어떤 새로운 과학 이론이 과학자 집단에 수용되어 패러다임으로 정착하기까지 약 30년이 소요된다. 하물며 기업의 생산 현장이나 유통 경로에 대해서는 말할 것도 없다. 신지식에 의거한 혁신도 그런 비슷한 운명을 겪는다. 그리고 이 과정에서 대부분 수용 가능성 도박receptivity gamble을 피할 길이 없다. 결국 승리는 최초로 길을 닦았던 선구자보다는, 고객 수용성의 마지막 2퍼센트를 채우는 후발 기업이 가져갈 가능성이 높다(InE pp. 126~129).

본서의 고객 창조에 대한 장에서도 설명했듯이, 고객의 욕구라는 세계는 참으로 불가사의하다. 고객의 욕구는 신제품 개발 기업이 생각하는 합리성의 영역 너머에서 작동한다. 그만큼 신지식 혁신은 혁신의 모든 원천 중에서 가장 다루기 어렵고 섣불리 도전하기 힘든 대상이 된다. 위험도를 기준으로 했을 때 신지식 혁신의 저 반대편에 예상치 않은 사건에 의거한 혁신이 있다. 기업 입장에서는 전례 없는 신기술·신지식에 의존하는 것보다는 일상의 시장에서 원천을 찾고 이미 형성된 고객과 검증된 지식에 기반을 두는 것이 가장 혁신 성공률을 높일 수 있는 방법이다.

마지막으로 혁신의 원천 가운데 하나인 기발한 아이디어에 대해서 잠시 언급하자. 아이디어는 신지식과는 비슷하지만 과학이나 전문 기술에 기반을 두지 않고 절묘한 착상만으로 이루어진다는 차이가 있다. 지퍼나 볼펜은 그런 성공 사례였다. 굳이 프로페셔널 과학자나 엔지니어가 아니라도 아이디어 혁신은 얼마든지 가능하다. 하지만 실제로 이로부터 사업의 한 결과를 만들어 내는 일은, 즉 고객을 창조해 내는 일은 아이디어와 전혀 다른 차원의 문제다. 간혹 아이디어만 훌륭하면 성공할 수 있다고 부추기는 사람도 있다. 이런 말들은 자신감을 불어넣는다는 면에서는 솔깃지만, 결과 달성의 어려움을 간과하게 만든다는 면에서 무책임하다.

세상에 넘쳐나는 특허의 70~80퍼센트는 다 기발한 아이디어다. 그러나 이들 대부분은 또한 잠자는 아이디어이기도 하다. 아무리 구성원들의 아이디어가 참신하고 기발하다 해도, 기업이 결과를 만들어 내기 위해 노력과 자원을 뒷받침해 주지 못한다면 그곳에는 경영이 존재하지 않는 것이다.

결과를 만들기 위해 주의해야 할 지침들

드러커는 혁신을 결과로 만들어 내기 위해서 준수해야 할 사항들을 여러 형태로 제시했다. 이 중에서 가장 핵심적이며, 우리나라의 경영자들이 간과하기 쉬운 내용들을 요약하면 다음과 같다. 물론 새로운 활동을 하는 것보다 무익한 활동을 포기하는 일, 즉 체계적인 포기가 이 모든 일에 선행돼야 한다는 것은 두말할 필요가 없다. 포기 작업이 올바로 이루어졌다면 비로소 다음과 같은 원칙하에 새로운 활동, 새로운 프로젝트를 전개할 수 있다.

1. 복잡하게 만들지 마라

한 가지의 명확한 필요에 초점을 두어야 한다(InE p. 135). 즉, 특정 필요를 느끼는 고객에게 호소할 수 있는 소수의 탁월성에 집중해야 한다. 탁월성은 리더십을 목표로 해야지 결코 규모 면에서 1등을 목표로 해서는 안 된다. 다른 모든 경쟁 상품을 제치고 이 상품을 택하도록 할 수밖에 없는 영역을 만드는 것이 목표가 되어야 한다(InE p. 136).

성공한 혁신은 의외로 단순한 방식의 것들이었다. 이런 탁월성 영역을 제외한 여타 영역의 속성들은 최소한의 수준을 유지해야 한다. 그렇지 못하다면 그런 기능들은 아예 제거하는 것이 낫다. 복잡한 혁신은 대개 실패한다. 모든 기능을 다 넣겠다거나, 모든 고객을 다 충족시키겠다는 식으로 덤비면 안 된다. 이런 시도는 단지 비용만 증가시킬 뿐이다. 잡스가 복귀하기 전, 애플의 PDA 뉴튼은 그때까지 축적된 애플의 모든 기술력이 총동원된 야심작이었다. 엔지니어의 관점에서는 성공작일 수도 있었다. 그러나 실패했다. 고객의 명확한 필요가 어디 있는지를 읽지 못했기 때문이다. 잡스가 애플에 복귀한 뒤 제일 먼저 한 일은 신제품 개발이 아니라 뉴튼 사업을 포기하는 일이었다.

2. 작게 시작한 뒤 주기적으로 피드백하라

소수 인력, 적은 자금, 한정된 시장에서 먼저 시작해야 한다. 세상을 바꿔 놓겠다는 식의 사업 추진은 대개 실패한다(InE pp. 135~136). 그런데 여기에 오해가 있을 수 있다. 필자는 드러커가 대규모 프로젝트 자체를 부정한 것은 아니었다고 생각한다. 사업의 절대 규모 자체가 큰 프로젝트는 분명히 존재한다. 예를 들어서 운하 건설이나 신약 개발이 그렇다. 드러커의 주안점은 피드백이 불가능할 정도의 복잡성을 피하라는 데에 있었다고 보인다. 단기 목표가 명확할뿐더러 참여한 자원들이 통제 가능한 범위 내에 있는 사업으로 착수하라는 의도였다. 모든 혁신은 자원 재배분 또는 포기 가능성을 남겨 놓은 상태로 출발해야 한다.

1989년 이후 모토로라가 주도했던 글로벌 위성 휴대 통신 사업, 이리듐 프로젝트는 처참하게 실패했다. 이 야심찬 프로젝트는 전 세계 어디에서도 휴대폰을 이용할 수 있도록 하겠다는 것이었다. 가입자를 전혀 못 모은 것도 아니었다. 1998년에 5만 명 수준의 가입자를 확보하기도

미국의 온라인 식료품 배송 쇼핑몰 웹밴은 닷컴 열풍을 타고 좋은 기회를 맞았으나 급속한 팽창으로 몰락하고 말았다. 작게 시작해서 시장과 주기적으로 피드백해 가며 확장하라는 드러커의 경영 방침을 무시한 결과였다.

했다. 다만 사업비 대비 턱없이 부족한 수준이었다. 무엇보다도 실패를 초래한 가장 근본적인 이유는, 위성통신 기술이 신속하게 변화하는 현실에 대응할 수 없었기 때문이다. 이미 투입한 낡은 방식의 위성 인프라를 비롯한 대규모 자원들을 포기하거나 대체하는 일은 불가능했다.

많은 기업가들이 처음부터 큰 판으로 신사업을 시작하고 싶어 한다. 큰 사무실, 많은 인력, 첨단 대규모 장비, 큰 자본금 등등. 크게 시작해서 실패한 사업이 있다면, 성과가 전혀 없어서 그런 것은 아니다. 누군가는 반드시 구매한다. 다만 크기에 따른 고정 비용을 감당하지 못한다. 어떤 신사업이든 출시 초기에 적자가 날 수밖에 없다. 이 시기를 얼마나 빨리 극복하느냐가 관건인데, 이때 대규모 고정비야말로 가장 큰 장애가 된다. 크기를 키우는 일은 한정된 시장에서 고객 창조에 성공한 뒤에 점진적으로 수행할 일이다. 급속한 크기 확대는 무익한 노력과 비용만 집중시킬 가능성이 크다.

미국의 온라인 식료품 배송 쇼핑몰 웹밴Webvan은 아마존과 비슷한 시기였던 1990년대 말에 출범했다. 닷컴 열풍의 시기였고 좋은 기회였다. 모든 혁신의 조건들이 맞았다. 그러나 빠른 투자 회수에 목말라했던 벤처캐피탈들은 규모 확대를 종용했다. 그 결과 고객들이 온라인 구매에 적응하도록 습관이 바뀌기도 전에 급속한 팽창에 따른 비용 부담을 견디지 못하고 파산했다.

3. 기존 사업이 개입하지 않도록 하라

혁신 사업은 항상 기존 사업과 충돌한다. 경영자가 이 현상을 잘 조정하지 못하면 혁신 사업은 기존 사업에 밀려 제대로 추진될 수가 없다(InE pp. 161~166).

첫째, 기존 사업부에 겸직을 시켜서는 안 된다. 독립된 조직에서 혁신 성과에 대한 책임을 지고 추진할 수 있도록 해야 한다. 겸업을 시키게 되면 담당자들은 결코 혁신 목표에 집중할 수 없게 된다. 무엇보다도 혁신 사업에 어려움이 발생할 때 조금씩 이를 외면하고 기존 사업에 우선순위를 두게 된다.

둘째, 보고 라인에 기존 사업부를 포함시켜서는 안 된다. 기존 사업부는 혁신 사업에 대하여 공정한 시각을 갖기 어렵다. 기존 사업의 논리로 혁신 사업을 평가하다 보면, 혁신 사업에서 중시하는 가치들을 폄하하기 쉽다. 기존 사업은 자칫 혁신 사업에 대한 내부의 견제 세력이 될 수 있다.

셋째, 최고경영자는 기존 사업을 혁신 사업보다 중시하는 듯한 언행을 보여서는 안 된다. 혁신 사업은 충분한 수익을 내기 전까지는 비용 중심점처럼 보인다. 혁신 담당자들은 자신이 조직의 미래를 준비하고 있다는 충분한 자긍심을 지니고 일해야 하지만, 이미 수익을 내고 있는 기존 사업과 비교 당하면서 평가받게 되면 사기는 크게 저하된다.

4. 모험적이거나 아이디어가 많은 사람보다는 결과를 낼 줄 아는 사람을 써야 한다

혁신 인력은 성격이나 기질을 보고 배치해서는 안 된다. '기업가형 행동'만이 존재할 뿐 '기업가형 인성'이라는 것은 존재하지 않기 때문이다. 특히 그의 출신 배경 때문에 편견을 가져서는 안 된다. 발명가 출신이라고 해서 경영 능력이 없다거나 공무원 출신이라고 해서 관료적일 것이라고 속단해서는 안 된다. 드러커는 발명가 슈어A. Schure가 뉴욕 공대를 설립해서 성공적으로 운영했고, 행정가 출신인 보이어A. Boyer가 엠파이어스테이트 대학을 성공적으로 경영했다는 사실을 예로 들었다. 벤처기업 출신이라고 해서 혁신을 잘 추진할 것이라고 생각하거나, 대기업 출신이라고 해서 주어진 일만 해내는 데 익숙할 것이라고 예단해서는 안 된다. 예를 들어서 우리나라에서 삼성그룹 출신 벤처 창업가들이 성공한 사례는 자주 보인다. 중요한 것은 결과를 달성하는 능력, 목표와 자기통제의 원리에 의한 경영을 실천하는 능력이다. 그런 의미에서 아는 것이 매우 많다거나, 아이디어가 넘치는 데에 그치는 사람들은 혁신 실행 인력으로 적합하지 않다(InE pp. 170~174). 그런 사람들은 보조 내지 자문 인력 정도로 활용하면 족하다.

5. 관리형 조직과 혁신형 조직을 섞지 마라

대개 M&A를 통해 혁신 사업을 추진할 경우에 이런 일이 일어난다. 특히 대기업이 벤처기업을 인수할 경우, 또는 둘이 합작 법인을 설립할 경우가 그렇다. 기존 사업을 운영하는 방식은 대개 고착되어 있다. 근태 관리, 회의 방식, 결재 절차, 의사 결정, 비용 지출 절차 등등. 그러나 외부에서 이루어지던 혁신 사업은 그 구조가 전혀 다르다. 더구나 일하던 사람들의 배경과 행동 양식도 전혀 다르다. 이들은 서로를 이해하기가 너무 어렵다. 그래서 이 둘이 하나로 합쳐지는 순간 잘 보이지 않는 갈등과 비효율이 발생한다(InE pp. 174~175).

드러커는 M&A 이후에 성공적인 결과를 내기 위해서는 특별한, 정말로 특별한 능력이 필요하다고 말했다. 예를 들어서 GM은 여기에 탁월한 능력이 있었다. GM은 외부 사업 또는 인물의 영입을 통해 성공적으로 사업을 성장시킬 줄 아는 고유의 DNA가 있었다. 그러나 GE는 그렇지 못했다. GE는 혁신 상품을 자체 연구 개발 기능을 통해 개발하는 데에 강점이 있었다.

드러커는 M&A를 통한 성장 추구를 부정한 것은 아니었지만, 이런 위험성 때문에 M&A에는 보다 엄격하고 신중한 전략이 필요하다고 보았다. 그래서 그는 성급히 M&A를 추진하기보다는 가급적이면 내부 인력 중심으로 혁신 사업을 추진할 것을 권했다. 오늘날 마이크로소프트나 구글처럼 외부 기업과 M&A를 통해 혁신의 원천을 지속적으로 발굴하는 데에 탁월한 성과를 보일 수 있었던 기업은 그리 많지 않다. M&A를 통해 성장하는 그들의 외양만 흉내 내지 말고, 목표와 자기통제에 의한 경영이 구현되는 내면의 문화에 보다 주의를 기울어야 한다.

6. 비용과 성과를 측정하고 성과 보상을 설계하라

혁신 사업을 독립 조직에서 담당해야 할 이유는 또 있다. 그것은 비용과 성과를 제대로 측정하기 위해서다. 혁신 사업을 기존 사업과 겸영하게 되면, 혁신 사업 비용 측정이 모호해진다. 그 경우, 설령 활동기반원가계산ABC 제도가 아무리 잘 갖추어져 있다 해도 혁신 활동 투입 시간을 기존 사업 활동과 분리해 내는 일은 어렵다. 더 나아가 간접비를 혁신 사업 부서에 일괄 배부하는 식으로 비용을 측정하면, 혁신 사업 부서는 공정하지 못하다고 생각한다.

혁신 사업은 현재 수익을 내지 못하지만, 조직 차원에서 미래에 투자수익률은 반드시 계산해야 한다. 그러기 위해서는 투입 비용에 대한 올바른 측정이 선행되어야 한다. 또한 수익 창출에 성공할 경우, 성과에 대한 보상이 분명히 이루어져야 하는데, 비용 대비 투자수익률은 그 중요한 근거가 된다. 물론 성과 보상율은 기계적으로 책정하는 데에 그쳐서는 안 되며, 다양한 금전적·비금전적 보상을 적절히 혼용해야 한다. 성공 시 이익 배분(예컨대 25퍼센트라든가), 분사 후 독립 경영 계획, 스톡옵션 부여, 적절한 특전 부여 등 여러 방법을 통해 혁신 사업에 집중할 수 있는 여건을 마련해 주어야 한다. 3M이나 존슨앤드존슨Johnson&Johnson 같은 혁신 기업들이 바로 이런 식으로 사내 혁신을 유도했다(InE pp. 164~167). 다만 금전적 보상은 반드시 필요하지만, 과도하면 오히려 부작용을 일으킬 수 있다.

혁신은 평생에 한두 번 있을까 말까 한 고통스런 외과수술이 아니라 늘 일어나는 세포의 신진대사 같은 것이어야 한다. 노화된 세포가 늘 떨어져 나가고 새로운 세포가 그 자리에 들어서는 것을 연상시키면 이해가 빠를 것이다. 에너지를 낭비하는 조직은 감당할 수 없을 정도로 커지기 전에 정기적으로 제거해야 한다. 이 모든 과정이 조직을 그냥 놓아둔다고 저절로 이루어지지는 않는다. 반드시 목표가 있는 상태에서 구성원들의 자기통제가 의식적으로 이루어지도록 해야 한다. 사람의 몸이 그런 것처럼 말이다.

모든 것을 바꾸겠다고 달려드는 개혁 집도의는 정말이지 최후의 수단이다. 늘 혁신하던 조직은 그런 인물이 필요 없다.

R&D 조직은 기술 지향적이 아니라 사업 지향적이어야 한다

R&D는 혁신의 중요한 기반 활동 가운데 하나다. 그러나 R&D는 단순히 과학기술 활동이 아니라 분명히 하나의 경영 활동이어야 한다. 연구 개발 투자비를 막대하게 집행하는 것은 외부에는 그럴듯해 보일지 모르지만, 정작 고객 창조라는 목적에 기여하지 못하면 비용만 소모하고 끝나게 된다. 드러커는 1960년대 이후 업계 2위의 연구 개발 예산을 투입하고도 별다른 신제품을 내놓지 못한 대형 제약사 호프만-라 로슈Hoffman-La Roche를 예로 들었다. AT&T의 벨 연구소는 첨단 연구 성과를 끝없이 내놓고 있으면서도 실제로 이 중에서 AT&T 스스로 상업화에 성공한 경우는 그리 많지 않았다. 실례로 트랜지스터 라디오는 소니가 상업화에 성공했다.[8]

19세기 말에 GE는 기업 부설 연구소 기능을 본격화시켰다. 그전까지 기술 혁신은 대부분 개인 발명가들의 영역이었다. 에디슨 본인도 그런 인물 중 하나였다. GE는 개인 발명가의 시대를 끝내고 조직화된 발명의

8 물론 그전에 텍사스인스트루먼트(TI) 트랜지스터 라디오가 있었지만, 시장 형성에 실패했다.

RCA의 최고경영자 사르노프는 뛰어난 선견지명으로 컬러텔레비전 시대가 오리라 예상했다. 그는 먼저 고객이 수용할 수 있는 컬러텔레비전의 수준을 정했다. 이처럼 기술 지향적이기보다는 고객 지향적인 R&D를 추진하면서 12년에 걸쳐 노력한 끝에 그는 목표를 달성했다. [왼쪽: 1922년의 사르노프 / 오른쪽: 비디오테이프 레코더를 들고서 포즈를 취한 사르노프(1954년)]

시대를 열었다. 20세기에 접어든 이후 많은 기업들이 그 모델을 따르고 있다.

기업 연구소에 근무하는 사람들의 시야는 과학 또는 기술 지향적이다. 호기심이 그들을 이끈다. 물론 호기심은 과학적 발견이나 신기술 개발에 큰 역할을 한다. 그러나 연구원들이 생산한 과학 연구나 기술 개발 결과들을 모아 놓는다고 해서, 고객 창조로 이어지는 것은 아니다. 만약 고객 창조보다는 기술 지향적인 연구에 강점이 있는 기업이라면, 직접 사업을 하려 하지 말고 라이센싱 전략에 집중하는 것도 하나의 방법이다.

드러커는 RCA의 컬러텔레비전 세트 개발을 고객 지향적인 R&D의 예로 들었다(MF pp. 271~272). 1940년대에 흑백텔레비전이 시장을 이미 형성했을 때, RCA의 최고경영자 사르노프David Sarnoff는 컬러텔레비전 시장이 반드시 도래할 것을 알았다. 그래서 그는 거꾸로 접근했다. 가격, 색상 선명도, 채널 용량, 외관과 크기 등 고객이 수용할 수 있는 수준의 가치를 목표로 정한 뒤, 거기에 맞는 과학 또는 기술 지식을 찾기 시작했다. 하지만 거기에 필요한 과학기술 지식은 RCA 연구원들의 눈에 터무니없고 실현 불가능한 것처럼 보였다. 그러나 사르노프는 아마 어려울 것이라는 주변의 우려와 달리, 소수의 유능한 인력으로 개발팀을 꾸린 뒤 12년에 걸쳐 그 목표를 달성해 냈다.

일본 기업들은 사르노프의 기술을 모방해서 비디오카세트 레코더를 개발했다. 그들 역시 사업 목표와 전략을 먼저 정한 뒤, 거기에 필요한 과학 기술 지식들을 개발하는 순서를 지켰다. 그 기술이 미국 기업의 수중에 있을 때에는 단지 특수 시장에서 소규모로 활용되는 수준에 그쳤지만, 일본 기업이 동일한 기술을 응용해서는 전 세계적인 고객 창조에 성공한 것이다.

LG전자는 2001년에 이미 모바일 태블릿 기기 아이패드를 출시했다. 국내에서는 웹패드, 해외에서는 Digital iPad라는 브랜드였다. 전자제품 박람회인 CeBIT에도 출품하여 호평을 받았다. 공교롭게도 10년 뒤 애플은 같은 이름, 같은 종류의 상품을 출시해서 대성공을 거두었다. 그러나 안타깝게도 앞서 나왔던 LG의 아이패드는 크게 빛을 보지 못하고 사라졌다. 왜 그랬을까? 고객 수용성이라는 사업 목표에 철저하지 않았기 때문이다. 다시 말해서 사업 지향적이 아니라 기술 지향적이었다. 당시 첨단 제품에 대한 연구원들의 개발 성과는 정말 높이 살 만하다.

그러나 10년 뒤 애플은 기술 지향적이 아니라 사업 지향적이었다. 고객이 수용할 만한 가치를 먼저 철저히 분석한 후, 거기에 맞는 기술들을 찾아다녔다. 그리고 3G등 모바일 기기의 효용을 충분히 뒷받침할 만한 통신 환경 개선을 기다렸다. 디지털 펜 대신에 터치 방식을 채택했는데, 이미 터치 기술이 10년 전과는 비교가 안 될 정도로 개선되어 있는 상태였다. 더구나 젊은 세대들은 이미 닌텐도 기기 등을 통해서 터치에 익숙해져 있었다. 동시에 애플은 모바일 기기가 고객에게 제공하는 가치는 하드웨어가 아니라 풍부하고도 편리한 콘텐츠라는 사실을 알고, 미리 아이팟iPod을 통해 음악 콘텐츠 시장을 형성했다. 앱을 풍부하게 만들기 위해 개발자와 애플이 8대 2로 수익을 배분하도록 하여 전 세계의 개발자들이 앱 개발에 몰려들도록 하는 데에 성공했다. 그리고 고객 감성을 충족할 사용자 경험을 개발하는 데 무엇보다 노력을 기울였다. 고객 창조를 위해, 전 시대의 제품들이 채우지 못했던 2퍼센트, 아니 몇 십 퍼센트를 채운 것이다.

R&D 부서는 연구만 잘하면 되는가? 물론 그렇다. 연구원은 연구에만 집중해야 한다. 하지만 이 말은 반은 맞고 반은 틀리다. 먼저 세계 어디에서나 성과를 내는 연구소들은 철저하게 연구에 집중할 수 있도록 해 준다.

> "우리의 하루 업무 시간 중 연구에 집중하는 시간이 90~95퍼센트 정도는 될 겁니다. 박사후 연수 과정생들도 마찬가지입니다. 한국처럼 정부에 보고서를 써내는 행정 업무는 이곳에서는 용납이 되지 않으며, 연구소 행정의 모든 것이 연구자 중심으로 돌아갑니다(미국 NIH 연구원)."[9]

우리나라의 과학기술 연구자들은 미국의 국립보건원, 독일의 막스 플

9 「美·獨·日 연구만 집중 …나머진 시스템이 한다」, 김요셉, 길애경, 이은미 기자, 2014, http://www.hellodd.com/

랑크 연구소 등 세계적인 연구소의 근무 분위기를 부러워한다. 연구 개발비 증빙을 위한 온갖 서식 구비와 각종 관료적인 보고 자료 작성에 시간을 낭비하는 우리나라 연구소와 대조되기 때문이다. 최근에는 유명 대학교 교수조차 정년이 보장되는 자리를 포기하고 잡무와 관료주의에 시달리지 않는 기업으로 옮기는 경우도 있었다. 본연의 일을 제외한 무익한 시간 낭비성 일들은 분명히 드러커가 말했던 성과를 낳는 활동이 아니다. 그런 면에서 행정과 연구는 체계적으로 분리하여, 지식노동자가 오직 자신의 성과를 낳는 활동에 집중하도록 해 주어야 한다.

반면에 기업 현장에서는 과학기술 연구자들의 이런 소박한 소망만으로는 충분하지 않다. 순수 연구를 제외한 모든 상업화 연구는 철저하게 사업 지향적이어야 한다. 그리고 연구원들도 이 목표를 이해하고 연구에 임해야 한다. 평생을 실험실에서 지내 온 과학기술 연구자들은 그런 면에서 시장을 상대하는 경영자들과 의사소통에 애로를 겪는 경우가 많은 것 같다. 연구자들은 설령 하찮아 보이는 평범한 구기술의 응용에 불과한 것이라 해도, 또는 당장 현재의 기술 수준으로는 어려워 보이는 연구라 해도 고객 목표, 고객 가치 달성에 기여하는 것이 자신의 활동이라는 점을 인지할 필요가 있다.

1880년대에 뒤스베르크Carl Duisberg가 작성한 바이엘 연구소의 사명이 다음과 같았다는 점을 음미하자.

> "화학, 약학, 생리학, 의학 문헌들을 모두 이용해서 친숙한 의약품, 특히 이미 특허를 얻은 의약품을 새로이 내놓을 수 있는 방법을 찾는다."[10]

---

10 『아스피린의 역사』, 다이어무이드 제프리스 지음, 김승욱 옮김, 동아일보사, 2007. p.97

친숙한 의약품이란 고객 창조에 성공한 의약품을 말한다. 이미 특허를 얻은 의약품을 새로이 내놓는다는 것은 동일한 고객 가치를 전혀 다른 방식으로 구현할 수 있는 기술적 요소들을 찾는다는 것을 의미한다. 단순히 신약을 개발하라는 것이 아니라 약효와 고객이 검증된 시장을 대상으로 특허에 걸리지 않는 새로운 제법을 찾아내라는 임무였다. 당시 연구소장 뒤스베르크는 사업 지향적 R&D의 원리를 잘 체득하고 있었다. 그의 생각은 단순히 변화를 기하는 것이 아니라, 시장에서 분명히 고객 신호가 읽힌 방향을 향해서만 변화를 기하라는 것이었다.

한편 사업 지향적 R&D를 마치 '돈 되는' 연구만 하라는 식으로 연구소에 요구해서는 곤란하다. 수익 부서와 동일한 잣대의 수익률을 연구 개발부서의 성과 기준으로 삼거나, 단기에 걸쳐, 또는 지나치게 빈번하게 연구소 성과를 평가하는 것도 잘못이다. 사업화에 성공하는 연구가 왜 많이 안 나오느냐고 재촉하는 것도 성급하다. 연구자들은 연구의 속성을 잘 모르는 경영자나 관료와 늘 싸워야 한다. 경영자는 연구 개발 활동의 특성을 이해하고 그들이 고객 창조 활동에 기여할 수 있도록 환경을 만들어 주어야 한다. 마찬가지로 연구원들도 자신의 전문성에만 갇히지 말고, 기업의 전체 목적을 이해한 상태에서 자신의 일에 임해야 한다. 그런 의미에서 연구원들이 연구 활동 못지않게 경영 활동을 이해할 필요성은 날로 증대하고 있다.

바이엘은 R&D의 예측 불가능하고 우연한 속성을 잘 알고 있었다. 바이엘 연구소의 사명에는 이런 문구도 덧붙어 있었다.

> "모든 사람이 위대하고 실용적인 연구 결과를 내놓을 것이라고 기대하지 않으며, 기대할 수도 없는 일이다. 연구 성과가 우연에 좌우되는 경우

가 생각보다 많다. 연구원들은 창의력을 발휘해서 혁신적인 성과를 만들어 내기만 하면 된다."[11]

대부분 연구는 계획대로 되지 않는다. 오히려 계획대로 되지 않기 때문에 더 큰 발견을 할 여지가 있다. 바이엘의 요구 사항은, 의도대로 되기는 어렵지만 어쨌든 덤비라는 주문이었다. 바이엘은 이처럼 R&D의 기본 속성을 잘 이해한 상태에서 사업 지향적인 R&D를 추구했다. 1897년 당시 살리실산은 이미 해열진통제로서 탁월한 효과를 인정받고 많은 병원에서 사용하고 있었다. 바이엘이 한 일은, 이 살리실산의 효능을 유지하되 위장 장애가 없는 새로운 제법을 찾아내는 것이었다. 그 결과 아세틸살리실산을 개발하는 데에 성공했다. 이 혁신 상품은 1899년에 아스피린이라는 상표를 달고 세상에 첫선을 보였고 100년 넘게 지속된 세기의 히트 상품이 됐다.

---

11 앞의 책.

5

컴퓨터가 불러온 현실 착시

어느 개발자의 공개서한

어느 정도 규모가 되는 기업치고 그룹웨어를 도입하지 않은 곳은 거의 없다. 전사적자원관리시스템ERP이나 지식경영시스템KMS도 이제는 더 이상 특별한 시스템이 아니다. 다 그런 것은 아니었지만, 이런 시스템들을 통해서 경영 효율화를 달성한 기업들도 비교적 많았다. 최근에는 ICT 기반으로 정보 소통과 관리가 이루어지는 스마트 공장, 스마트 사무실까지 등장했다.[1]

그러나 전산 시스템 구축이 성공적인 경영을 상징하는 여러 키워드들

1 스마트 사무실 도입에 앞서 사업의 목표와 기대하는 결과, 노동자의 심리와 근로 동기에 대한 판단이 더욱 중요하다는 사실에 대해서는, 송경모, 「너도 나도 스마트워크… 경영은 좀 나아지셨나요?」, 테크엠, July 2015, vol.27, pp. 126~129를 참조하라.(http://news.mt.co.kr/mtview.php?no=2015062417023994596)

인 혁신, 소통, 생산성 향상 등과 얼마나 긴밀한 내적 연관성을 지니고 있을까에 대해서는 의심스럽다. 오히려 구성원들이 견고하게 구축된 전산 시스템에 종속됨으로써 성과를 기여하는 행동과 거리가 먼 방향으로 노력을 낭비하게 되는 경우가 자주 발생한다.

LG전자의 한 IT 개발자가 퇴사하면서 CEO에게 남긴 공개서한이 있었다. 거기서 그 개발자는 LG전자가 진정으로 혁신을 하는 회사가 아니라 혁신을 하겠다고 '주장'만 하는 회사처럼 보인다고 말했다.

LG전자는 MIT 선정 글로벌 50대 혁신 기업에 포함되기까지 했던 회사다. 이런 회사에서 평사원 개발자 한 명이 혁신이 없다고 말했다. 이런 의견을 가리켜 조직에 적응하지 못하는 어떤 개인의 불평불만에 불과하다고 치부할 수 있을까? 사실, 일하는 사람이 직접 느끼는 것만큼 정확한 것은 없다. 조직에 굳이 목표와 자기통제, 폐기와 혁신의 원리가 없어도, 그 조직은 어느 정도 성과를 내면서 지속할 수 있다. 명령과 지시, 관행과 노력만으로도 얼마든지 성과는 나온다. 다만 탁월한 성과, 남보다 앞서가는 성과가 나올 수 없을 뿐이다.

좀 더 실무로 들어가서, 그는 보안이라는 이유로, 회사에서 막아 놓은 사이트가 너무 많아서 막상 연구에 필요한 정보를 얻을 수 없었다. 왜 막아 놓았는지에 대해서는 아무에게도 알려져 있지 않았다. LG전자가 크게 수익을 낼 수 있는 기회들이 이런 식으로 연구원들의 눈과 귀로부터 차단되어 있었지만, 대부분은 그냥 그러려니 포기하고 지나갔다고 한다.

이전에 벤처회사에 근무한 경험이 있었던 그는, 더 나아가 대부분 대기업에서 흔히 있을 법한 두 가지 문화를 거론했다. 하나는 토론 문화 부재고 또 다른 하나는 허울에 불과한 주인 의식 강조였다. 의견 개진 같은 것은 있을 수 없고 그냥 CEO나 CTO가 코멘트하면 그게 곧 사업 방향이 되어 버린다. 다음으로, 그는 회사가 도대체 연구원들을 주인인 것처럼 대해 주지 않는데 어떻게 주인 의식이 생길 수 있겠는가 하고 반문했다. 지각 체크, 복장 단정, 식사 시간 준수를 강조하는 분위기는 자신이 회사의 주인이기는커녕 철없는 중고생처럼 대우받는다는 느낌을 들게 했다. 마지막으로 그는 자신이 LG전자를 정말로 사랑하고 거기서 많은 것을 배웠다는 덕담으로 편지의 끝을 맺었다. 물론 이 편지에 대한 답신 같은 것은 없었다고 한다.

자신의 주력 업무가 IT가 아닌 마케팅, 기획, 생산 등 현업 부서 담당자들은 어떻게 느낄까? 그들은 회사에 구축된 IT 시스템 자체에 대한 불만은 별 문제 거리가 아니다. 왜냐하면 그들에게 IT 시스템은 단지 관행이기 때문이다. 그룹웨어 접속과 전자 문서 열람, 결재, 메시징, 문서 업로드, 재고·판매·입금 등 관련 업무 현황 정보 열람, 업무 정보 입력 등등 모든 것들은 형식이나 관행이다. 대신에 그들의 불만은 주로 IT가 아닌 영역의 일에 집중되어 있다고 보인다. 빠진 기능이나 데이터는 다른 수단으로 해결하면 되고 느려 터진 전산 시스템이야 잠깐 견디면 그뿐이지만, 비합리적인 소통, 동기 부여 없는 강제, 아무런 도전도 혁신도 보상도 없는 문화, 이런 것들은 지식노동자의 내면을 서서히 병들게 하는 독소와 같다.

그렇다면 경영자들은 어떻게 느낄까? 그들은 전산 시스템 도입을 마치 거대한 혁신인 것처럼 여길지 모른다. 그럴만도 하다. 원대한 기획안을 만들고, SI 업체를 선정하고 많은 돈과 노력을 들였기 때문이다. ERP나 홈페이지 개편이 끝나면 웬지 기분이 좋다. 뭔가 회사에 새로운 성과가 쑥쑥 달성될 것 같은 기대감마저 든다.

우리나라 금융기관들은 수년에 한 번씩 거금을 들여 전산 시스템을 새롭게 구축해 왔다. 그때마다 '차세대' 라는 수식어가 꼭 빠지지 않았다. 그럼에도 불구하고 우리나라의 많은 금융기관들은 늘 문제에 휩싸여 허우적댔고, 혁신과 경쟁력 없다는 질타에서 한시도 벗어나지 못하고 있다. 이런 일이 비단 금융기관만의 문제는 아닐 것이다.

과거 기업 정보 전산화의 철학은 주로 효율성에 기반을 두고 있었다. 효율성은 분명히 경영 성과를 개선하는 데에 일조했다. 그러나 드러커는 경영자가 추구할 가치로서 효율성보다 효과성을 항상 우위에 두었다. 효율성은 단지 과거의 유지 또는 운영에 초점을 두는 것인 반면에, 효과성은 현재와 미래를 겨냥한 혁신과 고객 창조에 초점을 둔 것이기 때문이다.[2] 드러커가 컴퓨터에서 발견한 역할은 효율성이 아니라 효과성에 대한 기여였다. 컴퓨터의 가치는 경영자가 과거의 뒤치다꺼리에 불과한 문제들에서 벗어나 미래 성과 창출에 기여하는 활동에 올바른 노력을 기울일 수 있도록 하는 데에 있다. 그러나 컴퓨터는 과연 그 목적을 다하고 있을까?

데이터 분석의 시대, 성공과 오판들

한때 기업들이 앞다투어 수행했던 전산 시스템 구축은 '디지털화'라는 대세를 따른 것이었다. 하지만 디지털화 그 자체가 효과성, 즉 목표 달성을 뜻하는 것은 아니었을 뿐만 아니라, 이미 과거의 이슈가 됐다. 반면에, 최근에 부상한 이슈는 데이터 분석이다. 과거에는 통계 분석이 그 주요

2 이런 이유 때문에, 이재규 교수는 그의 드러커 번역서의 많은 부분에서 effectiveness를 '목표를 달성하는 능력'으로 의역했다.

수단이었지만, 이제는 그를 넘어서 데이터 과학으로 분류되는 새로운 기법들이 활발히 적용되고 있다.

통계 분석은 사람이 컴퓨터를 통해 할 수 있는 수많은 일 가운데 하나에 불과하다. 컴퓨터가 없던 시절에 경영자들은 통계연감을 펼치고 각종 숫자를 들여다보면서 상상하고 추측했다. 이를 통해 인구가 어떻게 변하는지, 어떤 물건들이 세상에 많아지는지, 어떤 현상들이 일어나는지 시장의 흐름을 읽을 수 있었다. 당연히 그 통계들은 사업 전략 수립에 중요한 참고가 됐다. 감에 의거한 주먹구구식 판단에만 의존하는 것보다, 숫자에 의거한 체계적인 분석을 병행하면 분명히 도움이 된다.

요즘은 시장과 고객 분석이 통계 분석 차원을 넘어섰다. 데이터 시각화, 패턴과 의미 도출을 지향하는 BI Business Intelligence, BA Business Analytics, 그리고 빅데이터 분석의 단계까지 왔다. 이를 구현하는 수많은 첨단 소프트웨어들도 출시돼 있다. 하지만 데이터 분석도 데이터 문해력 data literacy 이 없으면 목표 달성을 위한 유용한 수단이 되지 못한다.

최근에는 이러한 데이터 분석을 통해 성과를 창출하는 사례들이 늘어나고 있다. FnC코오롱은 웹사이트 방문 고객 분석을 통해 클릭 빈도가 높은 상품은 평균 5~7일 뒤에 실제 매장에서 판매가 이루어진다는 사실을 알아냈다. 이를 통해 판매 증가가 예상되는 품목들을 주기적으로 갱신해서 각 브랜드 담당 부서에 제공할 수 있었다. 또한 다른 종류의 데이터 분석을 통해 판매 예측 시뮬레이션 프로그램도 만들어서 시행해 본 결과, 실제 판매량에 매우 가깝게 예측할 수 있었다.[3] 이를 바탕으로 의류 업계의 난제인 재고 관리를 더욱 효과적으로 수행했다.

---

3 「FnC코오롱의 빅데이터 실험… 패션에 '과학' 입혀 '대박' 꿈꿔」, 김윤현 기자, 이코노미조선, 2014년 3월 호, pp. 124~125.

반대로 데이터 분석만으로 오판에 이를 수 있는 사례 역시 많다. 덴마크의 레고는 2000년대 초 위기에 처했을 때 빅데이터 고객 분석을 통해 활로를 찾으려고 시도했다. 분석 결과, 1980년대 이후 출생한 디지털 세대는 니지털 네이티브 이전 세대에 비해 인내심이 부족하기 때문에 레고 같은 블록에 관심을 갖지 않으리라는 결론이 나왔다. 사실상 레고가 기존 사업을 포기해야 한다는 메시지였다. 그러나 레고의 직원이 현장을 방문했을 때 컴퓨터와 빅데이터가 알려 준 결과와 다른 현상을 발견했다. 독일에 있는 레고 마니아이자 스케이트 보더였던 소년의 집을 방문했을 때, 그 소년은 자신의 닳은 운동화를 가장 자랑할 만한 물건으로 내보였다. 그 물건은 자신이 그 지역 최고의 스케이트 보더라는 증표였다. 레고 마케터들은 어린이들조차 어려운 과업을 성취하는 데에서 오는 희열을 즐기고, 그 증표로 어떤 물건을 가지고 있고 싶어 한다는 사실을 깨달았다. 레고는 블록의 크기를 전보다 줄이고 조립 과정을 더욱 복잡하게 만들었다. 어린이들은 여기에 반응했고 레고의 사업은 회복됐다. 어린이들은 어려운 일을 해냈다는 업적을 인정받고 싶어 하는 욕구가 있었지만, 컴퓨터 데이터 분석은 이를 알려 주지 못했다.[4]

고객 정보를 포함하여 경영자가 문서로 보고 받는 정보 가운데 상당수가 사실은 통계다. 성과 재무 비율, 지점별 월간 실적, 인사 고과 평가 결과, 불량률 등등 굳이 고도의 통계 분석을 거치지 않은 간단한 수치들도 컴퓨터를 이용해 간결한 표나 화려한 차트 형태로 제공된다.

드러커는 컴퓨터의 이렇듯 탁월한 수치 처리 능력이 경영자에게 현실에 대한 착각을 불러일으키기 딱 알맞다는 사실을 강조했다. 경영에서

4 「(The Biz Times) 빅데이터는 덩치만 큰 코끼리… 미래를 보려면 스몰데이터 찾아라」, 윤선영 기자, 매일경제, 2016. 4. 15.

숫자의 유용성과 한계에 대해서는 본서의 3부 5장에서 다루었으므로 그 부분을 참고하기 바란다. 여기에서는 드러커가 바라보았던 컴퓨터 자체의 의미와 역할에 중점을 두기로 한다.

컴퓨터가 하지 못하는 것[5]

알두스 마누티우스Aldus Manutius의 이름을 기억하는 사람은 그리 많지 않다. 이탈리아 르네상스 시절에 첨단 기술이었던 활판 인쇄술을 응용하여, 과거에 필사본으로만 돌던 그리스 고전을 대량으로 출판함으로써 거부가 된 인물이다(MC21 p. 106). 구텐베르크를 튜링이나 폰 노이만에 비유한다면, 마누티우스는 빌 게이츠 정도에 해당하는 인물일 것이다. 흔히 알려진 이탤릭체, 그리고 세미콜론이나 콤마 등을 처음 사용한 사람도 바로 마누티우스였다. 그가 인쇄와 출판 산업을 정착시킨 이후 인쇄 기술은 점점 보편적인 지식이 되었다. 물론 세부에서는 개량이 거듭되어 왔지만 오늘날 인쇄 기술을 첨단 기술이라고 보는 사람은 아무도 없다.

드러커는 과거 문자와 서적의 발명에 이어, 구텐베르크 이후의 인쇄 혁명을 3차 정보 혁명, 20세기 후반의 컴퓨터와 인터넷 혁명을 4차 정보 혁명이라고 보았다. 이 4차 혁명은 아직도 진행 중이다. 그런 면에서 오늘날 컴퓨터 기술자들은 본질적으로 500년 전 인쇄 기술자와 같은 역할을 하고 있다.

기업의 전산 담당 인력들은 스스로를 기술자로 인식하는 경향이 있다.

5 「(송경모의 드러커식 세상 읽기) ICT는 경영자의 일을 대신해 주지 못한다」, 송경모, 조선일보 Weekly Biz, 2014. 9. 27.

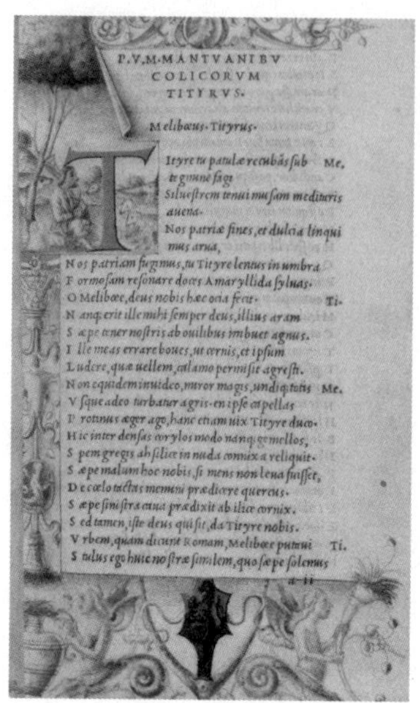

P.V.M.MANTVANI BV
COLICORVM
TITYRVS.

Melibœus. Tityrus.

Ityre tu patulæ recubãs sub tegmine fagi Me.
Siluestrem tenui musam meditaris auena.
Nos patriæ fines, et dulcia linquimus arua,
Nos patriam fugimus, tu Tityre lentus in umbra
Formosam resonare doces Amaryllida syluas.
O Melibœe, deus nobis hæc ocia fecit. Ti.
Nanq; erit ille mihi semper deus, illius aram
Sæpe tener nostris ab ouilibus imbuet agnus.
Ille meas errare boues, ut cernis, et ipsum
Ludere, quæ uellem, calamo permisit agresti.
Non equidem inuideo, miror magis, undiq; totis Me.
Vsque adeo turbatur agris. en ipse capellas
Protinus æger ago, hanc etiam uix Tityre duco.
Hic inter densas corylos modo nanq; gemellos,
Spem gregis ah silice in nuda connixa reliquit.
Sæpe malum hoc nobis, si mens non læua fuisset,
De cœlo tactas memini prædicere quercus.
Sæpe sinistra caua prædixit ab ilice cornix.
Sed tamen, iste deus qui sit, da Tityre nobis.
Vrbem, quam dicunt Romam, Melibœe putaui Ti.
Stultus ego huic nostræ similem, quo sæpe solemus

a ii

오늘날 책 편집에서 흔히 볼 수 있는 이탤릭체와 세미콜론, 콤마 등을 처음 사용한 알두스 마누티우스는 르네상스 시절의 빌 게이츠라 불릴 만한 인물이었다. 오늘날에는 컴퓨터 기술자들이 500년 전 인쇄 기술자와 비슷한 역할을 수행하고 있다. 사진은 알두스 마누티우스가 인쇄한 베르질리우스의 저서(1501년).

자신을 기업의 성과를 창출하는 데에 기여하는 경영자로 생각하지 않으려 한다. 기업들은 전산 담당 부서가 중심이 되어 거액을 들여 IT 시스템에 투자한다. 그럼에도 불구하고 기업의 성과는 크게 나아지는 것 같지 않다. 왜일까?

드러커에 의하면, 그 이유는 현재의 IT 시스템이 경영자가 해야 할 중요한 일들을 아직 대체하지 못하기 때문이다. 말 그대로 IT 시스템은 경영이 아니라 기능의 수준에서 자신의 역할을 하고 있기 때문이다. 컴퓨터가 아직 대체할 수 없는 경영자 본연의 과업이 있다. 의사 결정, 의사소통, 외부 정보라는 세 가지 영역에서 그 일이 이루어진다.

첫째, 컴퓨터는 의사 결정에 필요한 정보를 제공할 뿐, 가장 중요한 의사 결정은 결국 사람이 해야 한다. 현재의 컴퓨터는 기존의 잡다한 관리 업무와 지루한 절차를 간소화하는 데에 혁혁한 공을 세웠다. 그러나 컴퓨터로 처리되는 업무의 절차가 아무리 복잡하더라도 정해진 조건들에 따른 일련의 흐름일 뿐 그것은 결코 의사 결정이 아니다. 경영자는 관행과 어긋나는 상황에 수시로 직면하고, 그때마다 올바른 정책과 방향을 수립해야 한다. 그러나 컴퓨터는 그런 일을 할 수 없다. 더구나, 경영자의 모든 의사 결정은 적절한 위험을 수용하는 것에 대한 결정이지만, 컴퓨터는 위험에 대한 판단을 스스로 할 수 없다(EE 159~165). 컴퓨터가 내놓는 대응 방안이 사전에 입력된 데이터와 알고리즘에서 나왔다면 그것은 본질적으로 위험에 대한 대응이 될 수 없다.

둘째, 경영자가 내부의 인력이나 외부의 시장을 상대로 행하는 의사소통은 IT 시스템이 해 줄 수 없다. 왜냐하면 정보는 비트와 알고리즘이지만, 의사소통은 지각이자 전체상configuration이기 때문이다. 그런 의미에서 IT 시스템은 단지 통로는 될 수 있을지 몰라도, 정작 필요한 소통과 판단은 사람만이 할 수 있다. 한 사업부가 연매출 10억 원을 달성했다는 사실은 하나의 정보로서 컴퓨터가 내놓을 수 있지만, 겨우 그것밖에 못했느냐 또는 대단한 일을 해냈구나 하고 말할 수 있는 것은 오직 사람뿐이다. 의미는 오직 사람만이 이해할 수 있기 때문이다.

셋째, 경영자의 큰 의사 결정은 항상 내부가 아니라 외부에서 나온다. 인터넷 정보 검색이 대중화되기 전에도, 경영자들은 항상 신문, 잡지, 서적, 여행, 현장 시찰, 사교를 통해 끝없이 외부에 대한 정보를 수집했다. 컴퓨터는 그 자체로 외부가 아니라 외부의 정보를 전달하는 통로에 불과하다. 인터넷이 보급되고 정보가 넘쳐나기 시작한 2000년대에 들어서조차, 미국은 물론이고 전 세계 모든 기업가들은 외부에서 서브프라임 위기가 진행되고 있다는 사실을 눈치조차 채지 못했다. 오직 그 시장에 접근할 수 있었던 극소수의 금융 관계자들만이 사태의 징후를 알고 있었을 뿐이었다.

오늘날 첨단 경영정보시스템이나 전사적자원관리시스템조차 내부의 정보를 주로 다루며, 거기에서 경영자에게 정작 필요한 외부의 정보는 찾기 힘들다. 특히 기존 고객이 아닌 비고객에 대한 정보는 거의 없다. 비고객을 고객으로 전환시키는 것이야말로 경영자의 큰 역할임에도 말이다.

IT 붐이 한창이던 1998년에 드러커는 『포브스Forbes』 지에서 다음과 같이 말했다. "컴퓨터는 경영자가 내부의 비용에 치중하는 나쁜 습관을 가중시키고 있다." "앞으로 10~15년 사이에 외부의 정보를 수집하는 일이 정보 기술의 다음 과제로 등장할 것이다." 2005년에 드러커가 타계하고, 최근에 빅데이터가 각광을 받고 있지만, 아직 외부 정보를 분석하는 걸음마 단계에 불과하다. 빅데이터가 경영자에게 의미 있는 외부 정보를 효과적으로 제공하는 수준으로 발전하려면 더 기다려야 한다.

현재 ICT는 아직 기술(T)에 중점을 두고 있으며, 정작 정보(I)는 걸음마 단계이고 소통(C)은 요원할 뿐이다. 과거 인쇄 기술이 처음 등장한 뒤 출판 서적의 지식이 기업 경영에 응용되기까지 오랜 시간이 걸렸던 것처럼 ICT가 경영자의 일을 상당 부분 대신해 주기 위해서는 아직도 많은 시간이 필요하다. 그때까지는 컴퓨터가 뭔가를 해 줄 수 있을 것이라는 과도한 기대를 품기보다는, 경영자 본연의 일을 자각하고 정보의 홍수 속에서 중심을 잃지 말아야 한다.

인공지능은 노동자를 대체하겠지만 경영자를 대체하지는 못한다

2016년 3월 컴퓨터 알파고와 프로 기사 이세돌의 대국은 인공지능에 대한 불필요한 오해를 불러일으켰다. 인간은 모든 일자리를 인공지능한테 빼앗기고 기계의 노예가 될 날이 얼마 남지 않았다는 SF 수준의 논평이 줄을 이었다.

인공지능은 방대한 정보를 획득하고 처리하는 데에 분명 강점이 있다. 사람이 수행하는 동일한 성격의 과업을 인공지능은 비교도 안 될 정도로 신속하고 정확하게 처리할 수 있다. 그러나 획득하고 처리해야 하는 정보와 그 처리 방식 자체를 정의하는 일은 아직 인공지능의 역량 밖에 있다. 그 역할은 궁극에 가서 여전히 사람이 한다. 딥마인드의 경영자와 개발자들이 바로 그런 일을 했다. 혹자는 스스로 학습하는 소프트웨어가 사람 없이도 그런 일을 해낼 수 있다고 생각할지 모른다. 예를 들어 코자John Koza의 유전자 프로그래밍genetic programming 같은 것이 스스로 학습하면서 진화하는 알고리즘의 대표적인 예다. 그러나 스스로 코드를 갱신하면서 진화하는 것처럼 보이는 이 알고리즘도 그 연산 논리는 여전히 컴퓨터 외부에서 사람이 정의해 주어야 한다. 알파고의 예에서 봤던 것처럼 구글이 채택한 심층 인공 신경망을 이용한, 일명 딥러닝 알고리즘도 마찬가지다. 그 알고리즘이 투입 데이터들을 이용하여 예측 대상에 보다 근접한 값이 달성되도록 모형의 제반 파라미터 추정치들을 계산하는 절차는 컴퓨터 외부에서 사람이 결정해 주어야 한다.

미래에는 기업 운영의 여러 절차를 대신해 주는 인공지능이 나올 것이라고 충분히 예상할 수 있다. 조달, 생산, 재고 관리, 유통 관리, 판매 및 대금 결제, 마케팅 분석, 연구 개발, 인력 관리까지 모든 업무 절차를 데이터의 흐름으로 관리하면서 부문별로 가장 효과적인 의사 결정 대안들을 제시해 줄 것이다. 정작 그 물건을 생산하는 기업에는 사람이 별로 필요 없을지 모른다. 사람들은 그 기업 외부에서 이 시스템을 유지 보수해 주는 제3의 기업에 다 모여 있을 것이다. 이렇듯 사람이 거의 개입하지 않고 기계가 모든 일을 다 처리해 주는 시스템은 보다 확산될 것이다. 지금도 무인 공장은 이미 등장해 있다.

하지만 무인시스템이 아무리 효율적이라 해도 이것은 아직 드러커가 말한 의미의 '경영'을 수행하는 것은 아니다. 그것은 운영 또는 유지만을 할 수 있을 뿐이다. 정해진 방식대로 단지 운영과 유지만을 행하는 사람들은 다 노동자다.

반면에 시스템이 운영·유지하는 대상과 방식 자체를 새롭게 설계하고 혁신하는 사람은 경영자다. 이때 컴퓨터와 노동자는 경영자의 눈에 가용한 하나의 자원에 불과하다. 미래에 컴퓨터로 대체되는 것은 노동자이지 결코 경영자가 아니다. 그가 의사, 변호사, 회계사, 교수, 기자와 같은 어떤 전문가라 해도, 노동자인 한 결국 대체된다. 설령 그가 경영자의 자리에 앉아 있다 해도, 혁신하거나 창조하지 않고 오직 관행만을 따르고 있다면, 그는 이미 경영자가 아니라 노동자다. 따라서 대체된다.

사람이 어떤 상황에서 직관적으로 수행할 수 있는 판단이나 의사 결정이 컴퓨터에게는 난공불락의 일일 수 있다. 반면에 인간에게 너무나 힘들고 어려운 운영, 관리, 계산이 컴퓨터에게는 가뿐한 일일 수 있다. 인공지능은 어디까지나 후자를 하려는 것이다. 아무리 강한 인공지능, 트랜스휴먼의 단계를 넘어 사람을 닮은 컴퓨터를 만든다 해도, 그 컴퓨터는 컴퓨터일 뿐 결코 사람이 될 수는 없다.

1950년대에 텔레비전이 보급됐을 때, 수많은 사람들은 책이 사라질 것이라고 우려했다. 그러나 날이 갈수록 책은 사라지지 않고 오히려 더욱 풍성해졌다(MC21 p. 107). 지금 인공지능이 사람의 일자리를 대체할 것이라는 우려도 같은 맥락에서 볼 수 있다. 컴퓨터는 컴퓨터대로 탁월히 할 수 있는 일의 영역이 계속 늘어날 것이다. 이와 동시에 사람들은 컴퓨터가 할 수 없는 더 많은 영역의 일들을 찾아낼 것이다.

조직에 예속된 채 절차와 지시대로 일하는 노동자들은 분명히 줄어들 것이다. 대신에, 발달된 성능의 소프트웨어의 도움을 받으면서 스스로 판단하고 결정하는 경영자들은 결코 줄어들 리가 없다. 자유는 항상 경영자의 편이다.

컴퓨터가 강점이 있는 이유는 그것이 백치라는 사실 때문이다. 그러나 그것을 사용하는 경영자는 절대로 백치여서는 안 된다(TMS p. 165).

컴퓨터의 유용성보다는 정보 혁명 때문에 뒤바뀐 사업의 가정들에 더 주목해야 한다

컴퓨터가 해 줄 수 있는 일이 무엇이냐, 또는 컴퓨터와 인공지능이 경영자를 대체하느냐 마느냐보다 더 시급하고 현실적인 문제는 전혀 다른 데에 있다. 그것은 바로 컴퓨터가 촉발한 정보 충격이, 경영자들이 익숙해 있던 과거의 모든 사업 가정 자체를 바꾸고 있다는 사실이다. 근대의 정보 충격은 활판 인쇄술의 발명과 서적의 보급에서 태동했다. 20세기 전반에는 이동 수단(철도, 자동차, 항공 등)의 확대로 그 효과는 배가됐다. 20세기 후반에는 대학 교육의 급팽창과 정보의 디지털화가 큰 역할을 했다. 지금 21세기의 정보 충격은 인터넷과 모바일로 상징되는 디지털 연결에서 나왔다.

사회가 여러 단계의 정보 충격을 겪으면서, 20세기까지 사업을 정의했던 방식이 근본부터 흔들리고 있다. 드러커 식으로 표현하자면 과거에 타당했던 사업 이론, 사업 가정들이 종막을 고하고 있다(MC21 pp. 3~40). 1860년대에 서구에서 주식회사 제도가 정착한 이후 100년이 넘도록 다음과 같은 사업 가정들이 경영자들의 뇌리에 깊이 각인되어 있었다(FS pp. 218~219).

1. 기업은 주인이고, 종업원은 노예다. 왜냐하면 기업은 생산요소를 소유하고 있고 종업원은 그렇지 못하기 때문이다. 지금까지 모든 노사관계, 노사 갈등의 진원지는 바로 이런 사고에서 나왔다.
2. 종업원은 회사에 하루 종일 나와서 일해야 한다. 그래야 월급을 받을 수 있다.
3. 가장 효율적인 생산 방식은 한 경영자 아래 가급적 많은 활동들을 통합시켜서 물건을 많이 만들어 내는 것이다. 이것이 한 세기를 지배했던 대기업 모델이다. 그 이론적 기반은 로널드 코스였다. 포드와 스탠더드 오일 같은 미국의 주력 기업이 그렇게 성장했고, 삼성, 현대, LG 같은 우리나라의 대기업이 이런 가정 하에 성공했다.
4. 공급 기업이 이익을 얻을 수 있었던 이유는 그동안 소비자가 상대적으로 무지했기 때문이다. 브랜드 가치라는 것도 사실은 고객이 제품이나 서비스 자체의 가치에 대해 잘 모르기 때문에 가능했다.
5. 산업이 필요로 하는 기술이 있고, 기술이 적용되는 산업이 있다. 가전 제품에는 전자 기술이, 의류에는 섬유 기술이 필요하다.

6. 한 제품이나 서비스는 한 가지의 용도가 있고, 어떤 용도는 어떤 제품이나 서비스를 통해 충족할 수 있다. 콜라는 병이나 캔에 담겨서 소비돼야 하고, 차체는 강철로 만들어야 한다. 다시 말해서 어떤 사업의 '시장'이라는 것이 정의되어 있다.

그러나 이제 이 모든 가정들이 송두리째 바뀌고 있다. 어떻게 바뀌고 있는가? 드러커는 이를 다음과 같이 요약했다(FS pp. 219~222).

1. 보다 많은 지식노동자들이 생산요소를 소유한 자본가로서, 화폐를 보유한 자본가와 대등한 관계가 된다. 다만 지식노동자로서 자신을 학습시키지 못한 사람은 영원히 화폐 자본가에 예속된 채 설 수밖에 없다.
2. 보다 많은 종업원들이 계약 기반, 임시 기반으로 일하게 됐다. 기업에 종속되어 하루 종일 일하는 종업원들은 점점 줄어든다.
3. 거래 비용이 점점 줄어들면서, 한 기업이 모든 자원과 활동들을 대규모로 통합해서 경영할 필요가 점점 줄어든다. 기업 내에서조차 한 사업 단위를 거대 규모로 유지할 필요성이 줄어든다. 모든 지식과 자원은 이내 진부해진다. 이들을 조직이 직접 보유하고 있는 것은 큰 위험이다. 핵심 자원과 지식을 제외하고는 상당 부분을 아웃소싱하거나 공유한다.
4. 컴퓨터 사이의 연결로 통신 비용이 획기적으로 줄어들면서 앞서 말한 현상이 가속화된다.
5. 소비자가 정보를 지니게 되면서, 힘의 축이 공급자로부터 소비자로 이행한다. 판매자, 그러니까 제조사는 더 이상 과거와 같은 의미에

서 공급자가 아니라, 마치 고객을 위한 구매 대행자처럼 변한다.

6. 어떤 분야에 고유한 기술이라는 개념도 사라진다. 모든 기술은 이종 분야의 기술과 융합하면서 전혀 다른 형태의 기술이 등장한다. 고정된 산업이나 기술이라는 것은 없어진다. 실제로 오늘날 대부분의 산업은 이종 기술이 융합하면서 이루어진 것이다. 인터넷, 컴퓨터, 신용카드, 핀테크, 등등. 어떤 경영자든 앞으로 자신이 '유리' 사업, '패션' 사업, '식품' 사업, '가구' 사업, '유통' 사업, '통신' 사업, '금융' 사업 등을 한다고 특정한 뒤 그 안에 자신을 가두어서는 안 된다. 이런 식의 구분법은 20세기까지 통용되었지만, 앞으로는 전혀 무의미하다.

물론 이런 변화들은 순식간에 일어난 것이 아니다. 오랜 역사에 걸쳐 점진적으로 진행돼 왔지만 20세기 후반, 드러커가 말했던 4차 정보 혁명 이후에 보다 분명하고 확고해진 것일 뿐이다(MC21 pp. 102~105). 지식 사회의 성장, 지식노동자의 확산, 의사 결정 단위의 분권화와 자율화가 이 모든 진행이 추구하는 방향이었다.

이런 변화들은 모든 고정된 것들이 해체되는 과정이었다. 고객의 마음도, 기업의 형태도, 생산의 절차도, 기술의 역할도, 사람들을 조직하고 경영하는 방식도, 어느 것 하나 '이래야 한다'고 단언할 수 없는 시대가 됐다. 이런 거대한 변화가 일어난 이유는, 드러커의 생각처럼 사업의 유일하고도 근원적인 생산요소가 지식 하나로 통일되어 가고 있기 때문이다. 오늘날 전통적 의미의 토지/노동/자본의 역할, 농림·어업/광업/제조업/건설업/유통업/서비스업 등의 구분, 1, 2, 3차 산업의 구분이 사라지고 있는 것도 다 이 때문이다. 지식은 본질적으로 융합을 통해 생성, 소멸되는 것이기 때문에, 과거와 같은 식의 업종 구분이 점점 쓸모가 없어질 것이다.

예를 들어서 야마하는 이미 악기 회사라고 할 수도, 전자 회사라고 부를 수도 없다. 야마하의 특허는 대부분 전자 기술이다. 또한 그들의 활동을 보면 제조사라고도, 유통사라고도, 서비스 회사라고도 부르기 어렵다. 이케아, 애플, 3M 등 앞서가는 지식 조직도 마찬가지다. 이런 회사들은 이미 가구라거나, 모바일 기기라거나, 공업용품이라는 낡은 업종의 틀 안에서 가두기 어려운 상태가 됐다. 한 기술에 대해서도 보건 분야, 식품 분야, 전자 분야, 또는 건설 분야라는 식으로 소속 영역이나 용도를 구분하는 일이 무의미해질 것이다. 가까운 시기 어느 날 갑자기 이마트도 더 이상 유통회사로 한정 짓지 못하게 될 것이고, 미래에는 현대자동차도 회사 이름에서 자동차라는 단어를 떼어 버려야 할 날이 올지 모른다.

조직 내 과업들도 분리된 기능보다는 사업의 목표 위주로 재편될 것이다. 과거 파욜 식의 기능형 조직에서 판매, 연구 개발, 재무, 생산 관리, 인사 관리 업무는 칸막이 쳐진 채 존재했다. 앞으로도 이런 기능 업무들은 여전히 주력 담당자들이 존재하겠지만, 인공지능 소프트웨어의 도움을 받아 보다 손쉽게 처리할 수 있게 될 것이다. 지식노동자들은 자신의 기능 업무보다는 사업의 목표 달성에 보다 기여하는 활동에 집중하게 되고, 그를 위한 학습과 혁신에 보다 많은 시간을 투입하게 될 것이다.

분권화된 의사 결정 단위가 늘어나면서, 거대한 규모의 단일 통제 조직은 점점 사라진다. 물론 단일 기업으로서 외형 자체는 여전히 초대형인 기업들이 늘어날 것이다. 그러나 한 단위로서 큰 것이 아니라, 독립적으로 경영되는 작은 단위들의 통합체로서 클 뿐인 상태가 될 것이다. 그 내부를 구성하는 사업부들은 목표와 자기통제의 원리에 따라 전체의 목표 아래 경영 단위별로 자율적인 의사 결정과 성과 책임을 지게 된다. 그것이 오늘날 글로벌 기업들이 지향하는 모습이다. 과거에 내부에 통합시켰던 자원들은 점점 외부화 및 공유될 것이다. 핵심 지식을 제외한 대부분의 지식은 아웃소싱될 것이다.

이 모든 변화들이 컴퓨터를 중심으로 한 정보 혁명 때문에 일어났다. 그런데 바로 여기에서 우리나라가 과거의 성공에 발목을 잡혀 주저앉을 가능성이 있다. 드러커는 과거 20세기 후반 일본이나 한국이 이룩했던 것과 같은 경제 기적을 오늘날 개발도상국이 재현하기는 점점 더 어려운 일이 되고 있다고 말했다. 일본이나 한국은 2차 세계 대전 이후 고성장 시대에 제조업을 통해 기적을 일궈지만, 그 당시의 가정들은 이제 더 이상 통용되지 않는다. 우리나라는 당시 선진국이 필요로 하던 기존 제품들을 저비용으로 또는 보다 혁신적인 방식으로 생산해서 공급(수출)했다. 그렇게 함으로써 수많은 일자리를 창출할 수 있었고 기적이라고 칭송받을 만한 성장을 이룰 수 있었다. 우리나라에서 제조업은 한때 부와 일자리를 창출했던 영광스러운 역할을 분명히 담당했다. 하지만 오늘날 그 역할은 제조업에서 지식 사업으로 이양된 지 오래다. 서구에서 이 일이 조금 먼저 일어났고 동아시아 국가들은 약간의 시차를 두고 뒤늦게 일어났을 뿐이다(FS pp. 206~218).

컴퓨터, 아니 로봇이 사람의 일자리를 대체하느냐 아니냐는 결코 초점이 아니다. 로봇이 우리를 지배할 것이라는 공포는 허구다. 아무리 시대가 흘러도 공장은 일하는 곳이다. 사람이 하건, 로봇이 하건 아무 차이가 없다(MF p. 316). 그 로봇을 만들거나, 개발하거나, 활용하는 누군가는 반드시 존재한다. 그들은 바로 경영자, 즉 자유로운 사람들이다.

가장 중요한 것은 그들이 소통하고 창조하는 일을 하느냐, 관행이나 지시에 따른 일만을 하느냐에 있다. 앞의 사람들은 경영자로서 로봇과 더불어 더욱 성과를 내겠지만, 뒤의 사람들은 노동자로서 로봇 앞에서 퇴화할 것이다.

정보 혁명 시대에 소통과 창조를 위해 경영자에게 진정 필요한 것은 거대하고 정교한 전사적자원관리시스템, 지식경영시스템, 또는 거기 담긴 디지털 데이터 자체가 아니라, 데이터 문해력이다. 경영자는 어떤 것을 아는 것보다 무엇을 알아야 할지를 아는 것이 더욱 중요하다. 문해력은 로봇이 아니라 오직 경영자만이 갖출 수 있는 능력이다. 그런 의미에서 경영자는 최고정보관리책임자CIO여야 하고, CIO 역시 경영자여야 한다(MTGC p. 83).

6

성장은 낭만이 아니다

초대형 기업에 대한 막연한 동경

19세기말부터 등장하기 시작한 거대 기업은 서구 경제사에서 전례 없는 현상이었다. 타이쿤tycoon은 사회의 새로운 권력자로 부상했다. 당시 경제학자 알프레드 마샬Alfred Marshall은 거대 기업의 효율성을 규모의 경제와 단위 생산비의 획기적 절감에서 찾았다. 드러커도 초기에는 GM의 사례를 연구하면서 거대 기업의 비용 효율성, 장기적 관점, 그리고 우수한 인력 집중이 소기업에 비해 분명히 장점이 있다는 점을 인정했다. 물론 대기업의 그런 장점은 중앙 집중 계획이 아니라 분권화되어 있을 때에만 작용할 수 있다는 단서를 달았다(CoC pp. 223~259, NS pp. 225~227). 그때부터 이미 그는 거대함의 본질적인 문제점들을 직감했던 것으로 보인다. 이후 그의 생각은 대형 기업의 장점보다는, 잘못된 규모의 문제를 지적하는 쪽으로 바뀌었다. 그러나 아직도 사회 전체가 거대함에 대한 환상에서 못 벗어난 것 같다. 한없이 커지고 싶어 하는 기업들의 확장욕 한편에서 대규모 기업 집단에 대한 비난은 멈추지 않는다. 초대형 은행 또는 초대형 금융 기관이 필요하다는 주장은 잊을 만하면 늘 다시 나온다.

메가뱅크megabank 논의가 대표적이었다. 2009년에 우리나라가 아랍에미리트에서 186억 달러 규모의 원자력 발전소를 수주하려고 했을 때의 일이다. 아랍에미리트 측에서 자산 규모 세계 50위권 은행의 보증이 있어야만 계약을 하겠다고 했다. 국내 최대 규모인 KB은행조차 세계 시장에 70위 밖에 처져 있었다. 경제 규모는 10위권 이내로 올라간 나라에서 은행 규모는 한참 뒤처져 있다는 자성과 함께, 세계 50위권 이내의 초대형 은행을 만들어야 한다는 목소리가 금융계 일각에서 나왔다. 여기에 감독 당국까지 동조하면서, 국내 대형 은행들의 합병을 추진하겠다는 식의 방침을 밝히기도 했다.

사실 크기를 키우는 것은 둘째 치고, 작은 상태에서조차 우리나라 은행의 성과는 세계 최하위 수준이다. 영국 금융 전문지인 「더 뱅커」 지의 2013년 세계 1000대 은행(총자산 기준) 집계에 따르면, 세계 1000대 은행에 이름을 올린 우리나라 10개 은행의 2013년 평균 총자산순이익률ROA은 0.38퍼센트로 세계 94개국 가운데 83위로 나타났다. 전체 평균 1.28퍼센트의 3분의 1에도 미치지 못했다.[1] 크기를 이야기하기 전에, 혁신의 부재, 고비용 구조, 낮은 생산성을 어떻게 하면 탈피할까에 주력해야 할 상황이다.

상업은행 외에 투자은행 분야에서도 크기에 대한 집착이 특히 강했다.

1 「(뒤로 가는 한국 금융) [1] 개도국에도 덜미 잡혀」, 조선일보, 2014. 7. 8.

금융 위기 이후 골드만 삭스, 모건스탠리, 메릴린치와 같은 글로벌 투자 은행의 수백조 원에 달하는 자산 규모에 비하면, 우리나라 3대 증권사 자산 규모를 합쳐도 그 100분의 1에 미치지 못했다. 크기에 대한 비교는 우리를 초라하게 했다. 규모뿐만이 아니었다. 2000년대 중반 우리나라 증권사의 1인당 순영업수익은 절반 정도에 불과했다.

2008년 금융 위기 때문에 추진 속도에 제동이 걸리고 방향이 다소 수정되기는 했지만, 자본시장법(자본 시장과 금융 투자업에 관한 법률)도 본래 투자은행 대형화를 통해 경쟁력을 키우자는 취지로 시작된 것이었다. 물론 법 제정으로 크기와 수익성을 담보할 수 있는 것은 아니었지만, 업역에 대한 규제를 개선해서 대형화에 유리한 여건을 만들자는 취지 자체는 나쁜 것이 아니었다. 그런데 자본시장법 실시 이후 기대했던 대형화는 잘 일어나지 않았고, 오히려 소규모 투자 자문 회사나 중개 회사만 늘어나는 결과를 낳았다.

사실 글로벌 투자은행은 규모를 키운다고 해서 되는 것도 아니고, 정부가 육성한다고 되는 일도 아니다. '대형=글로벌', '글로벌=정책 육성' 같은 등식은 전혀 성립하지 않는다. 국내 증권사들은 미국이나 유럽에 가서는 대형 딜은커녕 중소형 딜에도 끼지 못한다. 베트남이나 인도네시아 같은 나라에서조차 글로벌 사업이 아니라 로컬 사업 수준의 영업을 펼치고 있다. 극소수의 금융 회사를 제외하고, 대부분 현지 문화와 현지 지식노동자들의 삶에 동화하지 못하고, 현지 기업들의 필요를 발굴하고 현지 고객을 창조하는 데에 서툴다.

금융 기업 외에 일반 기업들도 끝없이 크기를 동경한다. 공정거래법처럼 규모 확대를 제약하는 규제가 있기는 하지만, 기업들의 규모에 대한 탐욕은 그 누구도 막기 힘들다. 사업 다각화, 시너지, 제2의 도약은 항상 그 좋은 명분이었다. 금호그룹, 웅진그룹, 유진그룹처럼, 이미 운수, 교육, 건자재 등 튼튼한 주력 사업이 있던 기업들도, 업역을 가리지 않는 무분별한 M&A와 다각화로 한결같이 몰락했다. 많은 기업의 오너들이 기회만 되면 제왕이 되고 싶어 했다. 기업 제국의 팽창은 오너의 능력을 과시하는 징표였다.

작은 것이 항상 아름다운 것만도 아니다

한편, 작은 것에 대한 집착도 바람직하지 않다. 어떤 중소기업은 작은 경영을 신봉한 나머지, 회사가 아무리 성장해도 결코 대기업이 되지 않겠다는 원칙을 세웠다. 창업주는 무슨 일이 있어도 종업원이 500명을 넘기는 일이 없도록 하겠다고 공언했고, 그를 지키기 위해 안간힘을 썼다. 사업 영역 확대는 생각도 하지 않았다. 다각화를 마치 대기업의 일처럼 악惡으로 여기고 본업에 집중하는 것만을 미덕이라 생각했다. 물론 말로는 다 그럴듯했다. 창업주는 자신의 주식 일부를 직원들에게 무상 양도하는 선행도 아끼지 않았다. 그러나 이 기업은 감당할 수 없는 부채로 결국 법정관리에 진입했다. 결코 대기업이 되지 않겠다는 창업주의 소망은 자연스럽게 달성됐다.

모든 사업은 운영 과정에서 위험이 따르지만 동시에 새로운 기회가 항상 문 앞을 지나간다. 성장하지 않겠다고 문을 걸어 잠그는 것은 그런 기회들을 스스로 외면하는 것이다. 스치듯 지나가는 새로운 기회를 포착하고 자신의 강점을 중심으로 끝없이 사업을 다각화해야만 몰락을 피할 수 있다. 단지 이미 있는 제품의 개선에만 집중해서는 외부의 변화에 도저히 대응할 수 없다.

기업은 성장해야 한다. 그것은 경영자에게 부과된 일종의 책임이다. 다만 팽창하지 말라는 것이다. 기업이 성장하지 않고 있다는 것은 혁신이 전혀 없다는 뜻이다. 그런 기업은 어느 날 외부의 변화가 명령하는 대로 강제 폐쇄당할 것이다. 그런 지경에 이르도록 기업을 방치했다면 경영의 사회적 책임을 다하지 못하는 것이다. 혁신을 일상의 규범으로 삼은 기업은 자연스럽게 성장하게끔 되어 있다. 그들은 새로운 상품, 새로운 지식, 새로운 인력을 축적해 나갈 수밖에 없다.

그러나 모든 성장은 어느 순간에는 반드시 정체 상태에 직면한다. 10년 동안 고속 질주하면서 성장해 온 패션 회사가 있었다. 최고경영자는 우리나라 패션 대기업 직원 출신으로 이미 그 일에 대해 풍부한 지식을 보유하고 있었다. 창업 후 뛰어난 기획력과 실행력으로 론칭하는 브랜드마다 순탄하게 성공시켰다. 업계에서도 그의 성공담이 회자되곤 했다. 그런데 10년 정도 되던 해부터 뭔가가 맞지 않는다는 느낌이 들었다. 큰 문제는 없었다. 자신을 포함하여 직원들은 예전처럼 열심히 일하고 있었다. 그렇다고 큰 위기에 빠진 것도 아니었다. 그러나 예전처럼 기대했던 성과가 나오지 않았다. 뭔가 막혀 있는 듯한데 막혀 있는 것이 무엇인지 알 수 없었다. 최고경영자는 사업 다각화로 활로를 모색하려 했다. 오랜 탐색 끝에 전혀 다른 업종인 외식 사업에 관심을 기울이기 시작했다. M&A 후보를 물색했다. 거의 계약 직전까지 갔지만, 최고경영자는 숙고 끝에 그 결정을 철회했다. 강점이 있는 지식에 기반한 다각화가 올바른 길이라고 판단했던 것이다. 연관성이 있는 레저 용품 사업과 생활 소품 유통업으로 신사업 추진 방향을 변경했다. 회사는 비전과 목표를 수정했다. 그 결과 회사는 다시 활력을 찾기 시작했다.

생물체는 종마다 그 크기가 스스로 일정 수준을 넘지 못하도록 유전자가 프로그래밍되어 있다. 예컨대 키가 3미터나 4미터에 이르는 호모 사피엔스는 나올 수가 없다. 하지만 기업은 그렇지 않다. 성장에 대한 자기 조절 기능이 없다. 경영자가 크기를 의도적으로 경영하지 않으면, 그 크기가 자신을 죽인다. 또한 똑같은 성장이라도, 건강한 성장, 지방 축적, 그리고 암 덩어리를 구분할 줄 알아야 한다(CWE p. 88). 막연히 커지는 것도, 그저 작기만을 바라는 것도, 어느 크기에 이르렀을 때 거기에 맞는 행동을 취하지 못하는 것도 모두 문제다. 이것이 과연 올바른 성장인지 절대로 해서는 안 되는 성장인지 구분하지 못하면, 결국 스스로를 파괴하는 결과를 낳는다.

크기의 부작용

드러커는 '크기'의 문제 그리고 '큰다는 것growth'의 본질에 대해서 어떻게 생각했을까? 먼저 그는 원구의 지름이 3배 늘어나면 부피는 27배 늘어나는 원리가 조직의 크기와 복잡성 사이에도 그대로 적용된다고 보았다. 조직 규모가 커지면 다루어야 할 구조의 복잡성은 결코 선형으로 증가하는 것이 아니다. 유명한 생물 형태학자인 다씨 톰슨D'Arcy Thompson은 갑각류가 커진다고 포유류가 되지는 않는다고 말했다. 포유류는 척추라는 새로운 형태가 갖추어져야만 한다. 드러커는 이 원리가 조직에도 적용된다고 생각했다. 그는 규모가 변화하면 단지 양적인 변화만이 아니라 반드시 질적인 변화가 동반되어야 한다고 말했다. 큰 뒤에 실패하는 조직은 대부분 크기에 걸맞은 경영 방식으로 전환하지 못했기 때문인 경우가 많다(MTRP pp. 638~639).

롤스로이스는 특화된 고객을 대상으로 소량 생산을 추구하는 자동차 사업자로서 큰 규모를 지향할 필요가 없었다. 그러나 제트엔진 사업에 진출하면서 그 사업에 필요한 큰 규모를 달성하지 못함으로써 결국 도산했던 경험이 있다. 크기에 대한 몰이해가 낳은 결과였다(MTRP p. 646).

조직은 크기가 증가할수록 내부 기관을 유지하는 데에 더욱 많은 에너지와 노력이 필요하다. 이것이 바로 행정 관리 비용이다. 조직의 내부가 복잡해지면, 점점 외부의 정보를 내부에 피드백하는 능력이 둔화한다. 의도적으로 외부에 주의를 기울이고 이를 내부의 변화에 반영하는 시스템을 유지하지 않으면, 거대 조직은 동맥경화증에 걸리는 것이 자연스러운 수순이다. 거대 조직이 외부의 외침과 호소에 미동조차 하지 않는 이유가 여기에 있다.

대기업의 크기가 문제가 되는 이유는 기업 규모 때문이 아니다. 구성원들의 눈이 멀게 되는 데에 있다. 조직이 커질수록 구성원들은 자신이 담당한 기능에만 집중하게 되고 서로의 일을 잘 모르게 된다. 조직 전체의 목표에 대해서도 둔감해진다. 각자 기울이는 노력이 과연 어디에 기여하는지 모르는 상태에서 일한다. 다시 말해서 목표와 자기통제에 의한 경영이 실종되고, 잔뜩 흩어진 기능과 노력에 의한 경영만이 남게 된다.

조직이 커지면 내부 구성원만이 아니라 최고경영자의 눈도 멀게 된다. 거대하면서도 복잡한 내부 곳곳을 최고경영자가 제대로 파악하기는 불가능하다. 그래서 드러커는 대기업 최고경영자일수록 다른 불필요한 일들에 낭비하는 시간을 줄이고 의사소통에 많은 시간을 들여야 한다고 강조했다. 그러나 현실은 그렇지 못하다. 최고경영자는 주로 임원들이 들고 올라오는 보고서만으로 모든 상황을 파악해야 한다. 가끔씩 직원들과 대화하는 시간을 만들었다 해도, 십중팔구는 몇 시간 내내 자신의 이야기만 하다가 끝낸다.

무엇보다 동종교배 경향이야말로 대기업을 퇴화시키는 주범이다. 스스로 잘 돌아가고 있다고 착각하는 경영진과 내부 구성원들은 결코 자신의 방식을 근본부터 재점검할 필요성을 못 느낀다. "우리의 사업은 무엇인가?", "지금 우리가 이 사업을 새로 시작한다며 과연 하겠는가?", "이 방식이 과연 최선인가?"와 같은, 이 모든 요청은 그들에게 사치처럼 보인다. 원점 기반 감사는 굳이 할 필요를 느끼지 못한다. 최고경영자가 가끔씩 이런 질문들을 던져도 모두 느른하다.

대기업 임원들이 자신의 일하는 방식을 대하는 태도는 다음과 같은 속담에 극명히 드러난다.

> "세상에는 올바른 방식, 틀린 방식, 그리고 우리의 방식, 이 세 가지가 있다(MTRP p. 662)."

특별히 주의를 각성시키지 않는 한, NIH[Not-Invented-Here] 태도가 자연스럽게 자리 잡는다. NIH는 내가 하는 사업이 가장 올바르고 뛰어나다는 착각에 빠져, 남들이 새로 하는 사업을 경멸하거나 무시하는 태도를 말한다. 그들의 지식은 내부에서 일어나는 일이나 관행적으로 만나는 고객 또는 공급사에서 일어나는 일의 범위를 크게 벗어나지 않는다(MTRP pp. 659~663).

'큼'이 아니라 '남다름', '탁월성'이야말로 진정한 성과[2]

1인 기업으로부터 시작해서 전 세계에 수만 명을 고용한 초국가적 기업에 이르기까지 크기 자체에는 절대적인 가치를 부여할 수 없다는 것이 드러커의 입장이었다. 그는 슈마허Ernst Schumacher처럼 그저 '작은 것이 아름답다'는 기대도, 바벨탑처럼 한없이 높고 크게 올라가야 한다는 집착도 거부했다.

드러커가 그의 여러 저작에서 모범 사례로 들었던 수많은 기업들 가운데 대부분이 대기업들이었다는 사실이 조금 의아스러울 수도 있다. 그들은 3M, 듀퐁, JP모건, 시어스 로벅, IBM, GM, 포드 등, 한결같이 역사에 이름을 남긴 대기업들이다. 그가 이런 대기업들을 예로 든 것은 '큰' 기업을 높이 평가해서가 아니라, 그들이 그렇게 큼에도 불구하고 원활히 소통하고 지속할 수 있는 능력, 더 나아가서 그런 능력을 조직에 심은 위대한 경영자들을 높이 평가했기 때문이다. 그는 대부분 조직의 크기가 일정 수준 이상을 넘어가면 경영 불가능성도 기하급수적으로 상승하고 조직은 방향성을 상실한 채 일종의 동맥경화에 걸리게 된다고 보았다. 그런 의미에서 그는 '막연히 큼'을 경계했고, 그 치유법으로서 목표와 자기통제에 의한 경영과 연방 분권화 등을 제안했다.

흔히 대중들은 다국적 기업이라고 하면 습관적으로 몬산토Monsanto, 유니레버Unilever 등과 같은 대기업만을 연상하지만, 드러커는 실제로 특수한 시장에서 활약하는 다국적 중소기업들이 대기업보다 압도적으로 많다는 사실을 강조했다. 다만 그들은 대중에게 알려져 있지 않은 시장에

2 본 절의 내용은 송경모, 「배달의 민족에서 배우는 피터 드러커의 지혜」, 테크엠, 2016년 1월 호에 게재된 문장을 일부 수정해서 인용했다.

드러커는 자신의 저작에서 모범 사례로 듀퐁, 포드, JP모건 등 대기업들을 많이 다뤘다. 하지만 그가 이런 대기업을 예로 든 것은 규모가 커서가 아니라, 큰 규모에도 원활한 의사소통 능력을 높이 평가했기 때문이다. 사진 속 인물은 탁월한 경영자 중 한 사람이었던 J. P. 모건.

서 활동하고 있을 뿐이다. 헤르만 지몬Hermann Simon의 히든 챔피언Hidden Champions 역시 '큼'이 아니라 '탁월함'의 원리를 따르는 대표적인 개념이다. 또한 어느 분야에서나 영원할 것 같은 점유율 1위 기업의 아성을 무너뜨리거나 산업의 패러다임을 송두리째 바꾸는 존재는 결코 그 분야에서 이미 활약하던 대기업이 아니라, 대부분 잘 알려지지 않은 작은 기업인 경우가 많다는 사실을 강조했다.

드러커에 따르면, 경영의 본질은 '큼'을 달성하는 것이 아니라, '탁월성'을 달성하는 것이다. 전 세계에서 시장의 종류는 거의 무한에 가까울 정도로 많으며 하나같이 일하는 방식과 크기를 달리한다. 큰 시장은 큰 조직으로, 작은 시장은 작은 조직으로서 그만의 탁월성이 필요하다. 그러나 한때의 탁월성은 시간이 흐르면서 이내 평범한 것이 된다. 평범함이란 덫에 걸려 조직을 정체 상태에 머물게 하는 것 역시 경영자의 큰 실책이다. 이는 강점에 바탕을 두고 기회를 탐색하고 고객을 창출하여야 할 경영자의 제1 책임을 방기하는 것이다.

동종 업계의 경쟁 기업들을 차례차례 인수해서 업계 1위가 되었다고 희희낙락할 일이 아니다. 그 즐거움은 솔직히 말해서 소유주 1인의 에고를 충족시킨 것에 불과하다. 구성원들이 일에서 보람을 느끼고, 조직 내 타인과 더불어 도전적인 과업을 성취하고, 지식노동자로서 자신을 끝없이 성장시킬 기회를 얻는 일과는 아무런 상관이 없다. 오히려 최고(사실은 최대)라는 착각에 빠진 채, 불필요한 일, 지시와 타율에 의한 과업, 낭비되는 비용, 외부에 대한 둔한 반응, 평범한 수준의 성과만 양산할 가능성이 더 높다. 적어도 목표와 자기통제의 원리, 분권화에 의한 경영이 제대로 도입되지 않는다면 말이다.

그러므로 기업이 반드시 커져야 한다는 강박관념을 가질 필요는 없다. 그렇다고 해서 절대로 성장하지 않겠다고 자신을 옭죄는 행동은 더 어리석다. 체계적 혁신과 체계적 포기만 제대로 수행할 수 있다면, 건강한 성장은 저절로 이루어진다.

무엇이 강점에 기반을 둔 다각화인가?

선택과 집중처럼 사람을 오도하기 쉬운 말도 없을 것이다. 잘못 선택한 대상에 집중하는 것처럼 위험한 일도 없기 때문이다. 현재 하고 있는 여러 일 가운데 무엇에 집중해야 하는가, 앞으로 할 수 있는 여러 일 가운데 무엇이 올바른 선택인가? 즉, 올바른 일을 결정하는 것처럼 중요한 것이 없다. 그러나 무엇이 올바른지는 시장이 절대 먼저 알려 주지 않는다. 훗날 결과를 보고서야 그것이 올바른 선택이었는지 아니었는지를 알 수 있다. 그렇다면 이런 상황에서 사람이 할 수 있는 선택은 단지 주사위를 던지는 일밖에 없는 것일까? 그건 아니다. 단순히 주사위를 던지는 것보다는 더 나은 방법이 분명 있다.

드러커는 일반적으로, "나는 과연 가치 있는 일을 하고 있는가?", "목표에 기여하는 일을 하고 있는가?", "나의 강점에 부합하는 일을 하고 있는가?", "피드백을 통해서 수정할 수 있는가?"와 같은 질문을 바탕으로 과업을 선택할 것을 권했다.

다각화와 관련해서는 통일성을 기준으로 다각화 대상 사업을 선택할 것을 권했다. 다각화 대상인 복수의 사업들이 핵심 통일성을 시장 측면과 기술 측면에서 공유하고 있을 때에만 올바른 다각화라고 말했다. 통일성이 결여된 다각화는 그릇된 다각화다(MTRP p. 692). 대개 우리나라 기업들이 어느 정도 성장하고 나면 의례히 금융업과 건설업에 진출하고 싶어하는 것은, 올바른 다각화와는 거리가 멀어 보인다. 금융 위기 직전 우리나라에서는 수많은 제조 기업들이 너도 나도 저축은행을 인수하려 달려들었다. 겉으로는 아무리 좋은 구실을 대도 결국 그것은 제왕이 되어 자신의 에고를 충족시키고 싶은 욕망에 다름이 없었다. 나산, 금호, 웅진, 유진 등이 다 그랬다. 3M, 유니레버, 존슨앤드존슨, 네슬레, 프록터앤드갬블, 펩시, 코카콜라 등 세계적인 대기업들은 수없이 많은 종류의 사업을 영위하고 있어도, 모두 기술 또는 시장의 핵심 통일성을 유지했었다.

전기 사업자인 GE가 캐피탈 금융을 영위하는 이유는 전기 제품의 구매 금융을 지원하기 위해서였다. GE는 캐피탈업 경력이 쌓이자 금융에 강점이 있다고 착각했다. 그 결과 피바디 증권을 인수했지만 경영에 실패했다. 잭 웰치는 증권업 진출이 자신의 최대 오판 가운데 하나였다고 술회했다. 동일한 금융업이라 해도 캐피탈 사업과 증권 사업 사이에 필요한 지식은 전혀 다르다는 사실을 잠시 잊은 것이다.

통일성은 조직 내에서 서로 소통하고 이해할 수 있는 공통의 언어 역할을 한다. 미쉐린 타이어가 여행 안내업에 진출한 것은 기술적으로 다른 상품처럼 보이지만 사실은 동일한 고객층을 대상으로 한 것이다. 차를 몰고 어디론가 가고 싶어 하는 사람들이 그 대상이었다. 제약회사가 진단 기구 사업에 진출하는 것은 역시 기술은 다르지만 동일한 시장을 대상으로 한 것이다. 자신이 과연 건강한지, 어떤 이상이 있는지 불안해하는 사람들이 그 대상이었다. 유통회사인 시어스 로벅은 자동차 보험, 뮤추얼펀드, 자동차 수리점, 북클럽, 여행 사업에 진출했다. 얼핏 보아서는 전혀 연관성이 없는 시장인 것처럼 보이지만 사실은 미국 중산층 가정들이 일상에서 필요로 하는 서비스였다는 공통점이 있었다. 사실 통일성을 공유한 시장이었는지 아닌지는 미리 알기가 참으로 어렵다. 사전 분석만으로는 좀처럼 그 실상을 드러내지 않는다. 대개 사후에야 그 시장이 통일성이 있는 시장이었는지 아니었는지가 드러날 정도로 어려운 문제다(MTRP p. 696). 바로 이런 지식 제약 때문에 드러커는, 신사업은 작게 시작하는 것이 원칙이며 지속적인 피드백을 통해 개선 및 포기 여부를 끊임없이 재검토할 것을 요구했다

반면에 기술에 기반을 둔 다각화는 시장에 기반을 둔 것보다 성공 가능성이 낮다. GE는 전기 제품 제조에 강점이 있었지만 얼핏 유사 분야처럼 보이는 컴퓨터 사업에 진출해서 실패했다. 컴퓨터를 이용하는 기업 고객의 필요는 일반 전기 제품을 이용하는 고객의 그것과 전혀 달랐지만 이를 잘 이해하지 못했다. 결국 GE는 컴퓨터 사업을 하니웰Honeywell에 매각했다. 라디오 사업자였던 RCA는 동일한 가정용품이라고 생각하고 주방용 전기 제품 사업에 진출했으나 실패했다. 결국 RCA는 고심 끝에 월풀Whirlpool에 이 사업체를 매각했다.

기술에 기반을 둔 다각화는 상대적으로 어렵지만 그래도 많은 성공 사례가 있다. 포카리스웨트는 시장보다 기술적 통일성에서 출발한 다각화 상품이었다. 원래 생리식염수 회사였던 포카리스웨트는 생체 내 수분의 흡수 성질에 대한 탁월한 지식을 바탕으로 이온음료 시장에 진출해서 성공했다. 일본의 다테이시Tateisi Electronics는 전자제품 부품 제조 회사였는데, 의료용 진단기기, 인공 관절 제조에 강점이 있었다. 이 회사는 계산기를 비롯한 사무기기 산업에 진출해서 성공할 수 있었다.

어떤 경우에든 강점에 기반을 둔 탁월성을 구현할 자신이 없으면 진출하지 않는 것이 맞다. 신사업에서 요구되는 지식이 기존 사업과 전혀 다른 강점을 요구한다는 사실을 간과하면 실패한다. 미국의 제지 회사들이 인화지, 열투과지, 열반사지와 같은 특수 용지 시장에 진출했으나 실패한 이유는, 일반 종이 제조에 필요했던 지식과 달리, 특수 용지에서는 표면 화학, 표면 물리학 분야의 특수 지식이 반드시 필요했기 때문이다. 누구나 겉만 보고 따라하면 비슷하게 해낼 수 있을 것이라고 생각하지만, 그 사업에서 축적된 오랜 노하우는 결코 단기간에 따라잡을 수 있는 성격의 것이 아니다.

M&A를 통한 다각화를 할 때 유의 사항

일반적으로 인수합병은 다각화를 수행하거나 규모를 키우기 위한 가장 빠른 방법이라고 알려져 있다. 그러나 드러커는 인수합병의 효과에 대해서는 부정적인 견해를 보였다. 즉, 성공 가능성보다 실패 가능성을 더 높게 봤다. 그 사업을 경영할 줄 알았던 피인수기업 직원들은 대개 떠나며, 인수 주체는 피인수 사업을 이해하지 못하고 올바른 인사, 올바른 의사 결정을 행하지 못하는 경우가 훨씬 더 많기 때문이다. 그래서 인수된 기업은 대개 그 수익성을 오래 유지하지 못한다.

드러커는 M&A가 성공할 가능성을 높이려면 몇 가기 조건이 반드시 만족되어야 한다고 생각했다. 물론 앞에서 말한 시장 또는 기술의 통일성을 반드시 유지해야 한다는 점은 필수적인 전제 조건이다. 그다음에 충족되어야 할 사항들을 요약하면 다음과 같다(MTRP pp. 707~724).

대부분의 기업들이 M&A를 하는 동기는 자신이 갖추고 있지 못한 부분을 채워 넣자는 데에서 나온다. 이는 본질적으로 약점을 보완하기 위한 M&A다. 그러나 드러커는 통념과 달리 결코 **약점에 초점을 두고 M&A를 해서는 안 된다**고 생각했다. 자신의 약점 부분은 자신이 잘 모르는 영역일 가능성이 높다. 잘 모르는 사업은 잘 경영할 수가 없다. 어떤 옥수수 전분 추출 기업은 자신의 약점을 보완하기 위해 전문 폴리머 화학 기업을 인수했다. 하지만 전문 연구원들의 일하는 방식을 잘 이해하지 못한 상태에서 정책을 펴다가 2년 뒤 유능한 화학자들이 모두 회사를 떠나고 말았다. 그러므로 약점이 아니라 반드시 **강점에 기반을 둔 다각화**를 해야 한다. 이는 기업이 직접 다각화 신사업을 수행하거나 타기업을 인수하는 경우에나 모두 적용된다. 모든 신사업은 반드시 조만간에 운영상 문제를 일으키게 되어 있다. 만약 인수한 신사업에 문제가 생기면, 그것을 고칠 방법을 알고 있는가? 만약 아니라면, 인수 자체를 시도하지 않는 편이 낫다.

다음으로 피인수 사업은 인수 주체와 **기질이 맞아야** 한다. 시장이나 기술의 통일성만으로는 부족하다. 기질의 통일성이 있어야 한다. 기질이란 공정, 기술, 마케팅 모든 면에서 요구되는 가치 또는 인성을 말한다. 종종 화장품이나 향수 사업에 진출하는 제약 회사가 대부분 실패하는 이유는 기질이 맞지 않기 때문이다. 제약 부문 인력들은 화장품 부문 인력들을 존중하지 않고 홀대하는 경향이 있다. 한 전기 제품 회사가 화학 사업에 진출해서 전기 제품 내 차단 장치 소재 연구 끝에 화학 기술과 특허를 축적한 뒤 기존 전기 제품 인력을 화학 제품 경영에 투입했다. 그러나 두 사업은 전혀 다른 기질이 요구되었기 때문에 많은 의사 결정에서 패착을 두었다. 이런 일을 경험한 경영진은 직접 제조하지 말고 라이센싱 전략으로 갔어야 했다고 후회했다. 초기 실용성, 기능성 의류 위주의 사업을 하던 시어스 로벅도 하이패션 사업 경영 마인드로 바뀌는 데에 20년이 소요됐다. 양자는 동일한 의류이지만 전혀 다른 가치와 기질을 지닌 사업이었기 때문이다.

인수나 내부 개발, 신사업 모두 실패 위험을 안고 있기는 마찬가지다. 그러나 인수가 더 불리한 선택인 이유는 인수 후 드러나는 예상치 않았던 문제들이 속속 드러나기 때문이다. 인수 기업은 여기에 대처하는 데에 너무나 많은 비용이 소요된다. 인수이거나 내부 개발이거나 신사업 추친은 "성장을 하긴 해야 하는데, 뭔가 다른 걸 해 보자"가 아니라 "우리의 사업은 무엇인가?"라는 질문에서 출발해야 한다.

내부 개발과 외부 인수는 그 성격이 전혀 다르다. 두 방식은 접근하는 질문이 달라야 한다. 즉, 기여하는 능력과 그 방향이 다르다. 내부 개발을 하려면 이렇게 물어야 한다. "이 새로운 개발이 우리의 사업에 무엇을 기여할 수 있는가?" 반면에 외부 인수라면 이렇게 물어야 한다. "우리는 이 새로운 인수에 대하여 무엇을 기여할 수 있는가?" 그러나 현실은 대개 반대다. 인수 주체가 피인수 기업에 무엇을 기여하려는 것이 아니라, '피인수 기업으로부터 무엇을 얻어낼 수 있는가'에 초점을 둔다. 이런 식의 인수 동기는 방향이 거꾸로 된 것이다. 인수 주체가 이미 보유하는 강점

(판매망, 기술 등)을 통해 새로 인수한 기업을 육성하겠다는 동기로 접근해야 그 인수는 성공한다.

이런 질문을 해야 할 또 하나의 이유는 피인수 기업의 경영진이 대개 인수 이후에 회사를 떠나기 때문이다. 대개 인수 후 본사에서 새로 경영진을 파견하고 조직 문화를 일신하려 하며, 피인수 기업 직원들은 달라진 조직 문화에 적응하기 어려워한다. 인수 주체가 새로 경영진을 꾸릴 때에는 피인수 기업의 기존 인력이 지닌 강점을 살리는 방향을 취해야 한다.

외부 기업 인수에서 발생하는 이런 어려움이 내부 개발에서는 발생하지 않는다. 신사업을 내부에서 개발하는 과정에서 직원들 사이에 능력, 숙련, 역량이 자연스럽게 습득되고, 그들은 기업 내부에서 안정감을 갖고 여전히 일할 수 있게 된다. 그래서 드러커는 외부 인력보다 내부 개발이 여러 면에서 장점이 많다고 보았다.

반면에 내부의 부적절한 사업은 신속히 분사시키거나 매각해야 한다. 이 방법은 체계적인 포기의 대표적인 수단이다. 최대한 빨리 떼어 내지 않으면, 자원을 낭비하는 밑 빠진 독이 된다. 사실 분사나 매각은 본사 입장에서는 포기지만, 포기 당하는 기업 입장에서는 오히려 또 다른 기회가 될 수 있다. 시어스 로벅이 월풀을 분사시킨 결과, 월풀은 독립 경영을 통해 더욱 성장했다. 그런 의미에서 분사의 본질은 결코 매각이 아니라 마케팅과 같은 것이 된다. 즉, 분사 대상은 누군가에게는 큰 가치가 있는 사업이 된다는 뜻이다. 그러므로 분사를 결정하는 주체는 결코 이렇게 물어서는 안 된다. "누구에게 이 사업을 팔아 버릴 것인가?" 대신에 이렇게 물어야 한다. "이 사업은 누구에게 가치가 있는가. 어떤 조건 하에서 가치가 있는가?" 나에게 맞지 않는 사업은 다른 누군가에게는 맞는 사업이 될 수 있기 때문이다. 드러커는 이 관점을 서양의 오래된 속담을 들어 이렇게 표현했다. "내 딸에게 최선의 남편감이 누구인가?"를 생각하지 말고, "내 딸은 누구에게 최선의 아내가 될 수 있는가?"를 생각하라.

합작 법인은 가장 유연한 다각화 수단이지만, 가장 어려운 방법이기도 하다. 첫째 유형은 강점 기업 A와 강점 기업 B가 결합하는 형태다. 1972년에 항공사로 우수한 예약 시스템을 보유한 BOAC와 컴퓨터 리스와 자금력이 뛰어난 Leasco가 합작한 경우가 그랬다. 이후 합작법인은 항공권 예약 시스템 공급 사업으로 크게 성공했다. 둘째 유형은 각 기업의 약점 사업들이 만나서 하나의 전체를 창조하는 것이다. 이 경우로는 1960년대 말에서 1970년대 초 유럽, 미국, 일본 등지의 은행들이 결성한 중기 대출 콘소시엄을 들 수 있다. 각각의 은행은 중기 대출에 취약했지만 합작 법인은 이를 강점으로 전환시킬 수 있었다.

합작 법인을 설립하기 전에 당사자들은 세 가지 종류의 목표를 분명히 규정해야 한다. 합작 당사자인 두 회사 각각의 목표와 신생 합작 법인의 목표가 그것이다. 합작 당사자들은 서로 다른 이해관계 때문에 합작을 한다. 막연히 "합작 법인의 성공을 기원합니다"라는 식으로 놓아두고 끝나면 미래에 반드시 문제가 발생한다. 예를 들어서 독일의 훼히스트Hoechst와 미국 화학 회사 사이에 이루어진 브라질 합작 법인은, 합작 법인의 사업 방향에 대해 이견이 있었다. 처음부터 두 회사의 목표가 다르다는 사실을 서로 잘 이해하지 못하고 시작했다. 독일은 자국의 원료와 기술을 사용하는 데에 초점이 있었으며, 고성장을 기대하지는 않았다. 반면에 미국은 고성장을 통한 회수를 기대했기 때문에, 합작 법인이 독자적인 기술을 개발하고 원료를 독립적으로 조달할 것을 요구했다. 결국 독일과 미국 주주사는 서로 경영 방침에 대해 충돌했다. 이럴 때를 대비해 이견 발생 시 해결 원칙을 미리 정해야 한다.

또한 합작 법인에는 종종 눈에 보이지 않는 편 가르기 정치가 합작 법인의 지속성을 저해한다. “누가 합작 법인을 경영하는가?” 독립된 경영진으로 인정하지 않고 자꾸 주주사가 자기 세력을 강화하려는 태도를 보이면 반드시 조직 정서에 균열이 발생한다. 이 경우 소외된 세력은 국외자인 것처럼 불만감을 표시하게 된다.

크는 과정에서 필연적으로 지식 제약에 봉착한다

어느 기업이나 기존에 출발하면서 강점으로 삼았던 상품의 프레임이 있다. 그러나 시간이 흐르면서 그 강점이 더 이상 유효하지 않은 시기가 반드시 온다. 국민 워드프로세서로 출발했던 한글과컴퓨터는 패키지 소프트웨어 판매 환경에서 강점이 있었다. 그러던 어느 날 갑자기 몰아닥친 클라우드 환경 변화에 뒤늦게 대응하려 했지만 여의치 않았다. 처음부터 네트워크 소프트웨어에 강점을 두고 출발했던 인프라웨어가 앞섰다. 기존의 사업 프레임을 벗어나지 않은 상태에서 이것저것 기능을 덧붙이는 것으로 고객 창조를 이루기는 정말 어려운 일이다. 문제는 자신의 강점에 의거하여 확장한다고 했을 때 과연 무엇을 강점이라고 받아들이는가에 있다. 한글과컴퓨터는 자신의 워드프로세서 개발 기술이 강점이라고 생각했을 것이다. 그러나 고객들은 오늘날 한글과컴퓨터만의 탁월한 그 무엇을 워드프로세서에서 기대하지 못하고 있다.

인수합병 후 지식 배경이 전혀 다른 경영자를 임명하면, 큰 성과를 내지 못하고 그치는 경우가 많다. 과거에 했던 일과 새로 하는 일의 리듬과 강도와 고저가 다르기 때문이다. 물론 어디에나 예외는 있다. 그러나 업종을 자유롭게 변경해도 성과를 낼 수 있는 탁월한 천재 경영자는 그리 흔치 않다. 모차르트는 도처에 있는 것이 아니다. 만일 그런 경영자를 영입해서 개혁에 성공했다면 운이 무척 좋은 것이다.

전자 산업에서 혁혁한 성과를 올린 경영자를 조선이나 자동차 산업 경영에 투입한다고 해서 탁월한 성과가 나오는 것은 아니다. 기업 집단 내에서 큰 성과를 올린 한 기업의 성공 모델을 여타 계열사로 전파하겠다고 시도할 수도 있다. 하지만 이는 위험하다. 심지어 동일한 전자 사업이라 해도 그가 성공을 이룩할 당시 사용했던 방식을 동일한 사업에서 계속 고수하면서 실패하는 일은 종종 있다.

경영은 다 똑같다고 생각할지 모른다. 하지만 원리가 같다는 것이지 필요한 지식이 같다는 의미가 아니다. 원리에 입각하되 지식의 차이를 아는 경영자는 실패할 가능성이 낮다. 하지만 원리에 입각하지 않고 한 사업에서 축적된 지식과 업무 방식을 다른 사업에 그대로 적용하려 하면 대개 실패한다.

금융업에서 평생을 종사했던 어떤 경영자가 보건 기업의 최고경영자로 선임됐다. 전혀 다른 업종이었고 지인들은 의외라고 생각했다. 하지만 그는 필자에게 "경영이란 것이 어디를 가나 원리가 같지 않은가?" 하고 반문했다. 그는 지식의 차이를 신속히 포착했다. 금융 기업을 이용하는 고객과 건강 검진을 받으러 오는 고객의 특성은 전혀 달랐다. 금융 전문가와 의사들의 심리나 근무 환경도 달랐다. 그는 급격한 개혁을 추진하지 않았다. 오히려 외부 고객과 내부 의사들에게 많은 것을 물으면서 그 사업에 진정 필요한 것이 무엇인지, 무엇을 사업의 목표로 삼아야 할지 파악하는 데 상당 시간을 보냈다. 그러면서 급격한 시장 변화에 늘 노출된 상태에서 수익성을 추구해야 했던 금융업과 정반대의 성격을 지닌 보건 시장에서 추구해야 할 가치가 무엇인지 고민했다. 그 결과 서비스는 점점 개선됐고 보다 많은 고객들을 유치하면서 사업장을 꾸준히 성장시킬 수 있었다.

하지만 이런 성공 사례는 매우 드물다. 업종을 갈아타는 경우는 둘째 치고, 오래도록 한 가지 사업을 경영해 왔던 바로 그 사람조차도 시간이 흐른 뒤 대부분 지식 제약의 덫에 걸린다. 오래 일해서 많이 아는 것보다, 오래 일하는 사이에 모르는 게 더 쌓일 수 있다는 뜻이다.

드러커는 IBM이 한때 겪었던 극심한 성장통을 묘사한 적이 있다. CEO 토마스 왓슨처럼 고객 창조와 직원 훈련에 투철한 경영자도 없었을 것이다. 그러나 그는 1950년대 초 자신이 꿈꾸던 성장 목표에 가까워지면서 스스로 만든 덫에 걸렸다. 기존 방식의 사업을 양적으로 확대하고 신규 투자를 해도 예전처럼 결과가 나오지 않았던 것이다. 컴퓨터가 펀치카드와 진공관 방식에서 트랜지스터 방식으로 대체되는 과정에서 기존에 육성한 제조 및 영업 부문의 중간관리자들은 변화한 시장에 대응할 준비가 전혀 안 돼 있었다. 어떻게 변화해야 할지를 몰랐다. 왓슨 스스로도 변화를 거부했다. 또한 그는 그동안 키워 온 회사를 자신의 분신이라고 생각했다. 모든 것을 그의 방식으로 이끌어 왔고 회사 곳곳에 그의 손길이 닿지 않은 곳이 없었다. 앞으로도 계속 그래야 한다고 생각했다. 이런 사고는 사실 전형적인 중견기업 오너 스타일이었지, 이미 대기업이 된 상태의 최고경영자에게는 어울리지 않는 것이었다. 운이 좋게도 외부의 환경이 토마스 왓슨을 반강제로 물러나게 함으로써 변화 기회가 생겼다. 미국 공정거래법원이 IBM에 대해 펀치카드 시장 독점 판결을 내렸고 1952년에 왓슨은 퇴임했다. 이후 극심한 혼란 속에서 그의 아들이 경영권을 승계했고, 새로운 환경에 맞추어 조직과 경영진에 변화를 가함으로써 가까스로 위기를 극복할 수 있었다(MTRP pp. 765~770).

PETER DRUCKER

7

미래는 예측하는 것이 아니라 창조하는 것이다

모든 기업이 구글이 될 순 없다

미래를 위해 투자해야 한다는 것, 매우 식상한 표현이다. 그런데 도대체 경영자들은 어떤 미래에 어떻게 투자해야 하는가? 구글과 삼성전자를 비교하면서 두 회사 간 미래 만들기 능력의 극명한 차이를 안타까워하는 사람들이 많다. 예를 들어서 최근 언론의 논평 중에 구글과 삼성전자의 차이가 미래를 만드는 투자의 비중에서 난다고 언급한 것이 있었다.[1]

구글은 2015년에 전체 투자액 15조 1,252억 원 가운데 30퍼센트 정도인 4조 5,000억 원을 획기적인 미래 창조를 목적으로 하는 R&D에 충당했

1 「현재의 삼성, 미래의 구글」, 강동철 기차, 조선일보, 2016. 2. 29. http://m.chosun.com/svc/article.html?sname=news&contid=2016022802225&Dep0=m.facebook.com

다. 자율 주행 자동차(무인차), 우주 개발, 인간 수명 연장 등, 아직은 꿈 같은, 그러나 성공하면 막대한 보상을 가져다줄 수 있는 프로젝트들이었다. 구글은 남들이 지금까지 가지 않은 길에 대담하게 투자하고 있는 것이다.

삼성전자는 2016년에 40조 8,100억 원을 투자했지만, 그 내용의 대부분은 반도체·디스플레이 등 기존 사업의 유지 또는 증설을 위한 투자였다. R&D 투자도 반도체, 스마트폰, 디스플레이 등 현재 벌이고 있는 사업에 집중돼 있다. 즉, 삼성전자는 미래보다는 현재에 투자하고 있다.

기자의 이런 지적은 충분히 호소력이 있다. 적어도 구글과 삼성전자처럼 현금 흐름 여력이 충분한 두 기업을 비교했을 때에는 분명히 그렇다. 막대한 자금력을 바탕으로 전 세계 최고의 인재를 빨아들일 능력이 있는 두 기업만을 놓고 보면, 삼성전자의 행보는 얼핏 초라해 보인다.

그러나 보다 현실적으로 생각하자. 늘 자금 부족에 시달리는 우리나라의 많은 대기업과 중소기업들에게 전례 없는 새로운 제품 개발에 투자하라고 요구하기는 조심스럽다. 세상에 없는 새로운 제품은커녕 이미 있는 것들을 개선한 신제품조차도 그들에게는 벅찬 일일지 모른다. 그만큼 미래형 혁신은 쉽사리 추진하기 어려운 일이다.

우리나라의 모든 기업에게 구글처럼 되어야 한다고 말할 수는 없다. 삼성전자에 대해서조차 그 연구 개발 전략이 구글에 비하여 반드시 열등하다고 단언할 수도 없다. 기업이 자신의 자리에 맞추어 생존에 적합한 미래를 만드는 모습은 모두 다르기 때문이다. 다만 기업의 규모나 사업의 영역에 관련 없이 보편적인 지침으로 삼을 수 있는 미래 창조 원리는 분명히 존재한다.

미래에 투자해야 한다는 것은 너무나 당연하고 옳은 말이다. 그래서인지 "미래는 예측하는 것이 아니라 창조하는 것"이라는 드러커의 말은 수

컴퓨터 과학자 앨런 케이는 "미래를 예측하는 가장 좋은 방법은 미래를 발명하는 것이다"라고 말했다. 이 말은 "미래는 예측하는 것이 아니라 창조하는 것"이라고 한 드러커의 말과 무척이나 흡사하다. 하지만 드러커가 경영 관점에서 말한 미래 창조와 과학기술 분야에서 사용하는 미래 발명은 비슷한 듯하면서도 그 취지가 다르다. (사진 : 앨런 케이)

많은 경영자의 단골 인용구가 됐다. 이와 비슷한 식으로 말한 사람은 드러커뿐만이 아니다. 타 분야의 대가들도 비슷한 말을 했다. 객체 지향 프로그래밍OOP과 그래픽 사용자 인터페이스GUI의 선구자이기도 했던 컴퓨터 과학자 앨런 케이Alan Kay는 1971년 제록스의 PARCPalo Alto Research Center에 근무할 당시 "미래를 예측하는 가장 좋은 방법은 미래를 발명하는 것이다"라고 말하곤 했고, 이 말이 IT 전문가들 사이에서 유명해졌다.[2] 미국의 항공학자이자 미래학자이기도 했던 댄드리지 코울Dandridge Cole도 비슷한 말을 했다. 홀로그래피를 발명하기도 했던 영국의 노벨상 수상 물리학자 데니스 가보르Dennis Gabor는 자신의 저서 『미래 발명하기』에서 "미래는 예측될 수 없으며, 미래는 발명될 수 있다. 인류 사회를 오늘날과 같은 모습으로 만든 것은 바로 사람의 발명 능력이다"라는 말을 남겼다.[3]

2 Susan B. Barnes, 「Alan Kay: Transforming the Computer Into a Communication Medium」, www.ieeeghn.org/wiki/images/2/23/Barnes.pdf

3 https://en.wikiquote.org/wiki/Dennis_Gabor

말은 비슷해 보지이만, 드러커가 경영 관점에서 말한 미래 창조는 과학기술 분야에서 사용하는 미래 발명과는 취지가 다르다. 드러커의 미래 창조는 기업의 지속을 위한 의사 결정의 원리에 초점을 둔 것이고, 과학 기술자들은 미래를 이루는 문명들의 '새로운' 외관에 초점을 둔 것이다. 물론 기업이 지속을 달성하면 언제나 새로운 외양을 갖춘 상품들이 잇달아 나온다. 그러나 기업이 새로운 것을 찾는다고 해서 항상 지속할 수 있는 것은 아니다.

어쨌든 거두절미한 채 드러커의 이 문장만 떼어 놓고 보면 그 진의를 잘못 이해할 소지가 크다. 먼저, 마치 미래를 무슨 공작품 만들 듯이 조형할 수 있다고 생각해서는 절대로 안 된다. 드러커는 그런 뜻으로 말한 적이 없었다. 가장 치명적인 오독은 미래를 예상하지 않아도 된다거나, 심지어 계획도 세울 필요가 없다고 받아들이는 것이다. 실제로 일부 경영학자들은 계획조차 무용하다고 말하는 사람들도 있으나, 터무니없는 생각이다.[4] 계획은 반드시 필요하다. 하지만 그 한계를 동시에 이해하는 일은 더욱 필요하다. 미래에 대한 대응은 계획 없이는 생각할 수 없다. 물론 드러커가 생각한 계획은 사회주의형 계획주의자가 말하는 의미의 계획이 아니다. 드러커는 자유기업의 전략적 계획을 말했다.

가장 중요한 것은 예측이 아니라 오늘의 의사 결정이다

『경영의 실제』 이전의 저서들에 나타난 드러커의 미래관은, 경영자가

4 민츠버그(Henry Mintzberg) 같은 인물이 대표적이다.

직면한 미래의 불확실성이나 미래에 대응할 필요성 등, 통상적인 생각과 크게 다를 것이 없었다. 『경영의 실제』에서 그는 미래를 예상할 대상으로 간주하고 '이미 일어난 사건에서 발견하는 미래'의 문제를 구체화하기 시작했다. 그 책에서 미래 문제를 다룬 부분은 제8장 「내일의 결과를 만드는 오늘의 결정」이다. 여기에서 미래는 예측할 대상이 아니라, 분명히 예상하는 대상이었다. 그러나 이 예상은 육감에 의존하거나 주먹구구식으로 상상하는 것이 아니라 일종의 '교육받은 상태에서 행하는 추측educated guess'이어야 했다. 전자는 그냥 도박일 뿐 예상이 아니다. 후자는 발생 가능한 여러 사건들을 합리적으로 평가한 뒤에 이루어지는 예상이다(PoM p. 89). 그러므로 미래는 예측하는 것이 아니라는 드러커의 말은 조심해서 해석해야 한다. 그가 부정한 '예측'은 미래의 상태에 대하여 어떤 결론을 내려 버리는 행동을 말한다. 그런 일은 영통했다고 자부하는 점쟁이나 자신의 예견력에 확신을 지닌 미래학자나 하는 일이다. 다만 경영자는 늘 그렇게 결론을 내려서는 안 된다.

신기술, 신산업에 대해 소위 전문가들, 전문 기관의 예측은 넘쳐난다. 그러나 그들의 예측은 더욱 믿을 것이 못 된다. 기술은 미래에 어떤 식으로 예상치 않은 용도가 등장할지, 생각지도 않았던 이종 제품·기술과 융합이 이루어질지, 전혀 차원이 다른 변형 제품이 등장할지, 그 누구도 알 수 없기 때문이다. DDT가 군인들이 벌레를 퇴치하는 용도로 처음 개발됐을 때, 아무도 농업용 살충제로 사용될 것이라고 예측한 사람은 없었다(MTRP p. 330). 듀퐁이 나일론을 처음 개발했을 때 타이어 코드지로 사용될 것이라고 예측한 사람도 없었다. 1940년대에 IBM조차, 20세기 후반에 전 세계에 컴퓨터는 4,000대를 넘지 못할 것이라고 예측했다.

통계분석가들은 몇 가지 가정 하에 계량 모형을 통해 미래에 대한 결론을 도출하기도 한다. 하지만 통계적 추론의 본질을 잘 아는 분석가들은 자신의 일이 결코 예측이 아니라는 사실 역시 잘 알고 있다. 그 결론들은 주어진 과거 데이터로부터 명확한 분석 인과관계를 거쳐 도출되는 한 결론일 뿐이다. 그래서 그들은 '추정'이라는 표현을 쓴다. 설령 예측이라는 표현을 붙인다 해도 그것은 엄밀한 의미에서 예측이 아니다. 모든 작업은 오직 이미 일어난 현상들로부터 논리적으로 추론된 것이기 때문이다. 거기에는 진정한 미래가 담겨 있지 않다. 그러므로 어떤 것도 실제로 들어맞는 일은 없다. 사후적으로 일치하거나 근사하는 경우가 있기는 하지만, 결코 처음에 의도했던 대로 적중한 것은 아니다.

드러커가 미래를 예측할 수 없다고 한 것은, 사람의 인지 능력 한계를 인정한 상태에서 나온 솔직한 결론이다. 사람이 알 수 있는 것은 오직 이미 일어난 일, 또는 지금 당장 일어나고 있는 일뿐이다. 물론 지금 당장 일어나는 일조차, 그것을 아는 순간 이미 과거의 일이 되어 버린다. 그래서 드러커는 미래를 예상하기 위해서는 어쩔 수 없이 이미 일어난 일들에 의거해서 판단하는 수밖에 없다고 했다.

경기 순환을 겪어 본 사람들은 상황이 나빠질 때가 언젠가 반드시 온다는 것을 안다. 그러나 그 시기를 예측하는 것은 불가능하다. 경영자가 호황기에 공장을 증설할 때, 미래 어느 시기에 공급 과잉과 불황이 닥칠지 미리 알 수는 없다. 지금 개발하는 신제품에 대해 고객의 기호가 언젠가는 바뀐다는 것을 분명히 안다. 하지만 정확히 언제 어떻게 바뀔지는 알 수 없다. 드러커가 말하고자 했던 것은, 경영자가 그런 시기가 언제 올지, 고객의 기호가 어떻게 바뀔지를 정확히 예측하려는 시도는 대개 효과가 없다는 것이다. 경영자가 이런 상황에서 할 수 있는 일은 과거의 경험에 미루어 예상할 수 있는 최악의 사태에 대비하는 의사 결정을 하는 것뿐이다(PoM p. 91).

다음으로, 이보다 좀 더 효과가 있는 방법은, 이미 일어난 구체적인 사건에 의거하여 미래의 경제 환경이 어떻게 영향을 받을지를 생각한 뒤 현재의 의사 결정을 내리는 것이다. 이런 일은 예측이 아니다. 즉, 미래에 속하는 일이 아니다. 표면상으로는 과거의 사건들에 주목하는 일처럼 보인다. 다만, 이미 일어난 이 사건들이 현재까지 경제적으로 의미 있는 현상으로 충분히 발현되어 있지 않다는 데에 주목해야 한다. 예를 들어서 인구 분석을 해 보면, 아직은 현실화되지 않았지만, 미래의 어떤 시기가 되면 분명히 일어날 일들을 읽어 낼 수 있다. 출생률의 상승, 대학 입학률의 증가 등 어떤 시기에 집중적으로 일어난 현상은 반드시 10~20년 뒤 주택 시장이나 취업 시장에 영향을 미친다. 물론 이는 예상일 뿐 결코 예측이 아니다. 반드시 그 시점이 되어 주택 수요가 증가한다고 보장할 수는 없다. 그런 일이 일어나지 않도록 하는 다른 요인들이 항상 보이지 않는 곳에서 작용하고 있을지 모르기 때문이다(PoM pp. 91~92). 인구 분석은 훗날 드러커가 『미래 사회를 이끌어 가는 기업가 정신』에서 혁신의 7대 원천 가운데 하나로 발전하게 된다(InE pp. 88~98).

마찬가지로 추세 분석도 이미 일어난 사건을 이용한 대표적인 예상 방법이다. 인구 통계는 물론이고, 각종 사회 통계는 늘 어떤 수치가 장기적으로 상승 또는 하락하는 모습을 보여 준다. 경기 변동이나 일시적 유행 때문에 잠시 교란이 있을 수 있지만, 결국 고객 창조 환경이 변화할 것이라는 사실을 분명히 말해 준다.

결국 드러커는 미래에 대해 예측은 불가능하지만, 예상은 반드시 수행해야 한다고 말한 것이다. 경영자는 예상에 의거해서 결정을 내릴 수밖에 없다. 그는 의사 결정의 초점은 미래를 아는 데에 있는 것이 아니라,

예상에 의거하여 미래를 대비하는 것임을 분명히 했다. 경영자가 아무리 현란한 미래 예측 기법을 동원한다 해도, 대비가 없으면 그 결정은 그냥 희망 사항에 그치고 만다(PoM p. 93). 이때 미래를 조성하는 일이란 무엇을 의미하는가? 미래를 만든다는 것은, 경영자가 바로 지금 수행된 결정을 통해 미래에 형성되는 조건들을 만들어 내야 한다는 것을 의미한다.

"구체적으로 말하자면, 오늘의 경영자는 내일의 경영자가 결과를 낼 수 있도록 체계적으로 대비를 시켜 주어야만 한다는 것을 의미한다. 오직 내일의 경영자만이 오늘 내린 결정을 내일의 상황들에 적용시킬 수 있으며, '교육받은 상태에서 수행한 추측'을 구체적인 성취로 전환시킬 수 있다(PoM p. 94)."

그런 의미에서 드러커의 미래 창조관은 결코 초점을 미래에 두지 않았다. 그는 현재의 의사 결정이 지닌 막대한 중요성에 철저하게 초점을 두었다. 그러나 경영자가 지금 내리는 결정은 반드시 미래에 일정한 조건들(경영 환경)을 형성한다는 사실을 결코 잊지 말아야 한다. 미래에 취임하는 경영자들에게 그 조건들은 본인의 의사와 상관없이 엄청난 족쇄가 되기도 하고 힘을 실어 주는 지원이 되기도 한다. 왜냐하면 후임자 본인이 만들어 놓은 조건이 아니기 때문이다. 그것들은 분명히 전임자들이 만들어 놓은 조건이지만, 누구도 시계를 되돌려 놓을 수는 없다. 정작 자신은 별로 한 일 없이, 전임자가 뿌려 놓은 씨앗이 후임자의 치적으로 결실을 맺기도 한다. 마찬가지로, 단지 전임자가 잔뜩 뿌려 놓은 쓰레기들을 치우느라 아무런 성과도 내지 못하고 허덕대는 경영자 역시 얼마나 많은지 모른다.

드러커의 관심은 결코 경영자 개인의 위업이나 영예가 아니라, 목적을 지닌 한 조직의 지속과 성장에 있었다는 사실을 다시 한 번 상기하자. 구성원의 획기적인 제안, 경영자의 임기 중 성과 창출을 위한 욕심, 다 좋다. 그런데 자신이 행하는 이런 일이 조직의 미래 성과에 어떤 영향을 미칠 것인가를 생각하면서 일하는 사람은 극히 드물다. 구성원이 아무리 훌륭한 제안을 해도 경영자가 미래의 결과를 낳기 위해 지금 자원을 동원해야 하는지 아닌지 의사 결정을 내려 주지 않으면 아무 소용이 없다. 심지어, 경영자의 고집으로 해서는 안 될 사업에 막대한 자원을 투입해 놓으면 미래 경영자는 그 부실 사업을 뒷수습하는 데 쓸 데 없는 정력을 쏟아야 한다. 경영자가 임기 중에 보다 낳은 성과를 보이기 위해 단행하는 성급한 시책들이 오히려 구성원 간 신뢰를 깨뜨리고 동기를 박탈시킴으로써 조직을 회복 불가능한 수준으로 파괴하는 사례는 또 얼마나 많은가? 그들은 한결같이 말로는 미래의 성장 동력을 찾는다거나 미래를 창조해야 한다고 말했을 것이다. 그러나 그들은 미래를 창조한 것이 아니라 오히려 현재만 갉아먹은 것에 불과하다. 그것도 조직을 위해서가 아니라 사실은 개인을 위해서 말이다.

여하튼 드러커가 미래 예측과 미래 창조에 대해 『경영의 실제』에서 표명했던 이런 생각은 이후 여러 저서에서 더욱 구체화된다. 『창조하는 경영자』에서는 '이미 일어난 미래'로, 『매니지먼트』에서는 '현재 의사 결정의 미래성'이라는 키워드로 다시 등장한다.

이미 일어난 미래

드러커는 『창조하는 경영자』의 제11장에서 「지금, 미래를 만들기」라는 제목으로 바로 이 미래 창조의 문제를 좀 더 집중적으로 다뤘다. 그 장의 도입부에서 드러커는 미래 자체가 초점이 아니라는 사실을 다시 한 번 분명히 했다.

> "오늘의 행동과 자원 투입을 미래 사건에 대한 예측에 기반을 두려는 모든 시도는 아무 쓸모가 없다. 우리가 바랄 수 있는 최선의 방책은 돌이킬 수 없는 상태로 이미 일어난 사건들이 미래에 미치는 영향을 예상하는 것이다. (중략) 미래를 만드는 일의 목적은 내일 무엇을 해야 하는가를 결정하려는 것이 아니라, 내일을 갖기 위해 오늘 무엇을 해야 하는가를 결정하는 데에 있다(MfR p. 173)."

기업가에게 중요한 미래란 무엇인가? 확실한 미래란 있을 수조차 없으며, 예언가의 이야기는 무의미하다. 오직, 이미 돌이킬 수 없이 일어난 변화가 미래에 가져올 변화만이 유의미하다. 물론 이미 돌이킬 수 없이 일어난 변화가 미래의 위험을 사라지게 하는 것은 아니다. 누구도 위험을 제거할 수는 없다. 경영자가 할 일은 올바른 위험을 파악하고 창조하는 일, 즉 불확실성을 개척하는 일이다. 이 일이야말로 바로 장 바티스트 세이가 말했던 기업가의 일이다. 훗날 드러커는 경영자가 지속적으로 미래를 만들어 가는 유일한 방법은 혁신이요, 그것을 실천하는 정신은 바로 기업가 정신이라는 생각에 이르게 된다.

아직 발현되지 않은 미래를 향해, 방향성을 제시하는 새로운 생각을 부여하고, 아직은 어렴풋하지만 곧 닥치게 될 상황에 형상을 부여하는 활동을 드러커는 '미래가 일어나도록 만드는 일'이라고 불렀다. 이 일이야말로 경영자가 체계적으로 미래를 만드는 활동이다. 아마 이 표현이 세간에 미래를 창조한다는 표현으로 많이 인용되는 듯하다.

이미 일어난 미래는 출생률이나 사망률의 변화, 이민자 유입과 같은 급격한 인구 변화, 과학이나 기술 분야에서 이루어지는 새로운 지식의 발견, 사회 곳곳에서 일어난 중요한 문화적 변화, 산업 및 시장 구조의 변화에 무한한 형태로 담겨 있다(MfR pp. 174~182). 이는 훗날 『미래 사회를 이끌어 가는 기업가 정신』에서 혁신의 일곱 가지 원천으로 확대되면서 고스란히 이어진다. 이 혁신의 원천에 대해서는 본서의 4부 4장을 참고하라.

미래 창조의 초점이 미래가 아니라 현재에 있다는 사실은, 사람들이 미래는커녕 이미 일어난 일들에 대해서조차 얼마나 모르고 있는지를 보면 더욱 실감할 수 있다. 사람들이 먼 미래의 일이라고 생각하는 것도 사실은 이미 일어난 일들이 대부분이다. 1910년대에 포드가 초기 성공을 거둔 직후에도 대부분의 사람들은 자동차가 대중교통 수단이 되려면 30~40년 후에나 가능할 것이라고 생각했다(MfR p. 183). 대부분 사람들은 자기 주변에서 실제로 보이는 일이 아니면 모른다. 막상 자기 주변에 그런 일들이 일어나면 그때서야 현재가 된다. 그러나 이미 그런 일은 일어나고 있었다. 다만 몰랐을 뿐이다. 1930년대 뉴욕 시의 생활상을 묘사한 소설을 보고 뉴욕에 살지 않는 많은 미국인들이 미래 예측 소설이라고 생각했다는 이야기도 있다. 오늘날 대중화된 터치스크린, 태양전지, 무선 주파수 인식 기술RFID은 수십 년 전에 이미 개발도 끝났고 특수한 시장에서 사용되고 있었다. 지금도 우리의 미래를 바꿀 수많은 기술들, 예컨대 휴머노이드, 연결형 인공지능[5], 인공 감성 같은 것은 세계 유수의

5 전통적으로 득세했던 민스키 류의 계산주의 인공지능에 대비하여, 최근 각광을 받고 있는 인공 신경망과 네트워크 기반의 연결주의 인공지능을 말한다.

연구소, 대학, 기업에서 중요한 실험들을 다 끝냈고, 실제로 현장에서 적용이 되고 있는 상태다. 이것은 결코 미래의 문제가 아니라 철저히 현재의 문제다. 다만 사람들이 현재를 잘 모를 뿐이다.

이즈음에서 우리는 세상을 진정으로 변화시키고 미래를 만들어 가는 존재가 철학자가 아니라, 혁신하는 기업가라는 사실을 다시 한 번 실감하게 된다. 혁명가나 철학자는 "세상은 어떠해야 하는가?", "미래는 어떤 모습이어야 하는가?"에 대해 개인으로서 신념을 가지고 외친다. 그러나 그들의 희망대로 세상이 진정 행복해지고 살만해졌는가? 반면에 기업가는 "어떤 변화 속에서 어떤 결과를 만들어 내야 하는가?"에 초점을 두고 의사 결정을 하고 실천한다. 혁신하는 기업가는 세상이 '이렇게 되어야만 한다'고 생각하면서 행동하지 않는다. 현재 숨어 있는 이 기회를 어떻게 사업의 결과로 만들어 낼 것인가를 생각한다. 그러나 기업가 본인의 의도와 달리, 경영 성과에 힘입어 세상은 변화한다. 우리는 오늘날 그런 세상에 살고 있다. 백화점, 할인점, 편의점, 스마트폰, 컬러텔레비전, 고속철도, 여객기, 인터넷, 아스피린, 비타민……. 혁명가나 철학자들이 그 일을 한 것이 아니다(MfR pp. 184~192).

현재의 의사 결정과 계획이 지닌 미래성

드러커는 『매니지먼트』에서 미래의 문제를 좀 더 광범위한 영역에서 다뤘다. 여러 곳에서 미래 문제를 거론하고 있으나, 특히 제10장 「전략적 계획 수립 - 기업가적 스킬(Strategic Planning: The Entrepreneurial Skill, MTRP pp. 121~129)」에서 집중적으로 등장했다. 독자들은 그보다 먼저 제

4장, 「경영의 여러 차원들」의 한 소절인 '시간 차원(The Time Dimension, MTRP pp. 43~45)'을 통해 경영자가 직면한 시간문제의 본질을 먼저 생각해 본 뒤, 드러커의 미래관에 접근하는 것이 보다 올바른 이해에 이르는 길이다.

먼저 경영의 여러 차원이란 목표와 사명의 차원, 일의 생산성과 노동자의 목표 성취 차원, 사회적 책임 차원, 이미 있는 일을 유지·관리하는 일과 새로운 기회를 발굴하는 일의 차원, 그리고 시간 차원을 말한다. 경영자는 시간 차원을 제외한 나머지 모든 차원의 일들을 모두 시간 차원에 결부하여 수행해야 한다고 말했다. 시간 차원이란 경영자가 항상 현재와 미래, 단기와 장기를 동시에 고려해야 한다는 것을 의미한다. 즉, 경영자는 '현재와 미래를 동시에 사는 사람'이며, '미래는 오직 현재를 통해서만 달성'될 수 있다는 데에 시간 차원의 핵심이 있다. 그러나 많은 경영자들이 입으로는 미래를 말하지만 실제로 현재와 미래를 동시에 살고 있는 것 같지는 않다.

드러커에 따르면 미래는 예측할 수도 없을뿐더러, 강하게 소망한다고 해서 결코 이루어지지 않는다. 경영자가 필요로 하는 것은 지금의 결정, 지금의 위험, 지금의 행동이다. 그런 의미에서 장기 계획 또는 단기 계획 중 어느 것이 필요한가에 대한 질문은 무의미하다. 중요한 것은 목표를 달성할 것으로 예상되는 기간을 대상으로 전략적 계획strategic planning을 수립하는 일이다. 미래는 예측할 수 없지만, 오히려 "예측할 수 없다는 그 이유 때문에 전략적 계획이 반드시 필요한 것이다(MTRP p. 124)." 왜냐하면 경영자에게 필요한 것은 결과를 만들어 내는 일이어야 하기 때문이다.

전략적 계획은 바로 GE가 추구했던 방식이다. 이 계획은 세 가지 질문 "우리의 사업은 무엇인가?", "우리의 사업은 무엇이 될 것인가?", 그리고

"우리의 사업은 무엇이 되어야만 하는가?"를 통해 수립되어야 한다. 가장 첫 번째 질문은 "우리의 현재 사업 가운데 포기해야 할 것은 무엇이며, 어떤 사업에 우리의 새로운 자원을 투입해야만 하는가?"로부터 출발해야 한다. 그리고 두 번째 질문과 세 번째 질문을 통해서, 경영자는 현재 행하고 있는 사업 방식(제품, 서비스, 시장, 기술 등)이 그대로 내일의 사업으로 이어질 것이라는 생각에서 벗어날 수 있다(MTRP pp. 122~123).

여기에서 바로 현재 수행하는 '의사 결정의 미래성futurity'이라는 개념이 나온다. 미래성의 초점은 미래에 있지 않다. 경영자는 "미래에 무슨 일이 일어날 것인가?"를 물어서는 안 된다. "우리들이 취하는 현재의 사고와 행동은 어떤 미래를 내포하고 있는가"를 물어야 한다. 이것이 미래성이다. 그런 의미에서 의사 결정 행동은 여러 가능한 시간 범위들을 현재라는 한 지점으로 동기화시키는 타임 머신과 같다(MTRP p. 125).

이상의 논의를 종합해 보았을 때 미래를 만드는 전략적 계획은 이렇게 정의된다.

> "전략적 계획이란, 현재의 기업가적(위험 감수의) 의사 결정을 체계적으로, 그리고 미래성을 최대한 이해한 상태에서 수행하는, 이 의사 결정을 실천하기 위해 필요한 제반 노력을 체계적으로 조직화하는, 그리고 이 의사 결정의 결과를 조직화하고 체계화된 피드백을 통해 최초의 예상과 비교해 가는 지속적 과정이다(MTRP p. 125)."

드러커는 경영자들이 흔히 계량 모형을 통해 미래를 예측하려 하거나, 확률적 시나리오 분석을 통해 미래에 대응하려 하거나, 위험을 제거하려고 하는 시도 그 어떤 것도 전략적 계획을 동반하지 않으면 결코 미래를 만들어 낼 수 없다고 보았다(MTRP pp. 123~125).

한편 컨설턴트나 경영과학자들은 확률적 시나리오 분석을 애용한다. 드러커는 기업의 행동 여하에 따라 그 시나리오 자체가 달라질 것이기 때문에, 확률적 시나리오도 별 의미가 없다고 보았다. 예를 들어서 스마트폰이 오늘날처럼 보급되기 전, 어떤 기업이 현재 개발하고 있는 스마트폰이 시장에서 수용될 것인가 아닌가 하는 확률을 각각 30퍼센트 대 70퍼센트 같은 식으로 부여하는 것이 무슨 의미가 있겠는가? 그 기업이 물어야 할 것은 오히려 다음과 같은 질문이어야 한다. '지금 시장에서 수용할 수 있도록 스마트폰을 만들려면 무엇이 필요한가? 어떤 속성들이 어느 정도 수준으로 갖추어져야 하는가? 가격은 어느 수준이어야 하는가? 이를 위해 필요한 지식이나 자원을 우리가 지금 확보할 수 있는가?' 등등.

훗날 드러커는 『미래 사회를 이끌어 가는 기업가 정신』에서는 성공적인 혁신가들이 위험 감수형이 아니라 오히려 보수적이라는 사실을 언급한 적이 있다. 그렇다면 성공한 혁신 기업가들은 과연 위험을 제거한 것일까? 또는 위험을 최소화시킨 데에 성공한 것일까? 아니다. 위험은 그 누구도 제거할 수 없다. 어떤 행동에도 위험은 반드시 따른다. 성공적인 혁신 기업으로 알려져 있는 애플조차도, 애플II, 매킨토시, 아이폰, 아이패드와 같은 성공작 외에, 뉴튼, 이월드e World, 애플III, 파워맥, 매킨토시 포터블 같은 참담한 실패작들을 남겼다.

우리는 2007년 미국 금융 위기가 일어나기 전에 앨런 그린스펀Alan Greenspan 미국 연방준비제도이사회 의장이, 첨단 파생상품을 통해 위험이 제거되었으며, 따라서 금융 위기 같은 것은 없을 것이라고 호언장담했다는 사실을 잘 알고 있다. 그는 부채담보부증권CDO나 신용부도스와프CDS

와 같은 파생상품의 본질이 투자의 어느 한 당사자가 위험을 헷지hedge하는 수단이었을 뿐, 위험을 제거하는 상품이 될 수 없다는 사실을 몰랐다. 시장에서 위험은 소재를 이전하거나 형태를 바꾸기는 해도 결코 그 위험 자체가 사라지는 것이 아니다. 비단 금융 상품의 위험만이 아니라, 그 어떤 경영상 의사 결정이라 해도 반드시 위험을 수반한다.

전략적 계획은 위험을 제거하려는 것이 아니라 오히려 올바른 위험을 감당하면서 결과를 만들어 내려고 하는 것이다. 경영자는 자신의 결정이 부담하게 될 위험을 이해한 상태에서 올바른 위험을 선택하라는 것이지, 결코 무지한 상태에서, 경험, 육감, 만용만으로 불확실성에 뛰어들라는 의미가 아니다. 그래서 미래를 창조하려면 지속적인 포기와 피드백을 통해 위험을 경영해 가면서 결과를 만들어 내야만 한다(MTRP p. 125).

미래를 보고 혁신하려 들지 말라

『미래 사회를 이끌어 가는 기업가 정신』은 어떻게 보면 바로 드러커가 그전까지 다루었던 미래 만들기 문제를 가장 포괄적인 현장의 원리로 발전시킨 결과물이라고 볼 수 있다. 드러커의 미래 창조 사상은 그의 혁신 사상으로 집약된다. 혁신이야말로 기업이 미래를 끊임 없이 만들어 갈 수 있는 유일한 활동이다.

그런데 이 책에서는 역설적으로 '미래를 보고 혁신하려 들지 말라'는 지침이 나온다(InE 137). 이 구절은 드러커가 말했던 미래 창조의 한 본질로서 '현재를 보고 혁신하라'는 말의 의미를 잘 드러낸다.

다른 선행 발명가들을 제치고 에디슨의 전구가 성공한 이유는 화력발

비트코인이 싹을 틔운 것은 2008년이다. IBM은 비트코인 자체보다 그 기반 기술인 블록체인에 주목하고 2014년부터 연구를 거듭하여 금융기관을 상대로 한 솔루션을 개발했다. 사진은 bitaddress.org에서 생성된 비트코인 종이 월릿(wallet).

전 시스템이라는 현재의 기반이 비로소 갖추어졌기 때문이다. 10년 이상의 R&D 기간이 소요되는 신약 개발도 사실은 미래를 보고 하는 것이 아니다. 그것은 이미 존재하는 니즈, 즉 여전히 해결되지 않고 있는 현재의 질병에 초점을 둔 것이다.

현재에 뿌리를 두지 않고, '미래에 이런 것이 필요하다'는 식의 혁신은 대개 실패한다. 오직 현재의 기회, 현재의 수용 가능성, 현재의 지식/인프라에 기반을 두고 이루어지는 혁신이어야 한다. 미래를 만드는 데에 실패하는 것은 미래를 보지 못해서가 아니라 현재를 보지 못하고, 현재 의사 결정의 미래성에 무지하기 때문이다.

2015년에 우리나라에서 뒤늦게 일기 시작한 핀테크 붐을 보면, 우리 금융기관들이 얼마나 미래는커녕 현재를 바라보는 혁신조차 외면하고 있었는지 알 수 있다.

사토시 나카모토Satoshi Nakamoto라는 이름을 내세운 어떤 인물이 비트코인bitcoin을 처음 싹 틔운 해는 2008년이었다. 그 뒤 시장에서는 점점 많은 사용자들이 생겨났다. 그런데 시간이 흘러도 기업들은 별로 주목하지 않았다. 2013년 말부터 IBM은 비트코인 자체보다 그 기반 기술인 블록체인block chain에 주목하고 2014년부터 연구를 거듭하여 금융기관을 상대로 한 솔루션을 개발했다. 그 과정에서 벤처기업과 협업했다. 이 솔루션을 통해서 금융기관은 거래 기록 유지 관리 및 위변조 감시 시스템에 소요되는 과거의 천문학적 비용을 절감할 수 있게 된다. 이렇게 절감된 비용의 상당 부분은 고스란히 IBM과 관련 벤처기업들의 수익이 된다.[6] 즉, 새로운 고객이 창조된 것이다.

100년 전통의 하드웨어 기업 IBM이 1960년대 이후 자칫 몰락할 위기 속에서 어떻게 자신의 과거를 부정하면서 거듭날 수 있었는지, 그 극심한 성장통에 대해서는 드러커가 그의 『매니지먼트』에서 상세히 설명해 놓은 바가 있다. 그래서 그런지 이 조직은 세월이 흘러 아무리 경영자가 바뀌어도 조직에 이미 체질화된 미래 창조 문화가 웬만해서는 침범당하지 않는다.[7]

블록체인과 관련하여 우리나라는 2015년 후반에 이르기 전까지 기업 차원 또는 금융기관 차원에서 어떤 의미 있는 시도도 보이지 않았다. 그러다가 2015년 하반기에 뒤늦게 핀테크 열풍이 불면서 금융기관들은 비로소 블록체인에 관심을 갖기 시작했다. 솔직히 말하건대 이건 변화에 대한 대응이 아니라 뒷북을 치는 것에 불과하다. 변화가 보인 뒤에 뒤쫓아 가는

---

6 김진화, 「전 세계가 블록체인 투자… 기술 기업과 상생 협력이 관건」, Vol 35, 2016년 3월 호, 테크엠, p. 37.

7 물론 새로 취임한 경영자가 기업의 사명과 문화를 이해하지 못하고 그릇된 방향으로 전략을 수립하여 조직을 위태롭게 하는 경우는 종종 있다. 예를 들어서 1999년에 휴렛팩커드 CEO로 취임한 칼리 피오리나는 휴렛팩커드의 강점인 엔지니어 조직의 개발 문화를 파괴하는 여러 정책 때문에 결국 2005년 이사회에서 해임당하고 말했다. 그는 조직에 크나큰 해를 끼치고 물러나면서도 우리 돈으로 200억 원이 넘는 거액의 퇴직금을 받아 사회로부터 거센 비난을 받기도 했다.

것을 변화 경영이라고 착각해서는 안 된다. 다시 한 번 말하지만, 드러커도 말했듯이 변화가 대세로 드러난 후에 대응하면 이미 늦은 것이다. "그 누구도 변화를 **경영할** 수는 없다. 그는 단지 변화에 앞서갈 수 있을 뿐이다 (One cannot **manage** change. One can only be ahead of it. MC21 p. 73.)"

2015년 초까지만 해도 우리나라만 제외하고 전 세계 주요국, 심지어 중국조차 이미 핀테크 사업 기반을 갖췄다. 그런데 우리나라 금융 당국, 금융기관, 거대 IT 기업들은 그런 거대한 변화의 의미를 잘 몰랐고, 설령 알았다 하더라도 모든 것이 NIHNot Invented Here였다. 빨리 과거를 버리고 이 새로운 미래로 이행해야겠다는 생각을 한 대기업이 거의 없었다. 2015년 하반기부터 갑자기 대기업들이 이 시장에 뛰어들기 시작했는데, 사람들은 그들을 보고 시장 변화에 잘 대응한다고 평가할지도 모르겠다. 하지만 적어도 드러커의 관점에서 보자면, 그냥 변화에 끌려가는 것이다.

단순히 잘하는 것이 아니라 '탁월히' 잘하지 않으면 아무런 성과를 낼 수 없다. 시장에서 철저한 준비와 피드백의 과정을 거치지 않고 출시되는 상품은 평범함의 덫에 걸려 대개 도태되고야 만다. 그런데 이 피드백에는 필연적으로 시간이 필요하다. 그런 의미에서 글로벌 기업이 핀테크 사업을 시작한 2014년과 국내 기업의 2015년 사이에 격차는 정말 큰 것이었다.

2014년까지 우리나라에서 그 숫자조차 얼마 되지 않았던 핀테크 벤처기업들은, 이미 변화한 현재를 인정하지 않는 대기업들의 의사소통 문화와 거미줄 같은 규제 앞에서 절망했다. 하지만 굴하지 않고 덤볐던 그들의 노력은 뒤늦게나마 수용되기 시작했다. 2015년 초에 이르러서야 금융위원회가 움직이고 금융기관들도 핀테크 대책반을 마련하기 시작했다. 하지만 이런 식의 움직임은 솔직히 말해서 미래 창조가 아니었다.

이 모든 현상은 대기업과 거대 조직의 촉각이 항상 내부에만, 그리고 이미 이룩한 과거에만 머물러 있기 때문에 나타났다. 수출을 많이 한다고 해서 감관이 외부로 열려 있는 것은 아니며, 장기 사업 계획을 수립한다고 해서 눈이 미래를 향해 떠 있는 것이 아니다. 현재는 보려고 하지 않는 자에게는 결코 보이지 않는다. 자신이 과거에 이룩한 수많은 거대한 것들 사이에서 현재들은 너무나 작고 미약하고 보잘것없어 보이기 때문이다.

PETER DRUCKER

8

착한 기업이 아니라 목표를 이루는 기업이 되라

착한 기업에 대한 막연한 동경

기업이 착하지 않다는 것은 어떤 행동들을 가리키는 것일까? 대개는 환경과 건강을 해치는 제품을 공급하거나, 고객을 무시하는 정책을 취하거나, 주주나 금융기관 등 이해관계자들을 속이거나, 종업원이나 협력업체를 부당하게 착취하거나, 권력과 부정한 거래를 하는 기업들은 틀림없이 착하지 않은 기업이다. 즉, 나쁜 기업이다. 자기들만의 이익을 챙기는 기업 역시 착한 기업으로 간주되기는 힘들다. 재해에 기부를 하지 않거나 가난한 사람들을 돕지 않으면 아직 착하다는 소리를 들을 수 없다. 여하튼 사람들은 착한 것들을 묘하게 동경한다.

2015년 닐슨이 공표한 자료에 따르면, 한국의 패널 소비자 507명 가운데 58퍼센트는 "사회와 환경에 긍정적 영향을 미치는 기업의 제품과 서비스를 구매하는 데 추가 비용을 지불할 수 있다"고 답했다. 같은 질문에 대해 선진국보다 개발도상국일수록 더 높은 수치가 나왔다. 즉, 개발도상국일수록 착한 기업을 더욱 찾았다. 이런 조사는 여러 곳에서 많이 이루어졌지만 대개 비슷한 결과를 낳았다.

대중들이 착한 기업의 제품을 선호하는 것은 지극히 당연한 일이다. 그러나 대중들은 그렇다 치고, 경영자 자신이 착한 기업을 동경하게 되면 자칫 오판할 수 있다. 경영자는 기업의 본질을 정확히 알아야 한다. 기업은 착해져야 하는 것이 아니라 고객을 창조하는 것이 목적이다. 고객을 창조한 결과로 착한 기업이 될 수는 있다. 그러나 착한 기업이 된다고 해서 고객을 창조할 수 있는 것은 아니다. 만약 인공 첨가물 대신에 천연 재료만을 이용해서 식품을 만드는 회사가 성공했다면, 결과적으로 대중에게 착한 인상을 심어 줄 수 있다. 그러나 그런 기업이 성공한 이유는 단순히 착해서가 아니라 고객의 가치를 드러낼 수 있는 매개 지점을 정확히 발견했기 때문이다.

영국의 커스티 헨쇼는 음식 알레르기가 있는 아들이 늘 걱정이었다. 그녀는 알레르기를 일으키지 않는 음식을 찾은 끝에 아들이 안심하고 먹을 수 있는 천연 재료 메뉴를 개발했다. 이 음식이 지역 주부들 사이에서 좋은 반응을 얻었고, 그 뒤 사업성을 인정한 투자가의 도움으로 식품 회사를 창업해서 크게 성장시킬 수 있었다. 그녀는 음식 알레르기가 있는 고객이라는 새로운 시장을 발견했고, 자신의 강점에 의거하여 천연 재료 건강식 시장에서 사업을 확대할 수 있었다.[1]

우리나라는 해방 이후 미국에서 밀가루를 수입하면서 밀 재배 농가가

1 『그들은 어떻게 1인 기업으로 성공할 수 있었나』, 송민호 지음, 유페이퍼, 2015. p. 18(전자책)

사라졌다. 미국산 수입 밀가루의 위해성은 어느 정도 알려져 있었고, 그를 대체할 양질의 밀가루에 대한 수요는 분명히 있었다. 우리밀사업은 그렇게 해서 생겨났다. 출발은 좋은 의도였다. 그러나 그 의도와는 달리 고객 창조에 실패했고 경영은 어려움을 겪었다. 결국 운동본부는 막대한 부채만 누적한 채, 1998년에 해당 사업의 자산 80억 원과 부채 126억 원을 농협중앙회에 넘겨야 했다. 이때 운동본부의 김승오 신부는 이렇게 말했다. "한마디로 사업은 사업답게 해야 하는데 운동처럼 했던 것이 문제였어요."[2]

우리나라에서 오가다五嘉茶 이전에, 한방차 전문점이 조직화된 사업으로서 성공한 사례가 드물었던 이유는 한방차가 몸에 좋지 않아서가 아니라 고객 창조를 위한 체계적인 경영이 없었기 때문이다. 오가다는 노년층이 아닌, 20~30대가 추구하는 숨겨진 맛을 한방차에서 찾기 위해 많은 실험을 했다. 그리고 이미 커피전문점을 통해 고급 커피 문화에 길들어 있는 그들이 수용할 수 있는 가격 수준, 매장 구조, 용기를 설계했다.[3]

청소 경비 용역 기업인 삼구아이앤씨의 구자관 회장은 회사에 소속된 모든 청소 용역 노동자들을 인간적으로 존중했다. 자신이 그들보다 높은 자리에 있다거나 그들을 지배하는 사람이라는 생각은 추호도 없었다. 자신을 낮추기 위해 사장 대신에 책임사원이라고 불러 줄 것을 자청했다. 회사 주식의 절반을 직원들에게 나누어 주어 이익을 공유하면서 성장하고 있다. 외환 위기, 글로벌 금융 위기를 겪으면서도 한 명의 감원도 없이 사업을 지속시켜 왔다. 그는 드러커가 그토록 강조했던, 직원들의 안정감

---

2 「시든 우리 밀에 거름을」, 김정수 기자, 한겨레21, 1998년 7월 16일, 제216호.

3 「아메리카노처럼 유명한 한방차를 꿈꾼다」, 김유림 기자, 신동아, 2012년 1월 호. 628호. pp. 222~225.

이 얼마나 중요한지 잘 알고 있는 인물이었다. 그러나 이 회사가 리더십을 유지할 수 있는 이유는 결코 주식을 나누어 주거나 직원들 앞에서 겸손한 언행을 보여서가 아니었다. 그보다는 핵심 자원인 청소 용역 직원들이 자긍심으로 일을 할 수 있는 환경을 만들어 주었기 때문이다. 그들의 일하는 방식은 고객으로 하여금 언제나 이 회사를 찾도록 만들었다.

1980년대에 특장차 회사 광림기계는 매우 독특한 기업 문화를 지니고 있었다. 음표가 그려진 담장의 외관부터 낭만적이었다. 여타 중장비 회사와 달리 공장은 청결했고 직원들은 밝고 활기찼다. 사장은 신입 직원들에게 노동의 의미를 알게 하기 위해 몇 달간 공장 청소를 시키기도 했다. 기술 개발은 물론이고 인간 존중의 철학에 충실했다. 사장은 직원을 행복하게, 그리고 부자로 만들어 주는 것을 중요한 사명으로 여겼다. 종업원을 위해 자기가 가진 주식의 절반을 무상으로 나누어 주었다. 상장을 해서 모든 직원들을 부자로 만들어 주겠다는 비전을 제시하기도 했다. 그러나 과도한 차입금에 의거한 무리한 사업 확장, 새로운 경쟁 기업들의 시장 진출, 부실기업 M&A로 인한 대규모 손실 등으로 경영난이 심화됐다. 결국 90년대 중반에 부도 처리됐다. 그동안 착한 경영을 너무 앞세운 나머지, 복수의 중요한 목표 사이에서 균형을 깨뜨리고 말았던 것이다. 특히 과도한 성장욕에 안정적인 재무 관리를 희생하고 말았다.

'착한 회사가 세상을 바꾼다'는 표현은 캠페인 문구로서는 매력적일지 몰라도, 올바른 경영의 좌우명이 되기에는 허술하다. 왜냐하면 착한 행동과 기업이 성과를 창출하도록 하는 행동 사이에 일부 교집합이 있을 수는 있지만, 이 둘이 반드시 일치하는 것은 아니기 때문이다. 로리 바시 등이 지은 『굿 컴퍼니』는 이른바 착한 회사 지수라는 것을 개발했다.[4] 착한 회사 지수는 고용주 등급, 판매자 등급, 집사 등급의 세 가지 등급을 결합한 것이다. 좋은 고용주에 대한 평가, 고객의 입장에서 본 기업에 대한 평가, 그리고 선량한 집사로서 지역 사회, 환경에 대한 책임을 이행하는 정도가 종합적으로 반영된 것이다. 이 책이 말하고자 했던 의도는 기업이 끊임없이 성과를 창출하면서 자신을 지속시키기 위해서 해야 할 행동들이었다. 그러나 여기에서 '착한'이라는 단어에 방점을 찍으면, 경영자는 자칫 기업을 지속시키는 핵심 동력을 놓친 채 행동의 중심을 잃을 위험이 존재한다.

일하기 좋은 회사란 종업원에게 착한 회사가 아니다

『굿 컴퍼니』의 저자들은 착한 고용주를 평가하는 자료로 글래스도어닷컴[5]의 발표 자료와 『포춘Fortune』 선정 100대 일하기 좋은 기업의 자료를 이용했다. 글래스도어닷컴은 직원들의 평가에 기반을 두고 '가장 일하기 좋은 직장'을 매년 선정한다. 『포춘』은 신뢰성, 존중, 공평성, 자부심, 동지애의 다섯 가지 기준에서 기업들을 평가한다. 이렇게 선정된 회사들은 한결같이 인간을 존중하는 근무 문화를 지닌 기업들이다. 그러나 단순히 인간을 존중한다는 사실에만 치우치지 않고, 도전적인 목표 설정, 원활한 의사소통, 자율적인 업무 방식 선택, 교육 훈련을 통한 직원 육성 문화 등을 중시했다.

일하기 좋은 직장은 종종 '종업원 만족'이라는 잘못된 개념 때문에 오

---

4 『굿 컴퍼니: 착한 회사가 세상을 바꾼다』, 로리 바시, 에드 프라운헤임, 앤 맥무러, 래리 코스텔로 지음, 퓨쳐디자이너스 옮김, 틔움, 2012. www.goodcompanyindex.com

5 www.glassdoor.com

도된다. 드러커는 종업원 만족이 지닌 허구성을 지적했다. 성과에 대한 책임에 기반을 두지 않고 단지 직원들의 선호만을 기준으로 하면 조직이 추구하는 목적에서 멀어질 수 있기 때문이다. 그러므로 막연히 "당신의 직장은 좋은 회사입니까?" 또는 "당신의 직장은 다니기 좋은 곳입니까?"라고 물어서는 안 된다. "당신의 직장은 성과를 낳기 적합한 곳입니까?" 또는 "현재의 일하는 방식이 과업을 수행하는 데에 부적합하지 않습니까?"라고 물어야 한다(PoM p. 302).

직원들에게 동기가 생성되려면 만족만으로는 안 된다. 진정한 동기는 **책임**을 통해서 형성된다. 지식노동자는 항상 만족을 추구하게 되어 있지만, 항상 책임을 희망하는 것은 아니다. 그러나 지식노동자가 책임을 원하는가 아닌가는 중요하지 않다. 경영자는 노동자에게 분명히 책임을 부여해야 한다. 그래야만 비로소 목표와 자기통제에 의한 경영이 작동할 수 있기 때문이다.

그런 의미에서 취업 준비생들이 찾는 좋은 회사의 이미지도 잘못됐다. 그들이 찾는 좋은 회사는 자신에게 착한 회사다. 오래 다닐 수 있는 회사, 급여가 높은 회사, 그리고 복지가 좋은 회사다. 성과에 대해 책임을 지녀야 하는 회사는 그들에게 착한 회사로 비치지 않는다. 그렇게 회사를 홍보하다가는 아무도 그 회사에 지원하려 들지 않을지 모른다.

기업은 자신을 착한 회사로 규정해서도 안 되고, 구성원들도 회사에 그런 모습을 기대해서는 안 된다. 새로운 시대의 지식노동자는 전혀 다른 규범, 즉 자기통제와 책임의 원리 하에 자신을 위치시키고, 기업의 모습에 대해서도 역시 그러할 것을 기대해야 한다.

그러나 기업이 지식노동자에게 책임을 요구하려면, 그에 상응하는 권위와 통제 권한을 그에게 부여하는 일이 반드시 전제되어야 한다. 흔히 경영자들은 직원들에게 회사에 기여할 것을 요구하지만, 기여를 요구하기 전에 먼저 다음과 같은 세 가지 조건이 반드시 갖추어져야 한다(MTRP pp. 267~270).

1. **생산적으로 성과를 낼 수 있도록 수단을 제공**해 주어야 한다. 조직은 성과를 달성하기 위해 필요한 자원들이 무엇이 있는지 먼저 분석한 뒤 이것들을 지식노동자에게 제공해 주어야 한다. 이때 테일러 식으로 일을 분석하는 절차가 반드시 필요하다. 충분한 수단도 제공해 주지 않고, 지식노동자들에게 의욕과 열정, '하면 된다' 정신을 강요하는 것만으로는 결코 동기 부여도, 책임도 일어나지 않는다.

2. 성과를 향해 **자기통제가 이루어지도록 정보를 피드백**해 주어야 한다. 이는 실적을 강제하는 형태여서는 안 된다. 단순히 화물 배송 직원에게 하루에 몇 개 물량을 처리하라고 강요하는 것은 아무런 의미가 없다. 현재 대기하고 있는 처리 화물들의 상태, 그리고 자신이 이미 처리한 실적과 그 소요 시간 등에 대한 정보를 적절히 보여 주기만 해도 효과가 있다.

피드백 정보는 적절한 성격의 것이어야 한다. 예를 들어서 연구 개발 부서 직원들에게 매주 비용 지표를 들이대면 오히려 역효과가 난다. 최소 수개월 단위로 경영자는 연구소가 해 온 일의 성격을 질적으로 판단한 후 그들이 과연 올바른 방향으로 가고 있는지 아닌지에 대해 의견을 주어야 한다. 흔히 칭찬은 고래도 춤추게 한다고들 말하지만, 중요한 것은 칭찬 자체가 아니라 올바른 피드백이어야 한다.

3. **지속적인 학습**을 가능하게 해 주어야 한다. 이는 회사가 별도로 교육

훈련 프로그램을 제공해야 한다는 의미는 아니다. 이는 성과 창출에 기여하는 자신의 지식이 과연 무엇인지를 깨닫게 해 주어야 한다는 뜻이다. "지금 하는 일이 왜 잘 안 되는 것일까?", "지금 하는 일을 더 잘 이루어지게 하려면 무슨 지식이 필요한가?" 경영자는 이런 질문이 조직 내에서 끊이지 않도록 유도해야 한다. 지식노동자가 스스로 필요한 지식을 찾아가도록 도와야 한다.

이런 세 가지 조건이 갖추어지지 않은 상태에서, 지식노동자에게 막연히 책임을 요구한다면 그 역시 또 다른 강제가 되면서 아무런 동기 부여도 일으키지 못할 것이다.

절대 이성, 절대 선, 절대 법칙을 배격한다

윤리학에서 '착하다'는 것, 또는 '선하다'는 것은 학파마다 다른 기준으로 정의한다. 드러커는 어떤 철학적 주장을 직접 펼치지는 않았다. 하지만 자신의 경영 사상을 형성하는 과정에서 기존의 철학 사조로부터 영향을 받았다. 핵심만 말하자면, 절대 이성, 합리주의, 계산주의를 배격[6]하고 개인의 실존과 자유를 중시했다. 동시에 그의 사상은 기본적으로 초월성을 인정하는 유대-기독교 전통 안에 있었다.[7] 그는 개인의 합리성과 사회의 진보를 믿는 낙관주의 대신에, 불합리, 나약, 탐욕, 불안, 공포에 휩싸인 존재로서 인간의 모습이 더 현실적이라고 보았다. 그러나 그 개인

6 "19세기의 합리적 윤리 체계의 모든 규범들은 사회에 의해서 결정되었고, 이로 인해 개인의 자율성과 도덕적 선택은 희생될 수밖에 없었다. 루소의 일반 의지, 임마누엘 칸트의 정언명령, 헤겔의 변증법, 벤담의 최대 다수의 공리주의, 마르크스의 경제 결정론이 모두 드러커가 비판한 대상이었다." (『피터 드러커: 현대 경영의 정신』, p. 358~359).

이 자신을 복속시켜야 할 초월적인 자리에 결코 자연, 인간, 사회, 합리성 같은 것을 위치시키지 않았다.[8] 대신에 그는 초월은 내면 깊은 곳에 있으며, 그 자리에는 양심이 있다고 보았다. 그가 거울 테스트mirror test를 통해, 자신이 가치 있는 일을 하고 있는지를 판단할 수 있다고 말한 것도 바로 양심의 역할 때문이었다.

드러커는 '선하다'는 표현을 극히 꺼렸다. 대신에 '올바르다'는 표현을 주로 사용했다. '선한 의도'는 그가 가장 싫어하는 단어 가운데 하나였다. 그는 올바른 의사 결정, 올바른 타협, 올바른 일, 올바른 방식 같은 표현을 애용했다. 그러나 그의 올바름은 경영자가 내성과 양심을 통해 스스로 알 수 있는 올바름이었다. 그에게 절대 선이라는 것은 오히려 개인의 자유와 선택을 억압하고 파괴와 독재만을 낳는 요인이었다. 그래서 드러

---

7 개인적으로 드러커는 모계가 유태인이었지만, 자신은 기독교 신자였다. 유태교 신자가 아니었기 때문에, 엄밀한 의미에서 유태인으로 분류하기는 어렵다. 개인의 강점과 재능, 평생 학습, 그리고 타인에 대한 무조건적 도움보다 그들이 자립할 수 있도록 지원해야 한다는 사상 등을 강조한 것을 보면, 유태교의 사상에서도 많은 부분을 이어받은 것으로 판단된다. 또한 그의 저서 전반에서 기독교 성향은 명시적으로 드러나지 않지만, 이따금씩 초월과 키에르케고르(Søren Kierkegaard)의 실존주의 철학 등을 언급하는 여러 부분에서 미약하게나마 자신의 기독교 사상의 흔적이 발견된다. 특히 그의 초기 저서인『경제인의 종말』제4장 '기독교 교회의 위기'에서는 기독교의 사회적 역할과 그 한계에 대한 생각이 명시적으로 드러나 있다. 자본주의와 사회주의로 대변되는 경제인의 신조, 즉 합리와 법칙에 바탕을 두고 진보하는 사회에 대한 믿음은 세계대전과 대공황이라는 거대한 악마의 출현으로 산산히 부서졌다. 20세기 초 유럽 사회의 가치 체계가 공백 상태에 처했을 때, 드러커는 기독교야말로 이를 극복할 수 있는 대안이라고 생각했다. 그에 따르면 오랜 역사에 걸쳐 서구 사회의 지배 정신이었던 기독교가, 19세기 이래 변화한 사회·경제에 맞추어 대중들에게 새로운 사회적 신념을 제공했어야 했다. 이 거대한 변화를 깨달은 일부 기독교 소수파가 그런 시도를 했지만, 대부분 낡은 시대의 사회관에 사로잡혀 새로운 가치를 제공하는 데에 실패했다(EEM pp. 85~111). 드러커는 이 새로운 사회에 적합한 가치가 과연 무엇인가에 대해서 평생을 탐구했다. 그의 경영 사상은 바로 이런 고민의 산물이었다.

8 "드러커는 과거의 신본주의로부터 인간과 세속에 초점을 둔 18세기 계몽주의로 변천하는 과정을 살펴보면서, 근대의 철학자들이 전통적인 성부·성자·성신의 종교적 삼위일체를 자연·이성·진보의 세속적 삼위일체로 대체했다고 지적했다. 세속적 구원이 당대의 사상적 기반으로 수용되면서, 19세기의 윤리 철학은 신(神)의 탈(脫)신격화와 자연의 신격화를 바탕으로 형성되어 갔다." 앞의 책.

사진 속 인물은 드러커에게 영향을 준 학자, 퇴니스이다. 드러커의 기본 사상 가운데 하나는 퇴니스 식으로 사회를 가정과 공동체가 속하는 게마인샤프트와 기업이 속하는 게젤샤프트로 구분하는 데에서 출발한다.

커의 시각으로 보자면, 경영자는 선과 악 대신에, 사업 목적에 스스로 비추어 판단한 올바름과 그름의 차원에서 모든 행동을 이끌어 내야 한다.

경영자가 마땅히 올바름의 기준으로 자신의 행동을 이끌어야 하는 반면에, 대중들의 정서는 주로 선과 악의 정서에 좌우당한다.

대중들이 기업인에게 선해야 할 것을 희망하는 정서도 그런 데에서 나온다. 성격이 괴팍하거나 모진 기업인에 대해서는 그 기업이 창출한 성과와 무관하게 폄하한다. 마찬가지로 도덕 교과서에 나올 만한 품행으로 유명해진 기업인에 대해서는 모범적인 기업인이라고 칭송한다. 20세기 후반 IT 산업의 총아, 애플과 마이크로소프트의 최고경영자로 각각 재직했던 스티브 잡스와 빌 게이츠에 대한 사람들의 인상은 현격하게 차이가 난다. 잡스는 안하무인의 성격과 완벽을 추구하는 병적인 편집증, 주변 사람들과 일으킨 충돌, 기부와 자선사업에 별로 적극적이지 않았던 행보 때문에 개인으로서 잡스에 대해서는 비호감을 지닌 사람들이 많다. 반면에 빌 게이츠는 최고의 부자이면서도 겸손하고, 모범적인 가정생활을 영

위해 왔으며, 평소에 독서를 즐기며, 세상 누구보다도 기부에 앞장서 왔던 태도 때문에 거의 위인급으로 칭송받는 경향이 있다.

그들 개인에 대한 이런 인상이 과연 맞는 것인지는 당사자를 제외한 대부분의 세상 사람들이 정확히 알지 못한다. 실제의 삶이 표면적 인상과 같을 수도 있고, 알려진 인상이 단지 언론이 만들어 낸 이미지일 수도 있다. 정작 중요한 것은 사회에 속한 한 사람으로서 행동과 기업 내 지식 노동자로서 행동은 다른 가치를 지향해야 한다는 사실이다. 그러나 경영자 본인은 물론이고 그를 바라보는 외부의 대중들은 이 두 영역을 자꾸 혼동한다.

드러커의 기본 사상 가운데 하나는 퇴니스 식으로 사회를 게마인샤프트와 게젤샤프트로 구분하는 데에서 출발했다(FIM introduction 11). 가정과 공동체는 전자에 속하고 기업은 후자에 속한다. 전자는 소속된 개인의 정서와 안정을 추구해야 하지만 후자는 성과와 변화를 추구해야 한다. 그러나 어느 사회를 막론하고 이 중 한 방향의 가치만을 극단적으로 추구하다 보면 제대로 유지되기가 힘들다.

기업은 원칙적으로 목적, 목표, 결과, 규율, 변화의 가치가 지배해야 한다. 하지만 기업은 일종의 위생 조건으로서 최소한의 복리후생 지원 같은 공동체적 요소를 갖출 필요가 있다. 그리고 일하는 사람에게도 지위와 안정감을 부여할 필요가 있다. 그러므로 기업은 오로지 경제적 조직으로만 규정되어서는 안 되며, 노동자에게 최소한의 소속감과 안정감을 제공하는 공동체로서 기능하기도 해야 한다(MTRP pp. 281~282, FIM pp. 207~208). 마찬가지로 가정이나 동호회 같은 사회는 기본적으로 정서와 안정을 추구해야 하지만, 최소한의 수준에서 목표, 결과, 규율 등은 필요하다. 어느 종류의 사회든 자신이 중점을 두어야 하는 가치가 있어야 하며, 둘이 뒤바뀌는 순간 그 사회는 와해된다. 가정이 성과와 변화만을 추구하거나 기업이 정서와 안정만을 추구하다 보면 그 사회는 자신의 목적을 전혀 다할 수 없게 된다.

오늘날 조직이란 자연 발생이 아니라 사회의 필요를 충족하기 위해 인위적으로 형성된 기구다. 기업과 정부 외에 학교, 병원, 교회 등도 다 조직이다. 착하다는 것은 조직에 최소한의 필요 가치가 될 수 있을지는 몰라도 결코 중점을 두어야 할 가치는 아니다. 그 중요한 가치는 언제나 고객 창조를 위해 올바른 목표들을 설정하고 그것을 균형 있게 달성하는 데에 두어야 한다. 만약 누군가 선한 일에 더욱 중요한 가치를 둔다면 기업이 아니라 비영리 조직 활동을 택해야 할 것이다. 당연히 비영리 조직도 오직 선한 의도로만 가득해서는 안 된다. 결과를 달성하는 최소한의 경영이 반드시 필요하다.

PETER DRUCKER

9

진정한 기업의 책임과 경영자 윤리란 무엇인가?

기업에는 경제적 책임 이상의 것이 있다

경제적 성과, 즉 최소한의 이익 달성은 기업의 1차적 책임이다. 그러나 기업에게는 그 이상으로 공동체를 지속시킬 정치적 책임이 있다. 이 생각은 그가 『기업의 개념』 이후 줄곧 견지해 온 생각이다.

그러나 이 책임은 착한 기업이 되라는 뜻이 아니다. 굳이 선행까지는 바라지도 않는다. 수많은 악행들부터 중단해야 한다. 사회의 필요로 탄생한 기업이 단순한 악행을 넘어 조직적 살인마로 변신할 수도 있기 때문이다.

세월호 참사와 옥시 가습기 살균제 사건은 표현조차하기 힘든 분노와 통한으로 공동체 정서를 갈기갈기 찢어 놓았다. 서브 프라임 모기지 사태에 이르기까지 저 멀리 미국에서 컨트리 파이낸셜 같은 모기지 대출

은행들, 그리고 리만 브라더스 등의 투자 은행들은 시장 자유라는 명분 아래 합법을 가장한 범죄에 물불 안 가리고 뛰어들었다. 그 결과 미국에서 수많은 중산층이 삶의 터전을 잃고 거리로 내몰리고 미국 사회를 지배했던 신뢰의 가치가 붕괴될 지경에 이르렀다. 전쟁보다 더한 상처를 사회에 남긴 것은 군대가 아니라 바로 기업이었다.

현대인들은 하루하루 기업 속에서 숨 쉬고 살 수밖에 없으면서도, 그들로 하여금 기업을 증오할 수밖에 없게 만드는 이 모순은 도대체 어디에서 나오는 것인가?

분식 회계, 뇌물 수수, 불법 조업, 유해물 생산, 환경 파괴, 사회적 약자에 대한 착취와 같은 사건들이 터질 때마다 기업 윤리를 강화해야 한다는 이야기가 늘 나왔다. 그때마다 새로운 금지 법안과 규제가 하나씩 추가됐다. 아무리 많은 법을 만들고 교육을 강화해도 기업의 일탈은 끊이지 않았고 관련된 사회는 고통에 빠졌다.

드러커는 이 사회가 견딜 만한 수준으로 지속하고 작동하기 위해, 경영의 책임이 그 어느 시대보다 중요해졌음을 누구보다 강조한 인물이었다. 영리 기업, 비영리 단체, 정부 조직을 막론하고, 유형의 자본, 사람, 지식, 돈을 비롯한 이 모든 것들 이상으로 중요한 것이 바로 경영이었다. 올바른 경영이 없으면 이 모든 자원들은 무용지물로 전락하거나, 심지어 해악이 되기 때문이다.

드러커가 바라본 기업의 진정한 사회적 책임이란 무엇일까? 그리고 기업 윤리란 무엇일까?

개인, 기업, 경영자의 윤리

아마 기업 윤리 전공자들은 반색할지 모르겠다. 드러커는 윤리가 철저히 개인 차원의 문제라고 선을 그었다. 기업 윤리는 진짜 윤리가 아니라 멋있게 포장된 가짜 윤리에 불과하다고 보았던 것이다(EV p. 212). 윤리란 경영자, 리더, 또는 지식노동자인 그 '사람'[1]이 준수해야 할 원칙이다. 그러나 이때 해석에 유의해야 한다. 단순히 자연인으로서가 아니라, 조직에 속한 사람으로서다.

대중들은 경영자가 조직인이기 이전에 개인으로서 지녀야 할 윤리를 그에게 먼저 요구한다. 그래서 경영자가 도덕적으로 완벽한 인간이기를 바란다. 예를 들어 "정직해라", "거짓말 하지 마라", "뇌물 받지 마라" 같은 것들이다. 물론 경영자는 반드시 이런 윤리를 준수해야 한다. 그러나 이는 그가 경영자가 아니라 어떤 자리에 있더라도 지켜야 할 윤리이다. 따라서 이런 것들은 엄밀한 의미에서 기업 윤리가 아니다.

대중들이 기업가에게 요구하는 윤리에는 개인 윤리와 조직인 윤리는 물론이고 온갖 불합리한 요구까지 뒤섞여 있다. 그래서 많은 혼란이 나온다. 성자처럼 완벽한 성품을 지닌 리더가 존재한다면 정말 좋겠지만 그럴 가능성은 희박하다. 역설적으로 그런 사람이 정말로 존재한다면, 오히려 그는 자신의 완벽성에 흠집을 내지 않기 위해 아무런 행동도 하지 못할 가능성이 높다. 결벽은 경영자에게 필요한 덕목이 아니다(MTRP p. 367).

기업가를 상대로 기부를 요구하는 것도 혼란을 불러일으키기는 마찬

1 물론 법인(法人)도 사람(人)이지만, 진짜 사람은 아니다.

가지다. 기부는 19세기 말 이른 바 도금시대Gilded Age에 기업이 이익을 사회에 환원한다는 취지에서 나왔다. 당시 철도, 석유 등으로 성공한 기업가들은 앞다투어 대학, 병원, 예술 단체를 설립하고 후원했다. 이후 오늘날까지 기부는 기업이 사회적 책임을 실천하는 중요한 한 가지 형태로 인식되고 있다. 불우 이웃 돕기에 성금을 내지 않는 기업은 뭔가 사회적 책임을 다하지 않는 것처럼 보이기도 한다. 이를 빌미로 기업에 온갖 명분으로 기부를 요구하는 전문 단체들까지 범람한다.

드러커는 통념과 달리 사회단체 등에 금품을 기부하는 행위는 원칙적으로 기업의 사회적 책임에 속하지 않는다고 보았다. 경영자는 사회의 지도적 집단으로서 사회의 문제들을 무시하는 일은 있어서는 안 된다. 하지만 기부 그 자체는 경영자로서 정당한 권한이 부여된 활동도, 그 결과에 대해 책임이 지워진 활동도 아니다(PoM pp. 389~390). 그러므로 기부는 기업 윤리나 책임의 문제가 아니며, 단순히 한 명의 이웃이자 시민으로서 돕고자 하는 활동에 그친다(MTRP p. 367). 만약 경영자가 사회의 문제들을 자신의 권한과 책임의 영역에서 해결하고자 하는 뜻이 있다면, 그 목적에 부합하는 별도의 비영리 조직을 경영해야 할 것이다. 드러커는 이처럼 사회에 대한 단순한 동정이나 후원보다 체계적인 경영을 통해 사회가 필요로 하는 결과를 낳는 일에 더욱 가치를 부여했다.

만약 기부금에 세제 혜택이 전혀 주어지지 않는다면 경영자들이 기업의 소중한 재무 자원을 선뜻 외부에 기부하려고 할 것인가? 설령 세제 혜택이 주어진다 해도, 그 재무 자원을 혁신과 고용 창출을 위해 사용하지 않고 단지 절세와 치부에만 동기를 두었다면, 오히려 이것이 사회를 위하지 않는 무책임한 일이 아닐까? 그보다는 차라리 기부 없이 세금을 충분히 내는 것이 사회의 필요에 부응하는 일일지도 모른다.

기업에는 고유한 역량이 있고 그 역량은 권위를 낳으며 권위에는 책임이 따른다. 이 책임은 언제나 공공의 이익이라는 기반 위에서 이루어져야 한다. 그러나 공공의 이익이 지니는 의미는 경영자들의 통상적인 생각보다 범위가 좀 더 넓다. 우리나라 경영자들은 '사업보국事業報國'의 철학에 익숙하다. 사업을 성공시켜서 국가에 보답하자는 것이다. 어느 정도 맞는 말이지만 충분하지는 않다. 이 생각은 자칫 방향이 잘못 틀어지면 '기업에 좋은 것은 국가에 좋은 것이다'라는 단선적 사고로 전락할 수 있다. 이 논리만 가지고는 경영자가 기업의 사적 이익을 추구하는 일은 무조건 좋은 것이라는 프리드먼 식의 극단적 자유주의에 빠질 가능성이 있다.

드러커의 요구는 한 걸음 더 나가서, "국가에 좋은 것은 기업에 좋은 것으로 **만들어져야 한다**[2]"는 것이다. 그는 맨더빌이나 스미스 식으로 개인의 사익 추구만 보장되면 저절로 공공의 이익이 달성될 것이라는 생각은 받아들이지 않았다(PoM p. 391). 사회가 요구하는 모든 것들로부터 기업의 고객 창조를 이끌어 내도록 경영하는 일이 기업의 책임이어야 한다. 이것이 바로 기업의 고유한 역량과 고유한 권한에 따른 고유한 책임이다.

종합해 보자. 사회적 기구인 기업은 이익을 창출하고 조직을 성장시켜야 할 책임이 있다. 기업이 이 책임을 다하지 못하는 순간, 예기치 않은 해고와 공장 폐쇄 등으로 관련 사회가 크나큰 고통을 받는다. 이 책임을 다하기 위해 기업은 혁신**해야만 한다**. 또한 호황과 불황의 반복에 대비하여 자본 예산을 배분**해야만 한다**. 더 나아가 이익에 대한 대중의 반감과 반기업 정서를 해소하는 정책을 수립**해야만 한다**.

---

2 이 문장에서 '기업'의 원문의 표현은 business가 아니라 시어스 로벅으로 되어 있다(PoM 391). 필자는 여기에서 글의 뜻을 선명히 하기 위해 business로 바꾸어 사용했다. 드러커는 시어스 로벅의 예를 들어 기업이 사회의 이익을 위해서 일한다는 것이 어떤 의미인가를 설명하려고 했다.

그런데 이런 기업의 책임은 과연 기업이 구현하는가? 아니다. 기업을 이루는 경영자 한 명, 한 명이 구현하는 것이다. 그러나 오늘날 그 개인들의 존재는 대부분 알려져 있지 않다. 그들은 하나같이 평범한 사람들이다. 그들도 퇴직하면 똑같이 사무실을 떠나야 하고 그와 한 아파트에 사는 이웃들은 그가 무슨 일을 했던 사람인지조차 알지 못한다(EV p. 206). 경영자의 이런 익명성 때문에 사람들의 시선에는 마이크로소프트, 구글, 삼성전자, 유한킴벌리 등등 기업의 이름만이 눈에 띄지만 실제로 모든 의사 결정을 내리고 행동하는 것은 기업이 아니라 그 안의 개별 지식노동자와 경영자다. 영웅의 카리스마가 세상을 좌지우지하던 시절은 지났다. 우리는 익명의 무수한 경영자들이 조직을 통해서 세상을 만드는 시대에 살고 있다.

우리는 애플의 아이폰이 처음 출시된 뒤 짧은 기간에 안드로이드폰을 출시해서 추격에 성공한 삼성전자의 위력을 보았지만, 실제로 그 일을 해낸 것은 그 안의 담당 임직원들이었다. 그들의 이름은 외부에 알려져 있지 않다. 사람들은 대부분 삼성전자가 했다고 이야기할 뿐이다. 거대한 건물과 교량과 도로도, 매장에 진열된 모든 새로운 생활용품 하나하나도, 그것을 기획하고 실천해서 결과를 만든 사람들은 다 익명의 지식노동자들이다. 미래의 뛰어난 업적을 낼 학자에게 동기를 부여한 사람도 한두 명의 이름 없는 교사다. 숱한 사람의 질병을 치료하는 의사들도 대부분은 이름이 알려지지 않은 채 묵묵히 일한다. 그와 반대로 세계의 많은 비극들은 익명의 경영자 한두 사람이 내리는 순간의 오판이나 알면서도 해를 끼치는 악행 때문이다.

미국의 우주왕복선 챌린저호에 O-링의 공급을 담당했던 모튼 티오콜 Morton Thiokol 사의 과학기술자들은 낮은 온도에서 O-링이 유연성을 잃기

첼린저호 폭발 사건은 한두 사람의 오판으로 인해 벌어진 인재였다. 왼쪽은 첼린저호 폭발 당시 사진이고 오른쪽은 폭발 원인으로 지목되었던 O-링의 모습.

때문에 이 점이 보완될 때까지 발사를 연기할 것을 제안했었다. 그러나 NASA의 관계자 누군가는 논의 끝에 계획대로 발사를 진행하기로 결정했다. 결국 폭발 참사로 7명의 승무원이 목숨을 잃었다. 조사 결과 O-링 결함이 원인이었음이 밝혀졌다.

옥시의 가습기 살균제가 치명적 유독성을 지니고 있다는 사실을 분명히 옥시 내부의 관련자들은 알고 있었다. 그럼에도 불구하고 이들은 한국에서 이 제품을 판매하기로 결정했다. 동시에 우리나라에서도 옥시의 사업에 제동을 걸 수 있는 권한을 지닌 조직과 그 안의 의사 결정자가 분명히 있었을 것이다. 그들은 자신의 자리에서 무슨 결정을 했는가?

오늘날 지식노동자 한 사람, 한 사람은 비록 겉으로는 무명이고 하찮은 존재인 것처럼 보이지만 자신의 자리에서 한결같이 이웃한 개인과 조직과 사회에 영향을 미칠 수 있는 사람들이다. 그들은 기계의 부품처럼 소모되는 대상이 아니며, 소외된 존재는 더욱 아니다. 대신에 고유한 권한과 책임을 지닌 리더다. 이들의 결정과 행동 하나하나가 세계를 더 나은 곳으로 만드느냐 고통과 혼란으로 몰고 가느냐에 영향을 미친다. 경영은 모든 구성원들로 하여금 이 책임을 자각시켜야 한다.

기업은 오늘날 사회에서 최고의 권력 집단으로 자리 잡았다. 경영자가 내리는 결정 하나하나는 관련된 개인, 기업, 그리고 사회 전체에 큰 파장을 낳는다. 무엇보다도 경영자는 구성원을 상대로 권력을 남용해서는 안 된다. 그는 기업의 목적, 목표에 부합하지 않는 사적인 선호를 다른 구성원에게 강요해서도 안 되고 성과 창조와 무관한 사항들을 지시해서도 안 되며, 가부장적 권위를 지닌 채 인성을 개조하려 들어서도 안 된다. 더 나아가 그는 모든 구성원들이 일을 통해 자신을 성장시키고 승진할 수 있는 기회를 평등하게 제공해야만 한다. 이때 그 어떤 학력, 지역, 배경, 기타 인간관계도 배제되어야 하며 오로지 강점의 원리만이 지배하도록 해야 한다. 그렇지 못하면 그 조직에는 성과와 질서 대신에 갈등과 불화, 분열과 쇠락만이 자리 잡게 된다(PoM pp. 386~388).

결의론은 윤리가 아니라 계산에 불과하다

개인으로서 어떤 행동은 윤리적이고 어떤 행동은 비윤리적인가에 대해서 철학자들은 오랜 세월에 걸쳐 논쟁했다. 예를 들어서, 예상되는 결과의 효용에 바탕을 두는 공리주의와 선험적 도덕 원칙에 의거하는 의무주의 윤리학 사이의 논쟁은 여전히 끝나지 않았다. 개인의 행동은 사회 또는 조직 안에서 수많은 사람들의 이해관계와 복잡하게 연결되어 있다. 이런 상황에서 보편적인 하나의 기준을 찾기란 참으로 어려운 일이다. 그래서 결의론casuistry이 등장했다(EV pp. 199~203).

결의론의 고전적인 사례는 잉글랜드의 헨리 8세의 이혼 사건에서 찾을 수 있다. 그는 왕위를 계승할 아들을 낳지 못한 캐서린 왕비Catherine of Aragon와 이혼을 정당화하기 위해 교황의 승인을 받아야 했다. 하지만 교황은 캐서린의 숙부인 신성로마제국 황제의 심기를 건드리기 싫어서 이를 받아들이지 않았다. 헨리 8세는 선대에 정당한 계승자가 없는 상태에서 영국이 오랜 세월 내전에 가까운 왕위 쟁탈전을 겪었다는 사실을 내세웠다. 더 이상 이런 역사가 되풀이되어서는 안 된다는 이유를 들면서 교황과 결별했다. 그리고 재혼을 감행했다.

많은 기업들이 자신의 행동을 정당화하기 위해 종종 결의론에 의존한다. 거래선과 뇌물을 주고받거나, 정부와 결탁하여 부당한 특혜를 누리거나, 카르텔을 결성하여 부당한 이익을 취하거나 하는 행동을 다 고용을 유지하고 회사를 성장시키기 위해서 불가피했다고 정당화하는 것이다. 심지어 결의론자들은 폭력을 행사하거나 사기를 치는 일조차도 더 높은 목적을 위해, 예를 들어 나라를 위해, 조직을 위해 필요한 행동이었다고 합리화할 수 있다. 심지어 그들은 이런 행동들이 기업의 사회적 책임이라고 변명하기도 한다. 그러나 사실 이것은 윤리나 사회적 책임과는 아무 상관이 없는 것이며, 계산에 따른 행동에 불과할 뿐이다.

많은 기업들이 공익 광고로 자신을 홍보한다. 그들은 자신이 사람을 존중하고, 환경을 사랑하고, 사회에 기여하는 존재라는 것을 대중에게 각인시키려 노력한다. 하지만 이런 행동들도 기업 윤리 자체와는 상관이 없는, 결의론의 소산이다. 결국 권력자가 자신의 행동을 정당화하기 위해 벌이는 일종의 정치적 제스처에 불과하다.

드러커는 지식 사회에서 조직인이 지녀야 할 윤리를 판단하는 기준으로서 결의론을 배격했다. 왜냐하면, 어떤 추악한 행동도 결의론으로 포장해서 변명할 수 있기 때문이다. 대신에 사려의 윤리, 상호 관계의 윤리, 그리고 해악을 끼치지 않을 윤리, 이 세 가지가 필요하다고 말했다.

사려의 윤리

사려의 윤리는 아리스토텔레스로부터 유래했다(EV pp. 204~207). 사려의 윤리는 미국 해리 트루먼Harry Truman 대통령이 상원의원 시절에 군인들에게 했던 말에 단적으로 나타난다. "장군들은 상원의 위원회에 구차하게 설명할 필요가 있는 행동을 해서는 안 된다—위원회에 설명할 수 있는 행동이란 없다."

여기서 장군의 자리에, 기업을 비롯하여 대학, 교회, 병원, 정부 등 모든 조직의 리더 또는 중요한 의사 결정권자를 위치시켜 보자. 그들의 언행은 하나하나가 모든 사람 앞에 드러난다. 사람들은 리더의 언행을 항상 살펴보고, 따지고, 묻는다. 다시 말해서 그들은 모든 이에게 모범으로서 역할을 한다. 리더의 언행은 그를 둘러싼 사람들로 하여금 올바른 행동 또는 그릇된 행동을 일으키게 하고, 올바른 방향 또는 그릇된 방향을 바라보게 한다. 무엇이 올바른 행동, 올바른 방향인가를 말로 구절구절 설명하기는 어렵다. 그러나 뭔가 의심이 가거나 석연치 않다면 그 행동이 결코 올바른 행동이 아니라는 사실만큼은 자명하다.

거울 테스트는 사려의 윤리에 의거하여 자신의 행동을 반성할 수 있는 훌륭한 수단이다. 왕의 지시에 따라 매춘부를 고용해서 파티를 벌이던 외교관이 있었다. 어느 날 그는 아침에 면도를 할 때 거울 속에 추악한 포주의 얼굴이 비치는 것을 보았다. 그는 그날로 외교관을 사임했다.

미학이야말로 진정한 윤리학이라고 말한 철학자, 키에르케고르. 경영자는 늘 거울에 비친 자신의 모습을 볼 줄 알아야 한다. 자신의 미추를 판별할 수 있어야 비로소 윤리적일 수 있기 때문이다.

"거울 속의 내 얼굴이 어떤 사람으로 보이기를 원하는가?"이것은 자신의 행동이 단순히 법에 저촉된다거나 사람들의 정서에 맞지 않는다든가 하는 것 이상으로 진정 윤리적인 기준이다. 얼마나 수많은 비윤리적 행동들이 합법을 가장하거나 여론을 등에 업고 이루어지고 있는가? 소위 '김영란 법'이나 국세청의 접대비 인정 상한 지침을 따라 접대 금액의 상한선을 넘지 않았다고 해서 그 행동이 항상 윤리적이라고 인정되는 것은 아니다. 반대로 그를 초과하는 접대비를 사용했다고 해서 그 행동이 항상 비윤리적인 것은 아니다. 올바른 일은 본질상 접대비 규모로 판단할 문제가 아니다. 경영자는 거울 속에 비친 자신의 모습을 보면 스스로 안다. 그것이 기업의 목적과 가치에 맞는 행동인지 아닌지를. 자신의 추한 모습을 스스로 돌아볼 수 있는 사람이라야 비로소 윤리적인 사람이 된다. 그래서 키에르케고르S. Kierkegaard는 미학이야말로 진정한 윤리학이라고 말했던 것이다. 경영자는 똑같은 돈을 쓴다 해도 굳이 성접대 같은 추한 방식이 아니라 얼마든지 아름다운 방식으로 고객에게 호소할 수 있다.

그러나 사려의 윤리는 자칫 잘못하면 체면의 윤리, 외견의 윤리로 퇴화할 위험이 있다. 이때 실질보다 외양을 중시하게 된다. 특히 리더가 외부에 비치는 자신의 모습에만 열중하다 보면 사려의 윤리는 사라진다. 필자는 언젠가, 이탈리아에서는 출세하려면 일단 외모가 출중해야 한다는 속설이 있다고 들은 적이 있다. 그래서인지 이탈리아에서 성공한 정치가나 사업가들은 한결같이 미남 미녀인 것 같다. 이런 세계에서 사람들은 겉으로 보이는 카리스마나 속칭 아우라aura에 끌려 다니게 된다. 이런 곳에서는 위선이 싹틀 가능성도 높다. 탁월한 언변과 용모는 사람에게 호감을 주는 좋은 수단이 될지는 몰라도, 리더의 진실성이나 목표 달성 능력과는 큰 상관이 없다. 이때 대부분의 사람들은 '안다know'가 아니라 '좋다like'의 세계로 빠진다.

상호 관계의 윤리

상호 관계의 윤리는 드러커가 유교의 오륜五倫 사상에서 발견한 것이다. 그는 상호 관계의 윤리가 서양 철학에서 등장했던 결의론과 절대 윤리가 빠지기 쉬운 함정을 극복했다고 생각했다(EV pp. 207~212). 오륜은 우리에게 잘 알려져 있다시피, 군주와 신하, 부모와 자식, 남편과 아내, 어른과 어린이, 친구 사이에 지켜야 할 덕목을 각각 의로움, 친함, 구별, 서열, 그리고 믿음으로 정한 것이다. 오륜은 모든 사람, 모든 상황에서 적용할 절대 윤리가 아니라, 서로 다른 관계에 적용할 일반 윤리라는 점이 특징이다. 오륜에서 말하는 올바른 행동이란 관계의 형태에 따라 이처럼 다르게 나타난다. 드러커는 이런 '다름'이야말로 진정한 평등의 윤리가 된다고 생각했다. 이 다름을 무시하고 모두가 똑같다고 주장하는 순간, 그것은 평등이 아니라 무질서가 되고 만다.

드러커는, 상사가 부하에게 성추행을 해서는 안 되는 윤리적 근거를 오륜의 상호 관계 윤리에서 찾았다. 상사나 부하 모두 한 명의 존엄한 개인이며, 둘 사이에는 어떤 목표를 달성하기 위해 개인 간 관계가 형성된 것일 뿐이다. 상사가 자신의 권력을 이용하여 그 목표 이외에 부당한 요구를 개입시키는 행동은 비윤리적이다. 드러커는 오륜의 관점에서, 조직에서 상사가 부하를 상대로 성추행을 한 것이나, 영국의 유명한 일기 작가이기도 했던 새뮤얼 피프스Samuel Pepys가 아내의 시녀를 상대로 음행을 저지른 것이나 똑같이 비윤리적인 행동이라고 보았다. 더 나아가서 상사가 좋은 의도로, 예를 들어서 자애심으로 부하의 인생과 가치관을 계몽, 개조, 치유하려 드는 것도 본연의 상호 관계에서 요구되는 덕목에서 벗어난 것이다. 아무리 좋은 말로 포장해도 이런 행동들은 권력이 교묘히 개입한 것에 불과하다.

이처럼 부모와 자식, 남편과 아내, 어른과 어린이, 친구 사이에도 본연의 상호 관계가 있다. 관계를 맺는 각 개인은 개인으로서 자유와 존엄이 있지만 관계의 형태에 따라 지켜야 할 덕목이 다르다. 어떤 어른이 직장에서 동료나 상사, 부하를 대하는 윤리는, 가정에서 자녀를 대하는 윤리와 전혀 다르다. 어른과 어린이 사이에 서열이 있는 것은 권위의 차이를 인정한 것일 뿐, 어른이 자신의 뜻대로 어린이를 통제하라는 뜻이 아니다. 철없는 어린이는 이 윤리 의식이 없기 때문에 자기가 욕구하는 것을 어른이 안 들어 주면 무조건 떼를 쓰고 심통을 부린다. 이는 윤리 기준이 미숙한 상태에서 발생하는 부당한 요구에 불과하다. 상호 관계 윤리에서는 그 어떤 관계 사이에서도 그 관계에 합당한 행동 이외에 부당한 권력을 통한 강제나 요구가 개입해서는 안 된다.

내부 고발자를 영웅시하는 문화는 상호 관계의 윤리가 바닥으로 치달았을 때 나오는 현상이다. 그를 의로운 사람인 것처럼 대접하는 사회는 신뢰가 붕괴된 사회다. 그런 곳에서 상호 관계의 윤리가 자리 잡을 수는 없다. 전체주의 사회는 상호 감시와 고발을 체제 유지를 위한 중요한 수단으로 사용한다. 네로 황제, 마우쩌둥, 스탈린이 그렇게 체제를 지탱하려했다. 부모가 자식을, 자식이 부모를, 스승이 제자를, 제자가 스승을 감시하고 고발하는 곳에서 상호 관계 윤리는 존재할 수 없다. 최근에는 기술 진보에 힘입어 소위 '몰카' 촬영까지 동원된다. 이는 결코 의로움도 윤리도 아니다. 사회가 붕괴되고 있다는 신호다. 그곳에서 쌍방으로 준수해야 할 의무는 사라지고 각자 일방으로 자신의 권리만을 부르짖게 된다.

올바른 경영이 자리 잡지 않은 조직에서는 언제나 동료 또는 상사를 향한 모함이 난무한다. 그 수단은 투서일 수도 있고 뒷담화일 수도 있다. 심지어 어떤 곳에서는 최고경영자가 경쟁적으로 임직원들을 대상으로 흠집 내기를 조장하기까지 한다. 그런 경영자는 목표와 강점이 아니라 사람에 대한 호불호로 인사를 실시한다. 상호 관계의 윤리가 완전히 파괴된 곳에서 그런 일이 일어난다.

해를 끼치지 않을 윤리

'무엇보다도 해를 끼치지 않아야 한다primum non nocere'는 윤리는 히포크라테스의 선서에서 유래한다. 이것은 전문가가 최우선으로 준수해야 할 윤리다(MTRP pp. 368~375).

전문가는 자율성을 지닌 존재다. 그는 감독이나 통제 대상이 아니다. 자신의 지식과 판단에 의사 결정을 맡긴다는 의미에서 그는 자율적이고 사적이다. 반면에 그에게 이런 자율성이 부과된 근거는 그가 공공의 이익으로부터 영향을 받는다는 사실에 있다. 전문가는 자신의 말과 행동 하나하나가 고객, 더 나아가 사회에 해를 끼치지 않을지를 살피면서 일해야 한다.

변호사, 의사, 경영자를 포함한 그 어떤 전문가도 고객을 상대로 어떤 과업을 확실히 잘 해낼 것이라고 보장할 수는 없다. 그는 단시 최선을 다할 수 있을 뿐이다. 그러나 그가 장담할 수 있는 한 가지는 알면서도 해를 끼치지 않을 것이라는 사실뿐이다. 고객 역시 전문가가 자신에게 해를 끼치지 않을 것이라는 믿음을 가져야만 한다. 그렇지 않으면 누구도 전문가를 믿을 수 없게 된다.

우리는 책임을 위반한 지식노동자의 이야기를 언론에서 수없이 접한다. 승소할 가능성이 없다는 것을 알면서도 확실히 승소할 수 있다고 말하면서 거액의 수임료를 챙기는 변호사, 재사용이 금지된 주사기를 그대로 사용해서 환자들이 집단 감염되도록 만든 의사, 기업이 부도 직전임을 알면서도 투자자를 속여서 거액의 자금을 조달한 경영자는, 알면서도 해를 끼치지 말아야 할 이 윤리를 정면으로 위반한 것이다.

부실화한 한진해운이 자율협약 결정을 발표하기 직전 대부분의 주주들은 그 사실을 잘 모르고 있었다. 그런데 이 계획을 알고 있던 회장 일가가 몰래 보유 주식을 전량 처분했다. 그들의 주식 매각 행동 자체가 여타 주주들에게 피해를 입힌 것은 아니었다. 그리고 그들이 처분한 주식이라고 해 봤자 전체 주식의 0.39퍼센트에 불과했다. 하지만 그들의 행동은 사회를 심각하게 파괴했다. 사람들은 단지 자기들 주식이 휴지 조각이 됐다고 분노한 것이 아니었다. 회장 일가의 행동에서 책임이 사라진 것을 보고 분노했던 것이다.

2008년 미국 금융 위기가 대중의 분노를 불러일으킨 이유는 결코 투자은행들의 막대한 투자 손실 때문이 아니었다. 전문가로서 최소한의 책임 의식과 윤리를 저버린 그들의 행동 때문이었다. 예를 들어서, 당시 베어스턴스Bear Sterns 증권의 CEO 제임스 케인James Cayne은 회사가 파산하기 몇 주 전까지 전국을 누비며 카드 게임과 마약을 일삼고 뉴욕 센트럴 파크 인근에 2채의 호화 주택을 구입하기까지 했다. 경제를 파탄내고도 구제금융으로 파산을 면한 AIG나 골드만삭스는 다시 천문학적인 보너스를 임직원끼리 나눠 가졌다. 자유 시장의 이념으로 건국된 미국이었지만, 시민의 상당수가 그때만큼은 월가 투자 금융사의 보너스를 전부 세금으로 환수해야 한다고 생각하기까지 했다.

드러커는 2008년 금융 위기가 발발하기 3년 전에 세상을 떠났다. 그러나 이미 그는 1970년대부터 단기 실적을 중시하는 월스트리트 증권 시장의 논리가 사회에 끼치는 심각한 폐해를 우려했다. 드러커 자신이 청년 시절에 런던의 투자 은행에서 증권 분석가 업무를 한 경험이 있었기 때문에 금융 시장의 역할에 대해서 누구보다도 깊은 관심을 지니고 있었다. 그의 눈에는, 경영자들이 주식 시장이 요구하는 단기 실적에 연연하면서 장기적 성과를 포기하고 천문학적인 연봉에 탐닉하는 현상은 분명히 잘못된 것이었다. 평사원 대비 수십-수백 배에 달하는 과도한 경영자 보상, 종업원을 스톡옵션 같은 황금 족쇄로 구속하는 행동, 그리고 이익 추구를 지상의 목표로 간주하는 행동, 이 모든 것들이 사회를 분열시키고 사회의 건강성을 해치고 질병을 야기하는 행동이라고 보았다.

다원화된 조직 사회에서, 어느 조직이나 사회의 특수하고 개별적인 필요를 수행하기 위해 탄생했다. 그러므로 경영자에게는 공공선에 대한 책임이 존재한다. 즉, 윤리 면에서 경영자는 공적 상태를 유지해야 한다. 동시에 경영자는 그 어떤 지배 구조 하에 있다 하더라도 사적인 상태, 즉 자율적으로 의사 결정을 할 수 있는 상태를 유지해야만 한다.

이 공적인 상태와 사적인 상태 사이의 긴장을 유지하기 위해 경영자가 준수해야 할 최소한의 윤리는 바로 '알면서 해를 끼치지 마라!'는 것이다. 이는 너무 소박해 보인다. 윤리를 전공한 철학자의 심오해 보이는 수사도 아니고 사회적 책임을 요구하는 운동가의 격렬한 구호도 아니다. 그러나 경영자가 매순간 이 소박한 윤리를 놓치지 않고 지키기는 정말 어려운 일이다. 이를 망각하는 순간 경영자에게서 공적 상태에 대한 책임은 사라진다. 그에게 오직 사적 상태만이 남는 순간 그가 속한 사회는 조금씩 분열되기 시작한다.

기업의 다섯 가지 치명적인 죄[3]

폭스바겐이 디젤 차량의 연비를 속이는 사건이 있었다. 차량 테스트 중에는 배기가스 배출 억제 시스템을 가동하다가 일반 주행 중에는 꺼지도록 했다. 그 결과 미국 내에서 친환경 디젤차라는 인상을 유지한 채 매출은 크게 증가했지만, 차량은 주행 중에 미국의 매연 배출 기준의 40배

3 송경모, 「(송경모의 드러커식 세상읽기) 기업의 치명적인 다섯 가지 죄, 결국 '시장의 보복' 부를 것」, 조선일보 Weekly Biz, 2015. 3. 28. 다섯 가지 죄를 다룬 이 글은 이 내용은 MTGC pp. 25~30에도 소개되어 있다.

에 달하는 질소산화물을 배출하고 다녔다. 환경 규제가 강한 미국 시장에서 살아남기 위해 벌인 비윤리적인 행동이었다.

이 문제의 본질은 폭스바겐이 단순히 소비자를 속였다거나 유해물질을 배출함으로써 환경을 오염시켰다는 것 이상의 영역에 있다. 이 행동의 본질은 기업이 자신을 올바르지 않은 방법으로 지속하려 했다는 사실에 있다. 이는 비단 폭스바겐만의 문제가 아니다. 기술적으로 화석 연료에 직접 의존하는 모든 자동차 회사들이 잠재적으로 안고 있는 문제이기도 하다. 화석 연료 패러다임 아래에서 감소하는 실적을 만회하기 위해 비윤리적인 수단까지 동원하게 된 것이다.

무엇이 기업의 죄인가? 기업은 자신을 지속시키지 못하는 것이야말로 가장 큰 죄다. 올바르지 못한 방법으로 지속을 시도하는 행동도 결국은 죄에 이른다. 드러커는 1993년 「월스트리트저널」에 '기업의 다섯 가지 치명적인 죄'라는 글을 기고했다. 그런데 그가 말한 죄는 흔히 사람들이 생각하는 것들과 좀 달랐다. 필자는 그것을 자신의 지속을 파괴하는 죄라고 해석했다.

첫 번째 죄는 높은 마진을 남기려고 고가 정책을 숭배하는 것이다. 복사기를 발명한 제록스는 온갖 기능을 추가한 뒤 지나치게 높은 가격을 책정했다. 제록스의 이익은 폭발적으로 증가했고 주가는 급상승했다. 그러나 단순한 기능만을 원했던 대부분의 소비자는 그 높은 가격에 항상 불만이 많았다. 이 틈을 캐논이 파고들었고 제록스는 이내 위기를 맞았다. 과도한 마진은 소비자를 우롱하는 것일 뿐만 아니라, 당장은 큰 이익을 남기는 것 같지만 결국 자신의 이익조차 파괴하고 만다.

두 번째 죄는 시장이 허용하는 범위 내에서 가장 높은 가격을 책정하는 것이다. 경제학에서는 독점 시장에서 받아 낼 수 있는 최대한의 가격을 소비자로부터 받아 내라고 가르친다. 얼핏 맞는 말 같지만, 이는 고객에게 "언제든지 떠나라"고 하는 것과 같다. 1960년대 미국 뉴욕시 전화국은 형편없는 서비스에 비해 터무니없이 높은 요금으로 원성이 자자했다. 그런데도 독점이란 지위를 등에 업고 요금을 더 인상하려고 하자, 시민들이 조직적으로 저항했다.

세 번째 죄는 생산 원가에 마진을 추가해서 가격을 정하는 것, 다시 말해 '마크업 방식markup pricing'이다. 이것이 왜 문제가 되느냐 하면, 소비자는 자신이 지불하는 가격에만 관심이 있으며, 기업이 원가를 얼마 들여 만들었느냐에 대해선 전혀 관심이 없기 때문이다. 따라서 순서가 바뀌어야 한다. 기업은 먼저 가격을 정하고 그에 맞는 원가 구조가 달성되도록 제품을 설계해야 한다. 일본 자동차와 가전 산업이 1980년대 이후 미국과 유럽 시장을 석권할 수 있었던 이유도 여기에 있다. 이케아 역시 이 방식으로 전 세계 시장 공략에 성공했다.

네 번째 죄는 과거의 주력 제품에 자원을 집중시키는 것이다. 시장이 변화하면서 새로운 기회가 엿보이는 신제품을 출시할 즈음에도, 많은 회사가 과거의 주력 시장에 우수한 자원들을 여전히 집중시킨 채로 남겨둔다. IBM은 PC를 개발한 뒤에도 메인 프레임 사업에 많은 자원을 집중해 PC 성장에 장애가 되었다. 앞에서 말한 폭스바겐도 이 함정에 빠진 것이다.

다섯 번째 죄는 눈앞의 문제를 해결하는 데만 주력하고 기회를 보지 않는 것이다. 외부의 기회 창출과 무관한 내부의 인사, 행정, 관리, 재무상의 번잡한 문제들을 아무리 해결해도 조직은 단지 현상 유지 정도에 그칠 뿐, 그 어떤 새로운 기회도 얻지 못한다. 대개 역사가 오래된 기업들은 기회를 찾는 데에 둔감하고 내부에 축적된 온갖 문제를 교정하는 데에 주로 시간을 쏟는 경향이 있다.

그런데 이런 행동들은 단순히 경영자의 실수나 단견 정도로 치부할 수도 있었을 텐데, 드러커는 왜 굳이 죄라는 표현을 사용했을까? 그 의미를 필자는 이렇게 해석한다.

첫째, 징벌을 부르기 때문이다. 사실 죄라는 것은 절대의 개념이 아니다. 사회를 해한다고 간주되는 개인의 행동에 사회가 단지 죄라는 이름을 붙였을 뿐이다. 사람들은 그 고통스러운 징벌의 경험을 거치면서, 범죄가 결코 좋은 행동이 아니라는 행위 규칙을 마음에 각인하게 될 뿐이다.

기업들은 오랜 경험을 통해 드러커가 말한 다섯 가지 행위가 결국은 사회로부터 징벌을 받는다는 사실을 알게 되었다. 시장의 보복이 그것이다. 경쟁자와 고객이 합세하여 집행관 역할을 한다. 또는 국가가 입법을 통해 징벌에 나서기도 한다. 독점금지법이나 가격규제법의 등장도 따져보면 대부분 기업이 자초한 것이었다.

둘째, 쉽게 유혹당하기 때문이다. 위의 다섯 가지 행동은 경영자들에게 한결같이 이브의 사과처럼 달콤하고, 아무런 문제가 없는 것처럼 보인다. 그런 면에서 그런 행동은 자연스럽다. 그러나 자연스러울지는 몰라도 결코 건강하지는 않다. 자연스럽게 자멸을 초래하기 때문이다.

물론, 기업 총수나 임직원의 불법 행위나 비윤리적 행동은 당연히 죄가 된다. 그러나 그런 행동들은 굳이 기업이 아니라 사회 내 개인으로서 지켜야 할 보편적인 규범을 어긴 죄에 해당한다. 기업이 고유의 목적을 위배하는 죄는 다른 데에 있다. 그것은 바로 기업을 존속시키지 못하는 죄, 성장시키지 못하는 죄이다.

책임을 아는 경영자

사회의 대다수를 이루는 지식노동자들은 다른 경영자들을 아래에 둔 상위 경영자로 일하거나 다른 경영자의 아래에서 일한다. 그렇지 않은 경우라면 대부분은 독립한 1인 경영자로서 일한다. 그들이 함께 또는 홀로 일하는 이유는 단지 경제적 성과만을 달성하려는 데에 있지 않다. 그들은 사회 내에서, 그리고 조직 내에서, 개인의 자유를 보장받음과 아울러 평등한 강점 실현의 기회를 누리면서 일하기를 희망한다. 그를 통해서 모든 조직과 개인이 사회의 필요를 충족시키는 성과를 내고자 한다.

기업가가 사회 내에서 정당성을 갖춘 권력으로서 자신을 정립시키지 못하면, 사회는 분열하고 붕괴할 수밖에 없다. 그렇게 되면 사회의 존립 기반인 기업을 사회가 저주하는 자기 부정이 발생한다. 기업가의 정당성은 사회 구성원의 승인이 있을 때에만 확보할 수 있다. 기업가는 오직 목표와 자기통제에 의한 경영에 투철함으로써만 모든 자율적인 구성원들을 일관된 방향 아래 통합시킬 수 있고 구성원들은 서로 합법적으로 상대를 승인할 수 있다. 이것이 드러커가 추구했던 공동체의 모습이었다.

드러커는 두 번의 세계 대전이라는 비극을 목도한 인물이다. 그 시대는 유럽의 대중들이 자본주의와 사회주의가 약속했던 자유와 평등의 달성 가능성에 대해 일체의 신념을 상실한 시기였다. 그들은 극도의 절망 속에서 전체주의와 세계 대전이 세계를 휩쓰는 모습을 지켜봐야만 했다. 그는 이 어처구니 없는 현실, 특히 전체주의가 등장한 원인을 고민한 결과 『경제인의 종말』을 집필했다. 그는 이 책에서 대중을 절망 상태에 이르게 한 거대한 정신적 결핍, 리더십과 가치의 진공 상태가 전체주의의 가장 큰 원인이라고 결론지었다. 그러한 결과에 이르도록 자본주의나 사회주의나 한결같이 경제인이라는 가치에 매몰되어 이 거대한 결핍을 매울 어떤 새로운 가치도 창출해 내는 데 실패했다고 본 것이다. 이후 그는 19세기로부터 20세기 초반에 이르는 동안 서구 사회를 지배했던 경제인의 신념이 붕괴된 자리를 메울 새로운 해답을 평생토록 탐구했다. 그렇게 해서 등장한 것이 그의 경영 사상이다. 그 중심에는 지식노동자, 더 나아가 경영자의 '책임responsibilty'이 놓여 있다.

그는 자신이 흔한 경영 구루guru처럼 취급되는 것을 대단히 싫어했다. 대부분의 경영 교사들은 주로 경영자를 상대로 성과를 낳는 방법을 홍보하고 세일즈하는 사람들이었다. 반면에 드러커가 경영 사상을 말한 목적은 전혀 다른 데에 있었다. 인간이 일 속에서, 그리고 사회 속에서 책임을 자각하고 자기 존엄을 구현하는 원리를 말하고 싶었던 것이다. 드러커는 지식 사회, 조직 사회, 다원 사회이기도 한 후기 자본주의 사회에서 개인의 자유와 평등이 구현되고 사회 통합이 달성되도록 하기 위해서 지배 권력인 경영자들이 과연 무엇을 알아야 하고 무엇을 해야 하는가를 제시했다.

최근 극렬한 반기업, 반재벌 정서와 첨예한 이념 대립, 정치 지도력의 상실, 유례 없는 취업난과 높은 실업률, 금수저와 흙수저로 대변되는 절망적인 신분 단절 고착화, 이 모든 우리의 현실이 과연 1930년대 유럽에서 자본주의의 방향 상실과 사회주의의 실패로 허무와 절망의 나락에 빠졌던 대중의 상황과 얼마나 다를지 모르겠다. 궁극적으로는 실행 기구인 기업과 기업 이외의 모든 조직, 그리고 이들을 움직이는 사람인 경영자의 책임 있는 행동만이 이 모든 문제를 근원에서 해결할 수 있다.

기업 조직 내 모든 층위, 사회 내 모든 자리에서 활동하는 지식노동자는 누군가의 하수인이 되어서는 안 되며, 고유한 기능 영역에서만 탁월한 성과를 내는 전문가로 끝나서도 안 된다. 모든 지식노동자는 조직의 전체 목표 안에서 자신의 목표를 바라보면서 자기통제가 가능한 경영자가 되어야 한다. 또한 기업은 어디까지나 사회의 목적과 필요 안에서 자신의 목적과 목표를 발견하고 성취하는 자율적인 집행 기구가 되어야 한다.

평생토록 이 메시지를 전달하고자 했던 드러커의 경영 사상은 조직이 처한 어떤 난제를 단숨에 해결하는 기적 같은 묘약도 아니고, 여타 경영 교사들로부터도 늘 들을 수 있는 고루한 훈화는 더욱 아니다. 그의 사상은 일종의 화두와 같다. 그는 우리에게 가르침을 준 것이 아니라 질문을 던진 것이다. 사회가 제대로 작동하려면 개인은 무엇을 알고 무엇을 해야 하는가?

지식이 권력이라는 베이컨의 말은 언제나 타당하다. 탁월한 지식은 고사하고 평범한 수준의 지식조차도 없는 노동자들은 대부분 권력에서 배제된다. 그들은 일터에서, 사회에서 자유와 평등을 하나씩 박탈당하고 있다는 느낌을 받게 된다. 그들은 공포와 불안, 또는 증오 속에서 산다. 그래서 그들은 호소하거나 저항한다. 심지어 모든 것을 파괴하려 한다. 그런데 그들이 과연 이렇게 된 것이 그들만의 잘못이고 책임일까? 사회는, 특히 경영자는 그들이 강점을 발견하고 육성할 수 있도록 해야 할 책임에서 자유로운가? 그들은 사회에서, 또는 일터에서 그렇게 될 기회조차 부여받은 적이 없었던 것은 아닌가?

반면에 탁월한 지식을 갖춘 노동자는 보다 자유로운 동시에 불평등의 멍에에서 벗어나 있다. 그들은 그렇게 해서 자연스럽게 힘과 부와 명예를 얻을 수 있다. 하물며 지식을 갖춘 수많은 노동자들을 휘하에 둔 더 큰 권력의 지식노동자, 즉 경영자는 말할 것도 없다. 물론 이들이 이런 자본을 갖추게 된 것은 단지 개인의 능력이나 노력 때문만이 아니다. 그 수준에 이르기까지 그에게 가까이 있던 사회의 모든 자본 축적이 있었고 출생 배경, 행운, 덧붙여 자신의 강점을 발휘할 기회와 조우하는 경험 등을 통해 그 축적에 보다 쉽게 접근할 수 있었기 때문이다.

어떤 경우에든, 이 모든 지식노동자들의 행동이 단지 이 지점에서 그치고 만다면, 즉 한때 전문 기능인으로의 성과를 내고 부를 쌓았다는 것만으로 자신의 할 일을 다했다고 여기는 데에 그친다면, 그는 다음을 놓치고 있는 것이다.

> "지식은 권력이고 권력은 책임이다(LT p. 268)."

지식노동자로서 평생 중단 없이 자신을 훈련시킬 책임, 조직 내 타인이 지식노동자로서 성과를 창출할 수 있도록 끝임없이 도울 책임, 조직의 지속과 성장을 위해 끝없이 혁신을 추구할 책임, 무엇보다도 지도 계급으로서 그가 속한 사회가 절망과 증오로 속절없이 분열되지 않도록 자신의 행동을 통제할 책임들이 그것이다.

드러커 저서 목록

본서의 또 다른 목적은 독자들을 드러커의 원저로 이끄는 데에 있다. 당장 긴요해 보이는 몇 가지 주제만을 다루었지만 아무리 그래 보았자 드러커의 방대한 저작 중 일부를 취사선택한 것에 불과하다. 무엇보다도 원저들에는 여기 보이는 것 이상으로 넓고 깊은 맥락의 이야기들로 가득하다.

드러커의 맛을 제대로 알고자 하는 독자들이 취할 수 있는 정공법은 역시 시간이 좀 들더라도 그의 원저를 직접 읽는 것이다. 다행히도 고故 이재규 총장의 선구적인 여러 드러커 번역서와 그의 뒤를 잇는 훌륭한 번역자들의 작품이 비교적 풍부하게 갖추어져 있다. 그래도 기회가 되는 독자들은 한국어로 느끼기 힘든 묘미를 영어 원서를 통해 직접 느껴 보시기를 권한다. 현재까지 확인된 드러커의 저서와 국내 번역서의 목록은 다음과 같다. 드러커의 전체 저서들은 개관하고 싶은 독자라면 이재규의 『한 권으로 읽는 피터 드러커 명저 39권』(21세기북스, 2009)을 참조하시기 바란다. 끝으로 연도 앞에 표시된 약어는 본 저서의 본문 인용 표시로 쓰였다. 이 저서들 외에 다른 참고문헌은 저서 목록 다음에 별도로 표기하였다.

1933 Friedrich Julius Stahl, Konservative Staatslehre und Geschichtliche Entwicklung, Tübingen: J.C.B. Mohr, 1933 (Recht und Staat in Geschichte und Gegenwart. Eine Sammlung von Vorträgen und Schriften aus dem Gebiet der gesamten Staatswissenschaften. Band 100)

1937 Germanicus, Germany the last Four Years, Boston and New York:

The Houghton Mifflin Company, 1937

EEM 1939 the End of Economic Man, 1939 (new ed. Harper Collins, 1969)
이재규 옮김, 『경제인의 종말』, 서울: 한국경제신문사, 2007.

FIM 1942 the Future of Industrial Man, John Day, 1942.
안종희 옮김, 『피터 드러커의 산업사회의 미래』, 서울: 21세기북스, 2013

CoC 1946 Concept of the Corporation, John Day, 1946 (1993 reprinted ed, Transaction Publisher)
정은지 옮김, 『기업의 개념』, 21세기북스, 2012.

NS 1950 New Society: the Anatomy of Industrial Order, 3d edition, Transaction Publishers, 1950, (new ed. 1993)

PoM 1954 Practice of Management, Harper Perenial, 1954, (new ed. 1982)
이재규 옮김, 『경영의 실제』, 서울: 한국경제신문사, 2006.

1954 America's Next Twenty Years, New York: Harper & Brothers, 1954.

LT 1957 Landmarks of Tommorow: A Report on the New Post-Modern World, New York: Harper & Row, 1957.

TMS 1958 Technology, Management, and Society, Harper Collins, 1958(new ed. 1977)

1961 Power and Democracy in America, Notre Dame, IN: University of Notre Dame Press, 1961.

MfR 1964 Managing for Results, Harper Perennial, 1964, (new ed. 1985).
이재규 옮김, 『창조하는 경영자』, 서울: 청림출판, 2008.

EE 1966 the Effective Executive, Harper & Row, 1966, 1967.
이재규 옮김, 『피터 드러커의 자기경영노트』, 서울: 한국경제신문사, 2003.

AD 1968 The Age of Discontinuity: Guidelines to Our Changing Society, New York: Harper & Row, 1968.
이재규 옮김, 『단절의 시대』, 서울: 한국경제신문사, 2003.

1969 Preparing Tomorrow's Business Leaders Today, Englewood Cliffs, NJ: Prentice-Hall, 1969.

MIP 1971 Men, Ideas and Politics: Essays by Peter F. Drucker, New York: Harper & Row, 1971.

안세민 옮김, 『인간과 시스템의 경영』, 서울: 청림출판, 2015.

1971 Drucker on Management, London: Management Publications Limited, 1971.

1971 New Markets, London: William Heinemann Ltd., 1971.

MTRP 1973, 1974 Management: Tasks, Responsibility, Practices, 1973, 1974.
조성숙, 이건, 박선영 옮김, 이재규 감수, 『피터 드러커의 매니지먼트』, 21세기북스, 2008.

PFR 1976 the Pension Fund Revolution, Harper & Row, 1976 (new ed. Transaction 1996)

1977 People and Performance: The Best of Peter Drucker on Management, New York: Harper & Row, 1977.

1977 An Introductory View of Management, New York: Harper & Row, 1977.

1977 Management Cases, New York: Harper's College Press, 1977.

AB 1978 Adventures of a Bystander, Harper Collins, 1978 (new ed. 1991)
이상두, 최혁순 옮김, 『 방관자의 시대』, 서울:범우사, 1979.
이동현 옮김, 『피터 드러커 자서전』, 서울: 한국경제신문사, 1994.

1979 Song of the Brush: Japanese Painting from the Sanso Collection, Seatle: Seatle Art Museum, 1979.
이재규 번역 및 해설, 『붓의 노래: 일본화로 본 일본』, 21세기북스, 2011.

MTT 1980 Managing in the Turbulent Times, Harper Collins, 1980.

1981 Toward the Next Economics and Other Essays, New York: Harper & Row, 1981.
안세민 옮김, 『새로운 경제 사회의 경영』, 서울:청림출판, 2014.

1982 The Last of All Possible Worlds, New York: Harper & Row, 1982.

1984 The Temptation to Do Good, New York: Harper & Row, 1984.

InE 1985 Innovation and Entrepreneurship, Harper Perenial, 1985, 1986.
이재규 옮김, 『미래 사회를 이끌어가는 기업가 정신』, 서울:한국경제신문사, 2004.
원저서를 축약한 상태의 번역본으로 권영설, 전미옥 옮김, 『피터 드러커의 위대한 혁신』, 서울:한국경제신문사, 2006이 있다.

FM 1986 the Frontiers of Management: Where Tomorrows Decisions Are Being Shaped Today, Truman Tally Books, 1986. (republished as Drucker Library by Harvard Business School, 2010)

이재규, 이덕로 옮김, 『프런티어의 조건』, 서울:청림출판, 2011.

NR 1989 New Reality, Harper & Row, 1989.

MNPO 1990 Managing the Non-Profit Organization, Harper Collins, 1990.

현영하 옮김, 『비영리단체의 경영』, 서울: 한국경제신문사, 2003.

MF 1992 Managing for the Future: The 1990s and Beyond, Truman Talley Books, 1992.

PCS 1993 Post-Capitalist Society, Harper Business, 1993.

이재규 옮김, 『자본주의 이후의 사회』, 서울: 한국경제신문사, 2003.

EV 1993 the Ecological Vision: Reflections on American Condition, Transaction Publishers, 1993.

MIGC 1995 Managing in a Time of Great Change, Harvard Business School Publishing Corporation, 2009 (orginal, New York: Truman Talley Books, 1995)

이재규 옮김, 『미래의 결단』, 서울: 한국경제신문사, 1995.

1995 Drucker on Asia: A Dialogue between Peter Drucker and Isao Nakauchi, Diamond Inc., 1995 in Japan, Oxford: Elsevier Butterworth Heinemann, 1997 in English

1998 Peter Drucker on the Profession of Management, ed by P. F. Ducker and Nan Stone, Boston: Harvard Business School Publishing, 1998

이재규 옮김, 『자본주의 이후 사회의 지식경영자』, 서울: 한국경제신문사, 2000.

MC21 1999 Management Challenges for the 21th Century, New York: Harper Business, 1999.

이재규 옮김, 『21세기 지식경영』, 서울:한국경제신문사, 2003.

2001 The Essential Drucker: In One Volume the Best of Sixty Years of Peter Drucker's Essential Writings on Management, New York:

Harper Business, 2001.

우리나라에서 출판된 Essential Drucker 시리즈, 이재규 옮김, 『프로페셔널의 조건』, 『변화 리더의 조건』, 『이노베이터의 조건』, 『미래 경영』의 4부작(서울: 청림출판)의 대본은 우에다 아쯔오(上田惇生) 교수의 편집본으로서 미국 출판본과는 차이가 있다.

MNS 2002 Managing in the Next Society, New York: Truman Talley Books / St. Martin's Griffin, 2002.

이재규 옮김, 『넥스트 소사이어티』, 서울:한국경제신문사, 2007.

FS 2003 A Functioning Society: Selections from Sixty-Five Years of Writing on Community, Society, and Polity, New Brunswick, NJ, and London: Transaction Publishers, 2003.

이재규 옮김, 『경영의 지배』, 서울: 청림출판, 2003.

2004 Daily Drucker, by P. F. Drucker and Joseph A. Marciariello, New York: Harper Business, 2004.

피터 드러커 소사이어티 옮김, 『피터 드러커 경영 바이블』, 서울:청림출판, 2006.

2006 Classic Drucker: Wisdom from Peter Drucker from the Pages of Harvard Business Review, Boston: Harvard Business Review Press, 2006.

이재규 옮김, 『클래식 드러커』, 서울:한국경제신문사, 2007.

EE 2006 The Effective Executive in Action, by P. F. Drucker and Joseph A. Maciariello, New York: Harper Collins, 2006.

2008 Management (A Revised edition of MTRP 1973 1974 by Joseph A. Maciariello), HarperCollins, 2003.

2008 Managing Oneself, Harvard Business Review Classics series

CWE 2010 The Changing World of the Executive, Harvard Business Press, 2010.

2010 The Drucker Lectures: Essential Lessons on Management, Society, and Economy, ed by Rick Wartzman, New York: McGrawHill, 2010.

이재규 옮김, 『드러커 강의: 세기를 뛰어넘는 위대한 통찰』, 서울:랜덤하우스코리아, 2011.

2010 Drucker 20 Seiki Wo Ikite: Watashi No Rirekisho (eng. My Personal History), Tokyo: Nihon Keizai Shimbun, 2005.
남상진 옮김, 『피터 드러커: 나의 이력서』, 서울:청림출판, 2006.

공병호, 『김재철 평전: 파도를 헤쳐온 삶과 사업 이야기』, 21세기북스, 2016.
김성기, 윤성수, 이용규, 『전략적 관리회계』, 홍문사, 2015.
김유림 기자, "아메리카노처럼 유명한 한방차를 꿈꾼다』, 신동아, 2012년 1월호. 628호.
김정수 기자, "시든 우리밀에 거름을", 한겨레21, 1998년 7월 16일, 제216호.
김진화, "전 세계가 블록체인 투자…기술기업과 상생협력이 관건", Vol 35, March 2016. 테크엠.
다이아몬드 제프리스 지음, 김승욱 옮김, 『아스피린의 역사』, 동아일보사, 2004.
박정웅, 『정주영: 이봐, 해봤어?』, 프리이코노미북스, 2015.
뿌브아르경제연구소, 『2010 지역 개발 우수 사례 20선: 피터 드러커의 CAIRA: NPO 경영성과 지표』, 2011.
로리 바시, 에드 프라운헤임, 단 맥무러, 래리 코스텔로 지음, 퓨쳐디자이너스 옮김, 『굿 컴퍼니: 착한 회사가 세상을 바꾼다』, 틔움, 2012.
송경모, 『사업타당성 평가실무』, 영화조세통람, 2013.
송경모, "너도 나도 스마트워크…경영은 좀 나아지셨나요?", 테크엠, July 2015, vol.27.
송경모, "배달의 민족에서 배우는 피터 드러커의 지혜", 테크엠, Jan 2016.
송경모, "ICT는 경영자의 일을 대신해 주지 못한다.", 조선일보 Weekly Biz, 2014. 9. 27.
송경모, "흥하는 가족기업, 망하는 가족기업", 조선일보 Weekly Biz, 2015. 1. 3.
송경모, "법고창신의 서예정신과 피터 드러커의 경영사상", 剛菴書藝(강암서예학술재단), 2014.
송민호, 『그들은 어떻게 1인 기업으로 성공할 수 있었나』, 유페이퍼, 2015.(전자책)

요코타 히데키 지음, 임해성 옮김, 『회사의 목적은 이익이 아니다』, 토로이목마, 2016.
이나모리 가즈오, 양준호 역, 『경영의 원점, 이익이 없으면 회사가 아니다』, 서돌, 2009.
이민화, 이장우, 『초생명기업: 압축성장하는 벤처연방제』, 서울:김영사, 2000.
이인식, 송경모 외, 『자연에서 배우는 청색기술』, 김영사, 2013.
이인식, 『지식의 대융합』, 고즈윈, 2008.
이인식 기획, 『기술의 대융합』, 고즈윈, 2010.
이재규, 『이미 일어난 미래』, 21세기북스, 2010.
이재규: 『어떻게 살 것인가』, 21세기북스, 2010.
이재규: 『무엇이 당신을 만드는가』, 위즈덤하우스, 2010.
이재규: 『피터 드러커의 경영의 원점』, 사과나무, 2015.
이재규, 『지식역사: 피터 드러커의 역사관』, 한국경제신문, 2009.
이재규, 『지식사회: 피터 드러커의 사회관』, 한국경제신문, 2009.
이재규, 『지식근로자: 피터 드러커의 인간관』, 한국경제신문, 2009.

Alan M. Kantrow, "Why Read Drucker", November 2009, Harvard Business Review.
Alfred P. Sloan Jr, My Years with General Motors, Currency Doubleday, 1963, (reprinted 1990 with a new introduction by Peter F. Drucker).
John Flaherty, Peter Drucker: Shaping Managerial Mind, Jossey-Bass, 1999(송경모 옮김, 2003, 『피터 드러커: 현대 경영의 정신』, 예지, 2002)
Peter F. Drucker, 남상진 옮김: 『나의 이력서(My Personal History, 2005)』, 청림출판, 2006.
Peter F. Drucker, 이재규 옮김: 『붓의 노래: 일본화로 본 일본(Song of the Paintings: A View of Japan through Japanese Art, 1979)』, 21세기북스, 2011.
Peter F. Drucker, "Career Moves for Ages 20 to 70", Psychology Today, Nov 1992.
Peter F. Drucker, "How to Save Family Business", Wall Street Journal Aug. 19, 1994.
Perter F. Drucker, "Keeping U.S. Companies Productive'" Journal of Business Strategy Winter 1987.

Peter F. Drucker, "Not Enough Generals Were Killed!" Forbes, Apr. 8, 1996.
Peter F. Drucker, "Schumpeter and Keynes", Forbes, May 23, 1983.
Steven Levy, In the Plex: How Google Thinks, Works, and Shapes Our Lives, Simon & Shuster, 2011.